Michael Köhlmeier
Geschichten von der Bibel

Lieber Sepp!

ALLES GUTE zu

DEINEM

GEBURTSTAG

Nicol

MICHAEL KÖHLMEIER

GESCHICHTEN VON DER BIBEL

VON DER ERSCHAFFUNG
DER WELT BIS MOSES

PIPER
MÜNCHEN ZÜRICH

ISBN 3-492-04501-4
© Piper Verlag GmbH, München 2003
Gesetzt aus der Sabon und der Frutiger
Satz: Uwe Steffen, München
Druck und Bindung: Clausen & Bosse, Leck
Printed in Germany

www.piper.de

INHALT

INHALT

ERSCHAFFUNG DER WELT

Von den Redaktoren der Bibel – Von Apsu und Tiamat –
Von allen Ideen – Vom Krieg Marduk gegen Tiamat – Von
den Tätowierungen auf dem Unterarm Gottes – Von Beth
und Aleph – Von den großen sieben Tagen – Von Luzifer –
Vom Garten Eden – Vom Sohn der Morgenröte – Von
Gottes Eigentum

Wo beginnen? Bei Adam und Eva? Freilich, dort war
unser Anfang. Aber doch nicht der Anfang aller Dinge.
Soll die Erzählung dort beginnen, wo Gott seinen Sieben-
tagesplan umzusetzen begann? Als er Licht werden ließ
über dem Chaos, über dem Tohuwabohu?

An diesem Punkt beginnt die Bibel. Und es hat sicher
etwas Verlockendes für den modernen Menschen, der
an die Spekulationen der Physik nicht weniger glaubt als
die Alten an die Spekulationen der Mythen, sich diesen
ersten Schöpfungsakt als dimensionslosen Punkt vorzustellen – wobei uns gar nicht auffällt, daß das Wort
Urknall viel eher dem Wortschatz der Mythologie als
der Physik eignet.

Die Genesis, das erste Buch Mose, ist der archaisch-
ste Teil der Bibel und vielleicht der schönste. Die Verbindung von bunter Lebendigkeit auf der einen und
menschenferner Kargheit auf der anderen Seite hat wie
kein anderer Text vorbildhaft auf die abendländische
Literatur gewirkt, und das bis zum heutigen Tag.

Als ich zum ersten Mal die Genesis las – ich war
damals im Internat, ich war krank, und im Kranken-

zimmer gab es nur ein Buch, nämlich das Buch der Bücher, und um mir die Langeweile während der Genesung zu vertreiben, las ich darin –, schon damals wunderte ich mich. Ich wunderte mich über die Kürze des Schöpfungsberichts. Gibt es über die Erschaffung der Welt nicht mehr zu erzählen?

Und dann: Es liegen zwei sich im Ablauf widersprechende Berichte vor. Im ersten Bericht wird der Mensch am letzten Tag erschaffen, nachdem bereits alle Tiere und Pflanzen gemacht worden waren. Im zweiten Bericht ist der Mensch vor den Pflanzen und den Tieren da. Wovon hat er sich ernährt? Gut, es handelte sich nur um zwei, drei Tage, so lange hält man es ohne Essen aus.

Aber das ist längst nicht alles. Widersprüche über Widersprüche: Da wird am ersten Tag das Licht herbeibefohlen, und erst am vierten Tag wird die Sonne erschaffen. Wußten die Alten nicht, daß unser Licht von der Sonne stammt? Kaum anzunehmen.

Aber wie gesagt, am meisten wunderte ich mich über die Kürze des Schöpfungsberichts. Da hat sich der Erzähler etwas vergeben. So dachte ich, und so denke ich bis heute. Und angenommen, es ist wirklich so, wie unser Religionslehrer wußte, daß nämlich in der Bibel Gott selber zu uns spricht, dann wunderte es mich um so mehr. Ich an Gottes Stelle hätte doch über die Erschaffung der Welt, was doch immerhin sein Hauptwerk war, ein wenig ausführlicher berichtet. Ist Gott so bescheiden? Diesen Eindruck hatte ich nicht, ganz im Gegenteil. Je weiter ich in die Genesis hineinlas, desto deutlicher wurde mir, daß Gott alles andere als bescheiden war. Es gab ja auch gar keinen Grund zur Bescheidenheit.

Es blieb der Eindruck: Die Erschaffung der Welt liest sich in der Bibel wie eine Inhaltsangabe. Nur daß eben das Buch zur Inhaltsangabe fehlt.

Warum ist das so?

Wenn man sich die Sagen und die Mythen, die Legenden und Märchen ansieht, die von allem Anfang an um die biblischen Geschichten waren wie das Wasser um eine Insel, dann erfahren wir, daß über die Erschaffung der Welt ursprünglich in ebenso bunten, üppigen Bildern erzählt worden war wie in den folgenden Geschichten – zum Beispiel über Jakob und seine Söhne oder das Leben des Josef am Hof des Pharaos.

Die mythologische Buntheit war offensichtlich ein theologisches Ärgernis. Die Mythen erzählten nämlich von Göttern, von vielen Göttern mit verschiedenen Interessen, die keine für alle verbindliche, eben auch für den Menschen verbindliche Moral kannten. Die Theologen dagegen wollten den einen, den einzigen Gott, dessen Gebote verbindlich waren wie das Gesetz.

Die Bibel ist ja mehr eine Bibliothek als ein Buch. Verschiedene Autoren haben zu verschiedenen Zeiten ihre Beiträge geliefert. Die Redaktoren waren eifersüchtig darauf bedacht, alles auszumustern, was auch nur den Gedanken aufkommen ließ, daß es neben dem Einen noch andere Götter gab oder je gegeben hat. Man könnte es auch so ausdrücken: Sie waren ebenso eifersüchtig wie ihr Gott. Manchmal allerdings unterliefen ihnen Unachtsamkeiten.

In den Geboten, die Mose von Gott auf dem Berg Sinai empfangen hat, heißt es an dritter Stelle: »Du sollst dich nicht vor den anderen Göttern niederwerfen und dich nicht verpflichten, ihnen zu dienen. Denn ich, der Herr, dein Gott, bin ein eifersüchtiger Gott.«

Warum sollte er eifersüchtig sein, wenn es ohnehin nur ihn gab?

Oder noch deutlicher im fünften Buch Mose, dem sogenannten Deuteronomium. Da heißt es: »Denn der Herr, euer Gott, ist der Gott über den Göttern und der Herr über den Herren.«

Oder: Gott wird in der Genesis entweder Jahwe genannt oder Elohim. Elohim ist der Plural von El, und man kann es drehen und wenden wie man will: Elohim heißt »die Götter«.

Die Doktrin des Ein-Gott-Glaubens führte dazu, daß alles – oder eben fast alles! – aussortiert wurde, was an Vielgötterei erinnerte. Deshalb wirkt die Schöpfungsgeschichte in der Bibel so abstrakt, so dürr.

Aber worauf der Theologe seinen Bannstrahl richtet – und wofür der Historiker ohnehin nur ein Achselzucken übrig hat –, dort vermutet der Mythologe, der Erzähler, Interessantes...

Die biblischen Geschichten waren eingebettet und erwuchsen aus einem mythischen Umfeld. Zu diesem Umfeld gehört auch »Enuma Elisch«, das babylonische Schöpfungsgedicht. Seine Entstehung datiert um 1700 vor Christus. Aus diesem Gedicht kann man die folgende Geschichte erfahren.

Am Anfang waren Apsu, der Vater, und Tiamat, die Mutter. Tiamat war das Meer, das salzhaltige Wasser. Sie war geschmückt und umgeben von einem Mantel. Dieser Mantel war die Erde. Die Erde war ihr Hochzeitskleid.

Apsu, ihr Gemahl, ihr Geliebter, war das süße Wasser, das Wasser des Himmels. Sein Hochzeitskleid waren die Wolken. Und wenn sich Apsu und Tiamat einander entgegenneigten, wenn sie sich liebten, dann fiel der Regen auf die fruchtbare Erde, und aus der Erde wuchsen die Blumen und die Bäume und die Gräser und die Früchte an den Bäumen.

Und wenn Apsu seine Geliebte Tiamat umarmte und wenn er sich auf sie niederlegte und sie miteinander schliefen, dann wurde Tiamat jedesmal schwanger. Und sie gebar jedesmal ein Wesen. Und jedes Wesen war von neuer Art und unvergleichlich und hatte nichts zu tun mit den Wesen, die schon geboren waren, und nichts mit den Wesen, die noch geboren wurden. Alles, was ist bis zum heutigen Tag, ist damals geworden. – Fast alles...

Es waren Wesen in einem larvenhaften Zustand. Man könnte sagen: in einem Zustand der Idee. Natürlich fällt mir Platons Ideenlehre ein, nämlich daß vor den Dingen in ihrer Konkretheit bereits die abstrakten Ideen waren. Und diese Ideen wurden von Apsu und Tiamat geschaffen.

Es waren große Ideen darunter – die Idee der Liebe, die Idee des Krieges, die Idee des Todes, die Idee der Hoffnung, die Idee des Lichts, die Idee der Zeit. Aber auch die Ideen ganz banaler Dinge waren darunter, wie die Idee eines Tisches oder die Idee des Dreiecks, die Idee des Tannenzapfens, der Fahrradglocke, des Schnürsenkels, des Computerchips. Alles, was je werden wird, wurde damals in ideenhafter Form vorgeprägt.

Diese Ideen bevölkerten die Erde, bevölkerten das Meer, die Lüfte. Und sie machten Lärm. Die waren laut. Sie stritten sich um die besten Plätze. Sie waren aufmüpfig. Vorlaut waren sie. Rücksichtslos. Sie waren nicht

Bruder und Schwester. Sie bestanden jeder für sich. Jede Idee war eine Welt. Jede Welt stritt gegen die andere.

Irgendwann wurde es dem Vater Apsu zuviel. Es wurde ihm zu laut. Er sehnte sich zurück nach der Zeit, als er mit seiner Geliebten, mit seiner Gemahlin Tiamat, allein gewesen war. Er besprach sich mit Tiamat.

»Was haben wir mit denen zu schaffen?« fragte er.

»Ich habe sie geboren«, sagte Tiamat. »Du hast sie gezeugt.«

»Aber lieben wir sie deshalb?« fragte er.

»Nein«, sagte sie.

Und sie beschlossen, all diese Wesen wieder aus ihrer Welt zu entfernen.

Sie sagten sich: »Wir werden unsere Wasser heftig vereinen.«

»Du, Tiamat, läßt das Meer steigen«, sagte Apsu.

»Du, Apsu, läßt all deinen Regen fallen«, sagte Tiamat.

Sie planten so etwas wie die erste Sintflut. Sie brachten die Idee der Sintflut hervor. Denn nichts anderes als hervorbringen konnten sie. Jedes Wort war eine Hervorbringung. Und jedes Wort war im Grunde erst die Idee dieses Wortes.

Sie wollten all diese Wesen in ihren Wassern ertränken und von nun an schweigen und lieben.

Aber da gab es einige Wesen, die bereits relativ gut ausgebildet waren. Zum Beispiel die Idee des Aufruhrs. Wenn ich sage, dieses Wesen war relativ gut ausgebildet, dann heißt das, es besaß über den abstrakten Begriff hinaus einen Namen.

Der Name des Aufruhrs war Ea.

Ea stellte sich Apsu entgegen. Und Ea tötete Apsu.

Wie hat er das gemacht? Es ist, als ob allein schon die Frage Ea eine Form gibt, nämlich eine menschliche Form.

Ea hat seinen Säbel genommen und hat ihn mit so ungeheurer Geschwindigkeit über dem Kopf gedreht, daß er auf diese Weise den Regen wie mit einem Schirm abgehalten hat. Ea hat seinen Vater Apsu kastriert, und Apsu ist verblutet. Das wiederum erinnert uns an die griechische Mythologie, an den Titanen Kronos, der seinen Vater Uranus, nämlich den Himmel, kastrierte.

Tiamat war nun voll Zorn und Trauer. Sie überschwemmte und zerschmetterte Ea. Aber Ea, der Aufruhr, hatte einen Sohn, er hatte ihn gezeugt mit dem Haß, und dieser Sohn hat nun schon bedeutend konkretere Züge.

Dieser Sohn heißt Marduk, und er verkörperte den Krieg. Wenn ich sage, er hatte konkretere Züge, so heißt das, er hatte nicht nur einen Namen, sondern auch ein Gesicht, menschliche Züge. Marduk besaß sogar zwei Gesichter, eines vorne und eines hinten. Das vorne zeigte einen Mann, das hinten eine Frau. Vier Augen, vier Ohren. Marduk sah alles, hörte alles.

Marduk, der Krieg, rüstete zum Kampf gegen Tiamat. Er warb unter den Wesen, die in der Welt herumschwirrten, er scharte viele um sich. Aber auch Tiamat rüstete zum Kampf, auch sie versammelte Wesen um sich. So entstanden zwei Heere. Alles, was war, teilte sich auf, die einen waren für Marduk, die anderen für Tiamat.

Es kam zum Kampf. Im Lied heißt es, Marduk habe sich vorher eine rote Paste auf die Lippen geschmiert. Er hat sich geschminkt, hat sich unheimlich gemacht, um Tiamat Angst einzujagen. Und er hat sich Kräuter um die

Handgelenke gewickelt, um sich vor Gift zu schützen. Ein König war er, ein General. Um sein Haupt loderte eine Flammenkrone. Seine Offiziere waren die sieben Winde, mit ihrer Hilfe wollte er das Meer aufwühlen.

Tiamat, die Urmutter, dagegen war mit Pfeil und Bogen ausgerüstet, sie brauste in einem prachtvoll geschmückten Kampfwagen daher.

Zuerst beschimpften sie einander und verfluchten sich. Dann kam es zum Kampf. Die Heere mischten sich. Marduk, der Krieg, war stärker als Tiamat, die Urmutter. Marduk warf sein Netz über sie und rang sie nieder. Er knebelte Tiamat, bis sie sich nicht mehr rühren konnte. Dann beugte er sich über sie und blies ihr in die Nase, so heftig, daß ihre Gedärme zerrissen und ihr Bauch aufplatzte. So verendete Tiamat.

Dann spickte Marduk den Leib der Urmutter mit seinen Pfeilen, fesselte die Leiche und schnitt sie der Länge nach entzwei. Die eine Hälfte hob er nach oben und hielt so die Wasser des Himmels zurück. Die andere senkte er nach unten und hielt so die Wasser der Erde zurück. Und so führte er die Trennung von oberem Wasser und unterem Wasser noch einmal aus, diesmal nach seiner Maßgabe. Aber auch Marduk war im Kampf verletzt worden, und auch er starb.

Ich sagte, Marduk und Tiamat haben vor dem Krieg all diese irrlichternden Wesen, diese wesenhaften Ideen, um sich geschart und aufgeteilt in zwei Heere. Sie alle, sagte ich, haben an diesem Krieg teilgenommen, entweder auf der Seite Marduks oder auf der Seite Tiamats. Das war nicht ganz richtig.

Es gab ein Wesen, dieses Wesen repräsentierte die Idee der Zeit, und dieses Wesen, eben weil es die Zeit repräsentierte und sowohl Vergangenheit als auch Gegenwart als auch Zukunft war und deshalb voraussah, daß der Krieg mit der Vernichtung oder Beschädigung aller enden wird, deshalb beteiligte sich dieses Wesen nicht an diesem Krieg.

Dieses Wesen hat ebenfalls eine Entsprechung in der griechischen Mythologie, nämlich Prometheus. Auch Prometheus beteiligte sich nicht am ersten Krieg, dem Krieg der Titanen gegen die Götter. Er, der Voraussehende, repräsentierte die Idee der Zeit, auch er wußte, wie dieser Krieg enden wird.

Die Zeit also stand abseits und sah zu, wie die anderen stritten. Da flogen die Späne, da spritzte das Blut, und um nichts abzubekommen, um sich nicht zu beschmutzen, hob dieses Wesen den Unterarm vor das Gesicht, und sein Unterarm wurde beschmutzt vom Blut der Kämpfenden.

Als der Krieg zu Ende war, waren alle Wesen entweder ausgelöscht oder verwundet – bis auf eines, und dieses eine Wesen war die Zeit, und sie gab sich einen Namen und nannte sich Jahwe, das heißt Ich-bin-der-ich-Bin oder Ich-bin-Da.

Wir sagen: Gott.

Der Geist Gottes, so heißt es am Beginn der Genesis, schwebte über dem Chaos, dem Tohuwabohu.

Tohu und Bohu, das sind der Abgrund in die Finsternis und der dünne Lichtstrahl am Horizont, die Hoffnungslosigkeit und die Hoffnung – Gegensätzlichkeit, potentielle Dynamik. Das Chaos enthält alles, aber alles in ungeordneter Form.

Als er über diesem Chaos schwebte, entschloß sich Gott, das Chaos neu zu ordnen. Aus den Sagen,

Mythen, Legenden, Märchen, die die Bibel wie Schatten von Anfang an umschwirren, erfahren wir, Gott habe die Dinge dieser Welt nicht erschaffen, sondern lediglich geordnet. Erschaffen habe er nur eines.

»Ein Reich will ich gründen«, sagte er, »das so ewig ist wie die Zeit und so prächtig, daß die Zukunft, ohne sich zu schämen, zurück in die Vergangenheit blicken kann.«

Als er sich nun ein Bild machte von der Situation, merkte er, daß die Haut an seinen Unterarmen zu jukken begann. Und da erst sah er, daß sich das Blut der Krieger, das auf seinen Unterarm gespritzt war, zu Buchstaben formiert hatte, zu Schriftzeichen, die aussahen wie Tätowierungen.

Und diese Schriftzeichen auf seinem Unterarm begannen mit Gott zu reden.

»Wir wollen dir helfen«, sagten sie.

»Warum denkt ihr, ich könnte eure Hilfe brauchen?« fragte er.

»Du willst fertig werden mit dem, was vom Krieg übriggeblieben ist«, sagten die Schriftzeichen auf seinem Arm. »Und wir, wir stammen ab von dem, was übriggeblieben ist.«

Das sah Gott ein.

»Gut«, sagte er, »ich will eure Hilfe annehmen.«

»Beginn deine Schöpfung mit mir!« riefen da die Schriftzeichen durcheinander. »Mit mir! Mit mir!«

Was soll das? Was wollten sie? Mit einem Machtwort kann Gott alles zu dem machen, was es von da an sein wird. Und der erste Buchstabe dieses Machtworts, das wollte jeder Buchstabe auf dem Unterarm Gottes sein.

Den hebräischen Buchstaben entsprechen Zahlenwerte, je weiter zum Ende des Alphabets hin, desto höhere Zahlen bezeichnen sie. Die letzten Buchstaben bildeten sich ein, sie seien, weil sie die höchsten Zahlen repräsentierten, auch die wichtigsten. Sie stellten Bedingungen. Unverschämt waren sie, größenwahnsinnig. Jeden einzelnen Buchstaben hörte er sich an. Und er war nicht zufrieden.

Gott wischte sie vom Arm: »Mit euch will ich meine Schöpfung nicht beginnen!«

Am Ende blieben nur zwei Buchstaben übrig. Das Beth und das Aleph. Beth ist der zweite Buchstabe, und er symbolisiert die Zahl zwei. Außerdem ist er auch das Symbol für das Haus.

Beth sagte: »Mach deine Schöpfung, wie sie dir vorschwebt, aber bau sie wie ein Haus.«

»Warum?« fragte Gott.

»Weil das Haus etwas Gutes ist.«

»Warum?«

»Weil das Haus etwas Sicheres ist.«

»Warum?«

»Weil es das Gegenteil von Chaos ist. Es enthält alles, aber alles ist geordnet. Deine Schöpfung wird nur dann gut sein, wenn sie in der Lage ist, das Gegensätzliche, das im Chaos enthalten ist, zu vereinen.«

Beth, die Zahl zwei, sagte das.

»Bau deine Schöpfung nach dem Prinzip der Zahl zwei, nach dem Prinzip Beth! Dann erst wird sie ewig sein wie die Zeit.«

Das gefiel Gott, und er sagte: »Ich werde meine Schöpfung mit dir beginnen.«

Dann wandte er sich dem Aleph zu und fragte: »Was ist mit dir, was kannst du mir bieten?«

Aleph sagte: »Ich bin das Eins, aus mir kann nichts entstehen, ich bin das Alles und das Nichts. Ich grenze an nichts an, ich bin nur für mich, ganz allein. Mit dem Chaos habe ich nichts zu tun. Mit dem Chaos will ich nichts zu tun haben.«

»Womit hast du zu tun?« fragte Gott. »Womit willst du zu tun haben?«

»Mit dir«, sagte das Aleph. »Nimm mich, und mach mich zu deinem Zeichen!«

Das gefiel Gott. Er nahm Aleph als sein Zeichen. Gott ist das Eins. Er ist der Einzige. Neben ihm ist keiner. Keiner grenzt an ihn an. Er ist das Alles und das Nichts. So begann Gott, das Chaos zu ordnen.

Anders, als uns in der Bibel erzählt wird, erzählen die Mythen und die Sagen, er habe nicht von Anfang an gewußt, wie er das machen soll. Er probierte. Probierte und war immer darauf bedacht, das Versprechen, das er Beth gegeben hatte, einzuhalten: Alles sollte nach dem Prinzip der Einheit der Gegensätze gestaltet werden.

Zunächst knetete er Feuer und Schnee. Aber die beiden waren einander gegensätzlich, und ihr Antagonismus war nicht fruchtbar. Dann hängte er sieben Himmel und sieben Meere an seine Arme und wollte sie durch Schaukelbewegung vereinen. Das Ergebnis befriedigte ihn nicht.

Ein besonders gefinkelter Mythologe hat ausgerechnet, daß Gott erst nach neunhundertvierundsiebzig Versuchen so etwas wie eine brauchbare Weltschöpfungsstrategie gefunden habe. – Wie das ein Mensch ausrechnen kann? Keine Ahnung!

Aber schließlich hatte Gott eine Vorstellung gewonnen, wie das Chaos geordnet werden könnte. Er faßte einen Plan. In sieben Tagen sollte die Welt erschaffen sein.

Bevor wir näher auf diesen Plan eingehen, wollen wir das Chaos noch einmal betrachten. Woraus bestand das Chaos? Aus zerschlagenen, angeschlagenen, verletzten, entmachteten Teilen der früheren Welt, der Welt von Apsu und Tiamat. Und diese Teile hatten jedes für sich eine Wesenheit, jedes Teil stand für eine Idee. Die stärkste aller Ideen, eben weil sie sich nicht an dem Krieg beteiligt hatte, war die Idee der Zeit, aus ihr war Gott hervorgegangen. Aber die anderen, die besiegten, verwundeten, entmachteten Wesen, waren ebenfalls noch da, sie irrten beziehungslos herum, und diese Beziehungslosigkeit war das Chaos.

Das stärkste dieser herumirrenden Wesen repräsentierte die Idee des Lichts, sein Name war Helel ben Schachar, der Sohn der Morgenröte, Träger des Lichts. Er war der gefährlichste Konkurrent für Gott. Um einen Streit und einen neuen Krieg zu vermeiden, machte Gott Helel ben Schachar zu seiner rechten Hand, zu seinem Liebling, zu seinem Stellvertreter. – Punkt eins in Gottes Plan hatte diese Vereinbarung zum Inhalt.

Darum heißt es: Am ersten Tag schuf Gott das Licht.

Helel ben Schachar – was für ein schöner Name! Als ich ihn zum ersten Mal las, habe ich ihn den ganzen Tag halblaut vor mich hin gesprochen. Es hat sich allerdings eingebürgert, ihn bei seinem lateinischen Namen zu nennen. Licht heißt lux, tragen heißt ferre: Es ist Luzifer.

Am zweiten Tag trennte Gott die Wasser voneinander, trennte das obere vom unteren und hob die Erde aus dem Meer.

Am dritten Tag machte er etwas, was jeder Architekt,

jeder Städteplaner macht, nämlich ein Modell. Er stellte sich auf die Erde und zirkelte ein Gebiet ab, so groß, wie sein Blick reichte. Hier sollte im Kleinen ein Prototyp der Schöpfung entstehen: der Garten Eden. Das Ideal. Das Paradies.

Er wollte ein Ideal schaffen. Gegen die Vereinbarung mit Beth, dem zweiten Buchstaben, wollte Gott ein Ideal schaffen.

Beth hatte ihn gewarnt: »Nicht das Ideal, sondern das Unfertige, das, was ewig im Entstehen begriffen ist, das sollst du machen.«

Wenigstens ausprobieren wollte Gott das Ideal, wenigstens ausprobieren! Etwas Schöneres als Eden hat es nie gegeben und wird es nie mehr geben! Eden war dunkel, und was dunkel ist, kann schön sein, seine Schönheit nützt niemandem. Darum bat Gott den Luzifer, er möge dem Paradies Licht geben.

Luzifer betrat den Garten, prächtig war der Liebling anzuschauen, geschmückt war er mit Diamanten und Jasminen, mit Saphiren und Kristallen, und er gab dem Garten Eden sein wunderbares Licht. Luzifer stand in der Mitte des Gartens, dort, wo Gott gestanden hatte, als er den Garten schuf. Er stellte sich in die Fußstapfen Gottes und verströmte sein Licht. Und da sah er, daß die Fußstapfen Gottes nur um ein Geringes größer waren als seine Füße.

Da dachte sich Luzifer: »Ein schöner Garten. Ja. Nie hat es etwas Schöneres gegeben. Nie wird es etwas Schöneres geben. Ja. Aber! Ohne mich ist diese Schönheit wie nichts. Ich, ich allein gebe diesem Garten seine wahre Schönheit!«

Und er betrachtete wieder die Fußabdrücke Gottes.

Und er dachte: »Nur um ein Winziges sind seine Füße größer als die meinen. Man wird es nicht merken.« Und Luzifer beschloß, sich gegen Gott zu erheben.

Er rief hinaus in die weite, neue Welt: »Ich werde mich auf Gottes Thron setzen! Ich werde herrschen!«

Luzifer dachte wohl, einige dieser anderen Wesen, die nach dem Krieg im Chaos herumgeirrt waren, die Gott hinter sich geschart hatte, würden von Gott abfallen und sich auf seine Seite stellen. Und vielleicht wäre das ja auch geschehen, und alles, was ist bis zum heutigen Tag, würde unter der Herrschaft Luzifers stehen, wenn da nicht eines dieser Wesen auf der Stelle widersprochen hätte, ein Engel mit einem Flammenschwert in der Hand.

Der schrie Luzifer an: »Wer ist wie Gott?«

Und damit hat er sich seinen Namen gegeben. Denn Wer-ist-wie-Gott heißt Michael. Es war der Erzengel Michael.

Und Gott schmetterte seinen Blitz auf Luzifer, und Luzifer stürzte nieder. Und sein Sturz eröffnete die Hölle, und dahinein stürzte Luzifer. Dort lag er verwirrt, voller Haß und Zorn und auch voller Trauer, und dort liegt er bis zum heutigen Tag.

Im Sturz riß er ein Stück des lebendigen Himmels mit sich. Nur mühsam wuchs diese Wunde des Himmels wieder zusammen. Durch diese Narbe schimmert die Herrlichkeit Gottes. Noch heute können wir diese Narbe am klaren Nachthimmel sehen: Das ist die Milchstraße.

Und dieses Stück Himmel in seiner Hand ermöglichte dem Luzifer in Zukunft, wann immer er wollte, in den Himmel zu steigen. Ohne dieses Stück Himmel

in Luzifers Hand hätte Goethe sein wichtigstes Bühnen-
stück anders konzipieren müssen, jedenfalls ohne den
Prolog im Himmel.

Am vierten Tag, so lesen wir in der Bibel, schuf Gott
die Sonne. Das Licht war mit Luzifer gefallen. Aber
die Welt sollte gesehen werden. Deshalb schuf Gott die
Sonne. Ein neues Licht für seine Schöpfung.

Dann schuf er die Pflanzen und die Tiere.

Da juckte die Haut auf seinem Unterarm, und es meldete sich der Buchstabe Beth.

Beth sagte: »Siehst du, wo du im Garten Eden
gestanden bist, dort wächst ein Baum. Dieser Baum
wächst aus deinen und aus Luzifers Fußspuren. Dieser Baum soll dich immer daran erinnern, daß du mir
versprochen hast, deine Welt nach meinem Prinzip zu
erschaffen, nämlich nach dem Prinzip der Vereinigung
der Gegensätze. Es gibt das Ideal nicht. Dieser Baum
inmitten des Paradieses wird Früchte tragen, und die
Früchte werden das Gute und das Böse enthalten.
Und wer davon ißt, der wird das Gute und das Böse
erkennen.«

Am Morgen des sechsten Tages besah sich Gott sein
Werk und sagte sich: »Ich habe die Erde neu geordnet.
Ich habe den Himmel neu geordnet. Ich habe die irrlichternden Wesen unter meiner Krone vereint, habe Engel
und Erzengel aus ihnen gemacht, und nur einer ist von
mir abgefallen. Und ich habe das Gute und das Böse
voneinander getrennt.«

Und dann mußte er sich eingestehen: »Ich habe ja
nichts Neues erschaffen. Ich habe das Alte geordnet und
geheilt. Mehr nicht.«

Und er entschloß sich zu einer eigenen Schöpfung:

Er schuf den Menschen. Am Abend des sechsten Tages schuf er den Menschen.

Der Mensch war Gottes originäres Werk. Zu ihm wird er sagen: »Mach dir die Erde untertan!«

Denn Gott wollte, daß sein Geschöpf über alle anderen Geschöpfe herrsche.

ADAM UND EVA

Gott nahm Erde von allen Teilen des Landes. Er legte sie auf einen Haufen, knetete den Haufen, spuckte darauf, durchmischte ihn und formte daraus den Menschen. Und Gott nannte den Menschen Adam. Nach dem Namen der Erde: Adama.

Er machte den Adam riesengroß, und Adam lag ausgestreckt auf der Erde, und er reichte von einem Ende zum anderen, von Norden nach Süden, und seine Arme zeigten von Osten nach Westen.

Aber Adam lebte nicht.

Da erinnerte sich Gott an den Kampf zwischen der Urmutter Tiamat und Marduk, dem Inbegriff des Krieges. Marduk hatte Tiamat getötet, indem er seinen Atem in ihre Nase blies.

Und Gott hielt Zwiesprache mit dem Buchstaben Beth auf seinem Unterarm, und er sagte: »Ist es wahr, daß Leben und Tod Gegensätze sind?«

»Es ist wahr«, sagte Beth.

»Ist es wahr, daß es keinen größeren Gegensatz gibt als den zwischen Leben und Tod?«

»Es ist wahr.«

»Und dennoch läßt sich nach deinem Prinzip auch dieser Gegensatz vereinen?«

»Das ist wahr«, sagte Beth.

»Also kann man«, sagte Gott, »auf die gleiche Weise, wie man Leben nimmt, auch Leben geben.«

Und er blies dem Adam in die Nase und hauchte ihm auf diese Weise Leben ein.

Und das war die Seele des Adam. Und weil Gott voraussah, daß es Tage geben wird, an denen Adam an seiner Seele verzweifelt und sich die Seele aus dem Leib reißen möchte, verankerte er die Seele tief im Menschenleib.

Dann richtete er den Adam auf, er war riesengroß, seine Schultern reichten bis zu den Wolken. Und Gott sah seinem Wesen ins Gesicht. So lange sah er seinem Wesen ins Gesicht, bis sich seine Gesichtszüge auf Adam übertrugen. So hat Gott den Adam nach seinem Ebenbild erschaffen.

Wenn wir in den Spiegel schauen: Sieht so Gott aus? Nicht ganz, nicht ganz…

Es gibt eine alte Überlegung, die relativiert unsere Ebenbildlichkeit mit Gott. Rahel, die Frau des Jakob, heißt es da, soll die schönste Frau ihrer Zeit gewesen sein. Im Vergleich zu ihr habe die griechische Helena wie eine verschrumpelte Äffin ausgesehen. Rahel wiederum habe im Vergleich zu ihrer Vorfahrin Sara, der Frau des Abraham, wie ein Affenweib ausgesehen. Aber Sara, die noch mit hundert so schön war, daß der Pharao vor ihr in die Knie ging, Sara soll neben Eva, der ersten Frau überhaupt, wie die häßlichste aller Kröten gewirkt haben. Und Eva wiederum soll im Vergleich zu Adam ausgesehen haben wie eine Maulwurfsgrille, und Maulwurfsgrillen werden, wie allgemein bekannt, nur noch von Nacktmullen an Häßlichkeit übertroffen. Adam aber, Gottes Ebenbild, sei Ebenbild gewesen nur in dem Sinn, wie die Asche Ebenbild des Feuers sei – nicht mehr und nicht weniger ... Diese Legende sollten wir nicht vergessen, wenn wir in den Spiegel schauen.

Gott hatte also erneut mit dem Buchstaben Beth eine Vereinbarung getroffen, daß er seine Schöpfung nach dem Prinzip der Vereinigung der Gegensätze gestalte und also nicht versuche, etwas Vollkommenes zu schaffen. Aber kann man etwas schaffen wollen ohne die Ambition, es in vollkommener Form aus der Hand zu geben? Nein, das kann ein Mensch nicht. Und ein Gott sollte es können?

Also dachte Gott bei sich: »Ich werde mich nicht um mein Versprechen kümmern. Und wenn gemacht ist, was ich machen will, dann wird sein, was ist.«

Er wollte diesen Adam einzig und ewig machen, unsterblich und allein. Denn zwei gibt es nur dort, wo es kein ewiges Leben gibt, das heißt, wo das eine stirbt und das andere aus dem einen hervorgeht. Gott war stolz auf Adam.

Und als sich Adam zu seiner vollen Größe erhob, erschraken die Engel. Die einen meinten, da erhebe sich einer gegen Gott, und sie rüsteten sich zum Angriff. Die anderen meinten dasselbe und wollten desertieren. Und eine dritte Gruppe hatte einfach nur Angst und versteckte sich.

Aber Gott sagte: »Niemand, der mich liebt, braucht sich vor Adam zu fürchten. Aber wer mich nicht liebt, der muß sich von nun an doppelt fürchten.«

Da begaben sich Engel und Erzengel auf ihre Plätze. Und sie warteten ab. Die Engel schauten auf die Erzengel, und die Erzengel schauten auf Gott. Da meldete sich die Erde zu Wort, zum ersten und zum letzten Mal.

Sie murrte, sie sagte zu Gott: »Wie soll ich dieses Wesen ernähren?«

»Er wird sich von deinen Früchten ernähren.«

»Gut, sein Leib wird sich von meinen Früchten ernähren«, sagte die Erde. »Aber wovon wird sich seine Seele ernähren? Darauf bin ich nicht vorbereitet. Ich weiß nicht, wie man eine Seele ernährt.«

Da erfand Gott den Schlaf.

»Ich weiß nicht, ob die Seele je hungrig werden wird«, sagte Gott, »aber wenn, dann wird sie der Schlaf ernähren.«

Dann war ein halber Tag vergangen, und der Leib Adams hatte Hunger. Und Adam aß. Zu Mittag aß er die halbe Erde leer. Und am Abend hatte er schon wieder Hunger.

»Wenn er am Abend die andere Hälfte leer ißt«, sagte der Erzengel Michael zu Gott, »dann wird er übermorgen verhungern.«

»Was soll ich tun?« fragte Gott.

»Mach ihn kleiner«, riet Michael.

Da nahm Gott so viel Erde von Adams Körper, bis er kleiner war als ein Baum. Und was machte er mit dem übriggebliebenen Lehm? Den deponierte er draußen vor dem Paradies, gleich neben dem Tor.

Dann ließ Gott die Engel antreten, und er sagte zu ihnen: »Seht her! Dieser da ist mein Liebling! Ihn habe ich geschaffen. Ich! Ich möchte, daß ihr vor ihm niederkniet. Ich möchte, daß er euch mehr gilt, als ihr euch geltet. Ihr sollt wissen, er steht über euch. Kniet euch nieder vor ihm!«

Die Engel schauten auf die Erzengel, und die Erzengel schauten sich gegenseitig an. Und dann blickten alle auf Michael. Und Michael beugte sein Knie vor Adam. Gabriel folgte. Und Raphael und Uriel, sie knieten sich nieder vor Adam.

Aber da war einer der Erzengel, Samael hieß er, der sagte zu Gott: »Einen Augenblick! Natürlich werde ich mich vor deinem Geschöpf niederknien. Aber wäre es nicht peinlich, für dich peinlich, wenn wir uns jetzt alle vor Adam niederknieten, und dann stellte sich heraus, er ist immer noch nicht ganz fertig. Dann müßten wir uns noch einmal vor ihm niederknien. Eine Korrektur hast du bereits an ihm vornehmen müssen, hast ihn kleiner gemacht. Woher soll ich wissen, ob du ihn vielleicht nicht wieder völlig umbaust?«

»Was willst du, Samael?« fragte Gott.

»Man sollte ihn testen«, sagte Samael.

»Wie meinst du das?«

»Er ist aus Dreck gemacht, ich bin aus Licht gemacht. Es könnte doch sein, daß Licht doch besser ist als Dreck.«

»Teste ihn, Samael!« sagte Gott.

»Ich?« sagte Samael, nun doch verlegen.

»Ja, du!« sagte Gott.

»Und wie soll ich ihn testen?«

»Angenommen, Adam weiß etwas, was du nicht weißt.«

»Was ist dann?« fragte Samael, und er zwinkerte unsicher.

»Machen wir es so«, sagte Gott »drei Versuche. Wenn Adam dreimal etwas weiß, was du nicht weißt...«

»Dann beuge ich vor ihm mein Knie«, ergänzte Samael das Wort Gottes.

»Nein«, sagte Gott, »dann brauchst du dich erst gar nicht niederzuknien. Dann wird dich Michael nach draußen begleiten, und du sollst dorthin gestürzt werden, wohin vor dir Luzifer gestürzt wurde.«

Da konnte Samael nicht mehr widersprechen.

Gott befahl, daß sich Adam und Samael nebeneinanderstellten. Dann rief er die Tiere herbei.

»Jedes dieser Tiere hat einen Namen. Aber die Namen sind noch nicht ausgesprochen. Sie ruhen in den Tieren. Weißt du die Namen?« fragte er Samael.

Gott stellte ein Tier vor Samael hin, ein kleines Tier mit langen Ohren und einem Stummelschwanz. Samael meinte, er könnte den Namen im Kopf ausrechnen. Er zählte die Haare des Tieres und rechnete und rechnete, maß die Länge der Ohren. Aber er konnte nicht herauskriegen, wie das Tier hieß.

Er mußte eingestehen: »Ich weiß es nicht.«

Und Gott sagte zu Adam: »Probier du es!«

Aber Gott war parteiisch. Er stellte die Frage an Adam so, daß der erste Buchstabe der Frage auch der erste Buchstabe des Tieres war.

Er sagte: »H-h-h-ast du eine Ahnung, Adam, wie dieses Tier heißt?«

Und Adam sagte: »Das ist der H-h-hase.«

Und dann führte Gott ein zweites Tier vor. Es war größer, ging auf vier Beinen, hatte zwei Höcker auf dem Rücken. Und Samael wußte den Namen auch dieses Tieres nicht.

Und Gott sagte zu Adam: »K-k-k-annst du mir den Namen dieses Tieres sagen, Adam?«

Und Adam sagte: »Das ist das K-k-k-amel.«

Das dritte Tier, das Gott aus der Schar der Tiere holte, war klein, und es summte, und es hatte Flügel, die waren durchsichtig. Und Samael wußte den Namen nicht.

Und Gott sagte zu Adam: »B-b-bist du in der Lage, Adam, den Namen dieses Tieres zu nennen?«

Und Adam antwortete: »Das ist die B-b-biene.«

So hat Adam etwas gekonnt, was Samael nicht konnte.

Und Gott sagte zu Samael: »Wir haben eine Abmachung getroffen. Jetzt werde ich dich in die Hölle stürzen.«

Und er gab Michael den Befehl, Samael aus dem Paradies zu führen. Michael führte Samael aus dem Paradies. Als sie draußen vor dem Tor standen, dort, wo der Haufen Lehm lag, den Gott vom Leib Adams genommen hatte, um ihn kleiner zu machen, da blieb Samael stehen.

Und er sagte zu Michael: »Überleg dir, Michael, was du tust. Wenn wir drei, Luzifer, du und ich, uns zusammentun, dann können wir ihn stürzen, dann können wir nach unseren Regeln eine neue, eine bessere Schöpfung machen, eine Schöpfung, die keine Korrekturen nötig hat.«

Aber Michael sagte: »Nein.«

Und Samael sagte: »Du wirst sehen, es wird die Zeit kommen, da wirst du ihn anlügen.«

»Niemals kommt diese Zeit«, sagte Michael.

»Vielleicht wirst du ihn nicht anlügen«, sagte Samael, »aber du wirst ihm nicht die Wahrheit sagen.«

»Was ist der Unterschied?« fragte Michael.

»Wenn es soweit ist, wirst du den Unterschied kennen«, sagte Samael.

Und ehe es sich Michael versah, spuckte Samael auf den Haufen Lehm, der neben dem Tor zum Paradies lag. Und Michael hat es nicht verhindern können. Und nun schmetterte Michael den Samael in die Hölle. Aber Samael klammerte sich an Michaels Flügeln fest und riß eine Feder aus. Und mit Hilfe dieser Feder kann Samael in Zukunft, wann immer er will, auf die Erde steigen, um die Nachkommenschaft Adams zu schikanieren.

Dann sagte Gott zu Adam: »So, nun mach du weiter! Gib auch den anderen Tieren Namen! Sag jedem einzelnen Tier, wie es heißen wird!«

Und Gott ließ die Tiere vor Adam antreten, und Adam zeigte mit dem Finger auf ein Tier nach dem anderen und gab ihnen Namen. Eine unendlich lange Reihe war das.

»Schnecke! Gans! Barsch! Madenwurm! Amsel! Blauwal! Löwe! Milbe ...«

Adam betrachtete die Tiere, die da vor ihm standen, und er sah, daß die Tiere immer zu zweit kamen. Er sah, daß es Männlein und Weiblein waren.

»Fuchs und Füchsin! Katze und Kater! Kuh und Stier! Maikäfer und Maikäferin. Spatz und Spätzin ...«

Und die Tiere warteten, bis sie drankamen, und es schien Adam, als warteten sie gern. Sie schmiegten sich aneinander, Männlein an Weiblein.

»Hengst und Stute! Wolf und Wölfin! Ratte und Rättin ...«

Die Tiere sahen sehr glücklich aus, sie hatten es gar nicht eilig. Sie liebten sich, sie vereinigten sich, sie brachten Junge zur Welt, gründeten Familien.

»Hund, Hündin, Welpe! Rehbock, Reh, Kitz...«

Adam sah zu, und er wurde neugierig, und er wurde aber auch traurig. Denn er war allein.

Er sagte zu Gott: »Warum bin ich allein? Ich sehe, das Schaf hat einen Widder an seiner Seite. Der Hund hat eine Hündin an seiner Seite. Der Rabe hat die Räbin. Die Katze den Kater. Sie neigen sich einander zu, und sie sind glücklich. Sie lieben sich und bringen Junge zur Welt, und sie gründen Familien. Und ich bin allein.«

Gott sagte: »Du bist einmalig.«

»Ja, ich bin einmalig«, sagte Adam und gab den Tieren weiter Namen.

In einem Talmud-Traktat heißt es, Adam habe versucht, die Tiere nachzumachen. Er habe versucht, sich mit den Tieren zu vereinigen. Aber er sei dabei nicht glücklich geworden, und da sei der Stachel der Langeweile in sein Herz eingedrungen. Und Langeweile macht böse.

Und als Gott ihn wieder besuchte, habe ihm Adam nicht in die Augen gesehen, und auf seine Fragen habe er nur widerwillig geantwortet. Er sei bockig gewesen. Und Gott sah, daß die Seele Adams hungrig war. Und Gott schickte den Schlaf in Adams Seele.

Adam schlief, und der Schlaf hat seine Seele erquickt. Aber als er aufwachte, war er immer noch allein.

Er trat vor Gott und sagte: »Ich möchte nicht mehr allein sein.«

»Was willst du?« fragte Gott.

»Ich möchte auch ein Weib haben.«

Gott hatte Mitleid mit seinem Geschöpf, und er sagte: »Gut, ich werde darüber nachdenken.«

Dann hat Gott nachgedacht, und er sagte zu Adam: »Dreh dich um!«

Adam drehte sich um, und Gott modellierte aus Adams Hinterkopf das Gesicht einer Frau, und aus Adams Rücken modellierte er den Körper einer Frau.

»Jetzt bist du nicht mehr allein«, sagte er zu ihm.

Warum hat Gott das so gemacht? Er dachte, vielleicht kann ich ihn doch noch als einmaliges Wesen behalten, wenn ich aus ihm ein Doppelwesen in einer Person mache, so ist er immer noch einmalig und wird wohl Ruhe geben.

Aber Adam gab keine Ruhe. Er hatte ja gesehen, wie sich die Tiere einander zuneigten, wie sie sich voll Liebe in die Augen sahen. Wie sollte er seinem Hinterkopf in die Augen sehen? Wie sollte er sich seinem Rücken zuneigen?

»Es geht nicht«, sagte Adam zu Gott. »Es macht mich nicht glücklich. Es macht mich nur noch trauriger.«

»Was willst du?« fragte Gott.

»Ich will eine Frau haben«, sagte Adam.

Gott sagte: »Ich werde darüber nachdenken.«

Gott beriet sich mit dem Erzengel Michael.

»Was meinst du?« fragte er ihn.

»Er wird keine Ruhe geben«, sagte Michael.

»Ich fürchte auch«, sagte Gott. »Ich werde ihm eine Frau machen. Es bleibt mir nichts anderes übrig.«

Und Gott kratzte sich am Unterarm.

Und er sagte zu Michael: »Draußen vor dem Tor des Paradieses, dort liegt doch noch der Haufen Lehm, der vom ersten Entwurf übrig ist. Ich werde aus diesem Lehm eine Frau für Adam machen.«

Da erschrak Michael, denn er erinnerte sich, daß

Samael auf diesen Lehm gespuckt hatte, bevor er in die Hölle gestürzt wurde.

Michael sagte zu Gott: »Das... das... ist vielleicht keine so gute Idee... Warum gerade diesen Lehm?«

»Warum nicht«, sagte Gott. »Es wird Adam guttun, wenn seine Frau aus demselben Stoff ist wie er.«

»Vielleicht ist dieser Lehm schon alt«, stammelte Michael. »Ich will doch lieber frischen Lehm holen...«

Aber Gott sagte: »Nein, ich werde Adams Weib aus diesem Lehm machen.«

Samaels Prophezeiung erfüllte sich: Michael hat Gott zwar nicht angelogen, aber er hat ihm auch nicht die Wahrheit gesagt. Er wagte es nicht, ihm zu sagen, daß Samael, der Teufel, auf diesen Lehm gespuckt hat. Denn er befürchtete, Gott würde ihn schelten, weil er es nicht verhindert hat.

Gott nahm also von dem Lehm, der draußen vor dem Tor des Paradieses lag, und formte daraus eine Frau. Und er gab der Frau einen Namen. Er nannte sie Lilith.

Gott machte Lilith wunderschön und führte sie dem Adam zu. Adam verliebte sich in Lilith.

Aber bevor die Nacht kam und Lilith und Adam sich niederlegten, holte Gott die Frau noch einmal zu sich und sagte zu ihr: »Daß wir uns richtig verstehen! Er ist der erste. Du bist die zweite. Du sollst ihm untertan sein, du sollst dem Mann unterlegen sein!«

Und das hat Gott wortwörtlich gemeint: »Du sollst unter ihm liegen!«

Aber Lilith wollte nicht die Unterlegene sein. Und sie wollte nicht unter Adam liegen, wenn sie sich liebten. Und sie wollte nicht zusehen, wenn er den Tieren

Namen gab und dabei so umständlich vorging – Mücke, Elefant, Wurm, Blauwal... Sie mischte sich ein.

»Was machst du da!« sagte sie. »Du nimmst den Wurm nach dem Elefant dran und den Flamingo nach der Schnecke.«

»Warum denn nicht?« fragte Adam.

»Soll die Natur denn keine Ordnung haben?« sagte Lilith.

»Warum denn?« fragte Adam.

»Damit man sich auskennt.«

»Wer soll sich auskennen?«

»Damit wir uns auskennen. Wir und unsere Kinder.«

»Unsere Kinder?«

»Willst du keine Kinder?«

»Wie die Tiere?«

»Nicht so wie die Tiere. Anders als die Tiere.«

»Das verstehe ich nicht.«

»Weil du die Natur nicht verstehst.«

»Und warum verstehe ich die Natur nicht?«

»Weil du keine Ordnung in die Natur bringst.«

»Und wie bringe ich Ordnung in die Natur?«

»Zum Beispiel, indem du die Tiere in Gruppen einteilst. In solche, die Eier legen, und solche, die keine Eier legen. Solche, die fliegen, und solche, die nicht fliegen. Solche, die vier Beine haben, und solche, die sechs Beine haben, und solche, die acht Beine haben.«

Adam gefiel das nicht, und er beschwerte sich bei Gott: »Sie tut nicht, was ich will. Und sie will, daß ich Dinge tue, die ich nicht will.«

Und Gott sagte: »Man muß vielleicht Geduld mit ihr haben.«

Und Adam hatte Geduld mit ihr. Aber Lilith wollte

nicht unterlegen sein. Sie wollte es nicht. Und sie wollte Ordnung in die Natur bringen. Da gab es Streit. Streit zwischen Adam und Lilith. Streit war in Gottes Plan nicht vorgesehen. Warum auch sollte ein vollkommenes Wesen wie Adam streiten? Mit Unbehagen beobachtete Gott seine Geschöpfe – und kratzte sich dabei am Unterarm...

Und dann hatte Adam keine Geduld mehr. Er wollte Lilith befehlen. Aber Lilith ließ sich nichts befehlen. Sie ging. Sie verließ Adam.

Sie ging in die Wüste. In der Wüste hausten Dämonen. Sie waren übriggeblieben aus der Zeit vor Gottes Schöpfung. Unbrauchbare Wesen, die kein Gesetz, keine Ordnung, keinen Sinn kannten, aber ungefährlich waren für Gottes Werk, weshalb er sich nicht um sie gekümmert hatte. Mit diesen Dämonen verkehrte Lilith. Es heißt, daß sie pro Tag mit tausend Dämonen verkehrte und daß sie tausend Kinder pro Tag zur Welt brachte, kleine, verführerische Quälgeister, nach Größe, Gewicht, Haarfarbe und Zahnstellung sortiert...

Gott sah den jammernden Adam und schickte Michael zu Lilith, damit er sie zur Vernunft bringe und zu Rückkehr und Disziplin überrede.

Michael sagte zu Lilith: »Wir beide, du und ich, wir wissen, warum du so bist, wie du bist, und ich bin daran nicht unschuldig. Also bitte ich, der größte der Erzengel, dich: Kehre zu Adam zurück.«

Lilith sagte: »Glaubst du, daß er mich jetzt noch will? Oder glaubst du, daß ich ihn noch will? Glaubst du wirklich, daß ich eine Hausfrau werden kann, eine ganz normale Hausfrau, nachdem ich mit den Dämonen der Wüste verkehrt habe? Nein!«

Das sah Michael ein.

Er trat vor Gott hin: »Ich kann dir keine Ratschläge geben, was deine Sache betrifft, aber ich glaube, du mußt eine neue Frau machen.«

Und Michael überredete Gott dazu, frische Erde dafür zu nehmen.

Gott dachte sich: Vielleicht ist es gut, wenn Adam Zeuge meiner Schöpferkraft wird. Wenn er zusieht, wie ich seine Frau aus Lehm forme. Wenn er gleich zu Beginn seines Daseins Einblick gewinnt in die Anatomie. Wenn ich ihn an meinem Geheimnis teilhaben lasse.

Er schöpfte mit seinem Fingernagel Erde von allen Kontinenten, rief Adam, bat ihn, sich niederzusetzen und ihm zuzusehen, und erlaubte ihm, Fragen zu stellen, wenn er etwas nicht verstehe, und begann den Lehm zu kneten. Spuckte darauf, knetete, walkte, spuckte abermals darauf, knetete. Bis ein glatter Teig war.

»Aus diesem Stoff habe ich dich gemacht«, sagte Gott zu Adam.

Adam nickte.

»Und aus diesem Stoff werde ich dir eine Frau machen.«

Adam nickte.

Gott begann mit dem Gesicht. Er strengte sich an, formte ein besonders zartes Gesicht.

»Weißt du«, sagte er zu Adam, »zuerst werdet ihr euch ansehen. Deshalb will ich ihr Gesicht als erstes machen.«

Es sollte ein freundliches Gesicht werden. Gott formte ein Lächeln, und in die Wangen drückte er Grübchen, die entzücken sollten.

Und Adam war entzückt. Voll Ungeduld und Verlangen sah er zu, wie unter Gottes Fingern langsam das Angesicht einer Frau aus der Erde entstand.

Als nächstes nahm sich Gott die Hände vor.

»Nachdem ihr euch in die Augen geblickt habt, werdet ihr euch berühren wollen. Deshalb mache ich als zweites die Hände«, sagte er.

Zarte, feingliedrige Hände machte Gott seinem neuen Geschöpf.

»Ich will deiner Frau einen Namen geben«, sagte Gott.

Adam nickte.

»Ich will, daß sie Eva heißt.«

Das war Adam recht.

Nun kam der Körper von Eva dran. Der Körper mußte von innen heraus aufgebaut werden. Adam hatte keine Ahnung, wie ein menschlicher Körper aufgebaut ist, er wußte nur, wie er von außen aussieht, weil er manchmal an seinem eigenen Körper hinabgesehen hatte.

Gott stellte zuerst das Knochengerüst auf, und dann hängte er die Innereien daran, die Leber, das Herz, die Lunge, die Gedärme.

Da war dann Adam nicht mehr so entzückt.

Er sagte zu Gott: »Du brauchst gar nicht weiterzubauen, ich werde dieses Wesen nie anrühren, es ekelt mich davor. Ich will das nicht. Du hast mir versprochen, du baust mir eine Frau. Das da will ich nicht haben.«

Er stand auf, drehte Gott den Rücken zu und ging.

Gottes Geduld war auf eine harte Probe gestellt. Aber Gott war geduldig mit seinem Wesen, er liebte Adam, und er überlegte. Er rief den Schlaf, befahl ihm, er solle in Adam fahren.

Als Adam bewußtlos vor ihm lag, entschloß sich Gott, Adams neue Gefährtin aus dessen Rippen zu schneiden. Und was geschah mit der unfertigen Eva, der ersten Eva? Auf deren Leib noch keine Haut war? Gott vergaß sie. Sie versteckte sich im Gebüsch, das so üppig im Garten Eden wuchs.

Gott betrachtete Adam, wie er dalag und schlief. Und da griff er in Adams Seite, nahm eine Rippe heraus und schuf aus dieser Rippe die Frau. Weil dieser Teil dem Herzen am nächsten liegt.

Am nächsten Tag wachte Adam auf. Er sah vor sich Eva, und sie war wunderschön. Er war zufrieden. Er führte sie durch den Garten Eden, zeigte ihr das Paradies.

»Das alles gehört uns.«

»Das alles?« fragte Eva.

Sie kamen in die Mitte des Gartens, wo der Baum der Erkenntnis von Gut und Böse wuchs.

»Das alles gehört uns«, sagte Adam zu Eva, »aber von diesen Früchten dürfen wir nicht essen. Gott hat es verboten.«

»Was ist, wenn wir es tun?« fragte Eva.

»Dann werden wir bestraft.«

»Was heißt das?«

»Dann sterben wir. Das hat Gott gesagt.«

»Was ist sterben?« fragte Eva.

»Sterben ist der Tod«, sagte Adam.

»Was ist der Tod?«

Das wußte Adam nicht. Noch war ja kein Wesen in seiner Welt gestorben. Wie konnten Adam und Eva dieses Verbot verstehen, wenn sie die Strafe nicht verstanden? Solange sie nicht wußten, was der Tod ist, so lange schreckte er sie nicht. Aber es gab für sie nur eine Möglichkeit herauszukriegen, was der Tod ist, nämlich vom Baum der Erkenntnis zu essen. Aber dann würden sie sterben. Das hieß: Den Tod verstehen und sterben sind eines.

Wer nicht weiß, fragt. Eva fragte. Damit war die Neugierde in die Welt gesetzt.

Die Spaziergänge durch den Garten Eden waren immer gleich. Am Ende langten Adam und Eva immer in der Mitte des Gartens an und standen vor dem Baum der Erkenntnis und fragten. Aber es gab nur Fragen. Vorläufig gab es nur Fragen. Antworten gab es noch keine.

Erinnern wir uns: Samael, der Engel, der sich geweigert hatte, vor Adam niederzuknien, er war in die Hölle gestürzt worden. Und er hatte dem Erzengel Michael eine Feder aus dem Flügel gerissen. Und mit Hilfe dieser Feder war es ihm und wird es ihm immer möglich sein, auf die Erde zu steigen, um dort sein Unheil anzurichten. Und das tat nun Samael.

Samael stieg aus der Hölle, kletterte in den Garten Eden und schlüpfte in eine Schlange.

Und eines Tages ergab es sich, daß Eva allein einen Spaziergang durch den Garten machte. Das heißt: Eva nahm erst gar keinen Umweg, sie ging schnurstracks zum Baum der Erkenntnis. In ihrem Kopf war die Frage erfunden worden, und in ihrem Kopf hatten sich mehr Fragen angesammelt als in Adams Kopf.

Sie stand vor dem Baum und dachte nach. Und da kam die Schlange auf sie zu. Und aus dem Mund der Schlange sprach Samael zu Eva.

»Wie geht es dir?«

»Ich weiß nicht, was du meinst«, sagte Eva.

Wir können erklären, warum sie so antwortete. Auf die Frage »Wie geht es dir?« gibt es zwei Antworten, nämlich entweder »gut« oder »schlecht«, und nur wenn beide Antworten möglich sind, ist auch die Frage selbst möglich. Was für einen Sinn hätte es zu fragen, wie es einem geht, wenn nur eine Antwort darauf möglich wäre.

Eva lebte im Paradies. Wie sollte es ihr dort schlechtgehen. Also war auf die Frage Samaels nur eine Antwort möglich. Also war die Frage als solche unsinnig.

Deshalb sagte Eva: »Ich weiß nicht, was du meinst.«

Samael hatte das Gespräch absichtlich so begonnen. Übrigens: Wunderte sich Eva nicht, daß ein Tier sprechen konnte? Offensichtlich wunderte sie sich nicht. Die Schamanen aller Welt können mit den Tieren sprechen, heißt es. Warum? Weil sie einen Spinnwebfaden in der Hand halten, der bis ins Paradies zurückreicht.

»Du stehst da und schaust den Baum an«, setzte Samael das Gespräch fort. »Was gibt es so Interessantes an dem Baum zu sehen?«

»Ich weiß es eben nicht«, sagte Eva. »Er sieht aus wie alle anderen Bäume auch, und trotzdem dürfen wir seine Früchte nicht essen.«

»Vielleicht sind die Früchte giftig?«

Und wieder fragte Eva: »Wie meinst du das?« Denn woher sollte sie wissen, was giftig bedeutet? Kann im Paradies etwas giftig sein?

»Giftig heißt«, sagte Samael, »daß du stirbst, wenn du davon ißt.«

»Ja, so ist es«, sagte Eva. »Aber ich weiß nicht, was sterben heißt. Und was der Tod ist, weiß ich auch nicht. Und Adam weiß es auch nicht.«

»Wenn du nicht weißt, was der Tod ist, woher weißt du dann, daß es ihn überhaupt gibt?«

»Weil es Gott gesagt hat«, antwortete Eva der Schlange.

»Dann weiß Gott, was der Tod ist?«

»Er weiß es.«

»Aber wenn er es weiß, warum sagt er euch nicht, was der Tod ist?«

»Diese Frage habe ich mir auch schon gestellt«, sagte Eva.

»Und welche Antwort hast du dir gegeben?« fragte Samael aus dem Mund der Schlange.

»Daß es nicht gut ist, wenn uns Gott sagt, was der Tod ist.«

»Ich glaube, du hast recht«, sagte Samael. »Du bist sehr klug, Eva.«

»Aber warum ist es nicht gut, wenn uns Gott sagt, was der Tod ist?« sprach Eva weiter.

Und Samael sagte: »Müßte man die Frage nicht anders stellen? Müßte man nicht fragen: Für wen ist es nicht gut?«

»Für Adam und mich ist es nicht gut«, sagte Eva.

»Nein«, sagte Samael. »Für Gott ist es nicht gut, euch zu sagen, was der Tod ist. Denn wenn ihr wüßtet, was der Tod ist, dann würdet ihr sein wie er. Und wenn ihr von diesem Baum eßt, dann wißt ihr, was der Tod ist. Denn dieser Baum heißt der Baum der Erkenntnis.«

Und dann hat Eva vom Baum der Erkenntnis gegessen.

Und sie hat zu Adam gesagt: »Ich habe vom Baum der Erkenntnis gegessen. Ich weiß nun, was der Tod ist.

Ich weiß, daß ich sterben werde. Und wenn ich sterbe, dann bist du wieder allein.«

Da hat auch Adam vom Baum gegessen.

Und sie hörten die Schritte Gottes, und sie versteckten sich im Gebüsch.

»Wo bist du, Adam?« rief Gott.

Adam trat hervor, und über seine Scham hatte er ein Feigenblatt gelegt.

Gott fragte: »Was tust du da? Was ist mit dir? Was hältst du da vor dich hin?«

»Ich hörte dich kommen«, sagte Adam, »und da habe ich gesehen, daß ich nackt bin. Und ich wollte nicht nackt vor dich hintreten.«

Gott sagte: »Woher weißt du, was nackt bedeutet? Du hast vom Baum der Erkenntnis gegessen!«

Adam sagte: »Ja, das habe ich. Die Frau, die du mir gemacht hast, hat mich verführt.«

Und nun trat auch Eva aus dem Gebüsch, und Gott fragte Eva: »Warum hast du vom Baum der Erkenntnis gegessen?«

Eva sagte: »Sie, die Schlange, hat mich verführt.«

Da wandte sich Gott an die Schlange, in der Samael steckte.

Gott verfluchte sie: »Weil du es getan hast, sollst du von nun an im Staub kriechen!«

Was?! Wie sah denn die Schlange aus, bevor sie verflucht wurde? Hatte sie etwa Beine? Ja, sie hatte Beine! Man weiß, wie sie ausgesehen hat. Ich bin nicht der erste, dem diese Frage in den Sinn kommt. Schon vor vielen Hunderten, Tausenden Jahren ist diese Frage gestellt worden. Die Mythen geben genaue Auskunft: Die Schlange hatte ausgesehen wie ein Kamel. Genau so. Sie hatte lange Beine, sie hatte ein Fell, sie hatte eine fleischige, ungespaltene Zunge.

Gott hackte der Schlange die Beine ab. Dann zog er ihr das Fell ab. Dann griff er ihr ins Maul und riß ihr die Zunge auseinander, so daß sie von nun an gespalten war. Nämlich, weil sie gespaltenes Zeug mit Eva geredet und die Frau dadurch in einen Zwiespalt gebracht hatte.

Aus dem Fell der Schlange machte Gott Kleider für Adam und Eva. Denn im Paradies durften die beiden nicht mehr bleiben, und draußen vor dem Paradies waren die Nächte kalt.

Gott gab Michael den Auftrag, die Menschen aus dem Garten Eden hinauszuführen. Und Gott schickte ihnen einen Fluch nach.

Zu Adam sagte er: »Du sollst im Schweiße deines Angesichts dein Brot verdienen.«

Zu Eva sagte er: »Du wirst unter Schmerzen die Kinder zur Welt bringen.«

Damit hatte sich abermals das Prinzip des Buchstaben Beth durchgesetzt: Es soll nicht möglich sein, etwas Ideales, etwas Vollkommenes zu erschaffen! Das Paradies, der Garten Eden, ist für ewig verloren.

KAIN UND ABEL

Von der Entdeckung des Feuers – Vom Schwitzen – Von
einem goldenen Widder und seiner Herde – Von der
Erfindung des Pflugs – Von der Frau an der Mauer – Von
einem großen Gewitter – Von der ersten Eva – Von Kains
Haß – Von den beiden Opfern – Vom Mord – Von einem
siebenfachen Fluch und einer siebenfachen Strafe

Adam, der erste Mensch, der Sohn der Erde, Eva, die
Mutter alles Lebendigen, wie ihr Name gedeutet wird –
sie sind aus dem Paradies vertrieben worden ...

Draußen waren die Nächte kalt und die Tage heiß.
Adam baute eine Hütte, die ihn und seine Frau vor der
Kälte schützen sollte und die Schatten gab, wenn die
Sonne das Land ausdörrte. Sie lernten den Hunger kennen. Sie lernten den Durst kennen. Die Früchte hingen
nicht mehr vor ihnen, so daß sie nur noch die Hand aus-
zustrecken brauchten, um sie zu pflücken. Und die Tiere
waren keine Freunde mehr. Entweder sie waren scheu
und liefen davon, oder sie waren Räuber und griffen an,
und man mußte vor ihnen auf Bäume flüchten oder die
Haustür verrammeln.

Die Erde trug wenig, zu wenig. Adam und Eva mußten sich abschinden. Ja, im Schweiße ihres Angesichts
mußten sie sich ihr Brot erarbeiten.

Oft genug machte sie das Brot nicht satt. Sie schlach-
teten Tiere. Kranke Tiere, die von den wilden Herden
zurückgelassen wurden. Mit Widerwillen aßen sie das
Fleisch. Sie hatten Hunger, sie waren verzweifelt. Hätte

Gott ihre Seelen nicht in ihren Körpern fest verankert, sie hätten sie herausgerissen.

Denn oft erschien es ihnen besser, zu sein wie die Tiere, die keine Seele hatten und die Verzweiflung nicht kannten.

Zuerst aßen sie das Fleisch der Tiere roh, dann entdeckten sie das Feuer.

In der griechischen Mythologie ist es Prometheus, der den Menschen das Feuer brachte. Er hat es dem Gott Hephaistos geraubt. Prometheus hat den Menschen gemacht, er hat ihn aus Asche geknetet. Er liebte den Menschen, er liebte ihn ohne Einschränkung, ohne etwas von ihm zu erwarten. Ein Paradies gibt es in der griechischen Sagenwelt nicht. Prometheus verteidigte seine Kreatur gegen die Götter, vor allem gegen Zeus. Er war der Anwalt der Menschen. Er hat ihnen in Form des Feuers die Kultur gebracht. Und er hat dafür gebüßt. Er hat das Leid der Menschen auf sich genommen. Diese Geschichte wird, in messianischer Umdeutung, viel später in der biblischen Mythologie wieder auftauchen.

Es gibt eine hebräische Legende, nach der war es Luzifer, der uns das Feuer gegeben hat. Unfreiwillig allerdings. Er habe, heißt es, seinen Finger durch die Erde nach oben gesteckt, um zu prüfen, ob der Geist Gottes immer noch über den Dingen schwebe. Luzifer war in der Hölle, die Hölle war Feuer. Sein Finger loderte also höllenmäßig. Da sei Adam des Weges gekommen und habe dieses leuchtende, flackernde Ding aus dem Boden wachsen sehen und habe daran ein Holzscheit entfacht.

So war in der hebräischen Überlieferung das Feuer auf die Erde gekommen.

Zurück zu Adam und Eva, von denen es in der Bibel heißt: Adam erkannte Eva. Das meint, sie vereinigten sich ehelich. Eva wurde schwanger, und sie brachte einen Knaben zur Welt. Der Mensch war zwar schwach im Vergleich zu seiner früheren Konstitution, als er im Paradies lebte, aber er war stark im Vergleich zu uns heute. Gleich nach der Geburt war ein Kind in der Lage zu gehen, und am Abend desselben Tages arbeitete es bereits im Haushalt mit.

Evas kleiner Bub rannte gleich los, sobald Adam seine Nabelschnur abgebissen hatte, und er brach eine Ähre ab und brachte sie seiner Mutter als Geschenk.

Eva rief aus: »Ich habe einen Mann gewonnen mit Hilfe unseres Gottes!«

Darum nannte Eva ihren Sohn Kain. Denn Kain leitet sich von »qanah« ab, und das heißt »gewinnen«. Kinder sind allemal ein Gewinn.

Bald darauf wurde sie wieder schwanger, und sie brachte wieder einen Sohn zur Welt, und den nannte sie Abel. Abel leitet sich von »hebel« ab, und das bedeutet »Hauch« oder »Nichtigkeit«. Abel war sehr klein, sehr schmächtig, und er schaffte es nicht, gleich nach der Geburt aufzustehen, um seiner Mutter ein Geschenk zu suchen.

»Was ist dieser wert?« fragte Eva ihren Mann Adam. »Er ist so leicht, der Sturm wird ihn davonwehen, und seine Hände sind so zart, er wird den Boden damit nicht umgraben können.«

»Vielleicht wird ihn der Wind vor sich hertragen«, sagte Adam. »Dann wird Abel ein guter Jäger werden.«

Allmählich erlosch bei Adam und Eva die Erinnerung an das Paradies, es blieb eine Ahnung zurück, wie wir sie von unserer frühen Kindheit haben, eine glückliche, verschwommene Ahnung, in der wir uns selbst kaum begreifen. Die Menschen waren da, und sie waren eine kleine Familie. Ihr Leben war hart, sie teilten sich die Arbeit auf.

Kain arbeitete zusammen mit seiner Mutter auf dem Feld, sie bereiteten Ackerboden und bearbeiteten ihn. Sie säten, jäteten, ernteten. Ihre Hände waren braun wie die Erde, die Fingernägel so hart wie kleine Schaufeln.

Abel ging mit seinem Vater auf die Jagd. Aber was verstanden sie schon von der Jagd! Sie liefen hinter den Tieren her. Und wenn sie ein Tier erwischten, dann war das Glück. Abel war ein guter Läufer, wie Adam vorausgesagt hatte. Aber die Tiere waren schneller. Adam und Abel warfen Steine nach den Tieren. Aber wenn sie eines trafen, dann war das Zufall.

Die Jagd war Glück und Zufall. Wenn sie Fleisch mit nach Hause brachten, dann stammte es von einem kranken Tier, das nicht mehr weiter konnte und liegengeblieben war. Oder sie nahmen mit, was ein Löwe übriggelassen hatte.

Eva sagte: »Was ihr macht, ist Zeitverschwendung.«

Kain sagte: »Und es ist gefährlich.«

Kain liebte seinen Bruder Abel, und er machte sich Sorgen um ihn. Der Mensch war unfertig. Er machte Fehler. Er mußte lernen. Er war ein Versager. Aber ein lernfähiger Versager. Das war so schlecht nicht. Es wird sich herausstellen, daß es nichts Besseres gibt...

Abel war ein kluger junger Mann. Aber stark war er nicht. Und er hatte einen Hang zum Nichtstun. Er schlief länger als die anderen, und manchmal saß er einfach nur da. Mit den Händen in der Erde wühlen, das tat er nicht gern. Die Nägel brachen ab, die Haut zerriß und blutete. Manchmal saß er einfach nur da und starrte vor sich hin.

»Tu etwas!« sagte dann seine Mutter.

»Tu etwas!« sagte auch sein Vater.

»Gleich tu ich etwas«, sagte Abel. »Gleich. Einen Augenblick noch. Dann tu ich etwas. Dann tu ich bestimmt etwas. Ich bin bloß noch nicht fertig.«

»Womit bist du noch nicht fertig?« fragte sein Bruder Kain.

»Ich weiß nicht, was es ist«, sagte Abel. »Ich muß nachdenken.«

»Laßt ihn«, sagte Kain zu den Eltern. »Abel denkt nach.«

Ja, Kain liebte seinen Bruder. Er bewunderte ihn. Er verteidigte ihn. Er machte sich Sorgen um ihn.

»Was ist eigentlich Nachdenken?« fragte Kain.

»Vielleicht ist Nachdenken auch eine Art von Arbeit«, sagte Abel.

»Man sieht aber nichts.«

»Die Arbeit ist innen«, sagte Abel.

»Was immer es auch ist«, sagte Kain. »Du schwitzt dabei nicht. Gott aber hat gesagt, wir sollen unser Brot im Schweiß unseres Angesichts essen. Er wird es nicht gern sehen, wenn du einfach nur so dasitzt.«

»Ich schwitze schon«, sagte Abel. »Aber ich schwitze innerlich.«

»Laßt ihn«, sagte Kain zu den Eltern. »Er schwitzt schon, nur innerlich.«

Adam war fleißig, Eva war fleißig, am fleißigsten war Kain. Sie hatten keine Zeit zum Nachdenken. Nicht einmal über das Nachdenken dachten sie nach. Eva meinte, Abel sei krank. Aber er war nicht krank.

»Er ist ein guter Jäger«, sagte Adam zu Eva. »Du solltest ihn sehen.«

»Dazu habe ich keine Zeit«, sagte Eva.

Eines Tages, als Abel wieder einmal mit seinem Vater auf der Jagd war und sie erschöpft im Schatten des Waldrands saßen, weil sie wieder einmal hinter einer Herde Antilopen hergerannt waren, aber keine Beute gemacht hatten, zeigte Abel mit der Hand zum Himmel und sagte: »Da sind sie wieder.«

»Wer ist dort?« fragte Adam.

»Die Vögel«, sagte Abel.

»Die erwischen wir noch weniger als die Antilopen«, sagte Adam. »Wir können vielleicht nicht besonders schnell rennen, aber fliegen können wir schon gar nicht.«

»Immer wenn wir ein krankes oder ein totes Tier gefunden haben«, sagte Abel, »waren die Vögel am Himmel, und sie waren genau über dem Tier.«

»Weil sie sich eben auch ihren Teil holen wollen«, erklärte Adam seinem Sohn. »Und weil sie besser sehen als wir und von dort oben den besseren Überblick haben.«

»Eben«, sagte Abel. »Vielleicht können wir sie für uns arbeiten lassen.«

»Aber das werden sie nicht tun«, sagte Adam. »Willst du sie fragen?«

»Ich brauche sie nicht zu fragen«, sagte Abel. »Sie erzählen mir auch so alles, was ich wissen will. Wäre es nicht viel bequemer für uns, erst den Himmel zu beobachten, ob wir irgendwo Vögel sehen, die sich über einer

Stelle sammeln, als blind in der Gegend herumzurennen in der Hoffnung, zufällig ein krankes Tier zu finden?«

Das war eine Revolution in der Jagd! Von nun an gab es öfter Fleisch. Und Adam und Eva schimpften nicht mehr mit Abel, wenn er wieder einmal einfach nur dasaß und vor sich hin starrte.

Kain aber war sehr stolz auf seinen Bruder.

»Es ist Nachdenken, was er macht«, sagte er leise. »Man schwitzt dabei innerlich.«

Nun gingen Adam und Abel öfter auf die Jagd. Und es kam vor, daß sie viele Tage von zu Hause weg waren.

Eines Tages jagten Adam und Abel weit draußen in der Steppe, wo nur wenige Bäume wuchsen, da sahen sie wieder die Vögel am Himmel, und sie rannten hin und fanden einen Rehbock, der eben verendet war. Sie begannen, den Kadaver mit scharfen Steinen zu zerlegen, da hörten sie hinter sich ein tiefes Knurren. Es war ein Löwe. Auch er wollte das Fleisch.

Es war nicht das erste Mal, daß sie von starken Tieren vertrieben wurden, von Löwen, Leoparden, Hyänen, Wölfen. Vater und Sohn hatten ausgemacht, sich bei Gefahr zu trennen. Um den Feind zu verwirren. Aber natürlich auch, damit es im schlimmsten Fall nur einen von ihnen erwischte.

Adam lief auf einen Baum zu und schwang sich in die Äste. Abel rannte hinaus in die offene Steppe. Der Löwe verfolgte Abel, und Adam wußte, sein Sohn wird diesen Wettlauf nicht gewinnen können. Denn der Löwe ist schneller als der Mensch. Traurig und ohne Hoffnung stieg er von dem Baum und machte sich auf den Heimweg, um der Mutter und dem Bruder die böse Nachricht zu überbringen.

Abel aber rannte um sein Leben. Da stand ihm plötzlich ein goldener Widder im Weg.

»Weg da! Weg da!« rief Abel. »Ein Löwe verfolgt mich! Du bist schneller als er, du kannst ihm vielleicht entkommen!«

Der goldene Widder konnte sprechen, und er kannte Abels Namen, und er sagte: »Schwing dich auf meinen Rücken, Abel! Setz dich auf mich, klammere dich fest an meinem Fell, ich werde dich retten!«

Abel hatte keine Zeit für Fragen. Er tat, was ihm der Widder befahl, und auf dem Rücken des Widders entkam er dem Löwen.

Als sie in Sicherheit waren, fragte Abel: »Ich habe noch kein Tier gesehen, das sprechen kann. Warum kannst du das?«

Der Widder sagte: »Siehst du, Abel, ich komme aus dem Paradies, aus dem Garten Eden. Weißt du, was das Paradies ist?«

»So ungefähr«, sagte Abel.

»Deine Eltern sind daraus vertrieben worden.«

»Ja, sie haben manchmal so etwas erzählt. Sie können sich aber selber nicht mehr besonders gut daran erinnern.«

Der Widder sagte: »Siehst du, Abel, die Hälfte der Tiere mußte damals mit deinen Eltern nach draußen gehen. Die andere Hälfte durfte bleiben. Meine Familie ist geteilt worden. Ein Teil meiner Familie ist draußen, ein Teil ist drinnen im Garten Eden. Wir drinnen machen uns Sorgen um die draußen. Man hört schreckliche Dinge von draußen. Weil ich dich vor dem Löwen gerettet habe, sollst du dich um die Meinen kümmern.«

Abel sagte: »Wo ist deine Familie?«

Da lief der Widder und sammelte seine Familie um sich und führte sie zu Abel. Es war eine große Schafherde, gut genährt, viele Muttertiere, kräftige Böcke, hoffnungsfrohe Lämmer. Sie alle blickten zu Abel auf. Der brach sich einen Ast von einem Baum und schnitt ihn sich zurecht. Das war sein Schäferstab.

»Ich will auf deine Familie aufpassen«, sagte er zu dem goldenen Widder.

Und der goldene Widder sagte: »Ich werde wieder in den Garten Eden zurückkehren.«

Und Abel führte seine Herde nach Hause.

Zu Hause herrschte Trauer. Mutter, Vater und Bruder meinten, Abel sei von dem Löwen zerrissen worden. Um so größer war die Freude, als der verloren Geglaubte an die Tür pochte, und um so größer war die Verwunderung, als sie sahen, daß er nicht allein war.

»Was ist das?« fragte Kain.

»Das ist meine Herde«, sagte Abel. »Ich bin von nun an nicht mehr Jäger, ich bin Hirte.«

Sein Bruder Kain umarmte ihn. Er hatte sehr um Abel geweint.

Mit dieser Herde, die ihm Gott geschenkt hatte, begründete Abel die Schafzucht. Und er schwitzte nun noch weniger als zuvor. Die Arbeit bestand darin, im Schatten zu sitzen und die Herde im Auge zu behalten. Und als ihm der Wolf zwei Lämmer stahl, stahl Abel dem Wolf zwei Welpen, und er war gut zu den Welpen, und sie liebten ihn und folgten ihm aufs Wort.

»Wie kommt es, daß die Wölfe dir folgen?« fragte Kain.

»Es sind keine Wölfe mehr«, sagte Abel. »Es sind Hunde, und es sind meine Gehilfen.«

Und so durfte Abel von nun an noch länger im Schatten liegen und nachdenken, denn seine Hunde paßten auf die Herde auf, und wenn Gefahr drohte, schlugen sie an.

Abel führte am Morgen die Schafherde hinaus auf die Weide, und am Abend führte er sie wieder nach Hause. Wenn es Zeit war, dann schlachtete er ein Tier. Und die Familie aß gemeinsam, und alle wurden satt. Und alle waren zufrieden.

Manchmal, wenn alle am Abend zusammensaßen, bat Abel seine Mutter und seinen Vater, vom Paradies zu erzählen. Dann erzählten die beiden und ließen ihre Söhne an dem Fell riechen, das ihnen als Kleidung diente.

»Das ist der Geruch des Paradieses«, sagten Adam und Eva.

»Wie war das Paradies?« fragte dann Abel.

»Die Sorge hat es nicht gegeben«, sagte Eva.

»Ich glaube, es war wie Schlaf«, sagte Adam.

Abel war zufrieden, ja, er war sehr zufrieden. Aber seine Neugierde war nicht gestillt.

Er sah die wilden Rinder, und er stahl aus ihrer Herde zwei Neugeborene, ein männliches und ein weibliches, und er zog die Kälber groß. Er war gut zu ihnen, so daß sie ihn liebten und bei ihm blieben. Als sie reif waren, paarten sie sich, und jedes Jahr warf die Kuh zwei Junge. Die wuchsen heran und paarten sich ebenfalls, und bald besaß Abel zu seiner Schafherde obendrein noch eine Rinderherde.

Kain war nicht eifersüchtig, er freute sich für seinen Bruder, er wunderte sich über ihn und bewunderte ihn.

Er sagte zu Abel: »Obwohl du nicht richtig, sondern

eher innerlich arbeitest, hast du unsere Familie reich gemacht. Ich hätte das nicht fertiggebracht.«

Und Abel sagte: »Gott hat mir geholfen.«

»Gott liebt dich«, sagte Kain.

»Ich glaube schon«, sagte Abel.

»Liebt dich Gott mehr als mich?« fragte Kain.

»Ich weiß es nicht«, sagte Abel. »Ich denke mir, er liebt dich anders.«

»Wie liebt er mich?«

»Ich weiß es nicht.«

»Kann es sein, daß er mich nicht liebt?«

»Das kann ich mir nicht vorstellen. Warum sollte er dich nicht lieben?«

»Warum sollte er mich lieben?«

»Wir wissen relativ wenig von Gott«, gab Abel zu.

»Kann es sein, daß er mich haßt?« fragte Kain. »Mein Rücken schmerzt von der Arbeit, so daß ich am Abend manchmal schreien möchte. Er ist krumm und häßlich geworden. Der Schweiß brennt in meinen Augen, und meine Hände sind so hart wie der Boden.«

»Ich habe über deine Arbeit nachgedacht«, sagte Abel.

»Ich habe noch nie über meine Arbeit nachgedacht«, sagte Kain. »Ich habe keine Zeit dazu, und wenn ich am Abend vom Feld nach Hause komme, dann bin ich zu erschöpft, um einen Gedanken zu fassen.«

»Ich habe heute ein Ding gebaut«, sagte Abel, »und ich habe dabei geschwitzt. Das hier habe ich gebaut. Es ist für dich.«

Er zeigte seinem Bruder das Ding, das sah aus wie ein langes Holzscheit.

Er sagte: »Du gräbst mit den Händen die Erde auf,

du bekommst einen krummen Rücken davon, deine Hände sind schrundig, die Nägel brechen, und der Schweiß rinnt dir von der Stirn in die Augen. Dennoch ist der Erfolg deiner Arbeit gering. Probier es einmal damit.«

Den Pflug hatte Abel erfunden.

»Spann ihn hinter einen meiner Ochsen«, sagte Abel zu Kain. »Dann wirst du in kürzerer Zeit mehr Ackerland umpflügen, und dein Rücken wird nicht mehr so krumm sein, und deine Hände werden nicht mehr so schrundig und hart sein. Und wir werden mehr zu essen haben.«

Kain tat, wie ihm Abel geraten. Und es war gut. Sehr gut sogar. Am Abend schmerzte sein Rücken nicht mehr. Die Hände wurden weicher. Die Nägel brachen nicht mehr. Und er hatte während der Arbeit Zeit, sich den Schweiß von der Stirn zu wischen, ehe er ihm in die Augen rann.

»Einen Nachmittag lang nachdenken bringt mehr als eine Woche Arbeit«, sagte Kain.

Abel nickte.

War Kain eifersüchtig? Wer würde es ihm verübeln? Seine Arbeit war besser geworden durch die Erfindung seines Bruders. Aber er war dennoch bedrückt und traurig. Gott liebt mich nicht, dachte er. Gott liebt Abel. Abel ist klüger, Abel ist schöner. Abel ist fröhlicher. Kain liebte seinen Bruder, und er bewunderte ihn. Und er dachte sich: Ich wäre gern so wie er. Und es tat ihm weh, daß er anders war. Daß er Kain war.

Am Abend trieb Abel seine Rinderherde über die Felder Kains. Der Rinderdung ließ Kains Pflanzen schneller und kräftiger wachsen.

»Willst du wissen, warum ich meine Rinder über deine Felder treibe?« fragte Abel.

»Nein«, sagte Kain, »ich denke, es wird schon richtig sein.«

»Nein, du denkst nicht«, sagte Abel, »du sagst nur, daß du denkst.«

»Alles, was du machst, ist richtig«, sagte Kain. »Wir waren arm, durch dich sind wir reich geworden. Besser kann es im Paradies auch nicht gewesen sein.«

Und wieder wollte Abel sagen: Nicht durch mich, sondern durch Gott sind wir reich geworden, denn Gott hat mir die Gedanken eingegeben, die uns reich gemacht haben, Gott hat mir einen Kopf gegeben, mit dem ich denken kann. Aber er sagte es nicht. Er wußte ja, er würde seinem Bruder damit nur weh tun.

Eines Tages war Abel wieder einmal mit seinen Herden unterwegs, er suchte neue Weideplätze. Da kam er an eine Mauer. Diese Mauer war sehr hoch, und es sah aus, als wachse aus ihrer Krone der Fels zu einem Gebirge empor. Abel zog mit seiner Herde an der Mauer entlang weiter. Er war neugierig und wollte sehen, ob sich ein Tor in der Mauer finden ließ. Die Sonne schien auf die Mauer, der Wind hatte sich gelegt. Es war nicht heiß, es war nicht kalt.

Da sah Abel eine Frau, die bei der Mauer saß, den Rücken an die Steine gelehnt. Sie trug das gleiche Kleid aus Fell, wie es seine Mutter Eva und sein Vater Adam trugen. Abel blieb stehen und hob seine Hand zum Gruß. Die Frau bewegte sich nicht, aber sie lächelte ihm zu. Sie sah schläfrig aus. Und sie sah aus, als ob sie keine Sorgen hätte.

Da trat Abel näher und blieb vor ihr stehen.

»Ich bin Abel«, sagte er. »Wer bist du?«

Die Frau antwortete nicht. Sie blickte ihn nur an. Eine warme Zärtlichkeit war in ihrem Blick, und Abel setzte sich neben sie.

Abel sagte etwas und noch etwas, fragte etwas und noch etwas. Er bekam keine Antwort. Aber er hatte ja auch keine Antwort erwartet. Es genügte ihm, in das Gesicht dieser Frau zu sehen. Ein freundliches Gesicht, ein Lächeln und Grübchen, die entzückten. Und zarte, feingliedrige Hände hatte sie.

Abel legte seinen Kopf in ihren Schoß, und die Frau tat ihre Hand über seine Augen, denn die Sonne blendete ihn. Das Fell, das sie trug, roch wie die Felle, die Adam und Eva trugen. Alle Aufgeregtheit und Anspannung ließen von Abel ab. Ein Friede war in ihm, wie er ihn nicht kannte. Abel vergaß alles um sich herum. Er schlief ein, und als er erwachte, wußte er zuerst nicht, wo er war, und er wußte nicht, wer er war. Und es tat ihm weh, als ihm alles wieder einfiel.

Seine Herde hatte nach ihm gerufen. Er mußte sich um seine Tiere kümmern, und er mußte nach Hause zu seiner Familie. Zum Abschied legte er seine Wange an die Wange der fremden Frau. Dann ging er.

Abel konnte nichts für sich behalten, das Glück schon gar nicht. Als er wieder zu Hause war, nahm er seinen Bruder Kain beiseite.

»Geh morgen mit mir auf die Weide«, sagte er.

»Warum? Was soll ich dort?« fragte Kain. »Ich kann nicht mit Tieren umgehen.«

»Das brauchst du auch nicht«, sagte Abel. »Ich will dir etwas zeigen.«

Kain wollte das nicht. Das heißt, er wollte es schon,

er war vielleicht kein neugieriger Mensch, nicht so neugierig wie Abel, das sicher nicht, aber er wußte, wenn ihm sein Bruder etwas zeigen wollte, dann war das auch wert, gesehen zu werden. Aber was immer es war, so dachte Kain, es wird ein neuer Beweis dafür sein, wie sehr Abel von Gott geliebt wird. Er gönnte seinem Bruder alles Glück. Aber er selbst hätte eben auch gern ein Stück davon gehabt, einmal wenigstens, nur ein kleines Stück wenigstens. Er fürchtete sich vor dem Neid. Er fürchtete, der Neid könnte sich in sein Herz schleichen und es vergiften. Darum wollte er nicht mit Abel gehen, obwohl er mit ihm gehen wollte. Darum wollte er nicht sehen, was ihm sein Bruder zu zeigen hatte, obwohl er es sehen wollte.

»Ich habe keine Zeit«, sagte er.

»Das ist nicht wahr«, sagte Abel. »Seit du den Pflug hast, hast du Zeit.«

»Seit du mir den Pflug gegeben hast, meinst du.«

»Was spielt das für eine Rolle.«

»Für dich spielt es keine Rolle«, sagte Kain. »Wie schön wäre es, wenn ich dir auch einmal etwas geben könnte.«

»Dann komm mit mir«, sagte Abel. »Laß einen Tag die Feldarbeit ruhen. Schenk mir diesen einen Tag.«

Da wußte Kain wieder einmal nicht, was er antworten sollte. Und am nächsten Tag begleitete Kain seinen Bruder Abel. Die Herde blieb zu Hause.

»Du sollst mir ja nicht bei der Arbeit zusehen«, sagte Abel, »sondern ich will dir etwas zeigen.«

Es war ein weiter Weg, und erst am Abend kamen sie bei der Mauer an. Abel, der gute Augen hatte, sah die Frau lange, bevor Kain sie sah. Sie schlichen sich heran und versteckten sich hinter Bäumen und Sträuchern.

»Sie wollte ich dir zeigen«, sagte Abel. »Sie ist wie das Glück selbst. Ich habe meinen Kopf in ihren Schoß gelegt, sie hat ihre Hand über meine Augen getan, denn die Sonne hat mich geblendet. Ich bin eingeschlafen, und als ich aufwachte, wußte ich nicht, wo ich bin, und ich wußte nicht einmal, wer ich bin. Und es hat mir weh getan, als ich mich wieder daran erinnerte. So schön ist es gewesen.«

Kain war aufgeregt. Der Anblick der Frau, die dort an der Mauer saß, berührte ihn tief. Er war verwirrt.

»Was ist das überhaupt für eine Mauer?« fragte er.

»Ich weiß es nicht«, sagte Abel.

»Hast du die Frau nicht gefragt?«

»Sie redet nicht. Sie hat mir keine Antwort gegeben.«

»Was sollen wir jetzt tun?« fragte Kain.

»Wir gehen zu ihr«, sagte Abel. »Wir setzen uns neben sie, ich zu ihrer Rechten, du zu ihrer Linken.«

»Das will ich nicht«, sagte Kain.

»Aber warum denn nicht?«

»Ich will es nicht.«

»Aber was willst du? Ich habe dich hierher geführt, damit du wie ich das Glück spüren kannst, das im Gesicht und in den Händen dieser Frau liegt. Wir haben den weiten Weg bis hierher zurückgelegt. Und jetzt willst du nicht?«

Schließlich sagte Kain: »Ich will allein zu ihr.« Ganz leise sagte er es.

O ja, wir können ihn verstehen! Was wird sein, dachte Kain, wenn wir uns beide neben sie setzten? Was wird dann sein? Wer von uns wird seinen Kopf in ihren Schoß legen dürfen? Wem wird sie die Hand über die Augen tun, damit ihn die Sonne nicht blendet? Sie wird sagen, einer von euch ist zuviel. Welcher ist zuviel? Einen wird sie von sich stoßen. Wen? Wen wohl!

Und Abel erriet, was sein Bruder dachte, und auch er konnte ihn verstehen.

»Gut«, sagte er. »Geh allein zu ihr. Ich warte hier.«

»Warte nicht auf mich«, sagte Kain, und er sagte es in einem barschen Ton. »Geh wieder nach Hause und kümmere dich um deine Tiere.«

Abel zuckte mit den Schultern und ging. Er wußte, Kain an seiner Stelle hätte ihn, Abel, nicht allein zu dieser Frau gelassen. Aber er dachte sich, Kain hat kein Glück, ich habe Glück, er hatte nie Glück gehabt, ich immer, mich liebt Gott, ihn liebt er nicht. Und Abel machte sich auf den Weg nach Hause.

Kain aber ging zu der Frau, die bei der Mauer saß, die den Rücken an die Steine gelehnt hatte, und er setzte sich neben sie.

»Ich bin Kain«, sagte er, und er fragte nicht, wer sie sei. »Mein Bruder hat von dir erzählt«, sagte er, und er sagte nicht, was Abel erzählt hatte. »Ich möchte meinen Kopf in deinen Schoß legen. Und ich möchte, daß du deine Hand über meine Augen legst.«

Es war alles so, wie Abel erzählt hatte. Kain roch den Duft des Fells, er wurde ruhig, alle Bitternis schwand aus ihm, sein Herz, das eng geworden war, weil sein Auge nicht weiter gesehen hatte als bis zum harten Boden vor seinen Füßen, sein Herz öffnete sich. Es tat ihm leid, daß er so grob mit Abel geredet hatte. Es tat ihm leid, daß sein Bruder nicht auf ihn wartete, denn er hätte gern mit ihm gesprochen, hätte ihn gern umarmt.

So schlief Kain im Schoß der Frau ein, und es war ihm, als läge er im Paradies, diesem wunderschönen

Garten, von dem seine Eltern manchmal am Abend sprachen wie von einem Traum.

Kain erwachte und machte sich auf den Weg nach Hause. Er hoffte, er würde seinen Bruder noch antreffen, hoffte, daß Abel noch nicht mit seiner Herde aufgebrochen war. Kain wollte Abel danken. Weil er mit ihm das Paradies geteilt hatte. Oder wenn schon nicht das Paradies, so doch eine Ahnung davon.

»Abel!« rief er, als er zu den Hütten kam. »Abel! Wo bist du, Bruder, daß ich dich umarmen kann!«

Aber Abel war bereits mit seinen Herden losgezogen, und es war wahrscheinlich, daß er Tage, ja Wochen unterwegs sein würde. Da sei Kain auf die Knie gefallen, heißt es in einer Legende, und er habe zum ersten Mal in seinem Leben die Augen nicht auf den Boden gerichtet, sondern zum Himmel, und er habe gebetet.

»Beschütze meinen Bruder«, habe er zu Gott gebetet.

Und im selben Augenblick sei ein Gewitter losgebrochen. Ein Blitz sei vom Himmel gefahren und habe den Stein zerschmettert, der Kains Feld im Norden begrenzte, und es habe zu regnen begonnen, so stark habe es geregnet, wie sich selbst Adam und Eva nicht erinnern konnten, daß es je auf der Erde geregnet hatte. Und als sich Kain umdrehte, um nach seinen Eltern Ausschau zu halten, stand er bereits bis zu den Knöcheln im Wasser.

Eva war auf dem Feld, und sie lief schreiend in die Hütte, Adam folgte ihr, und sie riefen Kain, er solle zu ihnen kommen. Denn sie fürchteten, ein Blitz könnte ihn erschlagen.

Aber Kain blieb auf dem Feld stehen, lange, den Kopf zum Himmel erhoben. Das Wasser rann über sein

Gesicht, seinen Bart, seine Brust. Was habe ich getan, dachte er. Warum schleudert Gott seinen Blitz zur Erde, wenn ich mich niederknie und zu ihm bete?

Schließlich schlich er sich in die Hütte und kroch unter seine Felle, um zu schlafen. Und Kain schlief ein, in einen dumpfen Schlaf fiel er.

Er wachte auf, weil es still war. Der Regen hatte aufgehört. Eine angenehm frische Luft erfüllte die Hütte. Kain hörte Geflüster. Es kam vom Bett seiner Eltern. Der Span, der in der Schale Öl brannte, gab wenig Licht, aber genug, so daß Kain seinen Vater Adam und seine Mutter Eva sehen konnte. Die beiden saßen einander im Bett gegenüber und umarmten sich. Eva strich ihrem Mann über das Haar. Adam berührte Evas Augen mit seinen Fingern.

Es war nicht das erste Mal, daß Kain seine Eltern bei der Liebe beobachtete. Diesmal aber war er noch erfüllt von der Erinnerung an die Frau, die weit weg von ihm an der Mauer saß, und er wußte, daß seine Eltern im Augenblick das gleiche empfanden, was er, Kain, empfunden hatte, als er seinen Kopf in den Schoß der Frau gelegt und sie ihre Hand über seine Augen getan hatte.

Kain sah, daß Adam Eva die Kleidung abstreifte, und er dachte, wenn der Tag beginnt, werde ich hinausgehen zu der Mauer und die Frau suchen, und ich werde ihr die Kleider abstreifen, wie es mein Vater bei meiner Mutter macht, und ich werde die Haut dieser Frau küssen, wie der Vater die Haut der Mutter küßt.

Am nächsten Tag ließ Kain die Feldarbeit sein und machte sich wieder auf den Weg. Er fand die Frau. Sie saß, wo sie gesessen hatte. Er setzte sich neben sie. Aber er legte seinen Kopf nicht in ihren Schoß, und er bat sie nicht, ihre Hand über seine Augen zu tun. Er streifte ihr die Kleidung ab.

Ach, hätte er es nicht getan! Die Frau hatte keine Haut. Ihr Körper war offen. Kain schrie auf und lief davon. Er lief, bis er vor Erschöpfung niederfiel, und er schrie, bis er keine Stimme mehr hatte. Da lag er und rang nach Luft.

Was war geschehen? Wer war diese Frau? Und was war das für eine Mauer, vor der die Frau saß?

Es war die Mauer zum Paradies. Und die Frau war die erste Eva. Erinnern wir uns: Gott hatte vor den Augen Adams aus Lehm eine Frau geformt, zuerst ihr Gesicht. Es sollte ein freundliches Gesicht werden. Er formte ein Lächeln, und in die Wangen drückte er Grübchen, die entzücken sollten. Dann machte er die Hände. Zarte, feingliedrige Hände machte Gott seinem neuen Geschöpf. Zuletzt baute er den Körper. Da hatte sich Adam mit Ekel abgewandt, und Gott hatte seine Arbeit unverrichtet liegengelassen.

Was aber war mit diesem unfertigen Wesen geschehen, das am Körper noch keine Haut hatte? Als Gott den Menschen aus dem Paradies entließ, mußte auch die erste Eva gehen. Sie setzte sich draußen an die Mauer. Und wartete? Vielleicht wartete sie. Worauf? Daß Gott noch einmal kommt und sie dann vollendet?

Das alles wußte Kain nicht. Niemand hatte es ihm erzählt. Er dachte sich: Abel, mein Bruder, war vor mir bei der Frau gewesen. Abel, mein Bruder, will nicht, daß ich die Haut dieser Frau streichle. Deshalb hat er ihr die Haut abgezogen und sie mitgenommen.

»Ich hasse Abel!« rief Kain. »Ich hasse ihn!« rief er

in den Himmel hinauf. »Ich hasse ihn!« fluchte er auf die Erde hinunter.

Als Abel nach Wochen mit seinem Vieh zu den Hütten zurückkehrt, wird er von seinem Bruder Kain nicht begrüßt. Kain ist auf dem Feld, mit den Händen gräbt er im Boden, wie er es gemacht hat, bevor ihm Abel den Pflug geschenkt hatte.

»Was ist mit dir?« fragt Abel. »Warum blickst du mir nicht einmal in die Augen, wenn ich dich begrüße?«

»Ich habe zu tun«, sagt Kain.

»Mit den bloßen Händen wieder? Was ist mit dem Pflug? Ist er zerbrochen? Zeig ihn mir, ich will ihn reparieren!«

»Ich arbeite nicht mehr mit deinem Pflug«, sagt Kain. »Geh, laß mich in Frieden!«

»Was ist los mit dir?« fragt Abel. »Was habe ich dir getan?«

Kain gibt keine Antwort.

»Schau mir doch wenigstens in die Augen!« sagt Abel.

Aber Kain schaut seinem Bruder nicht in die Augen. Natürlich hat sich Abel darüber geärgert. Er dreht sich um und stampft davon.

Da erhob sich Kain von den Knien und rief ihm nach: »Noch etwas!«

»Was heißt noch etwas?« fragte Abel, ohne sich umzudrehen.

»Ich will nicht, daß du dein Vieh weiter über meinen Acker treibst.«

»Und warum nicht?«

»Ich will es nicht.«

»Du willst es einfach nicht?«

»Ja, ich will es einfach nicht.«

Abel blickte seinen Bruder an, dem die Sonne in die Augen stach, dem der Schweiß über das Gesicht rann.

Und zum ersten Mal war Verachtung in seiner Stimme: »Weißt du eigentlich«, fragte er, »weißt du eigentlich, warum ich meine Rinder über dein Feld treibe?«

»Es interessiert mich nicht.«

»Es sollte dich interessieren. Der Dung der Rinder läßt deine Pflanzen besser wachsen. Hast du das nie beobachtet? Nein?«

Kain antwortete nicht. Er senkte den Blick.

»Und?« fragte Abel. »Soll ich meine Rinder über deine Felder treiben?«

»Ich will es nicht«, sagte Kain.

In der Nacht aber beobachtete Abel, wie Kain Rindermist aus den Ställen holte und ihn auf sein Feld streute. Abel stellte seinen Bruder zur Rede.

Wieder fragte er ihn: »Was ist geschehen? Was habe ich getan, daß du mich wie einen Feind behandelst?«

Und Kain behandelte seinen Bruder tatsächlich wie einen Feind: »Der Boden, auf dem du stehst«, sagte er, »er gehört mir. Erhebe dich in die Lüfte!«

»Du Narr!« rief Abel aus. »Die Kleider, die du trägst, sie stammen von meinen Tieren. Zieh sie aus!«

Aber Abel war doch traurig über diesen Streit. Er liebte seinen Bruder, er wußte nicht, was der Grund für sein Verhalten war, aber er wollte Versöhnung. Und er wußte kein anderes Mittel, um seinen Bruder wieder zu gewinnen, als ein Geschenk.

Alles war neu in dieser Zeit, neu und wenig erprobt. Auch die Kunst der Menschenkenntnis war noch

nicht sehr entwickelt. Woher sollte Abel wissen, daß
Geschenke auch kränken, auch demütigen können.
Nämlich dann, wenn immer nur einer schenkt. Was
hätte Kain ihm schenken können? Wenn er ihm Brot
und Gemüse gab, dann bekam er Fleisch dafür. Das war
kein Schenken, das war Tausch.

Durch Beobachtung hatte Abel eine Entdeckung
gemacht: Es gibt Steine, wenn man die heiß macht,
dann wird ein Teil flüssig. Man kann diese glühende
Flüssigkeit in eine Form rinnen lassen, und wenn sie
abkühlt, dann hat man ein Arbeitsgerät, das härter ist,
als der Stein war. Abel machte eine Axt und einen Spaten und einen Pflug.

»Was auch immer der Grund ist, warum du mich
haßt«, sagte Abel zu Kain. »Ich bitte dich um Vergebung. Und zum Zeichen, daß unser Streit beendet ist,
nimm diese Geschenke von mir.«

Abel ist derjenige, der alles weiß, Abel ist derjenige,
der Geschenke verteilt, Abel ist derjenige, der alles verzeiht, sogar dann, wenn er nicht einmal weiß, was es zu
verzeihen gibt. Kain nahm die Geschenke nicht an.

Abel sagte: »Bruder! Wir müssen doch in Zukunft
zusammenleben. Und wenn wir nach dem Tod zu Gott
in den Himmel kommen, dann wird er uns fragen, was
der Grund für unseren Streit war. Und er wird uns fragen, warum wir unseren Streit im Leben nicht beendet
haben. Er wird sagen, es war schlecht, daß wir gestrit-
ten haben, es war schlecht, daß wir uns nicht versöhnt
haben. Und, Bruder, wir werden für das Gute belohnt
und für das Schlechte bestraft werden.«

Und in Kains Antwort lag alle Bitterkeit seines
Lebens: »Es gibt keine zukünftige Welt«, sagte er. »Es

gibt keine Belohnung für das Gute, es gibt keine Bestrafung für das Schlechte. Das Paradies ist verloren. Diese
Welt hier ist nicht aus Gnade geschaffen worden, hier
herrscht kein Erbarmen. Ich habe Gottes Wort befolgt,
ich habe im Schweiß meines Angesichts mein Brot
gegessen. Du hast geruht und geträumt. Und dennoch
bist du derjenige, der Geschenke verteilt, der alles weiß,
dem alles gelingt, der großzügig alles verzeiht, der von
allen geliebt wird.«

Abel antwortete: »Gott liebt uns beide.«

»Und das glaubst du?« fragte Kain.

»Ja.«

»Daß er dich und mich liebt?«

»Dich und mich.«

»Gleichermaßen?«

»Gleichermaßen.«

»Das glaubst du wirklich?«

»Ja.«

»Na gut«, sagte Kain. »Das möchte ich bewiesen
sehen. Bringen wir beide ihm ein Opfer dar. Du opferst
das Deine, ich opfere das Meine. Du ein Lamm, ich eine
Garbe Weizen.«

Kain baute seinen Altar mitten im Feld. Abel baute
seinen Altar im Schutz eines Felsens. Der Rauch von
Kains Altar stieg nicht in den Himmel, er wurde vom
Wind verweht. Der Rauch von Abels Altar dagegen
erhob sich zu einer weißen Säule.

»Na?« sagte Kain.

»Ach«, sagte Abel, »das läßt sich erklären.«

»So, das läßt sich also erklären.«

»Ja, natürlich! Denk doch nach!«

»Nachdenken soll ich, so.«

»Machen wir den Versuch noch einmal«, sagte Abel. »Diesmal bau du deinen Altar neben dem Felsen auf, ich bau den meinen mitten auf dem Feld.«

»Gott braucht mir nicht zweimal zu sagen, daß er mich nicht liebt«, sagte Kain.

Kain nahm die Axt aus Eisen, die ihm Abel schenken wollte, und erschlug ihn damit.

Kain hatte von nun an Angst. Er hat etwas getan, was vor ihm noch nie getan worden war. Er hat den Mord erfunden. Er versteckt die Leiche seines Bruders im Gebüsch. Er hört Schritte hinter sich. Er wagt es nicht, sich umzudrehen.

Er hört die Stimme Gottes: »Wo ist dein Bruder?«

»Ich weiß es nicht«, sagt Kain. »Bin ich der Hüter meines Bruders?«

»Das Blut deinen Bruders schreit zum Himmel«, sagt Gott.

Gott macht Kain klar, was Mord bedeutet.

»Die Schuld ist zu groß für mich«, sagt Kain. »Wohin soll ich gehen? Wer mich erkennt, wird mich erschlagen, wie ich meinen Bruder erschlagen habe. Aber mein Mörder wird im Recht sein.«

»Niemand darf Kain etwas antun«, sagt Gott. »Wer Kain erschlägt, der soll verflucht sein. Und der Fluch soll vererbt werden über sieben Generationen.«

Und als Strafe für den Mord an seinem Bruder sprach Gott einen siebenfachen Fluch über Kain:

Erstens, ein Horn soll auf Kains Stirn wachsen. »Damit dich jeder sofort erkennt!«

Zweitens, in jedem Geräusch soll Kain den Schrei »Brudermörder« hören. »Damit du immer an deine Tat erinnert wirst!«

Drittens, eine Lähmung soll Kains rechte Hand wie ein Pappelblatt zittern lassen. »Damit diese Hand nie wieder etwas Böses tun kann!«

Viertens, ein unersättlicher Hunger soll Kain quälen. »Damit du nie Zufriedenheit erlangen kannst!«

Fünftens, kein Wunsch soll Kain je erfüllt werden. »Damit du keinen Augenblick Glück erfahren wirst!«

Sechstens, der Schlaf soll Kain meiden bis in die frühen Morgenstunden. »Damit du nie vergißt, wie einsam du bist!«

Siebtens, niemand soll sterben, solange der erste Mörder lebt. »Damit dein Name Tod bedeute!«

SETH

Vom Wachsen und Vermehren – Von der Sehnsucht der
ersten Menschen – Von einem, der nur Ersatz sein sollte –
Von einem fanatischen Ahnenforscher – Von einem, der
nicht mehr weiß, wer Gott ist

Kain hatte Schwestern, und er verband sich mit seinen
Schwestern und lag ihnen bei und zeugte viele Töchter
und Söhne, und die Söhne lagen ihren Schwestern bei,
und die Schwestern brachten viele Kinder zur Welt, und
die Kinder brachten Kindeskinder zur Welt. Erst ein
Mensch war bisher gestorben, und der war ermordet
worden: Abel.

Adam und Eva waren nun auch schon über fünf-
hundert Jahre alt. Eva hat viele Kinder geboren. Es gibt
Mythologen, die haben geforscht, und ihre Forschungen
ergaben, daß Eva dreißig Kinder zur Welt gebracht hat.
An die meisten Kinder konnte sie sich gar nicht mehr
erinnern. Nur einer, der ruhte als sehnsuchtsvoller
Gedanke in ihrem Herzen – Abel...

Die Menschheit breitete sich aus: über das ganze
Land, über die ganze Erde. Man hatte viel zu tun. Das
meiste war noch neu, das meiste wurde zum ersten Mal
getan, auch die meisten Fehler wurden zum ersten Mal
gemacht, so war die Zeit angefüllt mit Gutmachen und
Schlechtmachen und Wiedergutmachen...

Die Menschen beteten nicht mehr zu Gott. Sie vergaßen Gott. Sie opferten nicht mehr. Sie vergaßen auch die Erzählungen der Schöpfung, wie sie von Adam und Eva überliefert worden waren. Man vergaß Adam und Eva. Man erzählte von ihnen wie von Sagenfiguren. Man erzählte bald gar nicht mehr von ihnen. Viele neue Wörter wurden erfunden. An jedem neuen Tag wurden hundert neue Wörter erfunden. Wer hat die erfunden? Man wußte darauf keine Antwort. Man erfand das Wort »man«, wenn man nicht genau wußte, wer gemeint war, aber glaubte, es seien viele gemeint...

Man gründete Städte. Niemand starb. Wie lautete der siebte Fluch, den Gott auf Kain geschleudert hatte? »Niemand soll sterben, solange der erste Mörder lebt. Damit dein Name Tod bedeute!« Die Städte müssen riesengroß gewesen sein!

Ja, Eva und Adam lebten immer noch. Sie lebten in ihrer Hütte. Weit weg von den Städten. Alle ihre Kinder hatten sie verlassen. Ihre Enkel wußten kaum etwas von ihnen. Die Urenkel wußten gar nichts mehr. Es war damals Mode, nicht zurückzublicken.

Adam und Eva hatten Sehnsucht. Nach allem möglichen hatten sie Sehnsucht. Aber die größte Sehnsucht hatten sie nach ihrem Sohn Abel.

In der Bibel heißt es: »Nach vielen Jahren erkannte Adam sein Weib wieder, und Eva brachte den Seth zur Welt.«

Seth heißt soviel wie Ersatz. Er sollte der Ersatz sein für den geliebten Abel. Den fröhlichen Abel. Den Abel, der so gern erzählte. Seth sollte auch ein Ersatz sein für den intelligenten Abel, der innerlich schwitzte.

Es war eine leichte Geburt.

»Der Bub macht keine Mühe, wirst sehen«, sagte Eva.

»Genau wie Abel«, sagte Adam.

»Er wird uns das Leben leichter machen«, sagte Eva.

»Wie Abel«, sagte Adam.

»Hat er nicht Augen wie er?« sagte Eva.

»Auf jeden Fall hat er ein Kinn wie er«, sagte Adam.

Wenn es heiß war und den Menschen der Schweiß von der Stirn rann, strich Eva mit ihrer Hand über Seths Gesichtchen und sagte: »Seine Haut ist trocken.«

Und Adam sagte: »Du meinst, trocken, wie die Haut von Abel war.«

Und Eva sagte: »Ja, das meine ich.«

»Er ist unser zweiter Abel«, sagten Adam und Eva.

Das ist eine sehr große Belastung für einen Menschen, wenn er schon von der Geburt an für jemanden anderen steht. Da denkt er, sobald er denken kann: Oh, ich schwitze, ich darf aber nicht schwitzen! Und er wischt sich schnell die Stirn ab, wenn er seine Eltern kommen sieht.

Seth war intelligent, und er war fröhlich, und er erzählte gern. Und er war auch gottesfromm. Aber er wäre das alles am liebsten auf seine Art gewesen. Er hat seine Intelligenz, seine Phantasie, seine Fröhlichkeit darauf verwenden müssen, zu sein wie Abel, wie sein Bruder, der vor vielen hundert Jahren auf der Welt gelebt hatte. An den sich seine Eltern erinnerten wie an eine alte Sagengestalt.

Erst war dies eine Belastung für Seth, dann hat ihn sein Ahnenbruder zu interessieren begonnen: Wie war dieser Abel? Schließlich hat sich Seth zum fanatischen Ahnenforscher entwickelt.

Er hat sich von seiner Mutter Geschichten erzählen lassen, hat sich von seinem Vater Geschichten erzählen lassen. Er hat sich auch Geschichten über Abels Bruder Kain erzählen lassen.

»Ich werde ihn suchen und töten«, sagte Seth. »Ich werde Abel rächen!«

»Wer Kain tötet, zieht den Fluch Gottes auf sich«, belehrte ihn Adam.

»Wer ist Gott?« fragte Seth.

»Er weiß nicht, wer Gott ist«, sagte Adam zu Eva.

»Weil wir ihm nur von Abel erzählt haben«, sagte Eva.

Seth suchte das Grab des Abel und fand es und errichtete darauf eine Kultstätte. Er schlachtete Tiere und ließ ihr Blut über den Altar rinnen. Abel zum Gedächtnis.

Dem Adam hat das große Sorgen gemacht.

»Er übertreibt es«, sagte er zu Eva.

»Wer, meint er denn, daß Abel gewesen sei?« fragte sie.

»Wer, meinst *du* denn, daß Abel gewesen sei?« fragte Adam den Seth.

»War er Gott?« fragte Seth zurück.

Da soll Adam den Altar umgestürzt haben, den Seth für seinen ermordeten Bruder errichtet hat. Von da an sei Seth still geworden, habe sich am Abend vor die Hütte gesetzt neben Adam und Eva und habe seine Gedanken auf die Reise geschickt – in die Vergangenheit. Immerhin: Seth war damals auch schon bald dreihundert Jahre alt...

ENOS

Von einem, der wissen will, wie der Mensch funktioniert –
Von einem, der wissen will, woher wir kommen – Von
einem, der meint, er brauche nicht zu wissen, wer Gott
ist – Von einem, der wissen will, was eine Seele ist – Von
Adams Antwort – Von einem besorgten Messer – Von der
Erfindung der Anatomie – Von der Erfindung des Götzen

Seth hatte zwei Söhne, Enos und Henoch. Wie hieß die
Mutter der beiden? Keine Ahnung. Ihren Namen habe
ich nicht finden können.

Enos und Henoch waren außerordentlich klug. Sie
verließen bald die Hütte ihrer Eltern und zogen in die
Stadt.

Sie schafften spielend Wohlstand heran. Sie gingen
einander aus dem Weg. Zuviel hatten sie in ihrer Kindheit über Bruderhaß gehört. Sie wollten es nicht darauf
ankommen lassen.

Enos interessierte sich für die Natur. Er wollte wissen, wie der Mensch funktioniert, was der Mensch
eigentlich ist. Er studierte die Hand.

»Woher weiß die Hand, wie fest sie drücken muß?«
fragte er.

Er gab einem Studenten erst ein Ei in die Hand und
dann einen schweren Eisenstab.

»Wenn du den Eisenstab so fest drückst wie das Ei,
dann fällt er dir aus der Hand. Wenn du das Ei aber so
fest drückst wie den Eisenstab, dann platzt es. Du weißt
das. Aber woher weiß das deine Hand?«

Die Studenten warteten darauf, daß Enos sich selbst die Antwort gab.

»Ich weiß die Antwort nicht«, sagte Enos. »Noch weiß ich die Antwort nicht!«

Bald wurde dem Enos die Lehranstalt zu eng. Es wurde ihm zu blöd, das überlieferte Wissen rauf- und runterzubeten. Er wollte sich nicht mehr mit den törichten Fragen seiner Studenten herumschlagen. Woher kommen wir? Das war die Frage aller Fragen. Und nur diese Frage interessierte Enos.

»Die Schule ist der Geist in Trauer!« rief er aus und stampfte davon.

Keiner versuchte, ihn zu halten. Man grinste.

Von der ganzen Schöpfung Gottes hat sich Enos nur für den Menschen interessiert.

Er fragte jeden, den er auf der Straße traf: »Woraus, denkst du, sind wir gemacht worden?«

»Schwere Frage«, sagte jeder.

»Denkt nach!« sagte Enos.

»Aus Feuer?« fragten die einen.

»Aus Wasser!« behaupteten die anderen.

»Aus Luft vielleicht«, spekulierten dritte.

Die meisten aber sagten: »Man weiß es nicht. Man wird es nie wissen. Und es ist auch völlig egal. Kannst du mit diesem Wissen Handel treiben? Kannst du von diesem Wissen abbeißen? Bringt dir dieses Wissen eine schöne Frau? Nein? Was ist dieses Wissen denn wert?«

Enos zog durch die Welt. Fragend. Grübelnd. Forschend. Zweifelnd und verzweifelnd.

Nach vielen Jahren besuchte Enos seinen Vater Seth.

Auch ihn fragte er: »Woraus sind wir gemacht,

was ist das, was ich angreife, wenn ich meinen Arm
angreife?«

Seth antwortete: »Soweit mir erzählt worden ist, sind
wir aus Erde gemacht worden.«

»Aus Dreck?«

»Eher Lehm...«

»Und wer hat uns aus Lehm gemacht?«

»Gott hat uns aus Lehm gemacht«, sagte Seth. »So
ist es mir jedenfalls erzählt worden von meinem Vater
und von meiner Mutter.«

»Und wer Gott ist, das weißt du auch?«

»Ich dachte einmal, ich wüßte es«, gab Seth kleinlaut
zur Antwort. »Aber das war ein Irrtum. Ich weiß tatsächlich nicht, wer Gott ist.«

Ich brauche nicht zu wissen, wer Gott ist, dachte
Enos bei sich. Es genügt mir, wenn ich weiß, wie er den
Menschen gemacht hat. Den Menschen, den wollte Enos
nämlich nachmachen. Das war seine Ambition.

Also hat Enos Erde genommen, hat sie geformt.
Hat den Menschen nachgebildet. Er war der erste Bildhauer. Vor Enos ist niemand auf die Idee gekommen,
den menschlichen Körper nachzubilden. Aber Enos tat
es nicht aus künstlerischen Motiven. Bald standen und
lagen und saßen jede Menge Erdmenschen in seinem
Garten herum.

Enos ging wieder zu seinem Vater Seth und sagte:
»Ich habe es probiert. Ich habe einen Menschen aus
Lehm gemacht, aber der hat sich nicht gerührt. Dann
habe ich noch einen gemacht und noch einen und noch
einen. Sie liegen, stehen, sitzen alle in meinem Garten
herum. Bewegen sich nicht, reden nicht, atmen nicht.
Was fehlt da?«

Seth sagte zu seinem Sohn: »Ja eben, Gott hat seinem Erdklumpen eine Seele eingeblasen.«

»Eine Seele? Was ist das?«

»Das weiß wieder kein Mensch. Durch die Nase hat er ihm angeblich die Seele in den Leib geblasen.«

Enos ging zurück in seinen Garten und probierte auch das. Preßte seine Lippen auf die Lehmnasen. Blies. Aber es nützte nichts. Die Erdmenschen blieben Erdmenschen, die Lehmklumpen blieben Lehmklumpen.

Enos fragte weiter, bohrte weiter, bedrängte seinen Vater: »Ich will es wissen: Wie ist es gemacht worden?«

Seth sagte: »Laß mich doch damit in Frieden! Als ich so alt war wie du, wollte ich auch wissen und wissen und wissen. Heute weiß ich nur eines: Am besten ist es, man setzt sich am Morgen auf die Bank hinter dem Haus und steht erst am Abend auf. Und dann legt man sich ins Bett. Das ist meine Weisheit. Frag deinen Großvater! Frag Adam. Er weiß es.«

Enos machte sich auf den Weg zur Hütte des alten Adam. Adam war damals gute achthundert Jahre alt.

Enos fragte den Alten, der größer war als jeder andere Mann auf der Welt: »Erinnerst du dich?«

Adam sagte: »Ich erinnere mich sehr wenig. Wenn ich mich daran erinnere, an das Paradies erinnere, dann möchte ich alleine sein. Oder mit meiner Frau Eva zusammen sein. Es ist eine sehr schöne Erinnerung, aber es ist auch eine sehr schmerzliche Erinnerung. Schmerzlich deswegen, weil ich aus eigener Schuld aus diesem Paradies vertrieben worden bin...«

Adam sprach langsam, wie kein Mensch auf der Welt langsam sprach. Enos verlor die Geduld.

»Gut, wir können nicht mehr zurück ins Paradies«,

sagte er. »Aber das will ich ja auch gar nicht. Ich will nur wissen, wie wir gemacht worden sind. Das mit der Seele zuerst, bitte! Kurz, prägnant, ohne Randgeschichten!«

Adam dachte lange nach, sehr lange, einen Tag, zwei Tage, drei Tage.

Dann antwortete er: »Das Leben ist allein Gottes Macht und allein Gottes Geheimnis.«

Enos warf die Arme in die Luft.

Enos grub die Leiche des Abel aus. Abel war die einzige Leiche, die es gab. Und: Die Verwesung war noch nicht erfunden. Der Leichnam war unversehrt. Enos wollte den Körper aufschneiden und hineinschauen.

»Weil ich der Gescheiteste bin auf der Welt und ich herausgefunden habe, daß mir niemand eine Antwort geben kann, weil niemand mehr weiß als ich!«

Er besorgte sich ein Messer. Messer waren bis dahin nur verwendet worden, um die Früchte des Feldes zu teilen und zu schälen. Das Messer wehrte sich in Enos' Hand. Es sprang ihm von den Fingern, und es begann zu sprechen.

Es sagte: »Ich will das nicht tun! Ich weiß, was du vorhast. Du willst mich in diesen Leib hineinstoßen, du willst ihn mit meiner Hilfe aufschneiden.«

Enos sagte: »Ja, das will ich, weil ich wissen will, wie uns Gott gemacht hat.«

Das Messer: »Ich werde verdammt sein, wenn ich das tue, auch wenn ich gar nichts dafür kann, weil du mich zwingst, werde ich trotzdem verdammt sein. Ich will aber nicht verdammt sein.«

Aber Enos hielt das Messer mit beiden Händen fest und schnitt damit in den toten Körper des Abel.

Tatsächlich wurde das Messer verdammt. Von diesem Augenblick an war es nicht nur ein Gegenstand des häuslichen Gebrauchs mehr, sondern auch eine Waffe.

Enos studierte das Innere des Menschen. Schnitt jede Faser auf. Verfolgte die Bahn jeder Ader. Wog das Gehirn. Wog die Leber und die Nieren und maß die Länge des Darms.

Er machte sich erneut an die Arbeit, Menschen zu formen. Er dachte: Vielleicht liegt es daran, daß ich den falschen Lehm genommen habe. Er machte sich auf den Weg, suchte Lehm. Wurde ein Lehmkenner. Ein Besessener.

Eines Tages kam Enos an eine Mauer, groß, mächtig, ihre Krone sah aus, als sei sie ein Gebirge. Wir wissen es: Es war die Mauer zum Paradies. Enos ging an der Mauer entlang, und er kam zum Tor des Paradieses. Aber er war ein verblendeter Mensch, er sah auf das Tor, aber er sah nichts. Er legte die Hand auf das Tor, aber er spürte nichts. Er erkannte nicht einmal die Mauer als eine Mauer. Er meinte, es sei ein Fels. Er verstand nichts mehr vom Paradies. Niemand mehr verstand etwas vom Paradies.

Aber Enos verstand etwas von Lehm.

Erinnern wir uns: Außen, neben dem Tor zum Paradies, lag jener Haufen Lehm, der vom ersten Adam stammte. Jener Haufen, auf den Samael gespuckt hatte, bevor er vom Erzengel Michael in die Hölle gestoßen worden war.

Aus diesem Lehm baute Enos seinen Menschen.

Und genau in dem Augenblick, als sich Enos über seinen Lehmmann beugte, um ihm eine Seele in die Nase zu blasen, schlüpfte Samael, der Teufel, an Enos' Mund vorbei in den Erdkörper.

Und Samael sagte: »Du hast mich gerufen?«

Enos fiel um.

Als er sich wieder gefaßt hatte, fragte er: »Habe ich dich gemacht?«

»Nicht ganz«, sagte Samael aus dem Mund des Lehmmenschen. »Nicht ganz. Aber ich will dir behilflich sein. Was soll ich tun?«

»Mach einen Schritt«, sagte Enos.

»Das kann ich nicht«, sagte Samael.

»Dann heb die Hand!«

»Das kann ich auch nicht.«

»Dann spuck mich an!«

»Geht nicht.«

»Was kannst du eigentlich?«

»Aus dem Maul von dem da sprechen, das kann ich. Mehr kann ich nicht.«

»Das heißt«, sagte Enos, »einen Menschen im eigentlichen Sinn habe ich nicht gemacht?«

»Im eigentlichen Sinn nicht«, sagte Samael. »Aber überleg: Seit so langer Zeit mühst du dich ab. Ohne jeden Erfolg. Weißt du, daß man über dich lacht? In deinem Alter! Schau deinen Bruder Henoch an! Aus ihm ist etwas geworden. Ein Geschäftsmann. Er ist nicht so begabt wie du. Aber ihn respektiert jeder. Dich lachen alle nur aus. Früher bist du jemand gewesen, dann hast du dir diesen Vogel in den Kopf gesetzt, daß du Leben machen möchtest. Das kann niemand. Jeder weiß das. Nur du willst es nicht wissen. Deshalb lacht man dich zu Recht aus. Also überleg: Mit einer Lehmpuppe, die sprechen kann, kannst du viel Eindruck machen. Das ist mehr als nichts!«

Enos wußte, es ist nicht das, was er wollte, natürlich

81

nicht, in seiner Jugend war er beseelt von dem Gedanken, ein großer Naturwissenschaftler zu werden. Er
hatte sein Ziel nicht erreicht. Aber, sagte er sich, ich
habe es halb erreicht, immerhin halb. Wer kann das
schon von sich behaupten.

Enos war der erste Mensch, der Götzenbilder aufgestellt hat. Und die Menschen fielen vor seinen Götzen
auf die Knie und hörten sich an, was Samael, der Teufel,
aus den Lehmmäulern auf sie herunterredete.

HENOCH

Von seiner ersten und zweiten Devise – Von der Erfindung
des Handels – Vom Streitschlichten – Von seiner Berufung
zum Propheten – Von der Schrift – Von Esoterikern und
Science-fiction-Fans – Von der Himmelfahrt des Propheten

Einer, der sich nicht vor den Götzen des Enos auf den
Boden geworfen hat, war der Bruder des Enos: Henoch.

Henoch hatte für diese Götzen gar nichts übrig. Er
war ein nüchterner Mensch. Er wußte, daß diese Götzenbilder im besten Fall ein Ersatz für das verlorene Bild
Gottes waren. Ebenso wie sein Vater Seth ein Ersatz für
den Vorfahr Abel war.

»Ich weiß nicht mit Sicherheit, ob es einen Gott gibt«,
pflegte Henoch zu sagen. »Wenn sich nach dem Tod herausstellt, daß es keinen gibt, war es kein Schaden, an
ihn geglaubt zu haben. Wenn es aber einen gibt, wird es
von Nutzen sein. Also ist es besser, an Gott zu glauben,
als nicht an ihn zu glauben.«

So lautete seine erste Devise.

Den Tag über hat sich Henoch allerdings mit ganz
anderen Dinge beschäftigt. Er leitete ein Büro. War
Besitzer eines Lagerhauses. Des größten weit und breit.
Er war verheiratet, hatte Familie, lachte selten. War
keine Stimmungskanone, ging früh zu Bett, stand früh
auf. Liebte seine Tätigkeit. Import, Export hauptsäch-
lich. Wobei das Wort Liebe sicher übertrieben ist.

Er hat Gottes Gebote geachtet, heißt es, er hat gebetet, nicht besonders leidenschaftlich, das wurde auch nirgends verlangt. Er war ein pflichtbewußter, nüchterner, kühl kalkulierender Mann. Wie gesagt: Er war nicht so begabt wie sein Bruder Enos, lange nicht. Er war zufrieden, und anstrengende Begeisterungsanfälle wie bei seinem Bruder waren bei ihm bis dato nicht beobachtet worden.

»Ein Ziel vor Augen macht, daß wir stolpern.«

Das war seine zweite Devise.

Henoch sah, wie die Menschen auf den Feldern schufteten, er sah, wie die einen mehr Getreide ernteten, als sie verbrauchen konnten, er sah, wie die Fischer mehr Fische aus dem Meer zogen, als sie essen konnten, und wie die Hirten mehr Fleisch erzeugten, als sie nötig hatten. Er wußte, derjenige, der Fleisch hat, der hat keinen Fisch, würde aber gern welchen haben, und derjenige, der Fisch hat, hat kein Getreide, würde aber gern welches haben.

Da hat Henoch den Handel erfunden. Dem Fischer hat er Fleisch, dem Fleischer hat er Brot gebracht. Er war pünktlich, nicht allzu teuer, aber billig auch nicht.

Und manchmal sagte einer: »Ich habe zum Geburtstag einen Hut bekommen, aber ich besitze schon einen. Willst du mir nicht diese Ente dafür geben, Henoch?«

Und Henoch sagte: »Nein, die kann ich dir nicht geben, die ist nämlich schon deinem Nachbarn versprochen. Aber ich habe hier ein paar neue Schuhe, und ich sehe, die deinen sind bald hinüber. Gib mir den Hut, dann kriegst du dafür die Schuhe.«

Und da sah der Mann erst, daß seine Schuhe bald hinüber sein würden, und er tauschte und dachte, gut, daß es den Henoch gibt!

Henoch wurde reich. Nicht von heute auf morgen wurde er reich. Allmählich wurde er reich. Und schließlich war er sehr reich.

Der Händler, das war Henoch klar, benötigt Gerechtigkeit als Grundlage für sein Gewerbe. Denn handeln können miteinander nur zwei Gleiche. Deshalb war Henoch ein gerechter Mann. Wenn zwei sich stritten, gingen sie zu Henoch.

»Mach du den Richter«, sagten sie.

Der Händler, das war ihm ebenfalls klar, benötigte Frieden. Wo Haß und Krieg herrschten, hatte der Handel wenig Spielraum. Deshalb war Henoch auch ein friedlicher Mensch. Wenn er sah, wie einer mit einer Schaufel auf einen anderen losging, um ihn zu schlagen, und alle Umstehenden das Schlichten längst aufgegeben hatten, dann trat Henoch zwischen die beiden.

Und er sagte mit seiner leisen, feinen Stimme: »Nur einen Augenblick, ich will gar nicht stören. So eine Schaufel könnte ich brauchen. Ich tausche sie gegen einen Stapel Handtücher ein.«

»Aber mit den Handtüchern kann ich den da nicht schlagen!« rief der eine.

»Das ist auch wieder wahr«, sagte Henoch. »Aber du könntest die Handtücher gegen einen Satz Suppenschüsseln tauschen, die kannst du ihm an den Kopf werfen. Ich weiß da zufällig eine Frau, die hat viel zu viele Suppenschüsseln und kein einziges Handtuch, und wenn du bis morgen wartest, dann will ich gehen und mit ihr verhandeln ...«

»Ach, hau ab, du gehst uns auf die Nerven!« sagten da die beiden Streitenden.

Sie hatten die Lust am Schlagen verloren. Und am Ende reichten sie einander die Hand und reichten auch Henoch die Hand und kamen sich wie Idioten vor.

Die Leute sagte: »Der Henoch, der! Wenn der in der Nähe ist, dann! Wenn der sich um etwas kümmert, dann klappt's.«

Dieser Henoch fiel Gott ins Auge.

Von Gott haben wir schon lange nicht mehr gesprochen. Wo war er? Was hat er gemacht? Hat er sich vom Menschen und seiner Welt abgewandt? Wollte er einen neuen Versuch starten? Tatsächlich gibt es Vermutungen in diese Richtung. Wir werden noch darauf zurückkommen.

Gott, sagen die einen, habe den Menschen in seiner Welt eine Weile lang nach eigener Maßgabe leben lassen. Er habe zugesehen. Aber dann sei ihm der Wandel der Menschen zu bunt geworden. Sagen die einen. Andere meinen, der Wandel sei ihm gar nicht zu bunt geworden, Gott habe sich lediglich geärgert, daß die Menschen vergessen hätten, die Schöpfung zu bejubeln. Und vergessen hätten es die Menschen, weil sie die Geschichten vergessen hätten. Weil sie eben nicht mehr wußten, wie die Welt geworden war. Weil es Mode geworden war, nicht zurückzuschauen.

Gott dachte sich, den Menschen fehlt ein Prophet.

Gott blickte sich um. Und sein Auge fiel auf Henoch. Ausgerechnet auf ihn. Henoch sollte der erste Prophet werden. Ausgerechnet der!

Gott begegnete Henoch. Damals begegnete er den Menschen noch so, wie er war. Als er später dem Abraham begegnete, schlüpfte er in das fleischliche Kleid eines Menschen. Weil die Menschen den Anblick Gottes später nicht mehr ertragen konnten. Zur Zeit des Henoch konnten sie den Anblick Gottes noch ertragen.

»Ich bin Gott«, sagte Gott zu Henoch. »Glaubst du mir?«

Henoch sah, was er sah. Und er dachte an seine Devise, die zweite. Und er glaubte.

Er fragte: »Gibt es einen Grund, warum du mir erscheinst?«

»Ja«, sagte Gott. »Ich brauche deine Hilfe.«

»Was soll ich tun?«

Gott sagte: »Ich habe dich ausgewählt, weil du ein nüchterner Mann bist. Du sollst den Menschen erzählen, was ich Herrliches erschaffen habe. Damit sie wieder an mich denken. Ich werde dir die Schöpfung erklären, und du sollst den Menschen von den Wundern der Schöpfung erzählen.«

»Werden sie mir glauben?«

»Ja.«

»Und warum ausgerechnet mir?«

»Sie kennen dich als einen Mann, der durch nichts zu begeistern und durch nichts aus der Ruhe zu bringen ist. Wenn jemand wie du plötzlich in Begeisterung und prophetische Unruhe verfällt, dann werden sich die Menschen denken, da muß etwas wirklich Großes dahinterstecken, und sie werden ihm glauben.«

Henoch war ein Händler – ja, einer, der sich weder so ohne weiteres begeistern noch so ohne weiteres aus der Ruhe bringen ließ –, und er fragte: »Was ist mein Lohn?«

Gott hat das gefallen, denn diese unerschütterliche

Nüchternheit war ja der Grund gewesen, warum er Henoch ausgewählt hatte.

Gott sagte: »Was willst du haben?«

Henoch hatte schon die ganze Zeit auf die Unterarme Gottes geblickt, dort waren diese tätowierten Schriftzeichen, die ja schon seit Urzeiten, schon seit vor der Erschaffung des Menschen, auf Gottes Unterarmen waren.

Henoch fragte: »Was ist das da auf deinen Armen?«

Gott sagte: »Das sind Schriftzeichen.«

»Ich weiß nicht, was Schriftzeichen sind«, sagte Henoch. »Fang deine Erklärung der Welt damit an, daß du mir diese Schriftzeichen erklärst.«

Und Gott erklärte Henoch die Schrift.

»Das heißt«, sagte Henoch, »wenn man sich etwas nicht gut merken kann, dann braucht man es nicht mehr mühsam auswendig zu lernen, man kann es sich aufschreiben und dann ablesen?«

Gott sagte: »Ja, das hast du verstanden, das ist gut.«

Für einen Händler war das natürlich eine wunderbare Erfindung, und Henoch sagte: »Diese Schriftzeichen hätte ich gerne. Die möchte ich als Lohn haben dafür, daß ich den Menschen deine Schöpfung erzähle.«

Gott war damit einverstanden.

Da nahm Gott den Henoch mit und führte ihn ganz zurück in die Vergangenheit. Weit zurück in die Zeit, als die Menschen noch gar nicht waren. Alles zeigte er seinem Propheten.

Dann führte er ihm die Zukunft vor. Vor und zurück auf der Zeitachse fuhr Gott mit Henoch. Über jede Sekunde des Daseins flog er mit ihm, vom Anfang aller Dinge bis an ihr Ende.

Das heißt, während ich hier sitze und schreibe, und selbstverständlich auch während Sie diese Zeilen lesen, immer, immer, in jedem Augenblick wird Henoch, der erste Prophet Gottes, durch die Zeit gehoben. Deshalb nimmt es auch nicht wunder, daß Esoteriker und Science-fiction-Fans so vernarrt sind in diesen Propheten. Geben Sie das Stichwort »Henoch« in eine Suchmaschine des Internet, und Hunderte Pages werden Ihnen aus den erwähnten Richtungen entgegenflattern...

Henoch machte sich Notizen. Erst sehr kühle Notizen. Aber seine Begeisterung über Gottes Schöpfung wuchs. Als seine Reisen durch die Zeiten beendet waren, war aus dem trockenen, etwas langweiligen Geschäftsmann ein glühender Prophet geworden.

Das Buch Henoch liegt uns noch heute vor. Freilich – der Historiker, der Forscher, der nüchterne, der wird eine andere Geschichte zur Entstehung dieses Buches erzählen.

Im Buch Henoch stehen interessante Dinge. Der Prophet hat als erster vorgeschlagen, die Zeit nicht allein nach dem Mond, sondern auch nach der Sonne zu messen, und er hat damit den Begriff des Jahres erfunden. Das Sonnenjahr hat nach Henoch dreihundertvierundsechzig Tage. Das ist erstaunlich genau.

Henoch lebte nicht so lang wie die anderen Menschen seiner Zeit. Er starb aber nicht. Er verschwand einfach. Es gab keinen Leichnam. Gott holte ihn zu sich. Henoch war es gelungen, die Menschen wieder zu Gott hinzuführen. Die Götzen seines Bruders Enos wurden zerschlagen. Die Menschen waren wieder von Gott und einer Schöpfung begeistert.

Als junger Spund ist Henoch von Gott von der Erde weggeholt worden, er war gerade dreihundertfünfundsechzig Jahre alt. Gott habe ihn, heißt es, ein Jahr älter werden lassen, als das Jahr Tage zählt.

KAINS TOD

Von Jägern im allgemeinen – Von Lamech – Von Tubal-
Kain – Vom unglücklichen Zufall – Vom schnellen Zeugen

Noch war kein Mensch gestorben auf der Welt. Einer
war weggenommen worden, Henoch, einer war ermordet worden, Abel.

Viel zu viele Menschen lebten damals, viel mehr als
heute. Überall waren Menschen. Es war nicht mehr viel
Erde übrig, wo sich die Tiere verstecken konnten. Man
meinte, die Tiere seien überflüssig. Man sagte, sie nehmen nur Platz weg. Groß war der Mann, der viele Tiere
töten konnte.

Es kam dann die Zeit, als Kain über achthundert
Jahre alt war, der alte Kain, der Mörder, mit dem Horn
auf der Stirn, dem Zeichen des Mörders. Kain, der Brudermörder, starb keines natürlichen Todes. Gott hätte
ihn leben lassen bis in alle Zeiten. Kain wurde getötet.

Das ging so: Einer der Nachfahren Kains, von Enkel
kann man gar nicht reden, weil man nicht weiß, zur
wievielten Generation nach Kain er gehörte, das war ein
gewisser Lamech, und der war der bedeutendste Jäger
seiner Zeit. Er war so bedeutend, so leidenschaftlich
als Jäger, daß er auch als alter Mann, als er schon blind
war, immer noch auf die Jagd gehen wollte.

»Wenn der Pfeil die Stirn des Tiers durchbohrt, dann klingt das wie ein Kuß auf die Stirn einer meiner zwei Frauen. Und wenn der Pfeil die Flanke eines Rehs durchbohrt, dann klingt das wie ein Kuß auf den Bauch einer meiner zwei Frauen.« Solche Dinge sagte Lamech, der Jäger.

Übrigens: Er betonte immer, daß er zwei Frauen hatte. Daraus schlossen manche Mythologen, Lamech habe die Polygamie eingeführt. Erwiesen ist das nicht.

Lamech hatte drei Söhne. Jabal hieß der eine, Jubal der andere, und Tubal-Kain hieß der Jüngste. Tubal-Kain war ein Jäger wie sein Vater, und er begleitete seinen Vater auf die Jagd.

Und wenn Lamech sagte: »Ich rieche ein Wild«, dann richtete Tubal-Kain Pfeil und Bogen seines Vaters auf das Wild, und Lamech brauchte nur den Pfeil loszulassen.

Eines Tages waren die beiden wieder auf der Jagd, und da sagte Lamech: »Ich rieche ein Wild.«

Und tatsächlich, Tubal-Kain sah hinter einem Gebüsch ein Horn hervorschauen. Er drehte seinen Vater samt Pfeil und Bogen in die richtige Richtung, und Lamech schoß, und er traf. Und es hörte sich an wie ein Kuß auf die Stirn seiner Frau.

»Ich hab das Wild in die Stirn getroffen«, sagte Lamech. »Geh und schau nach, mein Sohn.«

Tubal-Kain kam zurück und meldete: »Du hast einen Mann erschossen, der trägt ein Horn auf der Stirn.«

Da wußte Lamech, er hatte seinen Vorfahren Kain getroffen, und er hatte damit einen Fluch auf sich und seine Familie geladen, einen Fluch, der sieben Generationen dauern würde.

So sehr erschrak der blinde Lamech, daß er die Hände zusammenschlug und ausrief: »Um Gottes willen, ich habe Kain getötet!«

Aber weil der unglückliche Zufall es so wollte, war der Kopf seines Sohnes Tubal-Kain zwischen seine Hände geraten, und die Pranken eines großen Jägers sind furchtbar, und der Kopf des Tubal-Kain war zerschmettert.

Schreiend stolperte Lamech nach Hause zu seinen zwei Frauen und sagte: »Einen Mann habe ich getötet, und einen Knaben habe ich erschlagen.«

Und er schlüpfte eilig unter die Decken zu seinen zwei Frauen und sagte: »Wir müssen einen Nachfahren zeugen! Jetzt gleich! Schnell! Auf der Stelle!«

Und eine der Frauen wurde schwanger und brachte einen Sohn zur Welt und gab ihm den Namen Noah.

Das war auch die Zeit, als Adam und Eva starben ...

DIE GOTTESSÖHNE

Von einem depressiven Gott – Vom großen Gemetzel – Von den Giganten – Von Asaels Mitleid – Von Schemchasais Liebe – Von Istahars Wunsch zu fliegen – Von einem guten und einem bösen Ende

In der Bibel heißt es, die Gottessöhne seien herabgestiegen vom Himmel.

Wir wissen nicht, wer diese Gottessöhne sind. Die Bibel gibt uns keine Auskunft darüber. Aber die Mythen, Sagen und Märchen erzählen, daß diese Wesen übriggeblieben waren aus der Zeit vor Gottes Schöpfung.

Diese Gottessöhne sagten eines Tages zu Gott: »Wir werden unter den Menschen aufräumen, werden die meisten zertreten, das steht fest, jedenfalls die bösen Menschen, und dann werden wir die Welt bevölkern.«

Gott fragte: »Meint ihr, ihr paßt besser in diese Welt?«

»Ja«, sagten die Gottessöhne. »Gib uns Gelegenheit, es zu beweisen!«

Was war los mit Gott? Hatte er resigniert? War alles anders gelaufen, als er es sich vorgestellt hatte? Hatte er das Interesse an seiner Welt verloren? Oder hatte er nur das Interesse an den Menschen verloren?

»Dann geht«, sagte er zu den Gottessöhnen. »Seht zu, daß ihr es besser macht!«

»Wir werden es besser machen«, sagten die Gottessöhne. »Wir kennen die Menschen gut. Wir haben lange
genug von oben zugeschaut.«

Ja, so war es: Diese sogenannten Gottessöhne hatten
die ganze Zeit von oben zugeschaut, wie es unten auf
der Erde zuging. Und bei dieser Gelegenheit haben sie
sich in die Menschenfrauen verliebt. Sie wollten es mit
den Menschenfrauen treiben. Das ist die Wahrheit, und
diese Wahrheit steht auch in der Bibel.

»... und sie nahmen sich von ihnen Frauen, wie es
ihnen gefiel ...«

Hat Gott das nicht gewußt? Aber er weiß doch alles.
Hatte er keine Kraft mehr, um sich gegen die Gottessöhne zu stellen?

Diese Bibelstelle hat immer wieder Verwunderung
ausgelöst, Verwirrung gar. Es ist merkwürdig, aber
man wird den Eindruck nicht los, daß Gott zu diese
Zeit in eine Depression verfallen ist. Eine göttliche
Depression.

Nun flogen also die Gottessöhne vom Himmel herab.
An ihren Schulterblättern waren riesige Flügel, goldene Flügel mit Azur und Türkis durchwirkt, silbern
umrahmt, mit Rubinen gepunktet. Die Anführer hießen
Schemchasai und Asael. Und es war ein Gemetzel unter
den Menschen.

»Nur die Männer!« befahlen Schemchasai und
Asael. »Die Welt braucht keine Männer! Tötet sie alle!«

Die Menschen waren nicht auf Töten eingestellt. Seit
Kain hatte es keinen Mörder mehr gegeben. Lamech
hatte nur aus Versehen getötet. Man hat aufeinander
eingeschlagen, das schon, aber man hat sich gegenseitig
nicht erschlagen. Die Jäger hatten auf Tiere geschossen,

niemals auf Menschen. Und Schemchasai und Asael und die anderen Gottessöhne sahen aus wie Menschen, wie große, schöne Menschen. Den Männern zitterten die Hände, wenn sie den Bogen spannten und den Pfeil auf die Eindringlinge richteten.

Schemchasai und Asael gingen mit der unfaßbaren Brutalität von Gleichgültigen vor. Sie köpften die Männer, wie Bauernbuben im Vorbeigehen Disteln köpfen. Nicht Haß war ihr Antrieb. Der Bauer haßt das Gras ja auch nicht, das er mäht.

Schemchasai und Asael befahlen, daß sich die Menschenmänner auf den Plätzen der Stadt versammeln sollten. Dann gingen sie durch die Reihen und ließen ihre Schwerter kreisen. Die Frauen nahmen sie mit sich.

Es heißt, Asael habe Augenblicke des Mitleids gehabt. Er blickte auf die weinenden Frauen. Sah ihre Tränen. Fing die Tränen mit dem Finger auf. Verwandelte die Tränen in Diamanten. Band die Diamanten an Kettchen. Hängte die Kettchen den weinenden Frauen um den Hals.

»Schön«, sagte er dazu.

Aber die Frauen weinten weiter, sie weinten um ihre Männer, ihre Söhne, ihre Liebhaber.

»Hör auf!« sagte da Asael zu Schemchasai. »Laß die Männer leben. Sie sollen die Frauen für uns schmücken. Wer uns dient, soll verschont bleiben.«

Da gab es viele Männer, die putzten ihre Frauen heraus, rieben sie mit Duftölen ein, schlugen sie auf die Wangen, damit sie schön rot wurden. Um ihr Leben zu retten, taten sie das.

Und andere taten es nicht.

»Warum nicht?« fragte Schemchasai.

96

»Aus Liebe«, sagte Asael.

»Interessant«, sagte Schemchasai und köpfte die Männer.

Asael und Schemchasai und die anderen Gottessöhne schwängerten alle Frauen. Und die Frauen brachten Riesen zur Welt, Giganten. Und dann geschah es, daß sich Schemchasai, der Gnadenlose, in eine Menschenfrau verliebte. Sie hieß Istahar.

Istahar lebte allein. Ihr Vater war gleich beim ersten Massaker ums Leben gekommen, ihre Brüder später. Ihre Mutter war vor Gram gestorben, und ihre Schwester war verschleppt worden, sie wußte nicht wohin.

»Ich wünsche mir, daß du aus freien Stücken zu mir kommst«, sagte Schemchasai. »Ich werde dich nicht berühren, wenn du es nicht willst.«

»Dann wirst du mich niemals berühren«, sagte Istahar.

»Ich will warten«, sagte Schemchasai.

Er hockte sich vor Istahars Haus und wartete. Ein schöner, großer Mann mit goldenen Haaren. Er hockte auf einem Stein und blickte still zur Tür.

Am nächsten Tag saß Schemchasai immer noch vor dem Haus von Istahar. Da kam Asael vorbei.

»Was machst du hier?« fragte er.

»In dem Haus lebt eine Frau«, sagte Schemchasai, »die hat es noch mit keinem von uns getrieben.«

»Dann hol sie doch heraus!« sagte Asael.

»Ich warte auf sie«, sagte Schemchasai.

»Sie wird freiwillig nicht kommen.«

»Ich warte.«

»Ich werde sie für dich holen«, sagte Asael.

Er stampfte auf die Tür zu, wollte mit der Faust die

Tür einschlagen, da traf ihn ein Stein am Hinterkopf. Schemchasai hatte den Stein geworfen.

»Ich sagte, ich warte, bis sie kommt«, sagte er.

»Vielleicht will ich sie ja für mich haben«, sagte Asael.

»Meinetwegen sollst du sie haben«, sagte Schemchasai. »Aber dann mußt du auch auf sie warten. Setz dich neben mich und warte!«

Und das hat Asael getan.

So saßen die beiden Gottessöhne vor dem Haus der Istahar. Und während sie warteten, ging die Welt weiter. Die Giganten stritten sich mit ihren Vätern, es kam zum Krieg. Die Gottessöhne und ihre Nachkommen erschlugen sich gegenseitig. Am Ende waren von den Eindringlingen nur Schemchasai und Asael übrig. Die saßen auf dem Stein vor dem Haus der Istahar.

Die Menschen krochen aus ihren Verstecken, viele waren es nicht mehr. Sie schlichen sich an das Haus von Istahar heran, beobachteten die beiden mächtigen Führer der Gottessöhne, die da saßen und das Haus bewachten und warteten.

»Was wollt ihr denn noch?« fragte ein Mutiger. »Ihr habt uns doch schon alles genommen. Der Krieg gegen eure Nachfahren hat unsere Felder verwüstet. Was wollt ihr beiden denn noch?«

»Sie wollen wir«, sagte Schemchasai. »Diese Frau mit dem Namen Istahar!«

»Ja, sie wollen wir«, sagte auch Asael. Ja, auch Asael hatte sich in Istahar verliebt. Und das, obwohl er sie noch nie richtig gesehen hatte. Nur manchmal hatte er kurz ihr Gesicht gesehen, wenn sie durch das Fenster nach draußen schaute, ob das Böse noch immer vor ihrem Haus hockte.

»Und was wird, wenn ihr sie bekommt?« fragte ein anderer Mutiger.

»Dann gehen wir«, sagten die beiden Gottessöhne.

»Was ist mit denen los?« tuschelten die Menschen. »Sind sie müde geworden vom Töten?«

Daß sich diese beiden tatsächlich verliebt hatten, das konnte keiner glauben.

»He!« rief ein dritter. »He! Istahar! Laß die beiden hinein! Alle Frauen der Stadt sind von ihnen genommen worden, nur du nicht!«

»Ja, laß sie hinein!« riefen nun auch andere. »Sonst werden wir alle sterben!«

Istahar schob den Vorhang beiseite und blickte hinaus. Sie sah die beiden riesigen Männer mit den goldenen Haaren und den goldenen Flügeln auf dem Stein vor ihrem Haus sitzen. Und sie sah ihre Nachbarn, die in einigem Abstand auf der Straße standen und zu ihr herüberschauten.

»Also gut«, sagte Istahar. »Ich werde Schemchasai und Asael zu mir lassen. Aber nur unter einer Bedingung.«

»Bedingungen stellt sie«, höhnten die Nachbarn.

»Wie lautet deine Bedingung?« fragte Schemchasai.

Istahar trat vor die Tür.

Sie stellte sich vor die beiden Gottessöhne hin und sagte: »Immer habe ich die Vögel des Himmels beneidet. Sie können die Welt von oben sehen, sie fliegen durch die weiche Luft, es muß sein, wie im Wachen zu schlafen.«

»Was hat das damit zu tun?« fragten die Nachbarn.

»Wenn Schemchasai und Asael mir einmal, nur einmal ihre Flügel leihen«, sagte Istahar, »damit ich einen kleinen Rundflug machen kann, nur einen kleinen, dann werde ich die beiden zu mir lassen.«

Und die Nachbarn, die alles verloren hatten, sogar die letzten guten Sitten, die brachen in johlendes Gelächter aus.

»Bedingungen stellt die Verrückte! Ja, kannst du dir das vorstellen! Flügel! Klar, Flügel!«

Aber Schemchasai erhob sich, griff sich an die Schulterblätter, löste die Flügel und legte sie vor Istahar hin. Und auch Asael legte seine Flügel vor Istahar hin.

Istahar befestigte sich die Flügel, Schemchasais Flügel am Rücken, Asaels Flügel an der Hüfte. Und dann erhob sie sich in die Luft. Istahar flog hoch hinauf. Sie flog bis vor den Thron Gottes.

»Rette mich!« sagte sie.

»Wie denn? Wie denn?« sagte Gott.

»Schick deinen stärksten Engel«, sagte Istahar. »Ich werde Schemchasai und Asael in eine Höhle locken. Dann soll dein Engel den Berg auf die Höhle drücken.«

»Du willst dich wirklich opfern?« fragte Gott.

»Wenn's anders nicht geht!« sagte Istahar.

Es gibt zwei Versionen vom Ende. Eine heroische und eine versöhnliche. Michael wurde geschickt, in beiden Versionen wurde er geschickt. In der heroischen Version führte Istahar Schemchasai und Asael in die Höhle und starb dort mit den beiden, als Michael den Berg auf sie preßte. Die andere Geschichte läßt Istahar durch einen schmalen Gang, zu schmal für die Gottessöhne, entkommen.

DIE SINTFLUT UND DER TURMBAU ZU BABEL

Von Baumeistern und Musikanten – Von einem Besuch des
Erzengels Uriel – Von einer schnellen Art, alles zu lernen – Von
einem kuriosen Prediger – Von einem kuriosen Schiff – Vom
Tod des Ältesten – Von den Tieren – Vom großen Wasser –
Von einem Streit mit einem Raben – Vom neuen Geschlecht –
Vom Turmbau zu Babel – Von Nimrod, dem Angeber – Von
Gottes Staunen – Von der Verwirrung der Sprachen

Lamech, der alte, blinde Jäger, hatte vier Söhne: Jabal,
Jubal, Tubal-Kain und Noah. Den Tubal-Kain hat er
erschlagen. Den Noah hat er als Ersatz in derselben
Nacht mit einer seiner zwei Frauen gezeugt.

Die Söhne Jubal und Jabal waren sehr angesehen in
ihrer Zeit. Das war die Zeit, als die Gottessöhne die
Städte verwüsteten. Jabal und Jubal hatten die Katastrophe überlebt. Jubal war Musikant, man sagt von ihm, er
habe die Zither erfunden, auch die Flöte habe er erfunden, zumindest verbessert habe er sie. Sein Bruder Jabal
war Baumeister. Er leitete den Wiederaufbau des Landes
nach der Katastrophe.

Der Beruf des Baumeisters und der Beruf des Musikanten lagen in dieser Zeit gar nicht soweit voneinander
entfernt. Auch in anderen Geschichten kann man auf
Brüderpaare treffen, die sich in diese Berufe teilen. Die
griechische Mythologie erzählt uns von Amphion und
Zethos, der eine war Architekt, der andere ein Musiker, der die Kithara des Hermes weiterentwickelt hat,
gemeinsam haben sie die Stadt Theben erbaut.

Die Gebäude, die Tempel, alles, was in der Stadt

gebaut wurde, wurde nach musikalischen Überlegungen geplant. Die Architekten haben die Proportionen der Gebäude, bevor sie zu bauen begannen, auf gespannte Saiten übertragen, das heißt, sie haben die Saiten eines Monochords entsprechend verkürzt, und erst wenn ein schöner Akkord gestrichen wurde, durfte der Auftrag erteilt werden, erst dann durfte der Bauherr sicher sein, daß auch das Haus schön werden würde.

Jubal und Jabal betrieben ein gemeinsames Büro, sie arbeiteten zusammen. Sie waren ehrliche, aufrichtige Leute, hatten Familien, kluge Kinder, Freunde, mit denen man auch manchmal gemeinsam in Urlaub fuhr. Man kann nicht sagen, daß Jabal und Jubal gottesfürchtig waren. Sie machten sich keine Gedanken über Gott. Aber sie waren tolerant.

»Wenn sich einer Gedanken über Gott machen will, dann soll er sich Gedanken über Gott machen dürfen«, sagten sie.

Eines Tages bekamen Jabal und Jubal Besuch von ihrem jüngeren Bruder Noah. Noah war ein ganz anderer Charakter. Ein Stück Holz im Vergleich zu seinen Brüdern. Hartholz, um genau zu sein. Jabal und Jubal waren es gewohnt, sich unter Menschen zu bewegen, sie verstanden es, elegant zu argumentieren, sie waren smart und aufgeschlossen und glatt und dennoch unterhaltsam, geistreich, charmant und so weiter. Feine Gesellschaft, Abteilung Kultur. Noah war ein stiller, in sich gekehrter, schwerblütiger Mann. Er wirkte ungepflegt. Manchmal sagte er Sätze, die kamen ihm einfach so aus dem Mund, keiner hatte ihn danach gefragt.

Zum Beispiel: »Das Gegenteil von Lüge ist nicht Wahrheit, sondern Überzeugung.«

Dann kam es vor, daß einer mitten in einem Gespräch zu Jabal und Jubal sagte: »Ah, ja, da habe ich neulich euren Bruder getroffen, der sagte ...«

Dann sahen sich Jabal und Jubal an und lächelten, und es war ein stolzes Lächeln.

Und sie sagten: »Ja, ja, man unterschätzt ihn leicht. Noah hat einen breiten Kopf. Er ist der Hellste von uns.«

Sie sagten das freilich mit einem feinen, ironischen Lächeln. Und derjenige, der mit Jabal und Jubal zusammensaß, war womöglich ein Schmeichler und wollte etwas von den beiden.

Und er sagte: »Na, na, da gibt es doch wohl noch zwei Hellere in der Familie.«

Und Jabal und Jubal sagten, und diesmal ziemlich ernst: »Nur daß man sich da nicht täuscht!«

Ein Bauer war Noah, einer, der selten in die Stadt kam. Er war verheiratet mit Naama, der Tochter des Henoch, also seiner Cousine. Sie war eine unglaublich starke Frau. Sie war in seelischer Hinsicht stark, in geistiger Hinsicht stark. Und außerdem konnte sie einen Baumstamm auf einer Seite hochstemmen, während er auf der anderen Seite an einen Querbalken geschraubt wurde ... Naama hatte drei Söhne geboren: Ham, Sem und Jaffet.

Eines Tages ging Noah, was selten geschah, in die Stadt, und er besuchte seine beiden Brüder. Er betrat ihr Büro, setzte sich auf den Besuchersessel, klemmte die Unterarme zwischen seine Knie, starrte auf den Boden. Jabal und Jubal warteten, nachdem sie ihn begrüßt hatten.

Es war schon vorgekommen, daß Noah stumm dage-

sessen und dann aufgestanden und gegangen war, und
Jabal und Jubal hatten sich Vorwürfe gemacht, weil
sie nicht auf ihn eingegangen waren, weil sie ihn nicht
gefragt hatten, was denn sein Problem sei.

Darum fragten sie ihn diesmal: »Noah! Was ist los,
was können wir für dich tun? Können wir überhaupt
etwas für dich tun?«

Noah nickte. Dann stammelte er. Es war eigentlich
weniger ein Stammeln als vielmehr ein Murmeln auf Ü
und A.

»Laß dir Zeit«, sagte Jubal.

»Wir sind für dich da«, sagte Jabal.

Schließlich brachte es Noah heraus.

Er erzählte folgende Geschichte: »Gott hat einen
Engel zu mir geschickt«, sagte er. »Und zwar seinen
Erzengel Uriel. Dieser Uriel richtete mir aus, ich soll ein
Schiff bauen. Aber ich kann das nicht. Und ich bilde mir
auch nicht ein, daß ich so etwas kann. Woher soll ich
das können, bitte!«

Jubal und Jabal hörten ihrem Bruder zu, sie wußten, sie mußten ihm Zeit lassen, er tat sich schwer, seine
Gedanken zu formulieren.

»Ein Engel, sagst du?«

»Mhm.«

»Und woher hast du gewußt, daß es ein Engel ist?«

»Er hat es gesagt.«

»Was hat er gesagt? Genau.«

»Ich bin ein Engel, Gott hat mich zu dir gesandt. Das
hat er gesagt.«

Weder Jubal noch Jabal zweifelten daran, daß ihnen
Noah die Wahrheit sagte. Und auch wenn Noah selbst
immer wieder behauptete, das Gegenteil von Lüge sei

nicht Wahrheit, sondern Überzeugung, taten sie seine
Geschichte dennoch nicht damit ab, daß sie sich sagten,
Noah sei lediglich von etwas Falschem überzeugt. Sie
nahmen ihren Bruder ernst. Aber sie nahmen die Wahrheit nicht ernst.

»Ein Schiff sollst du also bauen?«

»Eine Arche. Ja.«

»Wir haben bisher noch nie etwas von einem Erzengel mit dem Namen Uriel gehört«, sagten Jabal und
Jubal.

»Ich auch noch nicht«, sagte Noah. »Aber er war's.«

Zum ersten Mal hob er die Augen und sah seine
Brüder an. Er war verzweifelt. Sie konnten es in seinen
Augen lesen.

»Erzähl weiter«, sagte Jabal. »Warum sollst du so
eine Arche bauen?«

»Uriel hat gesagt, Gott will die Menschheit bestrafen.«

Eine lange Pause entstand. Noah blickte von einem
zum anderen.

Dann sagte er: »Um genau zu sein: Gott will die
Menschheit ausrotten.«

»Das hat der Engel gesagt?«

»Mhm.«

»Und warum will er das?«

»Es tue ihm leid, die Menschen überhaupt gemacht
zu haben. Ich zitiere den Engel. Sie treiben Unzucht, die
Menschen, sie opfern nicht, sie beten nicht, sie lassen
sich nicht mehr von der Schöpfung beeindrucken. Sie
glauben an neue Götter, die eigentlich gar keine Götter sind, und wenn man zu ihnen sagt, das sind keine
Götter in Wahrheit, dann ist es ihnen auch egal. Nicht

einmal zu ihren falschen Göttern stehen sie. Ich zitiere immer noch den Engel. Und darum will Gott Wasser schicken und alle Welt ersäufen. Nur ich... nur mich nicht... mich nicht und meine Familie nicht... euch wohl auch nicht... ihr seid Familie... davon gehe ich aus... klar... Ich komme zu euch, damit ihr mir vielleicht helft bei diesem Schiffsbau.«

Jabal und Jubal ließen sich nicht auf eine lange Diskussion mit ihrem Bruder sie.

Sie sagten: »Du sollst jede Unterstützung von uns haben, wir haben natürlich selber viel zu tun. Du siehst, es sind so viele Menschen, die Wohnungen von uns wollen, Häuser. Wir sind sehr beschäftigt. Aber wir versprechen dir, alles Holz, das wir nicht brauchen, kannst du haben. Aber bauen mußt du die Arche selber.«

Dann hörten Jabal und Jubal monatelang nichts von ihrem Bruder, bis eines Tages ein Kunde zu ihnen sagte: »Übrigens: Euer Bruder predigt.«

»Was tut er?« fragten Jabal und Jubal.

»Er predigt in den Parks der Innenstadt.«

Die beiden eilten in die Innenstadt, sahen von weitem schon, daß sich die Menschen in einem der Parks drängten. Sie zwängten sich durch die Schaulustigen, da sahen sie Noah auf einer Kiste stehen, und sie hörten ihn reden. Und sie waren fassungslos.

»Was ist Gott?« hörten sie Noah tremolieren. »Ist Gott unser ewiges Gedächtnis? Ist es wahr, daß die Vergangenheit in der Gegenwart enthalten ist? Dann können wir, wenn wir einen Tisch anschauen, den Baum erkennen, aus dem der Tisch gemacht ist? Ja? Heißt das, daß alles, was wir für vergangen halten, gar nicht ver-

gangen ist? Aber wenn es so ist, dann ist in jedem Tau-
tropfen alles enthalten, was je war...«

Hier sprach ihr Bruder Noah? Jabal und Jubal konnten es nicht glauben. Derselbe Noah, der kaum in der
Lage war, in einem Frühstückscafé ein Butterbrot zu
bestellen, ohne zu stammeln. Und hier sprach er mit
Verve, vielleicht ein wenig zu laut, aber dafür desto mit-
reißender. Ja, er riß die Menschen mit.

Und Jabal und Jubal sagten sich: »Also, wir wissen
doch, daß unser Bruder eigentlich irgendwie dumm ist,
seien wir ehrlich, vielleicht nicht dumm in einem bösen,
ordinären Sinn, aber ganz bestimmt nicht gebildet, auf
jeden Fall irgendwie nicht richtig unterm Scheitel. Ganz
bestimmt aber ist er kein rhetorisches Genie. Was ist da
geschehen?«

Hier die Antwort: Der Erzengel Uriel hatte Noah ein
zweites Mal besucht und zu ihm gesagt: »Dein Schiff
soll für alle sein.«

»Aha, für alle«, sagte Noah. »Also nicht nur für
mich und meine Familie... im weitesten Sinn...«

»Nein«, sagte Uriel, »Gott hat beschlossen, er will
alle retten, die sich zu ihm bekehren. Hast du verstanden?«

»Mhm.«

»Und du sollst den Menschen von Bekehrung predigen!«

Da sagte Noah: »Warum ausgerechnet ich? Ich bin
doch einer der Dümmsten. Ich kann nicht reden, wie soll
ich den Leuten von Bekehrung predigen? Hätte ich nicht
einfach weiterleben können wie bisher? Warum plötzlich
so ein Theater um meine Person? Ich weiß nichts, was
soll ich den Leuten denn predigen, ich weiß nichts über

die Wunder der Schöpfung, gar nichts weiß ich. Ich weiß nicht einmal, wie ein Dosenöffner funktioniert.«

Da legte Uriel seine Engelshand auf Noahs Stirn, und durch die Hand hindurch fegte ein Stromstoß. Es war so, wie wenn man etwas von einer Festplatte herunterlädt, genauso ist das gesamte Wissen der Menschheit mit einem Schlag durch die Hand des Engels in das Gehirn des Noah gefahren.

»Gott«, sagte Noah, »jetzt weiß ich alles! Und doch ist alles gleich wie vorher. Was soll ich damit?«

»Sag den Menschen die Wahrheit über sie selbst«, sagte der Engel.

Damals war es nicht viel anders als heute: Alles zu wissen ist kurios. Einer, der alles weiß, ist ein Spinner. Noah war ein Kuriosum in den Parks der Stadt. Er stand da und hatte das Buch Henoch in der Hand und schüttelte es. Öffnete es aber nicht, war nicht nötig, er kannte den Inhalt auswendig. Er verkrampfte sich beim Reden, das Kinn reckte er in die Luft. Hochrot im Gesicht brüllte er am Ende seiner philosophischen Ausführungen seine Botschaft hinauf in die Blätter der Parkbäume, die seine Brüder gepflanzt hatten.

»Bessert euch! Bessert euch doch! Bessert euch doch endlich, bitte!«

Und dann funkte ihm immer wieder sein Allwissen dazwischen, und er mischte Fakten und Daten unter sein Anliegen, und er konnte zwischen Wesentlichem und Unwesentlichem nicht mehr unterscheiden, weil für den Allwissenden alles wesentlich ist, und er erzählte im selben Atemzug von den Wundern der Schöpfung, und im nächsten Atemzug verriet er, wie viele Haare auf dem Kopf eines Menschen wachsen, wie viele Haare es überhaupt gibt, wie viele Sterne es gibt, wie viele Sekunden seit Anbeginn der Zeit vergangen sind.

Und er fragte die Leute: »Warum verkehrt ein Spiegel rechts und links und nicht oben und unten? Aus wie vielen Steinen besteht das höchste Haus in der Stadt? Wie viele Engel passen auf eine Nadelspitze? Warum kann man einen Winkel von sechzig Grad mit Zirkel und Lineal nicht in drei gleiche Teile teilen?«

»Meine Güte!« seufzte Jubal.

»Mein Gott!« seufzte Jabal.

Die Leute hörten Noah zu und staunten. Aber seine Botschaft nahmen sie nicht ernst.

Am Schluß sagte Noah wieder: »Bessert euch, geht in euch, betet, opfert dem großen Gott im Himmel! Glaubt wieder an seine Schöpfung! Und wenn ihr soweit seid, dann kommt zu mir! Ich baue ein Schiff, denn Gott wird die Flut schicken, und nur wer in meinem Schiff ist, wird die Flut überleben!«

»Von welchem Gott sprichst du?« fragte einer.

»Vom alten Gott, der alles gemacht hat und alles gut gemacht hat und auch das Gute gemacht hat«, antwortete Noah, und Jabal und Jubal wunderten sich wieder, woher ihr jüngerer Bruder nur diese Worte hatte.

Aber dieser Zwischenrufer, der war ein Pfiffiger, und er gab keine Ruhe.

»Wir haben einen neuen Gott!« trumpfte er auf. »Der macht das Gute jeden Tag neu.«

»Das Gute muß nicht jeden Tag neu geschaffen werden!«

»Doch! Denn das alte Gute ist aufgezehrt.«

»Wer sagt das?«

»Unser neuer Gott!«

»Du redest vom Teufel«, wetterte Noah.

»Wer als Gott das Gute neu schafft, den haben die Bewahrer des alten Guten immer für einen Teufel gehalten!« stach der andere nach.

»Kann deiner das Gewitter machen und den Regen, den Blitz und den Wolkenbruch?«

»Nein, aber Schirme kann er machen und Blitzableiter und warme Socken.«

»Dann halt deinen Schirm bereit und überprüf deinen Blitzableiter und pack die warmen Socken ein!« rief Noah.

Da haben die Leute gelacht und waren auf Noahs Seite und sind nach Hause gegangen und haben sich weiter keine Gedanken gemacht.

Wenige Tage später erschien Noah wieder im Büro seiner Brüder Jubal und Jabal und sagte: »Ich habe versucht, mit eurem Holz ein Schiff zu bauen, es ist mir nicht gelungen.«

»Hast du denn einen Plan?« fragten Jabal und Jubal.

»Der Engel Uriel hat mir die Maße für das Schiff angegeben«, sagte Noah.

Er griff in seine Tasche und holte ein zusammengefaltetes Blatt Papier heraus und legte es vor seine Brüder auf den Tisch. Jabal und Jubal schauten sich die Skizze an, die Noah nach Angaben des Engels verfertigt hatte. Sie zogen die Augenbrauen hoch.

»Wenn die Maße von einem Engel stammen«, begannen sie vorsichtig, »und er diese Maße von Gott persönlich bekommen hat...«

»Hat er«, sagte Noah, »hat er...«

»... dann wollen wir auch nicht daran herumkritisieren.«

110

»Und angenommen, die Maße kämen nicht von Gott, was würdet ihr dann dazu sagen?«

»Dann müßten wir sagen: Der Plan ist völlig verrückt. Das Schiff soll dreihundertfünfzig Meter lang und zweihundert Meter breit und nochmals dreihundert Meter hoch sein? Das Ding kann nicht fünf Minuten stehen! Hör zu, Noah, wie oder wer auch immer Gott sein mag, wir wissen es nicht, wir beide nicht, aber wir wissen eines: Auch er kann nicht gegen die Gesetze der Technik verstoßen.«

Sie haben sich die Zeit genommen, mit ihm zu diskutieren, nur geglaubt haben sie ihm nicht. Aber sie haben die Hand über ihn gehalten. Jabal und Jubal waren sehr mächtig in ihrer Stadt, sehr angesehen.

Sie haben verkünden lassen: »Wer unserem Bruder Noah etwas antut oder ihn auch nur verspottet, der wird es mit uns zu tun bekommen. Man mag ihn für einen Spinner halten, aber niemand soll ihm etwas zuleide tun!«

Das hat gewirkt.

Noah aber hat unverdrossen weiterhin in den Parks gepredigt. Er wußte ja, es hängt von ihm ab, von seinen Fähigkeiten als Prediger, wie viele Menschen das furchtbare Gottesgericht überleben werden.

Die Jahre vergingen. Nichts geschah.

Jabal und Jubal sagten sich: »Er ist versorgt. Er baut an seiner Arche. Das schadet niemandem. Das nützt niemandem. Die wenigsten Menschen können das über ihr Tun sagen. Lassen wir ihn. Wenn er etwas braucht, soll er es bekommen.«

Die beiden haben das aber nicht richtig gesehen. Noah hat absichtlich den Bau seiner Arche hinausgezögert. Gott hatte ihm nämlich über den Erzengel Uriel ausrichten lassen, daß er die Flut nicht schicke, ehe die Arche fertig sei.

Noahs Frau Naama hat es wohl sehr schwer gehabt in dieser Zeit, sie hat ihren Mann natürlich auch für einen Spinner gehalten, aber sie war es gewohnt, mit Spinnern umzugehen, schließlich war ihr Vater Henoch, zumindest am Ende seines Lebens, auch ein Spinner gewesen.

Nach zweiundfünfzig Jahren war die Arche fertig. Ein kurioses Ding – wie sein Erbauer. Zusammengenagelt und gestützt und wieder genagelt und wieder gestützt und verstrebt, sah es aus wie ein grauer, vermooster, aber immerhin gewaltiger Holzhaufen. Und die Arche hielt.

»Unter einem Schiff stelle ich mir zwar etwas anderes vor«, sagte Jabal, »aber was soll's! Das Ding wird zuletzt womöglich sogar schwimmen!«

»Was ja bitte hoffentlich nicht notwendig sein wird«, ergänzte Jubal.

Dann starb der älteste Mensch, Methusalem, er starb im Alter von neunhundertneunundsechzig Jahren.

Da stieg Uriel wieder zu Noah herab und sagte: »So, jetzt ist es soweit. Eine Woche Frist noch. Die Totenfeiern für Methusalem werden eine Woche dauern. Methusalem war ein gottesfürchtiger Mann. Aber nach dieser Woche, wer dann nicht auf deiner Arche ist, der wird untergehen. Sag das den Leuten!«

Noah predigte wieder in den Parks, aber es glaubte ihm niemand, man hatte sich an den Spinner gewöhnt, es kam niemand, um ihm zuzuhören, er predigte den Vögeln und den Eichkätzchen und den streunenden Hunden.

Als die Frist verstrichen war, sagte Uriel: »Wenn niemand kommt, dann ist das Schiff eben nicht für die Menschen gemacht worden.«

»Für wen dann, bitte?« fragte Noah kleinlaut.

»Die Tiere haben dich predigen hören, sie werden dir glauben, sie werden kommen. Führe die Tiere auf die Arche!«

»Tiere?«

»Ja.«

»Was für Tiere denn?«

»Von allen Tieren der Welt zwei Stück, Männlein und Weiblein. Von den reinen Opfertieren aber je sieben Weiblein und sieben Männlein.«

»Ich soll das machen?« rief Noah aus. »Ich habe mich jetzt zweiundfünfzig Jahre zum Esel der Stadt gemacht, also wirklich, und jetzt soll ich die Tiere, alle Tiere, wirklich alle, wirklich alle Tiere der ganzen Welt auf meine Arche führen?«

»Ja, das sollst du! Und Nahrung dazu«, sagte Uriel.

»Nahrung? Ich weiß doch gar nicht, was die Tiere fressen! Was frißt zum Beispiel das Känguruh? Oder das Schnabeltier?«

Uriel versuchte, ihn zu beruhigen: »Du wirst sehen, Noah, es wird dir gelingen. Gott ist mit dir, und jedes Tier hat seinen Schutzengel. Jeder Schutzengel wird sein Tier zu dir führen, und er wird auch die nötige Nahrung mitbringen.«

Und so war es am folgenden Tag bereits: Eine riesenlange Prozession von Tieren stand vor der Arche, von den großen bis zu den kleinen. Und neben jedem Tier stand sein zuständiger Engel mit einem Sack Futter auf dem Rücken.

Noah führte die Tiere in die Arche. Jedes Tier bekam seinen Platz.

Übrigens: Die englische Organisation klappte tadellos. Nur in einem Fall mußte improvisiert werden – beim Floh. Der Floh hatte aus irgendwelchen Gründen keinen Schutzengel, und so hatte niemand für den Floh auf der Arche einen Platz reservieren lassen. Das war für den gerechten Noah allerdings kein Grund, das winzige Tier von der Arche zu jagen. Weil der Floh keinen Schutzengel hatte, hatte er auch keine Nahrung mit sich. Deshalb hat ihm Noah erlaubt, daß er sich in den Haaren der Tiere versteckt und sich vorübergehend vom Blut der Tiere ernährt. Als dann die Sache ausgestanden war, so viel sei verraten, hat sich der Floh an Blut als Nahrung so sehr gewöhnt, daß er dabei blieb.

Als die Tiere verladen waren, ging Noah ein letztes Mal zu seinen Brüdern Jubal und Jabal und sagte: »Hört zu, ich bin vielleicht verrückt, ich bin nicht so klug wie ihr, ich bin nicht so elegant wie ihr, aber glaubt mir, mir ist der Engel Gottes erschienen. Jetzt wird es ernst! Die Welt wird untergehen! Wer nicht auf meinem Schiff ist, der wird sterben. Bitte, kommt! Ihr seid meine Brüder, ihr habt mich immer beschützt, ihr habt mich immer verteidigt, wenn mich die Leute verspottet haben. Kommt!«

Ich glaube, Jubal und Jabal waren beeindruckt. Sie waren beeindruckt von der Beharrlichkeit ihres Bruders. Vielleicht dachten sie: Es muß etwas dran sein. Wenn einer so viel Energie – die Energie seines ganzen Lebens! – in so eine Idee investiert, dann kann diese Idee doch nicht nur Krampf sein. Aber sie konnten nicht über ihren Schatten springen.

Sie sagten zu ihm: »Hör zu, Noah, wenn wir jetzt auf dich hören, dann ist es so, als ob wir zugeben, daß unsere Arbeit eigentlich ein Unsinn war, daß alles umsonst war. Nach allem, was wir wissen über Architektur, und wir wissen alles über Architektur, es gibt niemanden, der mehr weiß als wir, können wir sagen, dieses Schiff, das du da gebaut hast, ist jetzt schon ein Wrack, es kann ja nicht einmal auf dem Land richtig stehen. Wie soll das auf dem Wasser schwimmen können mit so vielen Tieren an Bord? Es wird untergehen! Wir haben ein Leben lang an die Gesetze der Technik geglaubt. Versteh uns. Es geht nicht. Man wird uns auslachen.«

Noah sagte: »Wer wird euch auslachen? Sie werden alle tot sein, und ihr werdet überleben!«

Aber Jabal und Jubal folgten ihrem Bruder nicht auf die Arche, sie blieben in der Stadt.

Nun wurde der Eingang zur Arche verschlossen. Im selben Augenblick begann es zu regnen. Und es regnete, wie es seit dem großen Gewitter zur Zeit von Kain und Abel nicht mehr geregnet hatte. Die Flüsse traten über ihre Ufer.

Die Leute aber spannten die Schirme auf und lachten: »Ist das der große Fluch des Noah? Solange das Wasser von oben kommt, wird es nach unten abfließen.«

Und dann kam das Wasser auch von unten. Es sprudelte aus dem Boden. Die Arche wurde vom Wasser hochgehoben. Da gerieten die Menschen in Panik.

»Laß uns hinein, Noah!« riefen sie.

Aber die Arche blieb verschlossen. Am Ende, so heißt es, hätten sich siebenhunderttausend Menschen um die Arche gedrängt.

Sie riefen: »Laß uns hinein, wir sind Menschen! Jag die Tiere davon, Noah!«

Aber die Arche blieb verschlossen. Die Menschen starben. Nur Noah und eine Familie wurden gerettet.

Vierzig Tage und vierzig Nächte schwamm die Arche auf dem Wasser. Keine Berge waren zu sehen, keine Hügel waren zu sehen. Es war, als ob die ganze Welt mit Wasser angefüllt wäre.

Der Gestank auf der Arche war unerträglich. Nach vierzig Tagen öffnete Noah ein Fenster.

Er griff sich den Raben und sagte: »Rabe, flieg hinaus! Melde mir, wie es aussieht draußen!«

Inzwischen – jeder wird das verstehen – war eine ziemlich gereizte Stimmung an Bord.

Der Rabe sagte: »Ich soll also. Warum ich? Ich gehöre zu den unreinen Tieren. Von mir gibt es nur ein Paar. Sollte mir etwas zustoßen, dann ist der Rabe ausgestorben. Dann wird es keine Raben mehr geben. Schick doch eines der reinen Tiere, von denen hast du ja sieben Paare.«

Noah sagte: »Ich habe gesagt, du sollst fliegen. Also wirst du fliegen.«

Und das ging so hin und her, die beiden brüllten sich an, unterstellten einander die absurdesten Dinge.

Der Rabe zum Beispiel rief aus: »Ah! Jetzt weiß ich, warum du willst, daß ich fliege! Du hast es auf mein Weibchen abgesehen! Du bist verrückt nach meinem Weibchen! Ich beobachte das schon die ganze Zeit! Du drückst sie immer an deine Brust!«

»Was redest du für einen Blödsinn!« schrie ihn Noah an. »Wo hätte sie denn sonst hin sollen, die Räbin! Es war ja kein Platz auf dem Schiff!«

Noah packte den Raben und warf ihn aus dem Fenster. Der Rabe kam bald darauf zurück.

Er sagte: »Es ist noch kein Land zu sehen.«

Noah wartete einen Tag und schickte die Taube aus. Auch die Taube meldete, es sei kein Land zu sehen. Nach einem weiteren Tag kam die Taube mit einem Ölzweig im Schnabel zurück. Und als Noah die Taube zum dritten Mal aussandte, kam sie nicht mehr zurück. Das war für Noah ein Zeichen, daß die Taube Land gefunden hatte.

Bald sank das Wasser, und die Arche landete auf dem Berg Ararat. Als Noah die Tore öffnete, war ein wunderbarer Regenbogen gespannt über den ganzen Horizont.

Da sprach Gott aus den Wolken zu Noah, und er sagte: »Du siehst, ich wollte die Menschheit bestrafen, aber ich wollte sie nicht ausrotten. Du sollst das neue Geschlecht der Menschen gründen, und dieser Regenbogen soll ein Zeichen dafür sein, daß ich die Menschen nicht vernichten will. Immer wenn ihr diesen Regenbogen seht, soll er euch daran erinnern. Und ihr sollt euch auch daran erinnern, daß ich euch vernichten könnte. Wenn ich wollte!«

Die Erde war voll Schlamm. Noah und seine Söhne und Töchter, seine Frau, seine Schwiegertöchter und Schwiegersöhne verließen gemeinsam mit den Tieren die verschrammte alte Arche.

Eine neue Generation von Menschen und eine neue Generation von Tieren lebten nun auf der Erde. Diese neuen Menschen wurden nicht mehr so alt wie ihre Ahnen. Hundertzwanzig Jahre war von nun an die durchschnittliche Lebenserwartung. Wir heute können davon nur träumen. Vor der Sintflut sind die Menschen allerdings achthundert Jahre oder noch älter geworden.

Was ist aus Noah geworden? Die Hinweise verdichten sich, daß alles zuviel geworden ist für ihn. Das will ich gern glauben. Zweiundfünfzig Jahre lang ausgelacht zu werden, zweiundfünfzig Jahre lang an einem Schiff zu bauen, obwohl man das Schiffebauen nie gelernt hat, zweiundfünfzig Jahre lang in der Gewißheit leben, daß man für das Überleben der Gattung verantwortlich ist – wer kann das? Noah hat angefangen, Wein zu trinken. Und am Ende hat er nur noch Wein getrunken...

Bald erregten die Menschen abermals das Mißfallen Gottes. Sie bauten einen Turm. Manche behaupten, die Pläne stammten noch von Jabal und Jubal. König Nimrod war es, der diesen Turm bauen ließ. Seine Kraft und seine Macht rührten daher, daß er die Kleider von Adam und Eva besaß. Erinnern wir uns: Diese Gewänder hatte Gott persönlich angefertigt, und zwar aus dem Fell der Schlange.

In der Bibel ist der Turmbau zu Babel nur eine Notiz, in wenigen Zeilen wird davon berichtet. Im Religionsunterricht haben wir gelernt, der Turm zu Babel sei ein Symbol für den Größenwahn des Menschen. Das ist ein Vorwurf, der besprochen werden will.

Zitieren wir: »Auf, bauen wir uns eine Stadt und einen Turm mit einer Spitze bis zum Himmel, und machen wir uns damit einen Namen, dann werden wir uns nicht über die ganze Erde zerstreuen!«

Sich einen Namen machen ist zweideutig. Es kann verwendet werden im Sinn von berühmt werden. Nur frage ich mich, vor wem hätten die Menschen – die Menschheit – berühmt werden wollen. Vor Gott? Er ist ihr einziges Gegenüber. Sich vor Gott einen Namen machen? Daß der Mensch vor Gott seine Eigenständigkeit behauptet? Der Turmbau – so scheint es zunächst – hat nichts mit Gott zu tun. Damit sich die Menschen »nicht über die ganze Erde zerstreuen« – das ist das Motiv für dieses Bauwerk. Ein Symbol für den Zusammenhalt der Menschen sollte der Turm sein. Nach allem, was geschehen war – das Wüten der Gottessöhne, die Sintflut –, kamen die Menschen zur Einsicht, von oben könne nicht nur Heil erwartet werden, vorsichtig ausgedrückt. Sie kamen zur Einsicht, daß der beste Freund des Menschen der Mensch ist. Zugegeben, diese Idee hat etwas Optimistisch-Hochmütiges an sich, vielleicht etwas Übermütiges. Sicher aber gingen solchem Optimismus Verbitterung und Resignation voraus, Abschied von Illusionen.

Aber nach dieser Interpretation der Bibelstelle kann ich den Turmbau zu Babel nicht mehr als den Inbegriff des Größenwahns sehen. Daß sich allgemein doch die Auffassung durchgesetzt hat, die Menschen hätten mit dem Turm bösen Hochmut demonstriert, liegt an Gottes Reaktion auf den Bau.

Ich zitiere wieder: »Er sprach: Seht nur, ein Volk sind sie, und eine Sprache haben sie alle. Und das ist erst der Anfang ihres Tuns. Jetzt wird ihnen nichts mehr unerreichbar sein, was sie sich auch vornehmen.«

Ist es Größenwahn, sich viel vorzunehmen? Hätten die Menschen den Turm nicht bauen sollen, auch nicht, als sie die technischen Möglichkeiten dazu hatten? Ist es also Hochmut, zu machen, was sich machen läßt?

Die entscheidende Frage ist und bleibt: Was war böse am Turmbau zu Babel? Vielleicht gibt uns die Art der

Bestrafung Auskunft über die Schuld. Gott verwirrte die Sprache der Menschen, »so daß keiner mehr die Sprache des anderen versteht«. Daß sich die Menschen einig waren, daß jeder den anderen verstand, kann das eine Schuld sein?

Augustinus, der große Kirchenvater und Philosoph, war der Meinung, die Ursünde des Menschen, die Erbsünde, wegen der Adam und Eva aus dem Paradies vertrieben worden waren, sei der Hochmut gewesen. Das Paradies bot alles, was der Mensch brauchte, alles in Hülle und Fülle, es gab nur das Gute, es gab nur Glück. Warum, so fragte sich Augustinus – und nicht nur er –, warum hat der Mensch das alles aufs Spiel gesetzt? Seine Antwort lautete: Weil der Mensch nicht den geringsten eigenen Beitrag zu seiner Welt geleistet hat und je leisten würde können.

Auch wenn sich der Mensch bewußt war, was ihm nach der Vertreibung aus dem Paradies bevorstand, nämlich daß er »im Schweiß seines Angesichts sein Brot essen« wird, er nahm alles in Kauf, sogar den Tod, nur damit er dieses harte Stück Brot selber machen konnte. Diese Gier nach Selbständigkeit nennt Augustinus Hochmut. Und dieser Hochmut sammelte sich noch einmal, um ein Symbol menschlicher Selbständigkeit zu errichten, eben den Turm zu Babel.

Gott zerstörte den Turm nicht. Er verwirrte die Sprachen der Arbeiter. Die Verwirrung der Sprachen machte, daß der Bau nicht zu Ende geführt wurde und der Turm schließlich zerfiel. Die Arbeiter verstanden einander nicht mehr, anstatt in einer Sprache wurde von nun an in siebenundsiebzig verschiedenen Sprachen gesprochen. So wurden die Menschen über die Erde zerstreut, und sie wurden einander fremd. Und sie haben sich verloren.

Mit dem Turmbau zu Babel endet die biblische Urgeschichte.

ABRAM UND SARAI

Von der Macht des Nimrod – Vom Haushalt des Terach –
Vom Turm der Geburt – Vom Nichteinschreiten Gottes –
Vom Finger des Erzengels – Von Abrams Jugend – Von
Sarai – Von Lot – Von Eliëser – Von langen zwölf Jahren –
Von Abrams Flucht nach Ägypten – Vom Pharao – Vom
großen Kummer

In der Stadt Ur lebte einst ein König, der hieß Nimrod.
Die Forschung ist sich nicht sicher, ob es sich bei diesem
Nimrod um denselben handelt, der den Turm zu Babel
erbauen ließ, oder ob es dessen Nachfahre ist. Wie auch
immer – für die Geschichte, die wir erzählen wollen,
spielt Korrektheit in der Genealogie keine große Rolle.

Nimrod war mächtig. Er war unbesiegbar. Seine
Stärke rührte von der Wunderkraft her, die von den
Gewändern der ersten Menschen ausging. Nimrod hatte
sich die Felle von Adam und Eva angeeignet. Die einen
sagen, er habe die Felle geerbt. Glaubwürdiger sind
jene, die sagen, er habe die Kleider in einem Raubzug
erbeutet.

Nimrod war kein frommer Mann. Er bediente sich
zwar des Zaubers, der den Kleidern Adams und Evas
innewohnte, aber er betete nicht zu dem Gott von Adam
und Eva. Im Gegenteil, er verhöhnte Gott.

»Angenommen, es gibt ihn«, sagte er, »dann ist er
einer, der sich von einem Menschen wie mir seine Zaubermittel stehlen läßt. Entweder, er ist schwach. Dann
will ich ihn nicht anbeten. Oder aber, ich bin gar kein

Mensch, sondern selbst ein Gott, und zwar ein stärkerer Gott als er, denn er wagt es nicht, mir seine Zaubermittel wegzunehmen.«

»Letzteres! Letzteres!« riefen ihm seine Minister zu.

»Das heißt, ihr meint, ich sei ein Gott?«

Für die Minister war es günstig, das zu meinen. Also meinten sie es.

»Ja, dann«, sagte Nimrod. »Dann werde ich Götzenbilder aufstellen lassen!«

Diese Sache nahm Nimrod sehr ernst.

Er rief die Weisesten des Landes zu sich und stellte ihnen die Frage: »Wie muß ein Gott sein?«

Die Weisen berieten sich, und sie kamen zu dem Schluß: »Ein Gott muß Teil von allem sein, nur dann kann er als allmächtig gelten.«

Also wollte Nimrod, daß die Menschen glaubten, er könne sich allem anverwandeln. Er wollte, daß die Menschen fürchten müssen, er habe die Macht, in ihre Herzen zu schauen.

Deshalb verfügte er: »Fertigt so viele Götzenbilder an, wie Menschen in meinem Reich leben. Jeder soll in seinem Haus mein Bild haben. Die Bilder sollen meine Züge tragen, aber sie sollen auch die Züge der Besitzer tragen. So daß jeder Mann und jede Frau in meinem Bild auch sich selbst erkennen.«

Die Malerei und Bildhauerei waren in dieser Zeit die lukrativsten Berufsstände.

»Dreimal am Tag sollen sich meine Untertanen vor den Bildern niederknien!« befahl Nimrod. »Und wer an einem Bild vorbeigeht, muß den Hut vom Kopf nehmen. Und wer das nicht tut, weil er vielleicht Sorge hat, er könnte seinen Hut verlieren, dessen Sorge soll ernst genommen werden. Dem wird der Hut auf den Kopf genagelt!«

Man tuschelte im Volk: »Nimrod hat ein Herz für alle.«

Und man meinte damit: Er hat kein Herz.

Nimrod hatte einen Kanzler, der war zugleich sein erster General, der hieß Terach. Terach kniete dreimal am Tag vor den Götzenbildern und zog den Hut, wenn er an einem Bild vorüberging. Aber er tat all das nur in der Öffentlichkeit. Zu Hause betete er zum alten Gott, zum Gott des Noah, zum Gott des Henoch, zum Gott des Adam.

»Gott möge mir vergeben, daß ich kein Held bin«, sagte er zu sich.

Terach war mit zwei Frauen verheiratet, Amitlai und Edna, und er hatte eine erwachsene Tochter, die lebte mit ihrem Mann im Haus ihres Vaters. Eines Nachts lag Terach seinen beiden Frauen bei, zuerst war er bei Amitlai und dann bei Edna.

Amitlai sagte zu ihm: »Ich spüre es, ich habe empfangen, und ich weiß, es wird ein Knabe werden.«

Und auch Edna sagte zu Terach: »Ich spüre es, ich habe empfangen, und ich weiß, es wird ein Mädchen werden.«

Am nächsten Tag beim Frühstück stellte sich heraus, daß auch die Tochter des Terach in der Nacht ihrem Mann beigelegen hatte, und auch sie hatte gespürt, daß sie schwanger war, daß sie einen Knaben zur Welt bringen wird.

»Gott hat uns ein Zeichen gegeben«, sagte Terach

»Und was hat dieses Zeichen zu bedeuten?« fragten die Frauen.

»Vielleicht, daß er mir verzeiht, daß ich kein Held bin«, sagte Terach.

»Und was bedeutet das Zeichen für uns?« fragten die Frauen.

»Keine Ahnung«, sagte Terach.

»Aber wir bringen die Kinder doch zur Welt«, sagten sie. »Werden es besondere Kinder sein?«

»Das kann ich mir eigentlich nicht vorstellen«, sagte Terach.

Es war eine bemerkenswerte Nacht, in der im Hause Terach drei Frauen schwanger wurden. In dieser Nacht sei ein Komet am Himmel erschienen, dieser Komet habe dicht über dem Horizont den Himmel umkreist und auf seiner Bahn vier große Sterne verschlungen.

Die Astrologen des Nimrod haben diesen Kometen beobachtet. Sie waren beunruhigt und haben in ihren Büchern nachgesehen und haben die richtigen Stellen gefunden, und sie gingen zu Nimrod.

»Hör zu, Nimrod, König und Gott, dieser Komet ist ein böses Vorzeichen für dich, denn in dieser Nacht ist ein Knabe gezeugt worden, und dieser Knabe wird deine Macht ruinieren. Und wenn nicht er, dann ein Nachfahre von ihm.«

Inzwischen glaubte Nimrod selbst, daß er ein Gott war. Und für einen Gott gibt es immer einen Ausweg. Für einen Gott gilt nur bedingt, was in den Sternen steht.

»Na gut«, sagte Nimrod, »dann werde ich dem vorbeugen. Ein Gott kann dem Schicksal vorbeugen. Menschen können das nicht. Gut, daß ich kein Mensch bin.«

Er befahl, einen Turm zu bauen. Noch einen Turm? Ja, aber nicht so hoch, wie der in Babel war. Es war gar nicht nötig, ihn so hoch zu bauen. Er sollte ja kein Wahrzeichen sein. Ein Turm der Geburt sollte es sein, und so wurde das Gebäude auch genannt.

Nach neun Monaten mußten alle schwangeren Frauen des Reiches nach Ur kommen und im Turm der Geburt gebären. Wenn eine Frau ein Mädchen zur Welt brachte, bekam sie Gold geschenkt. Wenn sie einen Knaben zur Welt brachte, so wurde dieser Knabe vom Turm geworfen, und er landete auf einem Lanzenfeld.

Terach, Kanzler und erster General, sollte die Operation organisieren und ihre Durchführung leiten. Er hatte niemandem verraten, daß seine Frau und seine Tochter ebenfalls ein Kind erwarteten und daß sie gespürt hatten, daß es Knaben werden würden. Terach ist einer, der in alles hineinschlittert. Er will nicht und tut es dann doch.

Erst hatte er zu seinen Frauen Amitlai und Edna gesagt: »Nein, unter gar keinen Umständen! Ich werde vor Nimrod hintreten und sagen, ich will diese Grausamkeit nicht organisieren, er muß sich einen anderen suchen.«

Und er war auch vor Nimrod hingetreten, aber als ihn der Blick des Herrschers traf, war aller Mut geschmolzen.

»Was ist?« hatte Nimrod gefragt.

»Ich wollte mich nur noch einmal persönlich dafür bedanken, daß du mir diese wunderbare Aufgabe übertragen hast«, hatte Terach gestammelt.

Zu Hause hatte er zu seinen Frauen gesagt: »Es ging nicht. Ich hatte eine furchtbare Auseinandersetzung mit ihm. Furchtbar! Ich habe geschrien! Ich habe ihm sogar gedroht! Ihr hättet mich sehen sollen! Angst und bang wäre euch geworden! Am Schluß hat er gesagt, er werde uns alle, euch, mich, unsere Kinder und Kindeskinder, alle werde er umbringen, wenn ich mich weigere, diese Sache zu organisieren.«

»Aber wir haben doch noch gar keine Kindeskinder«, sagten die Frauen.

»Aber wenn wir welche haben, wird er sie umbringen«, sagte Terach.

»Aber wie sollen wir je Kindeskinder haben, wenn wir vorher alle umgebracht werden«, sagten die Frauen.

Da blieb Terach nur noch das Machtwort. Terach war ein Opportunist, er hatte Angst, aber er war kein böser Mann. Er litt. Er litt entsetzlich. Er betete zu Gott. Flehte ihn an, er möge ihn, seine Frauen und deren Leibesfrucht retten. Für die anderen Frauen betete er nicht. Jeder muß für sich selber beten, hätte er gesagt, wenn man ihn darauf angesprochen hätte.

Als die Niederkünfte seiner Tochter und seiner Frauen bevorstanden, schickte Terach seine Frau Edna zum Turm der Geburt, dort sollte sie ihre Tochter zur Welt bringen und das Gold nehmen, und seine Frau Amitlai und seine Tochter brachte er in Sicherheit. Das heißt, er schickte sie in die Wüste.

»Ihr werdet den Weg schon finden«, sagte er. »Jeder findet den Weg in die Wüste.«

»Und wieder hinaus?« fragten die beiden weinend.

»Gott wird euch führen. Diese Angelegenheit wird Gott organisieren. Ich muß die andere Angelegenheit organisieren. Glaubt mir, umgekehrt wäre mir lieber!«

So machten sich Terachs erste Frau und seine Tochter auf den Weg in die Wüste. Beteten, weinten, schleppten sich mit ihren schweren Leibern.

Siebzigtausend Knaben seien in Ur getötet worden,
heißt es. Siebzigtausend kleine Körper seien vom Turm
auf das Lanzenfeld geschleudert worden. Seit Schemchasai und Asael hatte es keinen solchen Massenmord
gegeben, Schemchasai und Asael aber waren keine Menschen, sie waren Gottessöhne, Ungeheuer.

Dieser Massenmord aber war von einem Menschen
befohlen und von einem anderen Menschen organisiert
worden.

Das hat Gott zugelassen? Die Menschen warfen sich
zu Boden und schrien nach ihrem Gott.

»Es könnte kritisch werden«, sagten die Berater des
Nimrod zu ihrem Herrn. »Angenommen, es gibt den
Gott von denen doch. Dann wird er jetzt einschreiten.«

Nicht daß sich Nimrod nicht fürchtete. Er fürchtete
sich, aber er war auch neugierig.

»Ich riskiere es«, sagte er. »Ich will es wissen.«

Nimrod wartete. Mordete weiter. Wartete, daß der
Gott von denen einschritt.

»Er ist nicht eingeschritten«, stellte er nach einem
Monat fest.

Die Berater des Nimrod schüttelten den Kopf. »Was
ist das nur für ein Gott?«

»Kein Gott«, sagte Nimrod.

Oben im Himmel ist alles registriert worden.
Jeder ermordete Knabe ist registriert worden von den
Engeln. Jede Seele ist sorgsam aus den kleinen Mündern
gepflückt worden. Und die Engel, so heißt es, hätten
miteinander getuschelt.

»Jetzt reicht es aber!« sagten sie.

Aber es reichte nicht.

»Wann reicht es denn endlich!« sagten sie.

Sie weinten. Die Engel weinten. Bis dahin ist kein Weinen der Engel beobachtet worden. Sie weinten und warfen sich vor Gottes Thron.

»Schaust du diesem Massaker zu?« fragten sie. »Unternimmst du denn nichts dagegen? Siebzigtausend unschuldige Knaben! Unsere Finger sind wund vom Pflücken ihrer Seelen! Tu etwas!«

Gott habe sich gewunden.

»Was denkt ihr denn?« habe er die Engel angefahren. »Ich werde schon irgend etwas tun. Denkt ihr denn, daß ich schlafe? Ich schlafe nicht. Ich habe nicht geschlafen, seitdem ich den Menschen erschaffen habe!«

Er hat nicht eingegriffen.

Amitlai und ihre Tochter waren von Terach in die Wüste gebracht worden, um dort ihre Knaben zu entbinden.

Als sie nur noch Wüste um sich herum sahen, spannten sie ihre Tücher zwischen zwei Felsen, damit sie ein wenig Schatten hatten, und legten sich nieder.

Sie beteten zu Gott: »Laß es nicht zu!« riefen sie. »Laß es nicht zu, daß wir und unsere Kinder sterben!«

Sie brachten jede einen Knaben zur Welt. Sie reichten ihnen nur einmal ihre Brust.

»Behüte sie!« flehten sie zu Gott.

Sie kehrten in die Stadt zurück. Die Frauen des Reiches waren alle gezählt worden, alle, schwanger oder nicht schwanger. Das war ein erster Schritt im Organisationsplan des Terach gewesen.

»Kannst du uns nicht einfach aus der Liste streichen?« hatten Amitlai und ihre Tochter gebeten.

»Natürlich, natürlich mach ich das«, hatte Terach gesagt.

Und dann war er mitten in der Nacht in die königliche Registratur geschlichen.

Ein Wächter des Nimrod aber hatte ihn bemerkt und war ihm gefolgt. Er dachte sich, der Kanzler wird doch wohl nicht seine schwangeren Frauen aus der Liste streichen wollen.

Der Wächter beobachtete Terach, wie er den Registraturband mit seinem Namen aus dem Regal nahm. Er sah, daß Terach die Seite aufschlug, auf der seine Frauen aufgeschrieben waren.

»Was machst du da?« fragte der Wächter des Nimrod und trat hervor.

»Ich?«

»Sonst ist da ja niemand.«

»Ich kontrolliere etwas«, stotterte Terach.

»Mitten in der Nacht? Interessant. Was denn?«

»Ich kontrolliere ... ob meine Frau ... Edna ... meine schwangere Frau Edna ... auch auf der Liste steht, das kontrolliere ich ...«

»Und? Steht sie auf der Liste?«

»Ja. Hier.«

»Dann ist ja alles in Ordnung«, sagte der Wächter und nahm Terach den Registraturband aus der Hand.

Terach hatte das Amt verlassen, hatte sich tief vor dem Bild des Nimrod verbeugt und war nach Hause gelaufen. Verzweifelt, fluchend, sich verfluchend.

Darum eben war ihm am Ende nichts anderes übriggeblieben, als Amitlai und seine Tochter in die Wüste zu bringen.

»Aber ihr dürft nicht lange wegbleiben«, hatte er sie ermahnt, »sonst wird das auffallen, und die Soldaten werden euch suchen.«

Darum legten Amitlai und ihre Tochter die Neugeborenen unter die Tücher und legten sie in die Hand Gottes. Sie schleppten sich, noch vom Gebären geschwächt, zurück in die Stadt.

Gott schickte einen Engel zu den beiden Knaben, und zwar den Erzengel Gabriel. Gabriel reichte dem Sohn der Amitlai den kleinen Finger, damit er daran sauge. Das Kind saugte Milch aus dem Finger. Aber das war eine ganz besondere Milch, die der Knabe aus dem Finger des Gabriel trank, die bewirkte nämlich, daß der Knabe zu wachsen begann. Schnell wuchs er. Sehr schnell.

Als er sich satt getrunken hatte, sah der Sohn des Terach und der Amitlai aus wie ein Fünfzehnjähriger.

Ein paar Tropfen von Gabriels Milch fielen auf den Arm des Knaben, die schleckte der Säugling neben ihm auf. Das bewirkte, daß auch er zu wachsen begann, aber es war doch weniger Milch, und deshalb sah er nur aus wie ein Dreijähriger. Da saßen ein Dreijähriger und ein Fünfzehnjähriger in der Wüste.

Als Amitlai und die Tochter des Terach die Stadt Ur vor sich sahen, bekamen sich doch ein schlechtes Gewissen.

Sie sagten: »Wir können doch nicht unsere Kinder in der Wüste liegen lassen! Sind wir denn verrückt? Auf Gott vertrauen wir? Auf den Gott, der bisher nichts gegen Nimrod unternommen hat? Warum vertrauen wir auf diesen Gott? Weil Terach uns dazu geraten hat? Nein, nein, nein! Es sind unsere Kinder! Niemand kann uns die Verantwortung für sie abnehmen!«

Sie kehrten um.

Aber entweder ihre Schwäche hatte ihre Sinne verwirrt, oder Gott hatte ihre Sinne verwirrt. Sie verirrten sich. Gingen im Kreis und fanden die Stelle nicht, wo sie ihre Knaben unter dem Schattentuch hatten liegenlassen.

Terachs Tochter hatte zum ersten Mal entbunden, sie hatte viel Blut verloren, sie war schwächer als Amitlai. Sie konnte nicht mehr weiter.

»Geh du allein«, sagte sie zu Amitlai. »Finde meinen Sohn. Gib ihm den Namen Lot. Das heißt der Verschleierte. Denn wenn er noch am Leben ist, dann doch nur, weil ich meinen Schleier über ihn gelegt habe, damit ihn die Sonne nicht verbrennt.«

So machte sich Amitlai allein weiter auf den Weg, um die neugeborenen Knaben zu suchen. Am Abend war sie am Ende ihrer Kraft. Sie fiel nieder und verlor das Bewußtsein. Da war ihr, als sähe sie einen jungen Mann auf sich zukommen.

»Der Friede sei mit dir«, sagte der junge Mann. »Was tust du hier allein in der Wüste?«

»Ich suche meinen Sohn«, sagte Amitlai. »Er ist erst wenige Stunden alt.«

»Und wer brachte ihn hierher, wo niemand leben kann?«

»Ich selber war es. Ich habe ihn in der Wüste entbunden. Und dann in der Wüste liegenlassen.«

»Dann bist du eine böse Mutter«, sagte der junge Mann.

»Ich bin keine böse Mutter«, sagte Amitlai. »Ich hatte nur Angst vor unserem bösen König. Jetzt habe ich keine Angst mehr.«

»Ich bin dein Sohn«, sagte der junge Mann. »Gott hat seinen Engel geschickt. Alles ist gut.«

Da war Amitlai, als träte aus dem Schatten des jungen Mannes ein Kind, drei Jahre alt vielleicht.

»Und er ist das Kind der anderen, die in der Wüste verschmachtet ist.«

Da hat sich Amitlai vom Wüstenboden erhoben und laut Gott gedankt. Und sie hat sich geschworen, niemals wieder an der Erhabenheit Gottes zu zweifeln. Sie gab ihrem Sohn einen Namen, nämlich Abram. Das heißt: Gott ist erhaben. Und das andere Kind nannte sie Lot, wie sie versprochen hatte.

Zusammen mit Abram und Lot ging Amitlai nach Ur. Sie weckten keinen Verdacht bei den Soldaten des Nimrod. Denn die glaubten nicht an Wunder, und ein Fünfzehnjähriger war für sie einer, der vor fünfzehn Jahren zur Welt gekommen war, und ein Dreijähriger war für sei einer, der vor drei Jahren zur Welt gekommen war, sie aber waren zuständig für neugeborene Knaben.

Amitlai, Abram und Lot erzählten Terach, was vorgefallen war. Und Terach schwor laut, daß er sich von nun an den Befehlen des Nimrod widersetzen wolle. Laut hat er geschworen – nachdem er zuerst sicherheitshalber die Fenster geschlossen hat ...

So haben Abram und sein Neffe Lot das Massaker an den Neugeborenen überlebt.

Abram wuchs in Ur auf, und er wurde ein intelligenter junger Mann. Manche behaupteten, er sei arrogant. Er hatte, meinten manche, ein rüpelhaftes Wesen. Ihm fiel es nicht im Traum ein, sich vor den Götzen des Nimrod zu verbeugen. Und den Hut ließ er auf dem Kopf. Und nicht genug: Bei jeder Gelegenheit machte er sich über die Bilder lustig.

»Sie sind nicht mehr auf dem neuesten Stand«, sagte er zum Beispiel. »Euer Gott hat in Wirklichkeit deutlich Augenringe bekommen und Hängebacken und Zahnlücken und eine Wamme unter dem Kinn. Sollte man seine Abbilder nicht einziehen? Nimrod muß sich doch ärgern, wenn er überall sieht, wie wenig Respekt die Natur vor ihm hat.«

Und wenn er gefragt wurde, ob er denn nicht an Nimrod glaube, antwortete er schlicht: »Nein.«

Und wenn er gefragt wurde, ob er überhaupt an etwas glaube, sagte er: »Ja.«

Und wenn man ihn fragte, woran er denn glaube, hob er den Finger und sagte: »An den Gott des Noah, den Gott des Henoch, den Gott Adams.«

War Abram ein mutiger Mann? Gewiß war er das. Aber er war eben auch ein privilegierter junger Mann. Er kannte weder Armut noch Arbeit, das Haus, in dem er lebte, wurde nicht von Soldaten des Nimrod durchsucht, und niemand auf der Straße wagte es, den Sohn des Kanzlers und ersten Generals zu beschimpfen. Abram genoß Narrenfreiheit. Noch... Aber sein Vater Terach machte sich Sorgen.

Er sagte zu seinem Sohn: »Noch bist du jung. Die Jugend ist ein Narr. Das weiß auch Nimrod. Noch schützt dich mein Name.«

»Was soll ich noch fürchten«, sagte Abram. »Gott hat mir seinen Engel in die Wüste geschickt, als ich am Verdursten war. Er hätte mich damals nicht gerettet, wenn er nicht etwas mit mir vorhätte.«

»Aber was? Was hat er mit dir vor?«

»Ich weiß es nicht«, sagte Abram.

Edna – die zweite Frau des Terach – hatte im Turm

der Geburt ihre Tochter zur Welt gebracht. Sie nannte sie Sarai. Das heißt Fürstin. Vielleicht wollte Edna mit diesem Namen einen kleinen Protest gegen Terach und Amitlai absenden, die sie immer als die zweite behandelt hatten.

»Ich habe eine Fürstin geboren! Wenn ihr schon mir nicht die Ehre erweist, die mir gebührt, dann erweist sie wenigstens meiner Tochter!«

Sarai war also die Halbschwester Abrams. Sie war gleich alt wie Abram, aber sie sah fünfzehn Jahre jünger aus, weil Gott den Abram so schnell hatte wachsen lassen. Und als Sarai fünfzehn Jahre alt war, sah Abram aus wie dreißig. Die beiden liebten sich von Anfang an.

»Ich will, daß du meine Frau wirst«, sagte Abram.

»Ich will, daß du mein Mann wirst«, sagte Sarai.

Die beiden waren unzertrennlich. Sarai war Nimrods Götzen gegenüber nicht weniger respektlos als Abram. Wenn es Diskussionen mit ihrem Vater gab, war Sarai auf Abrams Seite. Und wenn Terach zum Machtwort griff, dann verteidigte Abram die Sarai.

»Nur um eins bitte ich euch«, machte Terach einen letzten Versuch. »Meinetwegen redet zu Hause, was ihr wollt, verflucht Nimrod, meinen Arbeitgeber, der ja nicht nur schlechte Seiten hat, immerhin bekomme ich von ihm das Geld für die Brötchen, die ihr jeden Morgen zum Frühstück eßt, verflucht ihn meinetwegen nach Strich und Faden, aber draußen, draußen auf der Straße, haltet euch zurück.«

»Aber was wir sagen, ist die Wahrheit«, konterte Sarai. »Nimrod ist ein Verbrecher!«

»Die Wahrheit fühlt sich am wohlsten in den eigenen vier Wänden!« sagte Terach.

»Entweder die Wahrheit kommt von Gott«, entgeg
nete Abram mit ruhiger Stimme, »dann gilt sie überall.
Oder sie kommt nicht von Gott, dann gilt sie ...«

»... nirgends«, fuhr Lot fort.

»Denn die Wahrheit ...«, sagte Abram.

»... ist Gottes Wort«, beendete Lot Abrams Satz.

Lot war der Dritte im Bunde. Lot liebte Abram. Er
habe ihn am Tag seiner Geburt aus der Wüste geführt.
Ihrer beider Leben seien eins. Und wenn die Soldaten
des Nimrod eines Tags gegen Abram vorgehen sollten,
dann werde er sich ihnen entgegenstellen, sagte Lot.

Der Vierte im Bunde war Eliëser. Eliëser war ein
Knecht des Terach. Aber er war mehr als ein Knecht,
er war Mitglied der Familie. Er war der Lehrer und
Vertraute Abrams. Er war klug und besonnen und verstand es als einziger, das aufbrausende Gemüt Abrams
zu beruhigen. Und Abram schätzte seinen Rat. Bis zu
seinem Tod wird sich Abram Rat bei seinem Lehrer,
Freund, Knecht holen. Und immer wird er diesen Rat
beherzigen – fast immer.

Bald scharten sich viele junge Leute aus Ur um
Abram, Sarai, Lot und Eliëser. Und es war nur eine
Frage der Zeit, bis Nimrod seine Loyalität gegenüber
seinem Kanzler vergessen und seiner Polizei die ent-
sprechenden Befehle geben würde.

Und dann war es soweit. Nimrod ließ Abram verhaften. Und als Terach mit seinem Herrn wegen seines
Sohnes verhandeln wollte, ließ ihn Nimrods Wache erst
gar nicht vor.

Nimrod wollte Abram hinrichten lassen. Ein Exem-
pel wollte er statuieren. Wollte demonstrieren, daß es
unter seiner Herrschaft keine Protegés gibt. Daß auch

der Sohn des Kanzlers und ersten Generals Seiner Majestät Respekt zu erweisen hatte.

In der Nacht vor der Hinrichtung träumte Nimrod, er habe Abram in einen Feuerofen stecken lassen, und er sah im Traum, wie Abram brannte. Aber Abram verbrannte nicht, er blies die Feuerglut von sich. Die Flammen schlugen aus dem Ofen und erfaßten Nimrod und verbrannten ihn und verbrannten sein ganzes Reich.

Am Morgen begnadigte Nimrod Abram und ließ ihn ins Gefängnis werfen.

Zwölf Jahre verbrachte Abram in Nimrods Gefängnis.

Er fehlte den Seinen, er fehlte Lot und Eliëser, und vor allem aber fehlte er Sarai.

Sarai besuchte ihn im Gefängnis. Da standen sie sich gegenüber, zwischen ihren Gesichtern die Gitterstäbe, und da schworen sie sich ewige Treue. Da baten sie Gott, er möge ihnen den Segen geben, er möge ihren Bund besiegeln. Und Gott gab ihnen den Segen.

Während Abram im Gefängnis war, führten Lot und Eliëser die Geschäfte. Abram war reich, er hatte große Herden, Kamele, Schafe, Rinder, Esel, er hatte Gesinde um sich geschart.

Und dann nach zwölf Jahren wurde Abram entlassen. Er war nicht mehr derselbe. Sein Charakter war nicht gebrochen, das nicht, nein, aber er war gebeugt. Die Gefängnisjahre hatten ihm doch hart zugesetzt. Er war still geworden. Seinen Hochmut hatte er verloren.

Auch Nimrod hatte sich verändert. Er war noch grausamer geworden.

Eliëser sagte zu Abram: »Hüte dich, Nimrod will dir eine Falle stellen.«

»Was meinst du, Eliëser? Warum läßt er mich frei, wenn er mir etwas antun will?«

»Der Unmut im Volk ist sehr gewachsen«, sagte Eliëser. »Für die Menschen bist du ein Idol. Nimrod will dich töten. Er wird dir ein Verbrechen unterschieben und dich dann öffentlich hinrichten lassen.«

»Was soll ich tun?«

»Wir müssen Ur verlassen«, sagte Eliëser.

»Und wann?«

»Noch in dieser Nacht.«

Eliëser, Lot und Sarai hatten alles vorbereitet. Abrams Herden, das Gesinde, sein Hausrat, alles war bereit.

Abram verabschiedete sich von seinem Vater Terach.

»Wann sehe ich dich wieder, mein Sohn?« fragte Terach.

»Wenn du mir nachfolgst, schon bald«, sagte Abram.

»Das kann ich nicht«, sagte Terach.

Abram nickte. Er war im Gefängnis auch toleranter geworden gegen die Schwächen anderer.

»Wir werden uns nicht mehr wiedersehen. Habe ich recht?« fragte Terach.

Abram nickte.

Und dann sagte der Vater zum Sohn: »Segne mich, Abram, segne mich, bevor du gehst!«

Abram sagte: »Nicht der Sohn segnet den Vater, sondern der Vater segnet den Sohn. So ist es Brauch!«

Terach sagte: »Nicht ich bin der Auserwählte Gottes, du bist es. Segne du, der Sohn, den Vater!«

Abram segnete seinen Vater.

In derselben Stunde verließ Abram mit seinem ganzen Troß die Stadt Ur.

Abram, Sarai, Eliëser und Lot beschlossen, nach Ägypten zu ziehen. In Ägypten, hieß es, herrschten zwar andere Sitten, andere Religionen, aber es sei ein tolerantes Land. Deshalb gebe es dort auch mehrere verschiedene Religionen, keiner prüfe den anderen, keiner erhebe sich über den anderen, keiner verunglimpfe die Götter des anderen, auch dann nicht, wenn derjenige nur einen Gott habe. Außerdem sei dieses Land sehr fruchtbar und sehr weit. Es könne durchaus noch ein weiteres Volk vertragen.

Viele Jahre vergingen. Man darf sich diesen Zug nicht wie eine Reise vorstellen, die immer und streng auf das Ziel ausgerichtet ist. Der Begriff Ziel war sehr weit gefaßt, Ziel hieß soviel wie: Irgendwann werden wir dort sein.

Das kleine Volk und seine Herden zogen nach Westen, dann schlug man die Zelte auf und blieb vielleicht einige Jahre, weil gute Weiden in der Umgebung waren. Oder man kehrte wieder um, wenn man Gefahr von Banditen vor sich vermutete, zog ein Stück auf der eigenen Spur zurück, trieb günstigen Handel in einer Stadt, änderte abermals die Richtung, handelte freien Durchzug mit den Banditen aus. Und so weiter.

Kinder wurden geboren, Alte und Kranke starben, das Vieh vermehrte sich ...

Inzwischen waren Abram und Sarai sechzig Jahre alt geworden, vielleicht sogar schon siebzig. Aber Sarai war so schön wie eine junge Frau, sie war die schönste Frau weit und breit. Auch wenn man nur ihre Augen unter dem Schleier sah, diese Augen waren so feurig und so wunderschön, daß jeder Mann, der sie sah, diese Frau sofort begehrte.

Als sie nach Ägypten kamen, sprach Abram zu Sarai: »Hör zu«, sagte er, »wenn die Beamten des Pharaos dich sehen, dann werden sie dich mir wegnehmen und werden dich dem Pharao bringen, weil du so schön bist. Wenn wir dann sagen, du bist meine Frau, dann werden die Beamten mich töten. Deshalb, wenn du gefragt wirst, wer du bist, dann sag: Du bist Sarai, die Schwester des Abram. Das ist nicht gelogen, du bist ja meine Halbschwester.«

So machten sie es aus. Und es geschah, was Abram befürchtet hatte.

Als die Beamten des Pharaos die Augen der Sarai über dem Schleier sahen, da nahmen sie sie mit und fragten sie: »Wer bist du?«

Sarai sagte: »Ich bin die Schwester des Mannes, der unserem kleinen Volk vorsteht, ich bin die Schwester Abrams.«

Die Beamten führten Sarai zum Pharao.

»Benimm dich«, flüsterte ihr einer der Soldaten zu, »dann wirst du ein schönes Leben haben.«

Und der Soldat wußte, wovon er sprach. Der Pharao war ein feinsinniger, ein gebildeter, ein kultivierter Mensch. Die Soldaten hatten ihm gesagt, diese Frau sei freiwillig mit ihnen gekommen, es sei Brauch dieses neuen Volkes, als Gastgeschenk dem Herrscher Ägyptens seine schönste Frau zu überlassen.

Der Pharao nahm Sarai den Schleier ab und sah ihr Gesicht. Er war entzückt von ihrer Schönheit.

Er sagte zu ihr: »Werde du meine Frau! Ich will dich nicht als ein Geschenk haben. Ich, ich werde dich mit Geschenken überhäufen, ich werde deinen Bruder mit Geschenken überhäufen. Bleib bei mir!«

Der Pharao nahm Sarai zu sich, er nahm sie zu sich in sein Bett. Er war nicht nur ein liebevoller Liebhaber, er war auch ein guter Mann, der Sarai respektierte. Wir können den Verdacht durchaus aussprechen, daß Sarai ebenfalls Gefallen an dem Pharao fand. Wir sehen sie in den Armen des Pharaos, während wir gleichzeitig Abram sehen, wie er in seinem Zelt hockt und sich die Haare rauft, wie er vor Eifersucht und Angst zittert und zu seinem Gott ruft, er möge ihm Sarai wieder zurückgeben.

Gott sieht Sarai beim Pharao, sieht seinen Knecht Abram, und er schickt einen Engel. Ja, Gott muß die Sorge Abrams sehr ernst genommen haben, denn er schickte den Erzengel Michael persönlich.

Michael stellte sich neben das Bett des Pharaos, niemand konnte ihn sehen. Und als der Pharao Sarai umarmte, versetzte er ihm einen Stromschlag. Der Pharao konnte sich nicht mehr rühren, es war, als hätte er sich den Ischiasnerv eingeklemmt.

Er rief seine Ärzte: »Was war das?« fragte er.

»Vielleicht haben Ihre Majestät zu heftig geliebt«, sagten die Ärzte und gaben ihm Arzneien.

Es dauerte Tage, bis der Pharao wieder einigermaßen hergestellt war. Aber die Sehnsucht und die Begierde nach Sarai waren so stark, daß er wieder nach ihr rief.

Und Sarai legte sich neben ihn, und Michael stand wieder unsichtbar neben dem Bett, und als der Pharao – ganz sanft, ganz zärtlich diesmal – seinen Arm um Sarai legte, versetzte ihm der Erzengel abermals einen Schlag, noch schmerzhafter als beim ersten Mal.

»Was ist das nur? Es tut so weh!« schreit der Pharao.

Aber auch Sarai weiß keine Antwort. Und dann

befällt von einem Tag zum anderen der Aussatz den ganzen Hofstaat des Pharaos.

»Was ist das?« fragt der Pharao Sarai. »Ich darf dich nicht berühren, und meine Leute erkranken am Aussatz. Was ist das? Sag es mir, wenn du es weißt!«

Aber Sarai weiß es wirklich nicht. Der Pharao befragt seine Weisen, und die wissen Bescheid.

»Der Gott dieses Mannes, der draußen vor der Stadt lagert, dessen Schwester du in dein Bett geholt hast, der Gott dieses Mannes hat diese Strafen geschickt. Denn Sarai ist nicht nur die Schwester dieses Mannes, sie ist auch seine Frau. Dieser Gott sieht es nicht gerne, wenn du mit Abrams Frau schläfst.«

Da erschrak der Pharao und sagte: »Ich habe das nicht gewußt!« Und er sagte zu Sarai: »Warum hast du mir das angetan?«

Er ließ Abram holen und sagte: »Warum habt ihr mir das angetan? Ihr schlagt mich mit Engelsfäusten, hängt meinem ganzen Hofstaat den Aussatz an. Hättet ihr mir doch gesagt, ihr seid Mann und Frau, ich hätte euch ziehen lassen.«

Der Pharao gab Abram Sarai zurück, und er beschenkte Abram, um ihn und auch seinen Gott zu besänftigen. Auch Sarai beschenkte er. Er küßte sie nicht zum Abschied. Er gab ihr nicht die Hand. Er schenkte ihr seine eigene Tochter, Hagar, sie sollte Sarai dienen.

Über die Liaison von Sarai und dem Pharao ist sehr viel spekuliert worden. Er muß sie sehr geliebt haben. Diese schöne Frau! Die als einzige von allen Frauen, was Schönheit betraf, der Eva nahegekommen ist. Die mit siebzig noch so schön war, daß der Pharao ein Jahr lang

um sie trauerte. Man wagt es kaum, offen auszusprechen, daß auch Sarai den Pharao geliebt haben könnte.
Sie hat im Gefängnis Abram ewige Liebe geschworen,
ewige Treue. Was, wenn selbst Sarai, die Fürstin, die
Patriarchin, die Erhabene, das Vorbild aller Frauen,
wenn selbst sie ...

Abram, Lot, Eliëser, Sarai und nun auch Hagar verließen Ägypten und zogen weiter. Die Herden des Lot
und die Herden des Abram waren inzwischen sehr groß
geworden. Es gab Streit zwischen den Hirten, es war
auch schwierig, mit einem so großen Troß zu ziehen.
Und es war unvorteilhaft, mit so vielen Tieren und so
vielen Menschen in ein Land einzuziehen.

Die Leute, die dort wohnten, bekamen Angst und
sagten: »Die nehmen uns ja alles weg!«

Deshalb beschlossen Abram und Lot, sich zu
trennen.

Sie sagten: »Wir teilen auf, was da ist.«

Abram sagte zu Lot: »Sag du, wohin du willst, ich
nehme die andere Richtung.«

Lot wählte den Weg hinunter nach Sodom. Es hieß,
in Sodom sei viel Platz, um Sodom seien ausreichend
Felder, in Sodom könne eine Herde wie die des Lot ihr
Auskommen finden, ohne daß Konflikte mit den dort
ansässigen Bauern entstünden.

Abram nahm den anderen Weg, er zog mit den Seinen nach Kanaan. Es wird eine lange Zeit dauern, bis
Abram und Lot einander wieder begegnen.

So legte die Zeit ein Jahr auf das andere. Abram
wurde neunzig Jahre alt, Sarai ebenso, und sie hatten
einen großen, einen schweren Kummer: Sie hatten keine
Kinder. Es verging kein Tag, an dem Abram nicht zum

Himmel blickte und seinen Gott bat, ihm doch einen Sohn zu schenken. Aber bisher war dieser Wunsch nicht erfüllt worden. Und Sarai weinte. Und manchmal fluchte sie auch.

ABRAHAM UND SARA

Von der Zeit in der Wüste – Von Abrams Traum – Von der
gewissen Deutung des Traums – Von Hagar und Ismael –
Von Sarais Eifersucht – Von König Abimelech – Von einem
Besuch Gottes bei Abram und Sarai – Von Abraham und
Sara – Von Saras Lachen – Von Isaak – Von einem Handel
zwischen Gott und Abraham – Von der Vernichtung
Sodoms

Abram und Sarai – inzwischen waren sie neunzig Jahre
alt! Aber das ist nur eine Zahl. Die Menschen sind
damals viel älter geworden. Das Alter war noch nicht
so ein Problem, wie es für uns eines ist. Man wurde alt,
aber man sah nicht älter aus. Sarai war immer noch die
Schönste, eine blühende Frau, und Abram strotzte vor
Elastizität und Manneskraft.

Sie zogen mit ihrem Volk und ihrem Vieh durch die
Lande. Die Zeit floß dahin wie der breite Nil, den sie bei
ihrem Besuch in Ägypten bewundert hatten. Abram war
stundenlang am Ufer gestanden.

»Man verliert jeden Gedanken, wenn man ins Wasser schaut«, hatte er zu Eliëser gesagt.

»Ist das gut?« fragte Eliëser.

»Ja«, sagte Abram.

So hatten die beiden Freunde stundenlang am Nil
gestanden und ins Wasser gestarrt. Eliëser wußte,
warum es gut für Abram war, jeden Gedanken zu verlieren. Damals war Sarai beim Pharao. Die Zeit in der
Wüste gleitet langsam.

Eines Tages hatte Abram einen Traum. Dieser Traum

war so wirklich, so deutlich und bunt, daß ihn Abram träumend für die bunte Wirklichkeit hielt.

Er sah, daß Gott, der Herr, ihn besuchte, und Gott, der Herr, sagte zu Abram: »Abram, ich möchte aus dir mein Volk gründen.«

Abram antwortete im Traum: »Das hast du mir schon vor vielen, vielen Jahren gesagt.«

Gott sagte: »Zweifelst du etwa daran, Abram?«

»Nein«, sagte Abram, »ich zweifle nicht daran, aber schau: Ich bin jetzt neunzig Jahre alt. Wie soll aus mir noch ein Volk gegründet werden? Ich habe keinen Sohn, ich habe keine Tochter. Meine Frau Sarai ist kinderlos. Wir wissen nicht, woran es liegt. Sag mir, woran es liegt!«

»Du mußt Vertrauen haben!« sagte Gott.

»Ich habe Vertrauen!« rief Abram. »Zeige mir einen Menschen, der mehr Vertrauen in dich hat als ich! Aber: Kann ich auch Vertrauen haben über die Gesetze der Natur hinaus?«

»Was meinst du damit?« fragte Gott.

Abram meinte damit folgendes: Der Monatsfluß seiner Frau Sarai war längst versiegt, sie war neunzig Jahre alt, wie sollte sie da noch ein Kind kriegen?

Aber Gott sagte: »Abram, ich werde dir etwas zeigen!«

Im Traum sprach Gott zu Abram, aber der Traum war wirklich und bunt wie die Wirklichkeit. Gott hob Abram von seinem Lager hoch, hob ihn über die Zelte, über die schlafenden Herden, hob ihn über die Berge und zeigte ihm das weite Land. Und er hob ihn höher, höher, höher, zeigte ihm den Mond und die Sterne.

Und Gott sagte: »Deine Nachkommen, Abram, wer-

146

den so zahlreich sein, wie unter dir die Felder und wie über dir die Sterne sind.«

Dann setzte er ihn wieder auf die Erde und sagte: »Nimm ein Kalb, nimm eine Ziege, nimm einen Widder, nimm eine Taube!«

Abram träumte, daß er ein Kalb, eine Ziege, einen Widder, eine Taube nahm.

Dann sagte Gott: »Schneide diese Tiere jedes in zwei Teile!«

Und Abram träumte, daß er die Tiere jedes in zwei Teile schnitt.

Dann sagte Gott: »Du hast die Tiere in zwei Teile geschnitten. Nun sieh sie dir an!«

Abram beugte im Traum seinen Kopf über die Hälften der Tiere, und als er seinen Kopf wieder hob, war Gott verschwunden, und er erwachte.

Dieser Traum hat Abram sehr beeindruckt, er wußte: Dieser Traum hat etwas zu bedeuten. Mit diesem Traum will mir Gott etwas sagen. Alle Welt wußte, daß die Träume von Gott kommen. Woher denn sonst? Am nächsten Tag erzählte er den Traum seiner Frau Sarai.

Er sagte: »Deute mir diesen Traum! Ich verstehe ihn nicht. Ich habe zwar eine Vermutung, aber keine Gewißheit.«

Sarai sagte: »Ich verstehe deinen Traum auch nicht.« Und dann sagte sie: »Hör zu, Abram, ich glaube auch an deinen Gott, und ich denke, er ist auch mein Gott. Mir ist er zwar noch nie erschienen, auch im Traum nicht. Aber in meiner Jugend habe ich an ihn geglaubt, und ich dachte sogar, daß ich ihn irgendwie kenne. Vielleicht dachte ich das, weil du mir so oft und so eindringlich von ihm erzählt hast. Nun sagst du, er sei dir im Traum erschienen und habe dir Kindersegen vorausgesagt. Das will ich glauben, glauben will ich es. Aber ich kenne die Natur der Frau, und was ich weiß, das weiß ich.«

Sarai war eine Frau, die es gewohnt war, daß sie alles bekam, was sie sich wünschte, und daß sie alles sofort bekam. Sie hatte das Glück der schönen Menschen, denen sich jeder zuwendet, als erstes zuwendet, noch bevor man die anderen überhaupt wahrnimmt. Solche Menschen können sehr ungeduldig, ja, sehr zornig werden, wenn sie etwas nicht bekommen oder auch nur eine kleine Weile warten müssen.

Sarai wünschte sich nun schon seit siebzig Jahren ein Kind, und sie hat kein Kind bekommen. Sie war auf Gott nicht sonderlich gut zu sprechen. Früher war sie eine weltoffene, lebhafte, aber auf eine schmucklose Art freundliche Person gewesen. Im Alter war sie ungeduldig geworden, sie fuhr den Leuten über den Mund, stand auf und ging, wenn ihr einer zu langatmig argumentierte. Das Gesinde fürchtete sich vor ihr. Ja, sie konnte böse sein. Und sie war manchmal böse. Was freilich ihrer Schönheit keinen Abbruch tat.

Noch etwas muß dringend erwähnt werden, was die Laune der Sarai in letzter Zeit verschlechterte: Sie hatte bemerkt, daß Abram ihre Dienerin Hagar sehr gern ansah. Daß er jede Gelegenheit wahrnahm, sie anzusehen, daß er um keine Ausrede verlegen war, wenn er »zufällig« ins Bad platzte, wo Hagar gerade ihren Körper wusch. Sarai hatte Hagar vom Pharao geschenkt bekommen, inzwischen wäre es ihr lieber gewesen, diese Hagar wäre in Ägypten geblieben. Abrams Augen waren voll Sehnsucht. Sarai war verzweifelt.

»Wenn ich ehrlich bin«, sagte sie zu Abram, »dann

will ich mit deinen Träumen nichts zu tun haben, egal, wer in ihnen die Hauptrolle spielt.«

Abram aber wollte seinen Traum gedeutet bekommen. Vielleicht auch deshalb, weil er ihn schon längst für sich gedeutet hatte und nur noch eine Bestätigung hören wollte.

Also ging er zu Eliëser, seinem Freund und Lehrer und Berater, und sagte: »Eliëser, du bist mein ältester Freund, du bist viel mehr als mein Diener, viel mehr als mein Knecht. Außerdem bist du der klügste Mann, den ich kenne.« Er erzählte ihm den Traum und sagte: »Deute ihn mir!«

Aber auch Eliëser sagte: »Ich weiß nicht, was dieser Traum bedeutet.«

»Niemand weiß, was mein Traum bedeutet«, sagte Abram.

»Das kommt vor«, sagte Eliëser.

»Kann es sein«, begann Abram den Gedanken zu knüpfen, den er von Eliëser bestätigt hören wollte, »kann es sein, daß der Träumende irgendwie selber weiß, was sein Traum bedeutet?«

»Das kann sein«, sagte Eliëser, »obwohl mir bisher noch kein solcher Fall bekannt geworden ist. Das würde ja die Traumdeuter überflüssig machen.«

»Aber sein könnte es?«

»Sein könnte es.«

»Gut, halten wir das fest«, sagte Abram. »Diese Tiere, von denen ich geträumt habe, die ich im Traum in zwei Teile geschnitten habe, könnte es sein, daß jedes dieser Tiere eine Frau symbolisiert?«

»Das sehe ich nun nicht unbedingt als zwingend an«, sagte Eliëser.

»Aber kann es sein?«

»Sein kann es.«

»Also«, knüpfte Abram weiter, »wenn jetzt, angenommen, eine Frau, eine Herrin, eine Dienerin hat...«

»... so wie Sarai die Hagar...«, ergänzte Eliëser.

»Genau so, genau so!« rief Abram begeistert. »Also wenn das so ist, dann ist diese Dienerin doch das Eigentum ihrer Herrin, oder nicht?«

»Genau so ist es«, sagte Eliëser.

»Gut«, sagte Abram. »Aber das Eigentum..., ist das Eigentum nicht ein Stück des Besitzers? Sind, wenn man es genau nimmt, Eigentum und Besitzer nicht ein und dasselbe?«

»Ich weiß nicht...«

»In gewisser Weise wenigstens?«

»Also, in gewisser Weise... in gewisser Weise schon, ja.«

»Wunderbar! Wunderbar!« rief Abram aus. »Also, wenn ich jetzt, jetzt nur einmal angenommen, wenn ich jetzt... mit Hagar schlafe... Ist das dann nicht so, als ob ich mit Sarai schlafen würde?«

»Was?«

»Irgendwie?«

»Ich wüßte nicht wie...«

»In gewisser Weise?«

»In welcher Weise?«

»Grob gesehen?«

»Also, grob gesehen«, sagte Eliëser, »sehr grob gesehen... vielleicht...«

»Danke, Eliëser!« rief Abram. »Danke, daß du mir meinen Traum gedeutet hast! Der Traum meint, ich soll diese Frau-Einheit Sarai-Hagar, diese Einheit soll ich teilen und soll mit Hagar schlafen. Das ist eindeutig, diese Botschaft hat mir Gott im Traum gegeben.«

Und Abram trat vor Sarai hin und teilte ihr seinen Entschluß mit.

»Der ja immerhin der Wille Gottes ist!« fügte er mit bedeutungsvoller Geste hinzu.

Abram hat mit Hagar, der Dienerin der Sarai, geschlafen, und Hagar wurde schwanger. Und Hagar erhob sich über Sarai.

»Ich«, sagte sie, »ich bin schwanger, ich! Ich bekomme ein Kind von Abram, nicht du!«

Sarai war gedemütigt. Sie weinte. Und Hagar zahlte heim, was sie in den letzten Jahren unter Sarai gelitten hatte. Stolz präsentierte sie ihren Bauch. Flüsterte Abram in Gegenwart Sarais zärtliche Worte ins Ohr, anzügliche Worte. Lachte ein Lachen, das sich wie ein gemeinsames Lachen anhörte, auch wenn Abram nicht mitlachte. Und Sarai weinte.

Bei Tisch nahm Hagar als erste von den Speisen. Und wenn draußen vor dem Zelt nur für einen Kopf Schatten war, dann behauptete sich Hagar. Und es war noch nicht genug. Hagar begann, Sarai wie ihre Dienerin zu behandeln.

»Hol Wasser beim Brunnen für mein Bad!«

»Wenn du mir einen einzigen Grund nennen kannst, warum ich das tun soll«, schrie Sarai, »dann werde ich es tun. Vielleicht, aber auch nur vielleicht!«

»Einen Grund willst du?« sagte Hagar.

»Ja«, schrie Sarai.

»Gut«, sagte Hagar. »Was bedeutet dein Name?«

»Mein Name? Mein Name heißt Prinzessin«, sagte Sarai stolz.

»Du heißt Prinzessin«, sagte Hagar kühl, »und ich bin eine Prinzessin. Mein Vater ist der Pharao von Ägypten! Ist das Grund genug, für mich Wasser zu holen?«

»Ich kenne deinen Vater!« fauchte Sarai, und dann eilte sie zu Abram.

»Sie nimmt mir die Ehre!« weinte sie. »Vor dem Gesinde spottet sie über mich. Macht mich klein. Macht meine Herkunft nieder. Aber meine Herkunft ist auch deine Herkunft. Also spottet sie auch über dich!«

Abram wollte sich nicht einmischen.

Er sagte: »Sie ist deine Magd. Tu du mit ihr, wie du es für richtig hältst!«

Sarai, das Glückskind, das gedemütigte Glückskind, tyrannisierte von nun an Hagar. Und sie kannte kein Erbarmen. Und sie kannte auch keine Gnade, als Hagar um Gnade flehte. Hagar floh. Hochschwanger floh Hagar in die Wüste.

Abram fragte Sarai: »Wo ist Hagar?«

Sarai sagte: »Weiß ich es? Abgehauen ist sie!«

»Wo ist sie!« brüllte sie Abram an.

»In der Wüste ist sie«, sagte Sarai. »In der Wüste soll sie ihren Balg zur Welt bringen!«

Da fiel Abram auf die Knie und betete zu Gott, betete, er möge Hagar und ihre Leibesfrucht beschützen, wie er vor vielen Jahren Amitlai, seine Mutter, in der Wüste beschützt hatte, als er, Abram, geboren worden war. Und Gott erhörte Abrams Gebet und schickte einen Engel.

Und der Engel erschien Hagar in der Wüste und sagte: »Geh nach Hause, Hagar! Erdulde, was die Frau dir antut! Du wirst einen Sohn bekommen, und du sollst ihn Ismael nennen. Das heißt: Gott hat mich gehört. Denn es ist wahr, Gott hat deinen Schmerzensschrei gehört. Dein Sohn wird ein starker Mann werden, ein gerechter Mann, auch ein harter Mann. Wie ein Wildesel wird er in der Wüste leben und sich mit Waffengewalt am Leben erhalten. Ein großer Krieger wird er werden, seine Feinde werden sich vor ihm fürchten.«

Das gab Hagar Kraft und Selbstbewußtsein, und sie kehrte zurück in das Zeltlager des Abram, und sie brachte den Ismael zur Welt.

Abram war vernarrt in den Buben, er machte Hagar zu seiner Hauptfrau. Sarai mußte das Zelt Abrams verlassen. Das hat Sarai verbittert. Sie weinte nicht mehr.

Sie ging zu Eliëser und sagte: »Du bist schuld! Du hast ihm diesen Traum so gedeutet, wie er es haben wollte. Jetzt hilf mir! Wie kann ich Abram wieder für mich gewinnen?«

Eliëser dachte nach, sagte, er müsse über Nacht nachdenken, und er dachte über Nacht nach und sagte am Morgen zu Sarai: »Mach ihn eifersüchtig!«

»Wie denn?« jammerte sie.

»Jammere nicht«, sagte Eliëser. »Das steht dir nicht gut. Schminke deine Augen!«

»Und dann?«

»Schminke deinen Mund!«

»Und dann?«

»Schminke deine Wangen!«

»Und dann?«

»In wenigen Tagen brechen wir auf«, sagte Eliëser. »Wir werden durch das Land von König Abimelech ziehen.«

»Und?« fragte Sarai ungeduldig.

»Erinnere dich!« sagte Eliëser.

»Rede nicht in Rätseln mit mir!« fuhr ihn Sarai an.
»Woran soll ich mich erinnern?«

»Du bist noch immer schön«, sagte Eliëser, »bist
schöner als alle Frauen. König Abimelech wird dich
ebenso schön finden wie der Pharao. Seine Soldaten
werden dich mitnehmen, und wenn Abram sagt, du seist
seine Frau, dann werden sie ihn töten, und deshalb wirst
du besser sagen, du seist seine Schwester... Verstehst du
jetzt, wie du Abram eifersüchtig machen kannst?«

Sarai verstand. Und es geschah alles genau so, wie
Eliëser gesagt hatte. Als Abram und die Seinen durch
das Land des Königs Abimelech zogen, kamen die Soldaten.

Und als sie Sarais schön geschminkte Augen unter
ihrem Schleier sahen, fragten sie: »Wer ist das Weib?«

Abram wollte antworten, sie sei seine Frau.

Aber Eliëser machte große Augen zu Abram hin und
sagte: »Sie ist die Schwester dieses Mannes.«

Sarai klimperte mit den Wimpern. Die Soldaten nahmen sie mit und führten sie vor König Abimelech.

Vergessen wir nicht: Sarai war neunzig Jahre alt!
Aber sie sah aus wie eine Frau mit dreißig, eine schöne
Frau mit dreißig, die jünger aussah, höchstens wie vier-
undzwanzig.

Zwischen den Schriftrollen, die 1947 beim Toten
Meer entdeckt wurden, fand man ein Lied auf die
Schönheit Sarais. Einen Auszug möchte ich hier zitieren:

Wie schön ist Sarai –
Ihr langes, feines, glänzendes Haar,
Ihre leuchtenden Augen, ihre zauberhafte Nase,

Das Strahlen ihres Antlitzes!
Wie voll ihre Brüste, wie weiß ihre Haut,
Ihre Arme wie anmutig, wie zart ihre Hände –
Ihre weichen Handflächen und langen, schmalen
    Finger –
Wie biegsam ihre Beine, wie üppig ihre Schenkel!
Von allen Jungfrauen und Bräuten,
Die unter dem Himmel wandeln,
Kommt keine Sarai gleich –
Die schönste Frau unter dem Himmel,
Vollkommen in ihrer Schönheit.
Und bei alldem ist sie weise und klug,
Und anmutsvoll bewegt sie ihre Hände.

Wie zuvor der Pharao verliebte sich auch König Abimelech in Sarai, und er führte sie in sein Schlafgemach und legte sich mit ihr ins Bett, und als er ihre Haut berührte, stand wieder der Erzengel Michael unsichtbar für beide neben dem Bett und versetzte Abimelech einen Stromstoß, daß er aus dem Bett fiel.

»Was ist das?« schrie der König. »Bist du eine Hexe?«

»Ich bin keine Hexe«, sagte Sarai. Und sie log: »Das ist bisher noch bei keinem passiert.«

»Was meinst du damit?« fragte Abimelech. »Denkst du, es liegt an mir?«

»Vielleicht ist es ein Zeichen der Leidenschaft«, sagte Sarai und blinkte mit den Augen. Sie befürchtete, Abimelech würde sie gleich wieder zu Abram zurückschicken. »Vielleicht sollten wir bis morgen warten«, sagte sie.

Aber am nächsten Tag war es nicht anderes. Abimelech berührte Sarai bei der Schulter, und wieder bekam er einen Schlag, diesmal einen noch schmerzhafteren.

»Ich weiß nicht, ob wir es noch einmal versuchen sollten«, keuchte er, als er wieder Luft bekam.

»Morgen«, sagte Sarai.

»Nein, auch morgen nicht.«

Da mußte Sarai all ihre Verführungskünste einsetzen, das heißt alle Verführungskünste, die ohne Berührung durchzuführen sind. Wenn mich Abram nach zwei Tagen wieder bei sich hat, dachte sie, dann wird seine Eifersucht nicht ausreichen, um mir meinen Platz in seinem Zelt zurückzugeben.

Am nächsten Tag betrat Abimelech vorsichtig das Schlafgemach, in dem Sarai die Nacht verbracht hatte. Er setzte sich vorsichtig auf die Bettkante.

»Meinst du«, fragte er vorsichtig, »meinst du, heute geht's?«

»Ich bin mir ganz sicher«, sagte Sarai.

»Wie wollen wir es rauskriegen?« fragte er.

»Schick mir einen deiner Diener«, sagte Sarai. »Ich werde es zuerst mit ihm ausprobieren.«

»Aber er soll nicht mit dir schlafen«, sagte Abimelech, »er soll dich nur an der Schulter berühren.«

Als Sarai mit dem Diener allein war, sagte sie zu ihm: »Gefalle ich dir?«

»Ja«, sagte der Diener.

»Gefalle ich dir so gut, daß du mir zuliebe deinen Herrn anlügst?«

»Ja«, sagte der Diener.

»Dann sag deinem Herrn, du hast mich an der Schulter berührt, und es ist nichts geschehen.«

Als Abimelech zurückkam, sagte der Diener: »Ich habe die fremde Frau an der Schulter berührt, und es ist absolut nichts geschehen.«

Da freute sich Abimelech und legte sich zu Sarai. Aber der Erzengel Michael stand immer noch neben dem Bett, und als Abimelech seine Hand auf Sarais Schulter legte, schlug er so heftig zu, daß der König das Bewußtsein verlor.

Die Ärzte mußten gerufen werden, und es sah nicht gut aus, aber dann konnte Abimelech wieder sprechen, und er fragte die Weisen seines Hofes, und die wußten Bescheid.

»Abram«, sagten sie, »der Mann, der draußen vor der Stadt mit seinem Gesinde und seinem Vieh lagert, ist der Gatte von Sarai, und er hat zu seinem Gott gebetet, daß er seine Frau vor dir beschützen soll.«

Da beschenkte Abimelech Sarai und schickte sie zurück zu Abram und sagte: »Was habt ihr mir nur angetan!«

Abram war sehr eifersüchtig.

»Er hat geweint«, flüsterte Eliëser Sarai zu, als sie das Lager betrat. »Geweint und nach dir gerufen.«

»Das genügt mir nicht«, sagte Sarai.

Und zu Abram sagte sie: »Jag die andere aus deinem Zelt! Jag sie fort! Wenn sie hierbleibt, werde ich gehen. König Abimelech wird mich aufnehmen.«

Da machte Abram Sarai wieder zu seiner Hauptfrau.

Aber Hagar und ihren Sohn Ismael schickte er nicht fort. Das brachte er nicht übers Herz. Denn Abram liebte Hagar, und er liebte Ismael. Er bestimmte, daß die beiden im Lager bleiben dürfen, daß sie aber zusehen sollen, daß Sarai sie nicht zu Gesicht bekommt.

Eines Abends saßen Sarai und Abram vor dem Zelt, Arm in Arm, da kam Gott vom Himmel herab, begleitet von zwei Engeln. Er hatte die Gestalt eines Menschen angenommen, aber sein Haupt war in einer Wolke.

»Ich bin gekommen, um euch eine frohe Botschaft zu bringen«, sagte Gott. »Ihr werdet einen Sohn bekommen.«

»Wir beide?« fragte Sarai. »Abram und ich?«

»Ihr beide«, sagte Gott.

»Sarai und ich?« fragte Abram.

»Ja, Sarai und du.«

Da hörte Gott, wie Sarai kicherte. Sarai hatte den Kopf zur Seite geneigt, und sie kicherte.

Gott sagte: »Warum lachst du?«

Sarai erschrak und sagte: »Ich lache ja nicht wirklich.«

»Was denn?«

»Ich habe ja nur gedacht, ich bin über neunzig, meine Monatsblutung ist seit vierzig Jahren nicht mehr. Aber ich wollte nicht lachen.«

Gott sagte: »Glaubst du, daß ich das nicht kann, ohne diese dumme Monatsblutung, ohne diese dummen Naturgesetze, daß ich keinen Sohn machen kann, wann ich will?«

»Er kann es«, flüsterte Abram zu Sarai. »Bitte, glaub es ihm!«

Aber Sarai verdrückte wieder ein Lachen. »Doch, doch, das wirst du schon können«, sagte sie zu Gott.

»Warum lachst du dann?« fragte Gott.

»Ich lache nicht« sagte sie.

»Du hast gelacht!« sagte Gott. »Hat sie gelacht?« fragte er die beiden Engel zu seiner Rechten und zu seiner Linken.

Die nickten.

»Aus diesem Sohn werde ich mein Volk aufbauen«, fuhr Gott aus seiner Wolke fort. »Als Zeichen unseres Bundes sollst du nun nicht mehr Abram heißen, sondern von nun an Abraham. Und du sollst nicht mehr Sarai heißen, sondern Sara.«

Und noch ein Zeichen ihres Bundes forderte Gott. Alle Männer sollen von nun an acht Tage nach der Geburt beschnitten werden.

Tatsächlich, Sara bekam ein Kind, einen Knaben, und sie nannte ihn Isaak. Man kann sich vorstellen, daß die Leute ihre Witze rissen.

»Sara? Die ehemalige Sarai? Einen Sohn? Mit neunzig? Wer's glaubt, bitte!«

Sara mußte beweisen, daß sie die Mutter war, und das hat sie getan, indem sie ihrem Isaak öffentlich die Brust gab. Sara war eine stolze Mutter, aber die Bitterkeit hatte schon zu lange an ihrem Herzen genagt, so daß sie nicht mehr wirklich zufrieden sein konnte.

Sie sagte zu Abraham: »So, nun habe ich dir einen Sohn geschenkt, nun brauchen wir die beiden anderen nicht mehr. Ich brauche keine Magd mehr, vor allen Dingen keine Magd, die einen Sohn von dir hat. Schick Hagar weg, endgültig und für immer, und schick auch ihren Sohn Ismael weg. Wir haben Isaak. Schick die beiden in die Wüste.«

Abraham sagte: »Das will ich nicht tun, er ist mein Sohn! Ich liebe meinen Sohn.«

Sara sagte: »Entweder ich oder die beiden! Wenn du sie nicht wegschickst, dann gehe ich!«

Mit einem großen Schmerz in seinem Herzen stimmte Abraham zu.

»Du mußt uns verlassen«, sagte er zu Hagar. »Schau, daß du in der Nähe bleibst. Denn ich möchte Ismael ab und zu sehen.«

Ismael war ein kluger, ein findiger Kopf, der sich gern mit seinem Vater unterhalten hatte, der nicht immer derselben Meinung mit ihm war. Ihn hatte Abraham wirklich sehr geliebt, diesen Ismael, und nun mußte er sich von ihm trennen. Aber Abraham dachte, es wird alles gut.

Voll Liebe schaute er auf den kleinen Isaak, der da heranwuchs, der nicht so clever war wie Ismael, der ein bißchen schwerblütig war, dicklich, aber sehr brav, sehr lieb, anhänglich, der hinter seinem alten Vater her tappte und ihm alles nachmachte. Abraham war ein stolzer Vater.

Isaak erinnerte Abraham an seinen Neffen Lot, als sie noch jung waren. Auch Lot hatte ihm alles nachgemacht. Auch er war immer hinter ihm her gegangen. Hatte bei jeder Frage, die an ihn gestellt wurde, zuerst auf Abraham geschaut und erst dann geantwortet.

Und gerade als Abraham voll Wehmut an Lot dachte, da stand Gott wieder vor ihm. Diesmal war Gott allein, und sein Haupt war nicht in einer Wolke.

Gott sagte: »Abraham, ich möchte mich mit dir beraten.«

Das verunsicherte Abraham. Gott braucht einen Rat? Von ihm?

Gott sagte: »Ich habe etwas vor. Dazu möchte ich deine Meinung wissen. Siehst du, da gibt es eine Stadt, die heißt Sodom, und es gibt die Stadt Gomorra. Es sind böse Städte, ich will sie vernichten.«

Aus der Bibel erfahren wir, daß die Menschen in die-

sen Städten die Sitten brachen, daß sie sich der Homosexualität hingaben. Ich gebe zu, es fällt mir schwer, das
zu glauben. Es gibt keine andere Stelle in der Bibel, wo
so vehement gegen Homosexualität vorgegangen wird:
Feuer und Schwefel vom Himmel! Ich nehme es vorweg.

Wenn wir die Mythen um Sodom und Gomorra
genauer anschauen, auch außerbiblische Mythen hin-
zuziehen, dann ergibt sich ein anderes Bild. Sodom war
eine Oasenstadt, reich, reich an sauberem Wasser. Eine
befestigte Oasenstadt. Die Nomaden, die durch die
Wüste kamen, durften nicht so ohne weiteres die Stadt
betreten. Das ist leicht so dahingesagt. Für Nomaden
gibt es nichts Schlimmeres. Halb verdurstet, Mensch
und Vieh, und dann wird ihnen der Zugang zum Wasser verwehrt! Für Nomaden muß das der Gipfel der
Verworfenheit, der Niedertracht sein. Es gibt triftige
Vermutungen, daß die eigentliche Sünde von Sodom
und Gomorra das Sperren ihrer Quellen war.

Wie auch immer: Gott beschloß, Sodom und
Gomorra zu vernichten. Da fiel dem Abraham ein: Lot
ist dort! Lot und seine Familie!

»Warum gleich vernichten?« fragte er Gott. »Angenommen, es gibt dort doch noch einige Gerechte.«

Und Gott sagte: »Wie viele Gerechte meinst du, daß
in Sodom leben?«

»Hundert? Fünfzig? Fünfzig sicher.«

»Also gut«, sagte Gott, »wenn fünfzig Gerechte in
Sodom leben, dann will ich die Stadt nicht vernichten.«

»Sehr gut«, sagte Abraham. »Das ist sehr gut. Da bin
ich mit dir einverstanden, da kann ich dir nichts anderes
raten.« Nach einer Weile sagte er: »Was aber, angenommen, wenn es nicht ganz fünfzig sind, sondern zum Bei-

spiel nur fünfundvierzig? Fünfundvierzig sind ja auch nicht wenig.«

»Auch wenn es fünfundvierzig sind«, sagte Gott, »will ich die Stadt verschonen.«

»Und bei vierzig?«

»Bei vierzig? Bei vierzig… gut… auch…«

»Und wenn es dann doch nur dreißig sind?«

»Weil Abraham, mein Freund, sich für sie eingesetzt hat«, sagte Gott. »Also, wenn meine Engel dreißig Gerechte in Sodom finden, werden sie ihre Schwerter stecken lassen.«

»Was bei zwanzig?«

Da wurde Gott ungeduldig: »Ich hätte dich nicht zu meinem Berater machen sollen, Abraham. Aber weil ich weiß, daß du nicht ruhen wirst – gut, bei zwanzig, soll's so sein, bei zwanzig Gerechten gibt es keine Vernichtung. Und jetzt Schluß!«

Aber Abraham verhandelte weiter: »Zehn. Zehn Menschen sind nicht viel, und doch sind zehn Gerechte viel.«

»Zehn Gerechte«, donnerte Gott, »aber keinen einzigen mehr!«

Und dann verließ Gott Abraham.

Es gab keine zehn Gerechten in Sodom. Es gab nur vier: Lot, seine Frau Edith und seine beiden Töchter. Als sie die Stadt verlassen hatten, schleuderte Gott Feuer und Schwefel vom Himmel herab, und die Stadt brannte nieder.

Edith, die Frau des Lot, sie war eine Sodomiterin, drehte sich um und wollte einen letzten Blick auf ihre Heimatstadt werfen, da erstarrte sie zur Salzsäule.

Nur Lot und seine beiden Töchter überlebten. Sie

verkrochen sich in der Nacht in eine Höhle. Die Töchter glaubten, die Welt sei untergegangen, und nur sie, sie beide und ihr Vater, seien verschont geblieben.

Da sagten sie sich: »Die Menschheit muß doch überleben! Unter allen Umständen und gegen alle Gebote und gegen alle Verbote muß die Menschheit überleben!«

Sie machten ihren Vater betrunken, und als er eingeschlafen war, legten sie sich zu ihm, erst die ältere, dann die jüngere. Beide wurden sie schwanger. Die ältere Tochter brachte einen Sohn zur Welt, den nannte sie Moab, er gründete den Stamm der Moabiter. Die zweite Tochter brachte einen Sohn zur Welt, den nannte sie Ben-Ammi, er wurde der Stammvater der Ammoniter.

ABRAHAM UND ISAAK

Von Gottes grausamer Forderung – Von Abrahams
Tränen – Von einem traurigen Marsch – Von der
Verführung durch Samael – Von Eliësers und Ismaels bösen
Gedanken – Von Samaels Besuch bei Sara – Vom goldenen
Widder – Von Gottes Gnade – Von Saras Tod

Und dann war Abraham weit über hundert Jahre alt,
und eines Tages saß er wieder einmal allein vor seinem
Zelt, da kam Gott und setzte sich zu ihm.

Gott sagte: »Abraham, wie geht es dir?«

»Gut«, sagte Abraham.

Gott war in der Verkleidung eines Mannes gekommen, eines Reisenden, sein Kopf war frei, er verbarg ihn nicht wie bei den letzten Besuchen in einer
Wolke.

»Und wie geht es deiner Familie?« fragte Gott.

»Ja, gut geht es meiner Familie«, sagte Abraham.

Abraham wußte nicht, was Gott von ihm wollte,
aber es war auszuschließen, daß der Herr der Erde
und des Himmels einfach nur zum Plaudern zu seinem
Knecht Abraham kam. So dachte sich Abraham: Er will
etwas von mir. Was aber will er von mir? Habe ich sein
Mißfallen erregt? Will er vielleicht wieder meinen Rat?
Soll eine andere Stadt vernichtet werden? Abraham war
auf der Hut.

Gott ließ eine lange Pause, und dann sagte er: »Wie
geht es deinem Sohn, Abraham?«

»Welchem?« fragte Abraham. »Ich habe zwei Söhne, Ismael und Isaak.«

»Ja«, sagte Gott, »siehst du, zuerst hast du befürchtet, du bekommst gar keinen Sohn, jetzt hast du sogar zwei Söhne.«

»Ja, durch deine Güte«, sagte Abraham.

Nach einer Weile sagte Gott: »Ich will wissen: Wie geht es dem Sohn, den du liebst?«

»Ich liebe sie beide«, sagte Abraham leise und vorsichtig.

»Hm«, sagte Gott, »einen wirst du lieber haben. Wie geht es dem?«

Abraham war verwirrt, er dachte: Gott will mich auf die Probe stellen. Er will mir einen Sohn wegnehmen, denn ich habe ja zwei. Was brauche ich zwei? Er will einen zurückhaben. Er wird mir den lassen, den ich mehr liebe, und den, den ich weniger liebe, wird er mir nehmen.

Gott fragte nochmals: »Welchen von deinen beiden Söhnen liebst du mehr?«

»Den Isaak«, antwortete Abraham, »denn er ist der Sohn von Sara, auf ihn haben wir so lange gewartet.«

Da sagte Gott zu Abraham: »Ihn sollst du mir opfern! Führe ihn auf den Berg, schneide ihm die Kehle durch, verbrenne seinen Leib auf einem Scheiterhaufen! Den Isaak möchte ich zurückhaben.«

»Nein!« schrie Abraham und seufzte. »Tu das nicht!«

»Was soll ich nicht tun?« fragte Gott.

»Mir einen solchen Befehl erteilen!«

»Willst du wieder mit mir handeln? Wie du um die Gerechten von Sodom gehandelt hast? Was hast du mir anzubieten, Abraham? Dein eigenes Leben? Das hätte ich haben können. Und nicht nur einmal. Ich weiß, dein eigenes Leben würdest du mir gern geben. Aber ich will wissen, ob mein Knecht Abraham seinem Gott gehorsam ist. Und das kann ich nur wissen, wenn ich das Äußerste von ihm verlange.«

»Das Leben meines Sohnes ist mehr als das Äußerste«, schluchzte Abraham. »Niemand darf das von einem Vater verlangen!«

»Ich habe gegeben«, sagte Gott, »und ich werde nehmen. Wann ich will.«

Dann verschwand er.

Abraham stürzte zu Boden. Niemand konnte sich erinnern, den Mann je weinen gesehen zu haben. Sein Volk versammelte sich um ihn, schweigend, die Männer starrten ihn an, die Frauen senkten die Augen. Worüber weint er, dachten sie, er, der in seinem langen Leben alles gesehen hat und über nichts je geweint hat, worüber weint er jetzt? Welche Katastrophe steht uns bevor?

Sara, die Alte, auch sie über hundert Jahre alt, kniete sich neben ihrem Mann nieder, zog an seinen Schultern, wollte ihn aufrichten.

»Was ist mit dir?« fragte sie. »Wenn Abraham weint, macht er der Welt Angst. Mach uns keine Angst!«

Aber wie hätte er ihr sagen sollen, was Gott von ihm verlangte? Der Mutter!

»Laß mich!« sagte er und richtete sich auf und wischte den Staub von den Kleidern. »Und ihr!« wandte er sich an sein Volk. »Was steht ihr hier und glotzt! Ein alter Mann denkt an die Zeit, als er jung war, darf er da nicht weinen?«

»Er darf«, sagten sie, »er darf.«

Und sie gingen weg.

Abraham konnte mit niemandem darüber sprechen. Er mußte den Schmerz in seinem Herzen einschließen. Und das widersprach seinem Charakter. Abraham war jemand, der seinen Schmerz, aber auch seine Freude teilen mußte, der reden mußte, der seinen Gefühlen nur Herr werden konnte, wenn er redete. Dann redete er oft stundenlang, wiederholte sich, redete und redete und heilte so seine Seele.

Aber nun – mit wem hätte er sprechen sollen? Würde es einen Menschen geben, der überhaupt verstanden hätte, daß Abraham in einem grauenvollen Zwiespalt war? Hätte nicht jeder, der seinen Verstand beisammen hatte, zu ihm gesagt: Nur ein Irrsinniger schneidet seinem Sohn die Kehle durch und verbrennt seinen Leib auf einem Scheiterhaufen, und nur ein irrsinniger Gott verlangt so etwas von seinem Knecht.

Abraham war bereit, den Willen Gottes zu erfüllen. Er hat mich aus der Wüste gerettet, er hat mich und mein Volk aus Ur geführt, wo der böse König Nimrod herrschte, er hat mir mehr als hundert Jahre Leben geschenkt, alles verdanke ich Gott, sagte sich Abraham. Ja, er war bereit, zu tun, was Gott von ihm verlangte.

Er ging zu Sara und sagte: »Ich werde mit Isaak eine Reise machen.«

Sara sah, daß Abraham wieder diesen Gottesblick hatte, wie sie es nannte. Sie kannte ihren Mann, und sie wußte, wie er war, wenn sein Gott zu ihm gesprochen hatte. Sie hatte Angst.

»Wohin willst du mit unserem Sohn gehen?« fragte sie.

»Ich möchte, daß er etwas lernt«, brummelte Abraham in seinen Bart, »daß er eine Ausbildung bekommt.«

»Von wem denn eine Ausbildung?«

»Von irgend jemandem...«

»Was heißt von irgend jemandem? Du bist sein Vater. Kannst nicht du ihm beibringen, was er im Leben braucht?«

»Ich bin alt«, sagte Abraham mürrisch und schaute Sara nicht in die Augen.

»Und wann wird Isaak wieder nach Hause kommen?«

»Dann, wenn Gott es will«, sagte Abraham.

»Ich weiß nicht, was Gott will«, jammerte Sara. »Weißt du, was Gott will? Isaak ist noch zu klein für die Welt. Er braucht noch seine Mutter. Und er braucht noch seinen Vater.«

Da wurde Abraham ungeduldig: »Frag nicht weiter! Gib ihm etwas zu essen mit, etwas Kleidung. Viel brauchen wir nicht.«

Und er machte sich mit Isaak auf den Weg.

Isaak war es gewohnt, seinem Vater zu folgen, er war es gewohnt, keine Fragen zu stellen, und so ging er hinter Abraham her. Zwar hatte Abraham niemanden, mit dem er sprechen konnte, aber er brachte es auch nicht fertig, allein mit Isaak auf den Berg zu gehen. Er nahm Eliëser mit, seinen Freund, und auch seinen anderen Sohn Ismael nahm er mit. Aber er sagte ihnen nicht, wohin es ging.

Sie fragten: »Was ist los? Wobei sollen wir dir helfen?«

»Ich werde es euch rechtzeitig sagen.«

Der starke Abraham war immer einer gewesen, der den Menschen in die Augen sah, und auch seine Feinde sagten über ihn, der hat es nicht nötig, sein Herz zu verbergen, denn sein Herz ist rein und stark, und es gehört der Welt. Nun aber wandte er den Kopf ab, wenn er redete. Und er zog das Tuch ins Gesicht.

So gingen sie zu viert. Isaak trug Holz auf dem Rücken, Abraham hatte ein Messer in seinem Gürtel. Ismael und Eliëser hielten sich in einigem Abstand.

»Er wird ein Opfer darbringen wollen«, mutmaßte Eliëser.

»Aber warum tut er so heimlich?« fragte Ismael. »Warum will er, daß wir mitgehen? Ich habe viel Arbeit zu Hause. Was kann ich ihm nützen?«

»Er ist sehr alt«, sagte Eliëser. »Ich glaube, er denkt an den Tod. Vielleicht will er sich von uns verabschieden.«

Als sie auf halbem Weg waren, blieb Abraham stehen. Er griff an sein Herz, schwankte. Eliëser und Ismael meinten, er falle gleich. Sie eilten zu ihm.

»Was ist mit dir? Setz dich, ruh dich aus!« sagte Eliëser.

Ismael und Isaak standen verlegen dabei, sie, die Söhne, hatten ihren Vater immer nur als einen starken Mann erlebt. Es machte sie verlegen, seine Schwäche zu sehen.

Abraham faßte Eliësers Arm. »Siehst du, was ich sehe?« fragte er.

»Ich weiß nicht, was du siehst«, sagte Eliëser, »ich sehe nichts!«

Abraham fragte Ismael: »Siehst du, was ich sehe?«

»Ich sehe nichts«, sagte auch Ismael.

Eine Feuersäule sah Abraham. Sie stieg vor ihm in den Himmel.

»Bleibt ihr zurück!« sagte er zu Eliëser und Ismael. »Ich werde mit Isaak allein weitergehen.«

»Was ist unsere Aufgabe?« fragte Ismael. »Ich habe viel Arbeit zu Hause, warum hast du mich gebeten, dir auf den Berg zu folgen?«

Eliëser gab Ismael ein Zeichen, er solle besser schweigen.

Abraham und Isaak stiegen allein weiter auf den Berg.

Isaak schritt voran, und Abraham sagte: »Warum gehst du so schnell?«

»Ich geh nicht schnell, Vater«, sagte Isaak, und es stimmte, er ging nicht schnell, er konnte gar nicht schnell gehen, denn er trug schwer an dem Holz auf seinem Rücken.

»Du gehst zu schnell«, sagte Abraham. »Ich bin ein alter Mann.«

Abraham wollte hinauszögern, was er tun sollte.

»Betrachte doch die Blumen am Rand!« sagte er zu Isaak. »Du gehst ja so schnell.«

»Ich weiß, was wir oben vorhaben«, sagte Isaak und lächelte seinen Vater an. »Wir werden Gott ein Opfer darbringen. Wir zwei. Darum trage ich das Holz.«

»Red nicht so viel«, sagte Abraham. »Geh lieber!«

»Ich dachte, ich gehe zu schnell«, sagte Isaak und plapperte weiter. »Eines verstehe ich nicht. Ich trage das Brennholz, also wird es ein Brandopfer sein. Du hast einen Dolch am Gürtel. Also wird es ein Tier sein, das wir opfern. Aber was für ein Tier? Finden wir das Tier oben auf dem Berg?«

»Red nicht so viel«, sagte Abraham und mußte darauf achtgeben, daß seine Worte nicht ins Schluchzen gerieten.

Und plötzlich stand ein junger Mann vor ihnen. Er grüßte Abraham mit einer lässigen Geste. Isaak grüßte er nicht.

»Er kann mich nicht sehen«, sagte er zu Abraham. »Ich bin gekommen, um mit dir zu sprechen. Nur mit dir.«

Abraham erkannte den jungen Mann, ich weiß nicht, woran er ihn erkannte, aber er erkannte ihn. Es war Samael, der Teufel.

Der Teufel sagte zu Abraham: »Ich weiß, was hier los ist.«

»Verschwinde!« sagte Abraham, und Isaak hörte, wie sein Vater in die Luft hinein »Verschwinde!« sagte.

»Hör zu«, sagte Samael, »du hast einen Freund in mir. Du kannst deine Sorgen bei mir abladen. Ich höre dir zu.«

»Ich will nicht mit dir reden!« sagte Abraham, und Isaak hörte, wie sein Vater »Ich will nicht mit dir reden!« in die Luft hinein sagte.

»Du sollst deinen Sohn töten«, fuhr Samael unbeirrt fort. »Und du willst es nicht. Ich kann dich verstehen. Jeder Mensch kann dich verstehen. Tu es nicht! Das kann niemand von einem Vater verlangen. Auch Gott nicht.«

»Mein Leben liegt in Gottes Hand«, sagte Abraham. »Und auch Isaaks Leben liegt in Gottes Hand.«

»Warum sagst du das, Vater?« fragte Isaak.

»Weil es doch die Wahrheit ist«, sagte Abraham, und Isaak konnte sehen, wie verwirrt er war.

»Es rührt mich die Unschuld dieses Knaben«, sagte Samael. »Vielleicht war es gar nicht Gott, der dir erschienen ist, Abraham. Vielleicht war es irgendein Dämon, der dich haßt. Das ist doch sogar wahrscheinlich«, schmeichelte Samael weiter. »Gott ist vielleicht streng, aber er ist doch nicht grausam, und wenn er grausam ist, dann doch nur zu seinen Feinden. Warum sollte er zu seinem besten Freund grausam sein?«

Da geriet Abraham in Zweifel, und seine Seele rang mit dem Verführer. Und er flehte: »Geh! Laß mich in Frieden! Geh!«

»Wohin soll ich gehen?« fragte Isaak.

»Dich habe ich nicht gemeint«, sagte Abraham.

»Gut«, sagte Samael. »Ich gehe. Ich sehe, daß dich meine Worte quälen. Ich will dich nicht quälen. Ich bin auf deiner Seite, Abraham, vergiß das nicht.«

»Bitte«, sagte Abraham, »bitte, sag meinem Sohn nichts, bleib ihm verborgen.«

»Wer soll mir verborgen bleiben?« fragte Isaak.

Er hatte es inzwischen mit der Angst zu tun bekommen, er meinte, sein Vater sei vielleicht verrückt geworden, denn der Mensch spricht nur dann mit Unsichtbaren, wenn er verrückt ist.

»Ich bin auf deiner Seite, Abraham«, sagte Samael. »Ich verspreche dir, ich werde Isaak nicht erscheinen, und ich werde ihm nicht sagen, was du vorhast.«

Dann verschwand der Teufel. Vater und Sohn gingen weiter. Und dann stand Samael wieder am Weg, aber er sagte nichts. Und Abraham tat, als ob er ihn nicht sähe.

Und Vater und Sohn gingen weiter. Und dann konnte Abraham den Gipfel des Berges sehen. Und er wußte, es würde nur noch wenige Minuten dauern, bis er seinem Sohn die Kehle durchschneiden und seinen Leib auf dem Scheiterhaufen verbrennen mußte.

Und da stand wieder Samael neben dem Weg. Aber auch diesmal sagte er nichts. Er stand da, lehnte an einem verdorrten Baum – denn alles Leben verdorrt, wenn es der Teufel berührt –, hatte die Arme verschränkt und blickte an Abraham vorbei.

»Du«, sagte Abraham.

»Sprichst du mit mir?« fragte Samael.

»Ja, mit dir«, sagte Abraham. »Du sagst, du seist auf meiner Seite.«

»Unbedingt.«

»Dann sag meinem Sohn, was ich vorhabe! Erscheine ihm! Warne ihn! Damit er das Holz von seiner Schulter wirft und davonläuft. Er ist jung, ich werde ihn verfolgen müssen und werde es auch tun, aber ich werde ihn nicht erwischen. Er wird mich sein Leben lang hassen, aber er wird leben.«

»Ich kann dir diesen Gefallen leider nicht tun«, sagte Samael.

»Aber warum nicht?«

»Ich habe dir versprochen, daß ich Isaak nicht erscheine.«

»Ich entbinde dich von dem Versprechen«, sagte Abraham zum Teufel.

»Oh, nein«, erwiderte Samael und wackelte mit dem Zeigefinger. »Du willst mich prüfen, willst sehen, ob ich wirklich auf deiner Seite stehe. Ich bin einer, der seine Versprechen hält!«

Und dann war der Teufel verschwunden. Und mit schwerem Herzen ging Abraham weiter voran, und Isaak folgte ihm.

Samael, der Teufel, aber erschien Eliëser und Ismael, die unten auf halbem Weg warteten.

Er sagte zu den beiden: »Wißt ihr, was Abraham vorhat? Der will seinen Sohn Isaak töten.«

Eliëser und Ismael glaubten dem Teufel, denn der Teufel kann sehr glaubwürdig wirken.

»Meine Güte«, sagten sie, »Abraham ist krank! Er ist verrückt geworden. Er ist uns ja die ganze Zeit schon irgendwie merkwürdig vorgekommen. Wir müssen Isaak retten!«

Da aber pflanzte Samael böse Gedanken in ihre Herzen, und sie dachten jeder für sich.

Eliëser dachte: Na ja, vielleicht, wenn wir ihn nicht retten, dann stirbt Isaak, dann werde ich vielleicht alles erben. Abraham ist alt, ich zwar auch, aber ich könnte ihn überleben. Ich müßte nur Ismael töten...

Ismael dachte: Wenn mein Bruder Isaak stirbt, werde ich alles erben. Das wäre nur gerecht. Der einzige, der mir in die Quere kommen könnte, ist Eliëser. Aber nicht, wenn ich ihn töte...

Das waren die bösen Gedanken, die Samael Eliëser und Ismael ins Herz pflanzte. Aber böse Gedanken können nur in bösen Menschen wachsen und Frucht tragen. Eliëser und Ismael aber waren keine bösen Menschen. Und sie widerstanden dem Teufel.

Da machte sich Samael auf den Weg zu Sara. Er traf sie, als sie gerade ein Mus aus Datteln bereitete.

Und er sagte: »Sara, ich brauche mich dir nicht vorzustellen, du weißt, wer ich bin.«

Da erschrak Sara so sehr, daß sie die Schüssel fallen ließ, und die Schüssel zersprang, und das Mus floß auf die Erde.

»Was ist geschehen?« fragte sie. »Ich weiß, deine Worte werden mein Herz zerspringen lassen wie die Schüssel mit dem Mus.«

Samael sagte: »Ich spreche zu dir ohne Umschweife:

Abraham will deinen Sohn Isaak, auf den du fünfzig Jahre und mehr gewartet hast, töten. Gott hat es ihm befohlen.«

Da begann Sara zu schreien, der Schmerz schrie aus ihr heraus, sie konnte ihn nicht halten, sie rang nach Luft, und als sie wieder genug Luft hatte, schrie sie weiter.

»Ich bin auf deiner Seite«, sagte Samael. »Schrei deinen Schmerz heraus. Und dann fluche! Fluche auf deinen Mann. Und fluche auf Gott, der deinen Mann zu dieser Tat verführt hat.«

Sara schrie und riß sich die Haare aus und zerkratzte sich die Brust. Nur Schmerz war in ihrem Herzen. Der Schmerz vertrieb jedes andere Gefühl. Nur Schmerz war da. Aber aus Schmerz kann kein Fluch wachsen. Flüche wachsen aus dem Haß. Aber auch der Haß war vom Schmerz aus dem Herzen Saras gedrängt worden. Sie hörte nicht auf die Verführungen Samaels. Sie schrie. Und als ihre Stimme brach, wimmerte sie. Und Samael mußte abziehen, ohne einen Fluch gegen Gott in seiner Tasche.

Inzwischen ist Abraham mit Isaak auf dem Gipfel des Berges angekommen. Der alte Mann schichtet Steine aufeinander. Sein Sohn hilft ihm.

»Wir bauen den Altar, stimmt's?« sagt Isaak.

Abraham schweigt.

Als sie mit dem Altar fertig sind, fragt Isaak: »Wo ist das Opfertier, Vater?«

»Das Opfertier, Isaak, das bist du.«

Und was tut Isaak? Er legt sich freiwillig auf den Altar. Sein Vertrauen ist grenzenlos. Was denkt er, daß geschehen wird? Daß sein Vater ihn töten wird? Isaak gibt sein Leben in Abrahams Hand. Und er vertraut darauf, daß sein Vater sein Leben besser hütet, als er es könnte.

Und Gott? Schaut er zu? Gott schaut zu.

Die Engel werfen sich vor Gottes Thron und rufen aus: »Das kannst du doch nicht verlangen von ihm, das kannst du doch nicht von Abraham verlangen!« Sie flehen um Gnade für Isaak: »Halt Abrahams Arm fest!«

Und unten im Paradies hört ein Widder den Gesang der Engel, ein goldener Widder ist es, ja, ebenjener goldene Widder, der vor urdenklicher Zeit den Abel vor dem Löwen gerettet hat, und dieser Widder ist so erschüttert vom Gesang der Engel, daß er über die Mauer des Paradieses springt und so schnell, wie eben nur ein Widder aus dem Paradies laufen kann, zu dem Berg läuft, auf dem sich das Drama abspielt.

Da hat Abraham bereits das Messer aus dem Gürtel gezogen, und er holt aus, will seinem Sohn das Messer ins Herz stoßen, und die Faust fährt nieder, und knapp, bevor die Messerspitze Isaaks Haut berührt, so knapp, daß kein Blatt mehr zwischen Klinge und Haut paßt, da hält Gott den Arm des Abraham fest.

»Laß es«, sagt er. »Da du mir ein so großes Opfer nicht mißgönnt hast, weiß ich, daß dein Herz vollkommen ist.«

Gott schont das Leben des Isaak.

Der goldene Widder kommt gelaufen. »Nimm mich!« ruft er Abraham zu.

Aber die Zeiten, in denen die Menschen die Sprache der Tiere verstehen konnten, sind längst vorbei. Der Widder verheddert sich in einem Dornengebüsch, und Abraham befreit ihn, und da springt der Widder auf den

Altar, und Abraham schneidet ihm die Kehle durch. – Denn ein Opfer soll dargebracht werden.

Gott muß sehr beeindruckt gewesen sein. Denn von diesem Tag an hat er es nie wieder geduldet, daß in seinem Namen Menschenopfer dargebracht werden.

Welche Freude, als Eliëser und Ismael sahen, daß Vater und Sohn gemeinsam vom Berg herabstiegen! Die beiden Brüder fielen sich in die Arme. Ismael war nie neidisch auf Isaak gewesen. Er hatte mit Sara kein Wort gesprochen, seit sie seine Mutter Hagar vertrieben hatte. Aber was hatte Isaak damit zu tun? Nichts!

Und Sara? Als ihr Samael erschien, brach ihr das Herz. Als sie ihren Sohn Isaak lebend wiedersah, da ist sie gestorben.

Isaak sei nach diesem Erlebnis, heißt es, für einige Zeit ins Paradies geholt worden. Seltsam. Es heißt, er sei im Paradies auf den Händen gegangen. Ich denke mir, er ist schlicht und einfach verrückt geworden – wenigstens vorübergehend.

Abraham hat nach dem Tod der Sara bald wieder geheiratet. Die Frau hieß Keturah, und die Mythologen sind sich einig, daß es sich hierbei um Hagar handelte, die Mutter des Ismael, die Magd der Sara. Abraham hat sie nach Saras Tod zurückgeholt, und er hat ihr einen neuen Namen gegeben.

ISAAK UND REBEKKA

Von Isaaks Verrücktheit – Von Eliësers Reise nach Ur – Von
der Begegnung am Brunnen – Von den Verhandlungen
mit Laban – Von Isaaks Gesundung – Von Zwillingen – Von
einigen Spitzfindigkeiten – Von Abrahams Tod

Das Problem war Isaak, der verwirrte Isaak, der auf
den Händen ging, der nicht mehr wußte, wer und wo
er war. Er war ein junger Mann geworden. Aber er war
verrückt.

Abraham sagte zu Eliëser: »Wir müssen ihn wieder
zurückholen, zurück in die Wirklichkeit, zurück ins
Leben.«

»Er braucht eine Frau«, sagte Eliëser.

»Du hast recht«, sagte Abraham. »Aber er soll eine
Frau haben, die zu ihm paßt.«

»Das wird schwer sein«, sagte Eliëser. »Was für eine
Frau paßt zu ihm?«

Abraham entschied, daß sich Eliëser auf den Weg
nach Ur machen sollte.

»Eine Frau aus unserer Heimat«, sagte Abraham.
»Und du, Eliëser, sollst der Brautführer sein.«

Abraham ließ Eliëser schwören, daß er nur das beste
Mädchen bringt.

Eliëser war ja auch schon über hundert Jahre alt, und
es war ein unendlich weiter Weg bis nach Ur, und Eliëser war auf den Füßen nicht mehr so gut. Da half der

Himmel etwas nach, Gott schickte einen Engel, der ging hinter Eliëser her und blies Luft aus vollen Backen, und es war Eliëser, als käme ihm die Straße entgegengehüpft. Mir nichts, dir nichts war er am Ziel. Als Eliëser auf die Stadt Ur zuging, sah er große Herden auf den Weiden.

Da hielt er ein Zwiegespräch mit Gott und sagte: »Wenn ich jetzt gleich ein paar jungen Frauen begegnen sollte, woran kann ich die Beste erkennen?«

»Denk dir eine Geschichte aus«, sagte Gott.

»Na gut«, sagte Eliëser, »ich werde zum Brunnen gehen. Angenommen, es kommt eine junge Frau, und angenommen, die junge Frau grüßt mich freundlich, und sie sagt zu mir: Schöpfe Wasser aus dem Brunnen, derweil werde ich mich um deine Tiere sorgen. Und angenommen, sie sagt weiter: Komm in das Zelt meines Vaters, und sei unser Gast. Wenn all das geschieht«, sagte Eliëser zu Gott, »darf ich dann davon ausgehen, daß diese Frau die Richtige für unseren armen Isaak ist?«

»Dann darfst du davon ausgehen«, sagte Gott.

Eliëser wartete bei dem Brunnen. Und da kam eine junge Frau.

Sie stellte sich ihm vor: »Ich bin Rebekka«, sagte sie. »Ich bin Rebekka, die Tochter des Bethuel, die Schwester des Laban.« Und sie sprach weiter zu Eliëser: »Hier, schöpfe Wasser aus dem Brunnen, derweil gebe ich deinen Tieren zu trinken.«

Und als Eliëser getrunken hatte und die Tiere versorgt waren, sagte sie: »Komm doch mit in das Zelt meines Vaters, und sei unser Gast!«

Da wußte Eliëser, Gott hatte ihm die Richtige für den armen Isaak geschickt. Eliëser verhandelte mit

Laban, dem Bruder der Rebekka, er hatte wunderbare Brautgeschenke mitgebracht, Abraham war ja sehr reich. Laban war ein geldgieriger Mann. Er nahm alle Geschenke und ließ sich obendrein das Versprechen geben, daß er in einem Jahr, falls Isaak mit Rebekka zufrieden sei, noch einmal soviel bekomme. Eliëser war einverstanden.

Da sagte Laban zu seiner Schwester: »Mögest du die Mutter von ungezählten Tausenden werden, und mögen all deine Kinder die Stadttore all jener besetzen, die sie hassen.«

So zog Rebekka zusammen mit Eliëser zurück zum Lager des Abraham. Von weitem sahen sie einen Mann, der auf den Händen dahergelaufen kam.

Rebekka fragte: »Wer ist das?«

Eliëser sagte: »Das wird dein Mann sein, das ist unser armer Isaak!«

Da zog Rebekka den Schleier über ihr Gesicht. Aber Isaak wurde gesund. Ob ihn Rebekka geliebt hat, wer kann es wissen? Sie hat die Seele dieses bedauernswerten Mannes gesund gemacht. So viel steht fest.

Doch der Schock, den Isaak erlitten hatte, als sein Vater mit dem Messer in der Faust über ihm stand, dieser Schock saß sehr tief in seinem Herzen.

Für Isaak war von da an alles voller Bedeutung, das heißt: Er kannte sich nicht mehr aus. Wenn er ein Stück Brot in der Hand hielt, dann nickte er lange vor sich hin und sagte bedeutungsvoll: »Ja, ja, das Brot!« Und wenn er mit der Hand in den Sand der Wüste griff, sagte er im selben Tonfall: »Ja, ja, der Sand!« Die Menschen hielten ihn deshalb für einen besonders weisen Mann. Aber er war nicht weise, der Isaak, er war einfach nur verwirrt.

Rebekka hatte ein ähnliches Schicksal wie Sara. Zwanzig Jahre lang war sie unfruchtbar, sie bekam keine Kinder, und sie wußte nicht, woran das lag. Sie betete zu Gott, und sie flehte, aber sie bekam keine Kinder. Da sehnte sie den Tod herbei und wünschte, lieber tot zu sein, als eine alte, kinderlose Frau zu werden.

Eines Tages sprach Gott zu Rebekka: »Sei ruhig, Rebekka«, sagte er, »zwei Kinder sind in deinem Leib, und zwei Stämme aus deinem Schoß werden sich scheiden. Ein Stamm wird mächtiger als der andere, und der ältere wird dienen dem jüngeren.«

Da wußte Rebekka, daß sie schwanger war, und wußte, daß sie Zwillinge trug. Sie brachte Zwillinge zur Welt. Der Erstgeborene kam drei Atemzüge vor dem Zweitgeborenen. Er hatte am ganzen Körper Haare, rote Haare. Rebekka nannte ihn Esau.

Der Zweitgeborene hielt die Ferse seines Bruders fest, ihn nannte Rebekka Jakob. Er hatte eine helle Haut und keine Haare. Ihm küßte sie die Augen auf. Rebekka liebte vom ersten Augenblick an nur den Jakob, den Zweitgeborenen.

Sie fragte spitzfindig: »Was ist ein Zweitgeborener?«

Man gab ihr zur Antwort: »Der Zweitgeborene ist der, der als zweiter zur Welt kommt, das ist doch klar!«

Aber sie fragte weiter: »Kommt das Kind aus dem Samen des Mannes oder aus dem Schoß der Frau?«

Weil die Befragten alle Männer waren, bekam sie die Antwort: »Dumme Frage! Natürlich aus dem Samen des Mannes!«

Und Rebekka fragte weiter: »Der Muttermund, kann man den mit einem dünnen Gefäß vergleichen?«

»Kann man, ja, kann man.«

»Er ist also ein dünnes Gefäß?«

»Ja, was fragst du denn noch!«

Da sagte sie: »Ist es nicht so, wenn man zwei Perlen in ein dünnes Gefäß gibt, daß diejenige, die man zuerst hineingibt, als zweite wieder herauskommt, und diejenige, die man als erste hineingibt, als zweite herauskommt?«

»Ja, ja, so ist es. Das weiß doch jedes Kind!«

»Also«, sagte Rebekka, »ist der Erstgeborene eigentlich der zweite und der Zweitgeborene eigentlich der erste. Ihr habt es selber gesagt!«

Da schauten die Männer komisch und bliesen die Backen auf und sagten, sie müßten jetzt heim, da warte Arbeit auf sie... Den Jakob, den liebte Rebekka über alles. Für den Esau interessierte sie sich nicht.

Dann starb Abraham. Niemand konnte mehr sagen, wie alt er war. Auch er selber wußte es nicht. Bevor er starb, ließ er seine Enkel zu sich bringen, und er nahm den Finger Jakobs und legte sich den Finger des Knaben auf seine Augen, bevor er starb.

Auch das war für Rebekka ein Zeichen.

JAKOB UND ESAU

Von der Wiederholung – Vom häufigen Gebrauch des
Konjunktivs – Von der Vielfältigkeit des Nickens – Von
einem Linsengericht und einem bösen Vertrag – Von Esaus
Hochzeitsfest – Vom Segen des Vaters und einem zweiten
Betrug – Von Esaus Tränen – Von Jakobs Flucht – Von der
goldenen Himmelsleiter

Wieder haben wir es mit zwei Brüdern zu tun, wie so oft
in der Mythologie. Zwei Brüder, die einander bekämp-
fen, zwei Brüder, die einander lieben: Esau und Jakob,
die Söhne von Isaak und Rebekka. Tatsächlich sind
Esau und Jakob eine ferne Spiegelung des ersten Brüder-
paares: Kain und Abel.

Erst in der Wiederholung, so lehrt uns die Mythologie, erhalten menschliche Eigenschaften und Bezie-
hungsformen Bedeutung, so daß vom Individuellen
auf das Allgemeine, vom Sonderfall auf eine Prägung
geschlossen werden kann und sich ein Mensch als Teil
der Menschheit begreifen darf – das und nichts anderes ist das Wesen des Rituals. Im Ritual löst sich der
Mythos ein. Die Geschichten werden erzählt, damit sie
sich wiederholen. Jeder mythische Held trägt in sich die
Aufforderung, es ihm gleichzutun. Erst in der Wiederholung gewinnt der Mythos Sinn.

Diese beiden Brüder, Esau und Jakob, waren so
unterschiedlich, unterschiedlicher konnten sie gar nicht
sein. Esau war groß, mächtig, stark, ein Mann des offe-
nen Feldes, wie es heißt. Er war über und über mit Haa-

ren bedeckt, dichte rote Haare wuchsen ihm im Gesicht und am Hals, von wo sie in das Brusthaar hinabwucherten. Dichte rote Haare bedeckten auch seine Arme, so dicht, daß man die Haut darunter nicht sehen konnte. Esau galt als unberechenbar, weil er mit seiner Meinung hinter dem Berg hielt. Andere sagten – und es war als Verteidigung gemeint –, er habe gar keine Meinung.

Tatsächlich sagte Esau: »Soll ich diese Meinung haben oder eine andere, was macht es aus. Ich tu, was ich tun muß, und ich tu es, weil es getan werden muß, und wenn einer eine andere Meinung hat, muß ich es dennoch tun.«

Er war nicht dumm, ganz und gar nicht. Esau war still, tat seine Arbeit, war in sich gekehrt, wirkte mürrisch. Meistens senkte er den Blick, vermied es, den Menschen in die Augen zu sehen. Manchmal aber starrte er sie an, und das machte manchen schaudern.

Andere behaupteten, er sei böse, und sie führten als Beleg an, daß er nie lachte. Aber Esau war nicht böse. Und wer ihn für böse hielt, war selber böse. Wenn es je einen Realisten auf Gottes weiter Erde gegeben hat, dann war es Esau, und daß die weite Erde, auf der er wandelte, Gottes Erde war, kümmerte ihn übrigens wenig.

Seine Fragen waren: »Was gibt es heute zu essen?« Oder: »Wo kann ich meinen Kopf niederlegen zum Schlafen?« Oder: »Was kostet das Saatgut in diesem Jahr?«

Das Vernarrtsein in Meinungen, das philosophische Spekulieren, das theologische Sichversteigen, das war die Sache seines Bruders Jakob.

Wenn Jakob fragte: »Was ist gut? Was ist böse?«

Dann zuckte Esau nur mit den Schultern und sagte:
»Dem Bösen gehe ich aus dem Weg.«

»Und wenn du dem Bösen nicht mehr aus dem Weg
gehen kannst?«

»Ich kann«, sagte Esau.

Da waren die Brüder noch junge Männer, als sie
so miteinander redeten, gerade, daß ihnen der Bart
sprießte, Jakob weniger, Esau mehr. Später redeten sie
nicht mehr so miteinander.

»Wenn du zum Beispiel in Not gerätst«, versuchte
Jakob seinen Bruder zu einer Stellungnahme zu bewegen. »Dann bist du dem Bösen ausgeliefert.«

»Wie sollte ich in Not geraten«, sagte Esau und riß
einen Brotfladen auseinander.

»Durst zum Beispiel«, sagte Jakob.

»Es ist alles da.«

»Oder Hunger!«

»Es ist alles da!«

»Und was ist mit dem Guten?«

»Was soll damit sein? Das Gute ist das Gute, darüber
braucht man doch nicht zu reden. Wenn der Weizen gut
steht, brauche ich mir keine Sorgen zu machen. Wenn
er schlecht steht, schon. Aber böse ist der Weizen nicht.
Zeig mir draußen auf den Feldern das, was gut, und das,
was böse ist!«

»Das meine ich nicht«, sagte Jakob.

»Was meinst du dann?«

»Was ich meine, findest du nicht auf deinen Feldern
und deinen Weiden.«

»Sondern?«

»Nur im Kopf.«

»Ich habe eine große Herde Schafe und eine große

Herde Rinder und etliche Hektar Land«, sagte Esau. »Das genügt mir.«

»Ja, sicher ...«, stieß Jakob ungeduldig zwischen den Zähnen hervor.

Er blickte an seinem Bruder vorbei und wartete, bis der alte, der uralte Eliëser auf seinen Krücken daherkam und sich neben ihn auf den Teppich vor dem Zelt setzte. Mit Eliëser besprach Jakob gern solche Dinge, die nur im Kopf ihren Platz hatten.

Jakob war die meiste Zeit zu Hause bei den Zelten. Er half seiner Mutter Rebekka im Haushalt, und er tat nichts lieber als spekulieren und philosophieren. Fragen zu stellen war seine Leidenschaft. Und eine Meinung konnte ihn glücklich machen.

»Aber er weiß nicht, was er gegessen hat, wenn er vom Tisch aufsteht«, sagte Esau.

»Hauptsache, es schmeckt ihm«, sagte Rebekka.

»Mir schmeckt es auch«, sagte Esau kleinlaut, »aber ich sage das auch, und ich danke dir, daß du so gut kochst. Er dankt nie.«

»Er dankt mir im stillen«, verteidigte Rebekka ihren Jakob.

Esau bemühte sich um die Liebe seiner Mutter, er brachte ihr Blumen vom Feld mit. Aber sie vergaß, die Blumen in eine Vase zu geben, und am nächste Tag waren sie welk.

»Kann ich dir bei der Hausarbeit helfen?« fragte Esau, wenn er am Abend von der Weide kam.

»Nein, nein«, sagte Rebekka, »Jakob hilft mir doch.«

Aber Jakob hatte sich mit Eliëser verplaudert, und Rebekka machte alle Arbeit allein.

186

Dann kam er, legte seine Arme um den Hals seiner Mutter, küßte sie auf die Wangen und sagte: »Du bist die schönste Frau der Welt.«

Und das war für Rebekka mehr als Blumen vom Feld. Obwohl sie wußte, daß es nur so dahergeredet war. Und obwohl sie sich auch ein wenig ärgerte, daß er sich nichts Originelleres einfallen ließ, er, der vor Originalität nur so blitzte, wenn es darum ging, Theorien über alles mögliche aufzustellen. Ja, in der Möglichkeit war Jakob mehr zu Hause als in der Wirklichkeit. Am liebsten waren ihm Sätze, die im Konjunktiv verfaßt waren.

»Was wäre, wenn?« Das war ihm der liebste Beginn einer Frage. »Was wäre, wenn der Mensch die Zukunft wüßte?«

»Er würde nicht leben wollen«, sagte Eliëser.

»Hättest du als junger Mann nicht leben wollen, wenn du gewußt hättest, was aus dir werden würde?« fragte Jakob den Eliëser.

Da seufzte der alte Mann. Eine Antwort wußte er nicht.

Für Rebekka war es ein Schmerz, daß ihr Liebling nicht der Erstgeborene war, daß Esau als erster aus ihrem Schoß gekommen war. Ihre Spitzfindigkeit über das dünne Gefäß und die zwei Perlen hatte keine Wirkung gezeigt. Rebekka war der Überzeugung, Esau verdiene das Erstgeburtsrecht nicht, Begründung gab sie dazu keine ab. Sie mochte ihren Ältesten nicht, fertig.

Und Isaak, der Vater? Was sagte er? Nichts! Längst schon nickte er nur noch. Man stellte ihm eine Frage, und er nickte, und der Frager durfte das Nicken interpretieren. Nicken kann viel mehr als nur Bestätigung bedeuten. Es kann heißen: Das ist eine gute Frage. Oder: Es ist eine schlechte Frage, und es ist typisch, daß gerade du sie stellst. Oder: Mit dieser Frage hast du den Kern der Sache getroffen. Oder: Ja, ich bin der Richtige, den du da fragst. Oder: Ja, ich weiß die Antwort, aber ich darf sie nicht sagen. Und Isaak verstand es vortrefflich, so zu nicken, als ob ihm das Gewicht der Welt im Nacken säße. Außerdem war Isaak blind geworden.

Eines Abends saß Jakob wieder vor seinem Zelt und wartete, daß die Sonne unterging. Das war ihm der liebste Augenblick des Tages, dieser Übergang von Tag zu Nacht, von Wirklichkeit zu Traum. Aber an diesem Abend hatte sich Bitterkeit in seine Gedanken geschlichen.

Er dachte über Eliëser nach. Was ist er für ein kluger Kopf, dachte Jakob. Und was hat es ihm gebracht? Was besitzt er am Ende seines Lebens? Nichts. War er nicht viel klüger als Abraham? Und wie reich war Abraham! Und Jakob war drauf und dran, die Bilanz seines eigenen Lebens zu ziehen: Ich bin vernarrt in das Philosophieren und Spekulieren, in das Meinungenbilden und das Was-wäre-Wenn. Aber was hat es mir gebracht? Was wird es mir je bringen?

Immer war er der Überzeugung gewesen, es sei besser, erst den Weg im Kopf zu gehen, als gedankenlos einen Schritt vor den anderen zu setzen. Jetzt war er sich nicht mehr so sicher. Nein, sagte er sich, ich möchte nicht so werden wie Eliëser.

Er saß da und aß aus seiner Schüssel sein Abendbrot, rote Linsen. Aber hätte ihn jemand gefragt: Was ißt du da? Er hätte es nicht gewußt.

Da sah Jakob seinen Bruder Esau über das trockene

Feld auf die Zelte zuwanken. Esau war seit Wochen nicht zu Hause gewesen, er war auf der Jagd gewesen. Aber er hatte diesmal kein Jagdglück gehabt, alles war ihm schiefgegangen. Er war am Verdursten, und er sank neben Jakob auf die Knie und steckte den Kopf in den großen Krug Wasser, der immer vor dem Zelt stand. Und er trank. Niemand konnte trinken wie Esau.

Jakob sah ihm zu. Esau hatte nichts gegessen seit Wochen, und als er getrunken hatte, wollte er essen.

»Gib mir von den Linsen«, sagte er mit letzter Kraft zu Jakob. »Ich bin am Verhungern. Gib mir von dem Roten, das du da in der Schüssel hast.«

Jakob hielt die Schüssel fest an sich, fuhr mit dem Löffel hinein und schob ihn sich in den Mund.

»Das sind Linsen«, sagte er.

»Gib mir davon!« sagte Esau.

»Hast du keine Kraft mehr?« fragte Jakob.

»Keine Kraft mehr«, sagte Esau.

Jakob war ein böser Gedanke gekommen, er preßte die Schüssel noch fester an sich.

»Ja, ich werde dir etwas von den Linsen geben«, sagte er. »Ich werde dir sogar die ganze Schüssel dieser hervorragenden Linsen geben ...«

»Gib her!« sagte Esau. »Bitte!«

»... aber du mußt dafür bezahlen«, beendete Jakob seinen Satz.

Esau sagte: »Ich bin dein Bruder! Willst du von deinem hungernden Bruder Geld dafür nehmen?«

»Nein, Geld will ich von meinem hungernden Bruder nicht haben«, sagte Jakob. »Etwas anderes möchte ich von ihm haben. Gib mir das Erstgeburtsrecht für diese Schüssel Linsen!«

»Was willst du?«

»Ja, du hast mich richtig verstanden!«

Was ist das Erstgeburtsrecht? Das Erstgeburtsrecht ist in Wahrheit ein recht theoretisches Recht. Es besagt, der erstgeborene Sohn wird eines Tages das Recht haben, von seinem Vater den Segen zu bekommen. Dieser Segen erst ermöglicht es dem Sohn, das väterliche Erbe anzutreten. Das Vermögen der Sippe zu besitzen ist wiederum Voraussetzung, wenn der Sohn eines Tages Anspruch auf die Führung der Sippe erheben will. Das Erstgeburtsrecht ist insofern ein theoretische Recht, weil es erst irgendwann in der Zukunft eingelöst wird – wenn der Vater freiwillig seine Macht abgibt oder wenn er im Sterben liegt.

»Was soll's!« sagte Esau. »Du bekommst das Erstgeburtsrecht! Gib mir von den Linsen!«

Jakob setzte einen Vertrag auf, wenige Zeilen.

»Unterschreib!« sagte er zu seinem Bruder.

»Setz noch einen Paragraphen hinzu«, sagte Esau. »Nämlich daß Esau nur unterschreibt, weil er Hunger hat, und daß er schwört, daß er seinen Bruder Jakob ewig dafür hassen wird.«

Das war einfach Betrug. Und dann bereute Jakob. Und er bat Esau um eine Unterredung. Esau lehnte ab. Wortlos. Jakob ging zu seiner Mutter.

»Ich habe etwas Furchtbares getan«, sagte er. »Du mußt mir helfen. Mein Gewissen quält mich.«

Und er erzählte Rebekka, was er getan hatte, und er beschönigte seine Tat nicht.

Rebekka aber sagte: »Das war gut, was du gemacht hast, Jakob. Mein Jakob! Du hast dir nur geholt, was dir immer schon zugestanden hat. Esau hat dich in meinem Schoß betrogen. Er hat dich zurückgedrängt. Glaubst du denn, ich weiß nicht, wovon ich rede?«

Rebekka versprach, Jakob zu helfen. Aber ihre Hilfe sollte nicht sein Gewissen erleichtern, sondern nur sein erkauftes Recht festigen.

»Gott sieht alles«, sagte Jakob. »Er wird mich strafen!«

»Erstens«, sagte Rebekka, »ist es nicht erwiesen, daß Gott wirklich alles sieht. Kann es nicht sein, daß er gerade in diesem Augenblick irgendwo anders hingeschaut hat?«

»Nein«, sagte Jakob, »wenn mein bisheriges Leben, das ich mit Spekulationen verbracht habe, irgendeinen Wert hat, dann doch nur den, daß ich genau solche Fragen zu beantworten weiß: Gott sieht alles. Glaub mir!«

»Gut«, sagte Rebekka, »ich will nicht deine Spekulationen in Frage stellen. Ich werde alles auf mich nehmen. Es ist meine Schuld gewesen, daß Esau vor dir auf die Welt kam. Ich hätte bei eurer Geburt mehr achtgeben sollen.«

Von nun an setzte Rebekka alles daran, Esau vor seinem Vater Isaak schlechtzumachen.

Esau heiratete, er heiratete zwei Frauen, Judith und Basemat. Basemat war die Tochter seines Onkels Ismael. Mit Ismael verstand sich Esau sehr gut. Die beiden waren sich im Charakter ähnlich. Esau erzählte Ismael von seinen Problemen.

»Jakob ist ein Narr«, sagte Ismael.

»Aber ich habe eine Verzichtserklärung unterschrieben«, sagte Esau.

»Ich kenne Typen wie Jakob«, sagte Ismael. »Sie haben keine Kraft. Sie haben nicht einmal die Kraft zum

Betrug. Er geht durch den Tag und heult und hat Mitleid mit sich selber, weil er etwas Böses getan hat.«

Esaus Frauen waren wie Esau, realistisch, praktisch, vernünftig.

Ein großes Hochzeitsfest sollte stattfinden. Isaak, der Vater, wollte das. Isaak liebte seinen Sohn Esau. Esau führte seinen blinden Vater oft hinaus auf die Felder, legte dessen Hand auf den Rücken eines Kalbes, das eben geboren worden war, oder führte seine Hand in einen Sack mit Korn. Esau wußte, daß sich die Seele seines Vater dabei erholte.

Isaak war alles unheimlich, was nicht mit Händen zu greifen war. Jakobs Spekulationen waren ihm unheimlich. Er wollte nichts davon wissen. Er nickte, wenn die Rede auf Jakobs Ideen kam. Und dieses Nicken war eindeutig. Es hieß: Ich wußte ja, daß von ihm nichts Vernünftiges zu erwarten war.

Rebekka wollte das Hochzeitsfest für Esau nicht organisieren. Aber Isaak sprach ein Machtwort. Also bat Rebekka die Bräute Judith und Basemat zu sich.

»Ich muß ein Fest für euch organisieren«, sagte sie mürrisch. »Aber nur, damit ihr es wißt: Ich tu's nicht gern!«

»Dann tu's nicht«, sagten Judith und Basemat.

Rebekka ging zu Isaak und sagte: »Sie wollen gar kein Fest, die beiden Frauen deines Sohnes.«

Isaak sagte: »Aber ich wünsche es mir! Ich bin ein alter, blinder Mann, der viel Leid in seinem Leben erfahren hat. Und ich wünsche mir, daß für meinen Sohn Esau, der mir der liebste ist, ein schönes Hochzeitsfest gegeben wird!«

Rebekka befahl abermals Judith und Basemat zu sich.

»Isaak hat mich gebeten, euch noch einmal zu fragen. Ich tu es hiermit, damit die Form gewahrt bleibt: Wollt ihr ein Hochzeitsfest?«

»Wenn Isaak es wünscht, warum nicht«, sagten die beiden.

Rebekka gab Auftrag, das Fest vorzubereiten. Aber es sollte sein wie ein Fest für Bettler. Kein Schmuck sollte die Tafel zieren. Das war ihr ausdrücklicher Befehl.

Da sagten sich Judith und Basemat: »Esau, unser Mann, wird gekränkt sein, wenn er sieht, wie grausam lieblos seine Mutter zu ihm ist. Deshalb wollen wir selber die Tafel für unsere Hochzeit schmücken. Ihm zuliebe.«

Sie besorgten bunte Tücher, die sie über die Tische und Stühle legten, und sie stellten niedliche Figuren zwischen die Speisen.

Als Rebekka das sah, ging sie zu Isaak und sagte: »Esaus Frauen haben ihre Götzen mitgebracht.«

Eines Tages rief Isaak seinen Sohn Esau zu sich und sagte: »Esau, ich bin alt und will nicht mehr, ich gebe dir meinen Segen. Du bist mein Erstgeborener.«

Esau hatte seinem Vater nicht erzählt, daß er sein Erstgeburtsrecht an seinen Bruder Jakob verkauft hatte.

Ismael hatte ihm abgeraten: »Du bringst den Alten nur in Verlegenheit«, hatte Ismael gesagt. »Behellige ihn damit nicht. Jakob wird es nicht wagen, diese ominöse Urkunde vorzuweisen. Ignoriere die Sache einfach!«

»Ja, Vater«, sagte er nun, »gib mir deinen Segen. Ich bin bereit.«

»Geh und schieß mir ein Wild«, sagte Isaak. »Ich will mit dir gemeinsam essen. Bereite mir das Wildbret zu, wie ich es mag. Du verstehst das. Dein Essen habe ich am liebsten. Nach dem Essen werde ich dich segnen.«

Esau holte seine Jagdwaffen, und dann zog er los, um eine Antilope oder ein Reh zu schießen. Rebekka hatte gelauscht und alles gehört.

Sie ging zu Jakob und sagte: »Jetzt ist es soweit. Isaak ist in der Laune, seinen Segen zu geben. Geh, mein Jakob, hole zwei Böcklein aus der Herde, ich mache eine Speise daraus, und ich mache sie so, wie sie dein Vater mag. Er wird denken, es sei ein Wildbret. Und dann wird er dich segnen.«

Jakob sagte: »Das ist Betrug, das will ich nicht.«

Ismael hatte recht gehabt, Jakob hatte nicht die Kraft zum Betrug.

Rebekka aber sagte: »Wenn es Betrug ist, gut, dann soll der Fluch auf mich kommen, das ist mir egal. Aber ich will, daß du gesegnet wirst.«

»Aber er wird es merken«, sagte Jakob. »Er wird mich berühren, wenn er mich segnet. Was ist, wenn er zum Beispiel meinen Arm berührt? Ich habe eine glatte Haut, Esau hat ein Fell. Der Vater wird es merken.«

»Nein«, sagte Rebekka, »Isaak wird gar nichts merken. Ich werde dir die Felle der Böcklein geben. Eines werde ich dir auf den Arm legen, das andere um den Hals. Isaak wird dich streicheln, und er wird nichts merken.«

»Aber«, sagte Jakob, »er wird riechen, daß ich anders rieche.«

»Ich habe hier das Kleid deines Bruders«, sagte Rebekka. »Ich habe an alles gedacht. Du wirst den Rock überziehen, Isaak wird es nicht merken.«

»Aber Gott...«, sagte Jakob.

»Gott soll mir in die Augen schauen!« sagte Rebekka.

Rebekka bereitete ein Mahl, wie es Isaak mochte, sie gab dem Jakob die Schüssel, der hatte sich die Felle der Böcklein über den Arm und den Nacken gelegt. So betrat er das Zelt des Isaak.

Der blinde Isaak fragte: »Wer bist du?«

»Ich bin Esau, dein Sohn«, log Jakob. O doch, er hatte die Kraft zum Betrug! »Ich bringe das Mahl, das du von mir gefordert hast.«

»So schnell schon?« fragte Isaak. »Warum so schnell? Du mußtest es doch erst schießen.«

Jakob log weiter. »Gott hat mir dabei geholfen.«

Isaak aber war mißtrauisch und sagte: »Du sprichst mit der Stimme meines Sohnes Jakob, nicht mit der Stimme meines Sohnes Esau. Komm her, laß dich betasten!«

Jakob ging vorsichtig zu seinem Vater, hielt ihm den Arm hin, auf dem das Fell des Böckleins lag. Isaak strich mit seiner Hand über das dichte Fell.

»Ja, das ist der Arm meines Sohnes Esau«, sagte er.

Dann berührte er Jakob am Hals. Seine Finger strichen über das andere Fell.

»Ja«, sagte er, »das ist der Hals meines lieben Sohnes Esau.«

Und dann roch er an den Kleidern und sagte: »Ja, das ist der Duft des Feldes. Ich liebe diesen Duft. Du bist es wirklich, du bist mein Esau. Du sprichst zwar mit der Stimme deines Bruders, aber du bist Esau.«

Er küßte ihn, und er segnete ihn.

Er sagte: »Gott gebe dir vom Tau des Himmels, vom Fett der Erde, viel Korn, viel Most, dienen sollen dir die

Völker, Stämme sich vor dir niederwerfen, Herr sollst du über deine Brüder sein, die Söhne deiner Mutter sollen dir huldigen, verflucht sei, wer dir flucht, gesegnet, wer dich segnet.«

Und damit war Jakob, der Zweitgeborene, der Besitzer aller Güter des Isaak. Die Herden gehörten ihm, das Gesinde, alles.

Und dann kam Esau von der Jagd zurück. Er bereitete das Wildbret zu, wie es sein Vater liebte, und betrat das Zelt seines Vaters.

»Hier, Vater«, sagte er, »ich habe dir ein Wildbret gemacht, wie du es magst.«

»Wer bist du?« fragte Isaak.

»Du erkennst mich doch«, sagte Esau, »ich bin dein Sohn, ich bin Esau.«

Isaak streckte die Arme nach ihm aus, betastete ihn und sagte: »Ja, du bist Esau, aber wer war dann vor dir da?«

Und es war klar, daß sie betrogen worden waren. Von Jakob, dem Betrüger! Esau weinte. Zum ersten Mal in seinem Leben weinte dieser Mann.

»Hast du denn gar keinen Segen für mich, Vater?« flehte er. »Gehe ich leer aus, Vater?«

Isaak starrte ihn mit seinen leeren Augen an und sagte: »Nein, Esau, mein Esau. Ich habe keinen Segen mehr für dich. Ich habe Jakob gesegnet. Ich kann ihm den Segen nicht nehmen. Fern vom Fett der Erde mußt du wohnen, fern vom Tau des Himmels, und deinem Bruder mußt du dienen.«

Und er schickte Esau hinaus. Esau soll geflucht haben.

Er soll sich geschworen haben: »Wenn Isaak tot ist, dann werde ich Jakob töten!«

Das sei seine Rede gewesen. Das hat jedenfalls Rebekka behauptet.

Sie hat den Jakob gewarnt: »Jakob, du mußt unser Land verlassen«, sagte sie. »Er wird dich töten! Er ist böse. Ich habe es vom ersten Augenblick an gewußt. Er hat dich in meinem Bauch zurückgedrängt. Ich habe es doch gespürt! Denkst du, ich weiß nicht, wovon ich rede? Du mußt fliehen!«

»Wohin soll ich denn fliehen?« jammerte Jakob.

»Geh zu meinem Bruder Laban«, sagte Rebekka. »Er wird dich aufnehmen. Er hat Töchter. Schöne Töchter. Er wird dir eine geben.«

Jakob sagte: »Ich habe von deinem Bruder Laban gehört. Eliëser hat mir von ihm erzählt. Er ist gierig. Er wird mir keine seiner Töchter geben, wenn ich ihm ohne Brautgeschenke komme.«

Da sprach Rebekka mit Isaak, aber Isaak sagte: »Solange ich lebe, wird Jakob nichts mehr bekommen. Nichts. Ich will ihn nicht sehen. Er hat Esau betrogen. Ich werde ihn dafür nicht auch noch belohnen.«

Und so machte sich Jakob ohne alles auf den Weg. Nur die Kleider hatte er am Leib. Und so wanderte er in die Wüste hinaus, um bei Laban, dem Bruder seiner Mutter, um eine seiner Töchter zu werben. Unterwegs, heißt es, sei ihm einer der Söhne Esaus entgegengetreten, nämlich Elifas.

Er habe gesagt: »Du hast meinen Vater betrogen. Ich werde dir dafür alles wegnehmen, was du bei dir hast. Ich könnte dich töten, aber das werde ich nicht tun. Du sollst sehen, was es bedeutet, nichts mehr zu besitzen.«

Und Jakob sagte zu ihm: »Ich habe nichts, du kannst mir nichts nehmen.«

»Du hast Kleider an dir«, sagte Elifas. »Ich werde dir die Kleider nehmen. Du sollst nackt und ohne alles, wie Gott dich erschaffen hat, so sollst du durch die Wüste gehen!«

Nackt mußte nun Jakob durch die Wüste gehen.

Am Abend des ersten Tages rief er den Namen seines Bruders: »Esau!« rief er. »Esau, vergib mir!«

Und er legte sich nicht nieder, und er schlief nicht, er ging durch die Nacht und weinte und betete zu Gott, betete um Vergebung seiner Sünden. Und er betete zu Gott, daß ihn die Sonne am Tag nicht verbrenne und daß die wilden Tiere ihn nicht zerreißen. Und am Morgen, als die Sonne über den Horizont stieg, rief er wieder den Namen seines Bruders.

»Esau!« rief er. »Esau, vergib mir!«

So wanderte Jakob sieben Tage durch die Wüste und aß nichts und trank nichts und betete und schlief nicht. Und dann war er zu schwach, um weiterzugehen. Seine Haut schälte sich in Fetzen, die Lippen waren verkrustet, und er hatte keine Stimme mehr, um laut zu beten. Er sank auf die Knie und wollte schlafen. Da begannen die Steine vor ihm zu reden.

Sie redeten durcheinander und sagten: »Leg dein Haupt auf mich! Leg dein Haupt auf mich!«

Und ein dritter Stein sagte: »Nein, leg dein Haupt auf mich, du bist der Erwählte!«

Die Steine bewegten sich von allein und formierten sich zu einem Altar, und auf diesen Altar legte sich Jakob, und er schlief ein. Und Jakob träumte, daß vom Himmel herab eine Leiter gebaut wurde, Engel waren die Baumeister, eine goldene Leiter, und Gott stieg über die Leiter auf die Erde herab und segnete ihn, den armen, verhungerten, verdursteten, erschöpften, nackten, sündigen Jakob.

Und Gott sagte: »Ich mache dich mächtig, mein Jakob, du wirst viele Kinder haben!«

Und Gott verfluchte ihn nicht wegen des doppelten Betrugs an seinem Bruder Esau.

JAKOB UND RAHEL

Vom Wassertrinken – Von einem Handel um eine Braut –
Von sieben langen Jahren – Von Lea – Von der Gründung
einer eigenen Herde – Von der Hochzeitsnacht – Von
weiteren sieben Jahren – Von Leas Söhnen – Von Silpa und
Bilha – Von Rahels Schwangerschaft – Von schwarzen,
weißen und gesprenkelten Schafen – Von der Flucht

Schließlich erreichte Jakob das Land, in dem Laban,
der Bruder Rebekkas, lebte. Er kam aus der Wüste und
sah vor sich einen Brunnen, dort lagerten die Knechte
des Laban. Jakob war nackt, und er schämte sich. Er
warf Sand und Staub über sich, damit er aussah wie
ein Wüstenmann, wie ein verwilderter Mensch, und er
näherte sich breitbeinig hüpfend wie ein Idiot.

Die Hirten lachten ihn aus und sagten: »Wo kommst
du denn her?«

»Ich komme aus der Wüste«, sagte Jakob. »Ich will
trinken.«

»Leider kannst du nicht aus dem Brunnen trinken«,
sagten die Hirten. Es lag nämlich ein mächtiger Stein
auf dem Brunnen.

»Und was tut ihr hier beim Brunnen?« fragte Jakob.

»Wir warten auf Labans Tochter und ihre Knechte,
damit sie uns helfen, den Stein vom Brunnen zu heben.
Wir haben nämlich auch Durst.«

Da sagte Jakob: »Das könnt ihr nicht allein? Dazu
seid ihr zu schwach? Und ich, der ich nicht geschlafen

und nicht gegessen und nicht getrunken habe, ich soll es können?«

Und er dachte bei sich: Ich werde es können, mit Gottes Hilfe werde ich es können, Gott steigt nicht in der Nacht über eine goldene Leiter in meinen Traum, und dann hilft er mir nicht, einen Stein von einem Brunnen zu wälzen. Und er wälzte den Stein vom Brunnen.

Er zog den Eimer aus dem Brunnen und trank und trank und trank – und bemerkte nicht, daß inzwischen Labans Tochter Rahel an den Brunnen getreten war. Wie alt war Rahel? Vierzehn? Vielleicht fünfzehn...

Rahel beobachtete den Fremdling, gab den Hirten Zeichen zu schweigen, hörte lächelnd zu, wie Jakob schluckte und prustete und vor Freude kreischte, weil er endlich, endlich trinken konnte.

Als Jakob sah, daß er von dem Mädchen beobachtet wurde, schämte er sich noch mehr seiner Blöße, er hielt seine Hände vor die Scham, und er sah, daß Rahel wunderschön war, und er war plötzlich ausgefüllt von Liebe, als wäre er bisher nur eine leere Hülle gewesen. Rahel war gekommen, um die Wäsche am Brunnen zu waschen, sie warf Jakob kichernd ein Gewand zu. Er zog es über.

Diese Szene erinnert uns an Odysseus und Nausikaa, die Prinzessin der Phäaken. Im sechsten Gesang der Odyssee findet Nausikaa am Ufer des Meeres den angeschwemmten Odysseus, auch er ist nackt, auch er ist am tiefsten Punkt seiner Existenz angekommen. Und Nausikaa gibt ihm ein Gewand.

Wie Odysseus steht nun auch Jakob in einem Mädchenkleid da. Und von nun an wird für lange Zeit nichts mehr gelten, was in seinem bisherigen Leben gegolten hat.

Rahel führt Jakob zu ihrem Vater Laban.

Und er sagt zu Laban: »Ich bin durch die Wüste gegangen, um mit dir zu sprechen.«

»Was möchtest du?« fragt Laban.

»Ich bin der Sohn deiner Schwester Rebekka. Sie schickt mich mit Grüßen, du sollst mir eine deiner Töchter zur Frau geben.«

Laban bleibt ungerührt. »Ihr seid mir noch die Hälfte des Brautgeldes schuldig, das ihr mir versprochen habt.«

»Ich habe damit nichts zu tun«, sagt Jakob. »Ich möchte deine Tochter Rahel zur Frau haben. Sie hat mir Wasser gegeben, als ich am Verdursten war, und sie hat mir ein Gewand gegeben, als ich nackt war.« Und um seinem Wunsch metaphysischen Nachdruck zu verleihen, fügte er hinzu: »Gott, der Herr, hat mich durch die Wüste geführt, er ist mir im Traum erschienen und hat mir von deiner Tochter erzählt.«

Letzteres war freilich erfunden. Aber Laban ließ sich nicht beeindrucken, entweder er glaubte Jakob nicht, oder Gott selber bedeutete ihm nichts, oder er zeigte seine Gefühle nicht.

Er sagte: »Meine Tochter Rahel willst du also haben. Du weißt vielleicht nicht, daß Rahel das begehrteste Mädchen im Land und weit darüber hinaus ist.«

Jakob sagte: »Ich weiß das nicht, ich habe sie nur gesehen.«

Laban sagte: »Wenn du sie gesehen hast, dann weißt du, daß ich nicht übertreibe. Du hast sicher viele Geschenke mitgebracht, du kannst dir ja vorstellen, wieviel Brautgeld ein Mädchen wie Rahel wert ist.«

Und Jakob mußte sagen: »Ich stehe vor dir. Das ist alles.«

202

Da umarmte ihn Laban. Er umarmte ihn nicht aus Liebe, wie ein Onkel seinen Neffen umarmt. Er umarmte ihn, um ihn abzutasten, ob er nicht irgendwo am Körper Gold versteckt hätte. Und er küßte ihn, um zu sehen, ob er nicht vielleicht Perlen in seinem Mund versteckt hatte.

»Laß das«, sagte Jakob. »Ich habe gar nichts.« Und er log schon wieder: »Elifas, der Sohn meines Bruders Esau, hat mich unterwegs überfallen und hat mir all die wertvollen Geschenke weggenommen, die ich dabei hatte, die ich dir geben wollte für deine Tochter Rahel.«

Laban war enttäuscht. »Du hast nichts für mich? Und ich soll etwas für dich haben? Ich kann dir meine Tochter nicht geben. Du kannst ein paar Tage bei uns bleiben und essen und trinken, das verdankst du meiner Großzügigkeit, aber dann mußt du in die Wüste zurück.«

»Ich werde für deine Tochter arbeiten«, sagte Jakob.

Laban sah sich Jakob an. An ihm war nicht viel. Keine Muskeln. Wie hätten Muskeln an Jakob auch wachsen sollen? Durch Spekulieren und Philosophieren und Meinungenbilden?

»Ich werde sieben Jahre für Rahel arbeiten«, sagte Jakob. »Ich bin stärker, als ich aussehe. Frag deine Hirten! Ich habe allein, ohne Hilfe, den Stein vom Brunnen gewälzt.«

Die Hirten bestätigten es.

Da befragte Laban seine Ratgeber, und die sagten: »Dieser Jakob scheint ein Glücksmensch zu sein. Es wird dir, Laban, guttun, wenn du ihn aufnimmst. Es wird dich reich machen, wenn er sieben Jahre für dich arbeitet.«

Laban hatte keinen guten Charakter. Die Nachbarn gingen ihm aus dem Weg. Händler mieden ihn. Er bekam weder Vorschüsse, noch wurde ihm Kredit gegeben. Er behandelte sein Vieh schlecht, und er behandelte seine Knechte schlecht. Die Knechte verließen ihn, und nur die schlechten Knechte blieben zurück.

»Das schlimmste ist, Laban hält seine Versprechen nicht«, sagten die einen.

Als Jakob bei Laban zu arbeiten anfing, da lag die Wirtschaft dieses Mannes darnieder.

»Jeder hat mich betrogen«, jammerte Laban. »Man hat meine Fähigkeiten und meine Gutmütigkeit ausgenützt. Jetzt schau dir das an!«

»Das schlimmste an Laban ist sein Selbstmitleid«, sagten andere.

Dritte sagten: »Er ist ein Betrüger.«

Und die ihn gar nicht leiden konnten, sagten: »Laban ist ein Teufel.«

Alle haben sie recht, sagte sich Jakob, die einen wie die anderen.

»Wer weiß«, sagte Laban, »wenn du meine Wirtschaft wieder auf Touren kriegst, vielleicht mußt du dann gar nicht sieben Jahre warten und dienen...«

Und er zwinkerte Jakob zu. Jakob ließ sich alles zeigen, die Viehherden, die Ställe, die Weiden, die Äcker, das Gesinde, den Haushalt. Er sah, daß alles noch viel schlimmer war, als es den Anschein gehabt hatte. Hier etwas zu verändern, zum Besseren zu verändern, würde großer Anstrengungen bedürfen. Aber Jakob wußte ja, für wen er das alles tat – für Rahel.

Laban achtete darauf, daß Rahel und Jakob sich nicht unbeobachtet trafen. Aber natürlich fanden die beiden Wege, ein bißchen ungestörte Zeit für sich zu gewinnen. Und sie machten Zeichen aus.

»Wenn ich heute das Essen lobe«, sagte Jakob, »dann heißt das, daß ich dich liebe.«

Rahel verfügte durchaus über einen spitzen Humor. So riskierte sie einen Krach mit ihrem Vater und den anderen Mitgliedern der Familie, indem sie etwas Ungenießbares kochte. Und sie genoß es, wenn Jakob unter mühsamem Lächeln sagte: »Ich finde das Essen hervorragend.«

Aber als dann die Zeit lang wurde, als ein Jahr vergangen war, als zwei Jahre vergangen waren, drei Jahre, da verlor Rahel allmählich ihren Humor, und in ihren geheimen halben Stunden saßen die beiden nur noch beieinander, umarmten sich, küßten sich, machten einander Mut.

»Wenn es nur erst soweit ist«, seufzte Rahel.

»Wenn es nur erst soweit ist«, seufzte Jakob.

Alle anderen Sätze waren längst gesagt.

Jakob war inzwischen zum Verwalter der Wirtschaft aufgestiegen. Und er war erfolgreich. Sehr erfolgreich. Die Nachbarn hatten Vertrauen gewonnen. Die Händler mieden den Hof nicht mehr. Schon wurden wieder Vorschüsse und Kredite gegeben. Und als vier Jahre vergangen waren, hatte sich Labans Wirtschaft nicht nur konsolidiert, sie war gewachsen. Jakob hatte Land dazugekauft, die Herden hatten sich vergrößert, und die Erträge waren kräftig gestiegen.

Da trat Jakob vor Laban: »Du hast mir eine Verkürzung der Frist in Aussicht gestellt. Ich habe mehr geleistet in diesen fünf Jahren, als die Experten für möglich gehalten haben. Nun halte du dein Versprechen, und gib mir Rahel.«

»Das will ich«, sagte Laban. »Versprechen gegen Versprechen.«

»Das ist gut«, sagte Jakob. »Ich habe versprochen, deine Geschäfte erfolgreich zu führen, du hast mir dafür deine Tochter versprochen.«

»Und dein Großvater hat mir für deine Mutter mehr versprochen, als er gehalten hat. Es wird dir ein leichtes sein, Jakob, die Schuld deines Großvaters Abraham in drei Jahren abzutragen. Dann liegst du immer noch innerhalb der Frist, die wir beide ausgemacht haben.«

»Nein«, sagte Jakob, »ich habe dir längst mehr erarbeitet, als dir Abraham schuldet. Ruf deine Söhne herbei, frag sie!«

Und so geschah es. Laban rief seine Söhne. Hat sich Laban in diesen Jahren denn nicht um seine Wirtschaft gekümmert? Nein, hat er nicht. Er hat alle Verantwortung auf Jakob übertragen und hat es sich selber gutgehen lassen.

»Es hat uns ja anfangs geärgert, daß du einem Fremden dein Vertrauen geschenkt hast und nicht uns«, sagten die Söhne. »Aber inzwischen müssen wir zugeben, wir hätten es nicht so gut gekonnt, lange nicht so gut.«

Sie führten ihren Vater durch die Ställe, durch die Scheunen, durch die Keller, führten ihn hinaus auf die Weiden, zeigten ihm alles, die vielen kräftigen Kälber, die mächtigen Bullen, die trächtigen Muttertiere, die Schafe und Lämmer, die Ziegen mit den prallen Eutern, die hochmütigen Kamele, das Geflügel. Laban war beeindruckt. Nicht im Traum hätte er sich vorstellen können, daß er so reich sein könnte, wie er tatsächlich war. Und das alles hatte er seinem Verwalter zu verdanken.

»Ich habe dich zum reichsten Mann des Landes gemacht«, sagte Jakob und holte mächtig aus: »Mach du mich zum glücklichsten Mann!«

»Jakob«, sagte Laban und faßte ihn am Ärmel, »komm mit mir beiseite!«

Und als sie in einiger Entfernung von seinen Söhnen standen, sagte Laban: »Sie sind nichts wert, sie machen nur Arbeit und taugen nicht zur Arbeit. Ich werde alles dir vermachen, dir allein.«

»Ich will nur Rahel«, sagte Jakob. »Und dann will ich mit ihr weggehen.«

»Ja, ja, die kriegst du doch, was bist du für ein geiler Bock! Denkst du nur an dich? Denkst du nicht auch an Rahel und an eure Kinder? Und vielleicht auch ein wenig an mich? Ich werde alt, ich bin schon alt, älter, als ich aussehe, ich bin ein gutmütiger Mann, jeder weiß das. Wenn du gehst und mir meine Lieblingstochter nimmst, dann werde ich mindestens ein Jahr nur weinen. Und dann? Was ist dann? Dann werde ich bankrott sein. Du weißt am besten, was in einem Jahr alles geschehen kann, wenn niemand nach der Wirtschaft schaut. Und ich kann nicht nach der Wirtschaft schauen, denn ich muß ja weinen ...«

Und so redete und redete Laban, bis Jakob der Kopf schmerzte.

»Gut«, sagte Jakob schließlich, »hör auf zu jammern, Laban! Ich werde also bleiben, bis die sieben Jahre um sind. Aber unter einer Bedingung! Ich will Rahel sehen dürfen. Ich will mich nicht mit ihr verstecken müssen, wenn wir miteinander sprechen wollen.«

»Wie oft?«

»Wann immer ich will.«

»Nein«, rief Laban, »dann wirst du dich nicht mehr um meine Wirtschaft kümmern. Einmal in der Woche!«

»Einmal am Tag.«

»Alle drei Tage.«

»Einmal am Tag.«

»Alle zwei Tage, Jakob!«

»Einmal am Tag!«

»Also gut«, fing Laban wieder an zu jammern. »Du willst einen alten Mann demütigen! Nur zu! Nur zu!«

Rahel war traurig, und sie war auch wütend. »Trau ihm nicht«, sagte sie zu Jakob. »Er wird dich wie ein Bettler ziehen lassen. Du wirst ihm Reichtum gebracht haben, und er wird dir alles nehmen.«

»Wenn du meine Frau wirst, soll es so sein«, sagte Jakob.

»Nein«, sagte Rahel, »es ist nicht gerecht.«

Rahel hatte eine Schwester. Die war nur um ein kleines weniger hübsch als Rahel. Ihr Name war Lea.

Lea hatte etwas an den Augen. Wahrscheinlich eine von Insekten übertragene Infektionskrankheit. Das mutmaßten die einen. Andere sagten, nein, die Krankheit rühre vom vielen Weinen her. Leas Augen waren immer entzündet, rot, und sie tränten, und alle paar Minuten rieb sie ihre Augen, weil sie so juckten. Eben genau das komme vom vielen Weinen, sagten die anderen, und zwar weil Lea, obwohl sie nicht viel weniger hübsch war als Rahel, immer die zweite gewesen sei – die Zweithübscheste, die Zweitklügste, immer die zweite.

Rahel war das Glückskind, und Lea glaubte, sie stehe im Schatten ihrer Schwester. Und sie stand ja auch im Schatten ihrer Schwester. Und wenn alle recht hatten, die da behaupteten, Laban sei ein Fuchs, ein Betrüger, ein Schuft, ja, der Teufel, so war er doch ein gerechter Vater, der genau wußte, daß die Benachteiligte Protektion brauchte. Es schmerzte ihn zu sehen, wie seine ältere Tochter Lea vor Kummer zu verblühen drohte. Laban liebte seine Töchter, er liebte Rahel, das Glückskind, und er liebte Lea.

»Vergeßt mir Lea nicht!« war sein Wort.

Und Laban war ein genauer Beobachter, und was Lea anging, war er ein besonders genauer, besonders empfindlicher Beobachter, und es war ihm nicht verborgen geblieben, daß sich Lea in den jungen, klugen Verwalter, in Jakob, verliebt hatte.

Alle mochten den Jakob. Er war ja auch charmant. Und keiner verstand es wie er, am Abend Geschichten zu erzählen. Lea litt darunter, daß sie wieder die zweite war, daß sie hinter Rahel stehen mußte, daß sie zu kurz kam.

Ein Jahr verging. Das Vermögen des Laban wuchs noch weiter, noch schneller.

Rahel warnte Jakob wieder, sie sagte: »Paß auf, mein Vater wird versuchen, dich zu betrügen.«

»Wie soll er mich betrügen?« fragte Jakob und lachte, denn er fühlte sich Laban überlegen – in allen Bereichen. »Bevor er einen Gedanken faßt, habe ich ihn bereits durchschaut.«

»Nein«, sagte Rahel. »Du bist ein guter Mensch, Jakob, Betrug liegt dir fern. Du kannst dich gar nicht in einen Betrüger hineindenken.«

Da senkte Jakob die Augen und sagte: »Vielleicht hast du recht.« Und log: »Ich kann mich wirklich nicht in einen Betrüger hineindenken.«

»Sorg dafür, daß du selbst einiges auf die Seite

bringst«, sagte Rahel. »Es ist für uns, für uns und unsere Kinder. Ich möchte nach unserer Hochzeit nicht weiter hier bleiben müssen.«

Jakob wollte ehrlich sein. Sein schlechtes Gewissen drückte ihn – die Erinnerung an seinen Bruder Esau, den er betrogen hatte.

Also ging er zu Laban und sagte: »Schau, Laban, was nützt es dir, wenn du einen Schwiegersohn hast, der überhaupt nichts besitzt? Erlaube mir, daß ich mir selbst eine Herde gründe!«

Laban sagte: »Wie willst du das machen? Soll ich dir etwas schenken? Das tu ich nicht!«

»Du brauchst mir nichts zu schenken«, sagte Jakob. »Machen wir es so: Wenn ich einen Widder erwische, der sich zum Beispiel ein Bein gebrochen hat, vielleicht kann ich mich um ihn kümmern, es soll von meiner freien Zeit abgehen. Vielleicht bekomme ich ihn wieder hoch. Der soll mir gehören. Oder aber, wenn du ein Festessen gibst, dann werde ich nicht mitessen, ich werde nichts zu mir nehmen, ich werde eine Woche lang hungern. Aber dafür schenk mir ein Lamm, oder schenk mir ein weibliches Schaf, damit ich es mit dem Widder zusammenführen kann!«

Da lachte Laban und sagte: »Ach, du bist ein Narr! Du willst eine Zweitierherde gründen! Ein lahmer Widder und ein Lamm aus der Küche! Bitte, gern!«

Jakob tat es. Er ging dabei ein wenig unlauter vor, das muß zugegeben werden. Er nahm einen Widder und brach ihm ein Bein, und er nahm den stärksten Widder, und er knickte das Bein nur. Und er half ihm wieder hoch. Das Schaf, das bei einem Fest geschlachtet werden sollte, das suchte er selbst aus. Und er nahm das schön-

ste weibliche Schaf. Mit diesen beiden, dem Widder und
dem Schaf, begründete er seine Herde. Dann war da ein
Dieb, der gesteinigt hätte werden sollen, den nahm er zu
sich und rettete ihm das Leben, und der war ihm sehr
dankbar und arbeitete für ihn. So gewann Jakob immer
mehr für sich.

Jakob konnte sich sehr wohl in einen Betrüger hin-
einversetzen. Darum wurde er immer unruhiger, je
näher das ausgemachte Ende seiner Dienstzeit rückte.
Laban wird versuchen, mir eine andere Frau unterzu-
schieben, dachte er. Es war Brauch, daß Braut und Bräutigam ihre erste Nacht ohne Licht verbrachten. Deshalb
machte Jakob mit Rahel ein Zeichen aus.

Er sagte zu ihr: »Paß auf, wenn du in unserer Hochzeitsnacht zu mir ins Zelt kommst, dann halte mich
zuerst an meiner rechten großen Zehe fest, dann an meinem rechten Daumen, und am Schluß zwickst du mich
in mein linkes Ohrläppchen. Das soll unser geheimes
Zeichen sein.«

Und dann waren die sieben Jahre um. Jakob hatte
die Wirtschaft des Laban in die Höhe gebracht, und er
hatte auch für sich selber gesorgt. Er hatte eine kleine,
aber zukunftsfrohe Herde aufgebaut.

Laban stand vor Jakob, und Jakob stand vor Laban,
und Jakob sagte: »Nun gib mir deine Tochter Rahel. Du
bist durch mich reich geworden. Nun halte du dein Versprechen!«

Und Laban sagte: »Ich sehe keinen Grund, warum
ich mein Versprechen nicht einhalten sollte.«

Dann war Hochzeitsnacht, und Jakob wartete im
Zelt. Das Zelt war gemäß dem Brauch vollkommen
abgedunkelt. In der Hochzeitsnacht sollten sich Mann

und Frau nicht sehen. Und dann öffnete sich das Zelt kurz, und eine weibliche Gestalt schlüpfte herein, das Gesicht verschleiert.

Jakob sagte: »Bist es du, Rahel?«

Die Frau flüsterte: »Ja, ich bin es. Ich bin es, Rahel.«

Jakob sagte: »Warum flüsterst du?«

Sie sagte: »Weil das schöner ist, wenn ich flüstere.«

Sie berührte seine rechte große Zehe, dann seinen rechten Daumen, dann zwickte sie ihn in sein linkes Ohrläppchen. Das konnte nur Rahel sein! Jakob streichelte sie. Er hielt ihre Hände. Er legte seine Hände an ihr Gesicht, und er fühlte mit den Fingern, daß sie weinte.

»Warum weinst du?« fragte er.

Sie gab zur Antwort: »Vor Glück weine ich.«

Es war eine große Liebe in dieser Nacht. Die beiden umarmten sich, ließen einander nicht los, aber immer weinte sie.

Und immer wieder fragte Jakob: »Warum weinst du?«

Und immer wieder flüsterte sie: »Vor Glück weine ich.«

Am nächsten Morgen wollte er, daß sie gemeinsam vor das Zelt treten, um den Sonnenaufgang zu sehen. Aber sie wollte nicht. Da öffnete Jakob das Zelt, und er sah, es war nicht Rahel, die bei ihm gelegen hatte in seiner Hochzeitsnacht. Es war Lea. Da wurde Jakob ungeheuer wütend, er wollte Lea verfluchen.

Er sagte: »Du hast mich betrogen! Um meine Liebe hast du mich betrogen! Was gibt es Schlimmeres auf Erden!«

Und Lea weinte. Aber sie weinte gar nicht, ihre Augen tränten wegen der ewigen Entzündung.

Sie sagte: »Mein Vater, Laban, mein Vater, hat mich dazu gezwungen. Er sagte, wenn du fluchst, dann soll der Fluch über ihn kommen.«

Da eilte Jakob zu Laban und faßte ihn am Kragen: »Warum hast du mich betrogen? Hab ich nicht für dich gearbeitet? Sieben Jahre! Du warst nichts, du warst am Boden! Niemand hat dir ein Wort geglaubt, niemand hat dir Vorschuß gegeben, niemand Kredit. Ich habe dir wieder Reputation verschafft, und du betrügst mich.«

Laban blieb gelassen und sagte: »Was redest du von Betrug? Wer hat betrogen? Tust so, als lerntest du den Betrug erst kennen! Du! Hast du nicht deinen Bruder Esau auf schäbige Art und Weise betrogen? Viel schlimmer doch. Denkst du, ich weiß das nicht? Ich gebe dir Rahel zur Frau, keine Angst, du sollst sie haben. Ich bin ein Mann der Tradition! Und bei uns ist es nicht üblich, daß man die jüngere Tochter vor der älteren Tochter verheiratet. Lea ist die Ältere. Ich gebe dir mehr, als du verlangt hast. Du sollst beide Frauen bekommen, Jakob. Weil ich dich doppelt liebe, verstehst du. Aber für Rahel mußt du noch einmal sieben Jahre für mich arbeiten.«

»Sieben Jahre?« rief Jakob. »Noch einmal sieben Jahre?«

Da standen einander zwei Betrüger gegenüber, aber Laban hatte Macht über Jakob. Ohne den Segen des Vaters wäre es undenkbar gewesen, daß die Tochter heiratet. Jakob stimmte zu. Er werde noch einmal sieben Jahre für Laban arbeiten.

»Ich weiß, es geht dir nicht um deine Tochter«, sagte Jakob. »Es geht dir einzig darum, daß ich deinen Besitz weiter vermehre.«

»Auch«, sagte Laban, »auch.« Es war Laban auch

um das Glück seiner Tochter Lea gegangen. »Du wirst noch einmal sieben Jahre bei mir bleiben«, sagte Laban. »Aber damit du siehst, daß ich kein Unmensch bin, sollst du Rahel schon heute in dein Zelt holen dürfen. Vorausgesetzt...«

»Was vorausgesetzt?«

»... vorausgesetzt, du vernachlässigst Lea nicht ganz.«

»Gut«, sagte Jakob. »Aber ich möchte, daß meine beiden Frauen Mägde bekommen. Daß sie behandelt werden, als wären sie die Frauen eines Herrn und nicht Frauen eines Knechtes. Auch wenn ich dein Knecht bin.«

Laban war einverstanden. Lea bekam eine Magd mit Namen Silpa, Rahel bekam eine Magd mit Namen Bilha.

So hatte Jakob, als die zweiten sieben Jahre seines Exils bei Laban begannen, schon eine kleine Familie um sich geschart, hatte bereits eine Wirtschaft gegründet. Er besaß eine kleine Herde, er befahl Knechten, zuverlässigen Knechten, und er hatte zwei Frauen, Lea und Rahel, und die hatten Mägde, Silpa und Bilha.

Bleibt die Frage: Woher wußte Lea von dem geheimen Zeichen, das Jakob und Rahel vereinbart hatten? Die Wahrheit ist: Rahel hatte es ihrer Schwester gesagt. Rahel war eine gütige, barmherzige Frau, eine liebende Schwester. Sie wußte, Laban wird Lea zwingen, zu Jakob ins Zelt zu gehen, sie wußte, sie wird es nicht verhindern können. Aber sie wußte auch, es wird eine gräßliche Schande sein für Lea, wenn Jakob sie erkennt und hinausschmeißt, noch bevor der Tag beginnt. Deshalb hat sie ihrer Schwester das Zeichen verraten.

»Um Lea die Schande zu ersparen«, sagte Rahel zu Jakob, nachdem sie ihm alles erzählt hatte.

Jakob ärgerte sich über Laban, über Lea ärgerte er sich nicht mehr, sie rührte ihn. Aber auf Rahel war er stolz.

»Nie hat eine Frau auf dieser Erde gelebt, die ein besseres Herz hatte als du«, sagte er.

Und er hatte recht.

Lea wurde schwanger, sie bekam einen Knaben, und sie nannte ihn Ruben. Lea gefiel dem Jakob immer mehr, er liebte sie sogar auf eine gewisse Weise. Aber Jakobs Sehnsucht war, daß Rahel ein Kind bekomme.

Dann wurde Lea zum zweiten Mal schwanger. Wieder bekam sie einen Sohn, sie nannte ihn Schimeon. Und dann bekam sie einen dritten Sohn, den nannte sie Levi, und dann einen vierten, den nannte sie Jehuda. Aber Rahel bekam kein Kind, es war wie bei Sara, es war wie bei Rebekka. Rahel flehte zum Himmel, und sie betete, aber sie bekam kein Kind.

»Ich bin nicht mißgünstig«, sagte sie zu Jakob. »Ich will nicht, daß meine Schwester genauso wenig hat wie ich. Ich möchte, daß ich genauso viel habe wie Lea.«

Sie bat Jakob, er möge doch wenigstens eine Zeitlang nur bei ihr liegen, er möge, wenigstens eine Zeitlang, nicht mit ihrer Schwester schlafen.

Jakob versprach es und mied Lea, aber Rahel bekam dennoch kein Kind.

Da sagte Rahel zu Jakob: »Bilha, meine Magd, sie gehört doch mir, sie ist doch ein Teil von mir. Wenn du mit ihr schläfst und wenn sie ein Kind bekommt, dann ist es doch fast so, als wenn ich ein Kind bekäme.«

Jakob ging zu Bilha, der Magd von Rahel, und Bilha

wurde schwanger, und sie bekam einen Sohn, und sie nannte ihn Naftali.

Nun kam Lea zu Jakob und sagte: »Wenn du schon mit mir nicht mehr schlafen willst, dann schlaf wenigstens mit meiner Magd Silpa. Warum soll Rahels Magd vor meiner Magd bevorzugt werden?«

Jakob ging zu Silpa, und Silpa wurde schwanger, und sie brachte einen Sohn zur Welt und nannte ihn Gad.

Alle Frauen waren glücklich. Nur Rahel war unglücklich. Sie hatte als einzige kein Kind. Obwohl sie die Hauptfrau des Jakob war. Sie war sich seiner Liebe sicher, aber sie bekam kein Kind, und sie wollte ein Kind haben von Jakob. Sie war unglücklich und betete zu Gott und war versucht, auch zu den Götzen zu beten – sicherheitshalber sozusagen. Sie war versucht, abergläubische Heilmittel anzuwenden.

Eines Tages kam ihr auf dem Feld der älteste Sohn ihrer Schwester entgegengelaufen, nämlich Ruben. Ruben lachte, zeigte seiner Tante voll Stolz eine Wurzel, die er ausgegraben hatte. Die Wurzel sah aus wie ein Männchen.

Er sagte: »Das ist mein Erdmännchen!«

Rahel erkannte, daß es eine Alraunenwurzel war, und sie wußte, Alraunenwurzeln fördern bei Frauen die Fruchtbarkeit. Sie nahm dem Ruben sein Erdmännchen weg.

»Du brauchst das nicht«, sagte sie, »ich aber kann es brauchen.«

Ruben weinte und lief zu seiner Mutter.

Und Lea ging zu Rahel und sagte: »Ja, was ist das denn? Du bestiehlst ein Kind?«

»Du hast mir meinen Mann weggenommen!« klagte Rahel.

»Immer war ich die zweite«, hielt Lea dagegen, »und auch jetzt bin ich die zweite, du bist Jakobs Hauptfrau, nur dich liebt er, und jetzt nimmst du meinem Kind sein harmloses Spielzeug weg!«

»Ich brauche diese Wurzel«, sagte Rahel, »dann bekomme ich vielleicht auch ein Kind. Ich werde dafür sorgen, daß Jakob wieder mit dir schläft, wenn du mir die Alraunenwurzel überläßt.«

Da gab Lea die Wurzel ihrer Schwester. Und Jakob kam in dieser Nacht wieder zu Lea, und Lea wurde wieder schwanger. Wieder bekam sie einen Sohn, ihn nannte sie Isachar.

Und auch Rahel wurde schwanger! Endlich! Auch sie brachte einen Sohn zur Welt. Sie nannte ihn Josef. Das heißt: Gott hat meine Schmach von mir genommen.

»Ich bin Gott dankbar«, sagte sie zu Jakob. »Und sollte ich nie wieder ein Kind bekommen, bin ich dennoch glücklich!«

Lea bekam noch zwei weitere Söhne von Jakob – Juda, Sebulon. Und auch Silpa, ihre Magd, bekam noch einen Sohn von Jakob, nämlich Ascher. Und Bilha, die Magd der Rahel, brachte noch den Dan zur Welt.

Elf Söhne hatte Jakob gezeugt während der zweiten sieben Jahre, in denen er Laban diente. Seine eigenen Herden waren gewachsen. Sein Einfluß reichte weit ins Land hinaus. Und dann waren auch diese sieben Jahre um.

Jakob trat wieder vor Laban hin und sagte: »Jetzt werde ich gehen.«

Und Laban fing wieder zu lamentieren an: »Jetzt will

er gehen! Alles, was er besitzt, kommt von mir. Meine Töchter hast du mir genommen, die Mägde hast du von mir, das Vieh hast du von mir! Alles! Und jetzt will er gehen!«

»Umgekehrt ist das richtig!« sagte Jakob. »Alles, was du besitzt, kommt von mir. Ich habe deine kaputte Wirtschaft wieder hochgebracht!«

»Ja«, sagte Laban, »du bist der klügste Mann, den Gott je gesegnet hat. Bleib noch einmal sieben Jahre bei mir! Was willst du als Lohn? Alles werde ich dir geben!«

Jakob besprach sich mit Rahel.

Rahel sagte: »Ob noch sieben Jahre oder nicht, was spielt es für eine Rolle. Ich habe einen Sohn von dir. Ich lebe mit dir. Wenn du willst, bleiben wir noch sieben Jahre hier.«

Da ging Jakob abermals zu Laban und sagte: »Gut, ich werde bleiben. Ich will als Lohn von jedem Wurf deiner Schafe die gesprenkelten und die gestreiften Lämmer. Die schwarzen und die weißen kannst du behalten.«

Laban kicherte und sagte: »Na gut, das kannst du haben.«

War es doch so, daß nur ganz selten gesprenkelte oder gestreifte Lämmer zur Welt kamen – wenngleich diese die stärksten und fruchtbarsten waren.

Aber Jakob war viel klüger, als Laban dachte, und er war ein sehr genauer Beobachter. Er hatte im Lauf der Jahre festgestellt, daß trächtige Schafe, die in ein Gatter eingesperrt waren, dessen Stäbe abwechselnd hell und dunkel waren, weit überdurchschnittlich viel gesprenkelte und gestreifte Tiere zur Welt brachten. Auf einmal waren die meisten Lämmer gesprenkelt oder gestreift.

Laban jammerte wieder: »Alles nimmt er mir! Woher sollte ich wissen, daß die Zeit der gesprenkelten und der gestreiften Schafe angebrochen ist!« Und er sagte: »Wir machen es von nun an umgekehrt! Du bekommst nur die weißen Schafe, und ich bekomme alle gesprenkelten und gestreiften.«

Da ersetzte Jakob die gestreiften Stäbe bei den Gattern gegen weiße. Da waren fast alle Schafe weiß.

Da sagte Laban: »Wir drehen es wieder um. Du bekommst nur die Schwarzen.«

Na gut, dann setzte Jakob die schwarzen Stäbe ein, und die meisten Lämmer waren schwarz.

Am Ende dieser dritten sieben Jahre waren die Herden des Jakob um ein Vielfaches größer als die Herden des Laban.

Da sagten Lea und Rahel zu Jakob: »Wir müssen aufpassen, Laban wird sich rächen. Wenn wir gehen, dann gehen wir unverhofft, ohne Abschied, mitten in der Nacht. Labans Söhne wollen dich töten, Jakob. Sie sind der Meinung, du hast ihnen ihr ganzes Erbe weggenommen.«

So machten sich Jakob und seine vier Frauen und seine elf Söhne mit den Herden und all ihrem Vermögen mitten in der Nacht auf den Weg, um nach über zwanzig Jahren Frondienst endlich den Laban zu verlassen.

Und ehe die Sonne über den Horizont stieg, sagte Rahel zu Jakob: »Jakob, mein Liebster, ich muß dir sagen: Ich bin wieder schwanger!«

VERSÖHNUNG MIT ESAU UND RAHELS TOD

Von Jakobs Sorge – Von einer Feigheit – Von einem
nächtlichen Kampf – Von Jakobs Rede an sein Volk – Von
Esaus Charakter – Von der brüderlichen Umarmung – Von
einer frohen Botschaft – Von der Eifersucht – Von der
schweren Geburt – Von Benjamin – Von Rahels Tod

Als Jakob seinen Schwiegervater Laban verließ, hatte
er eine große Sorge: Was wird sein, wenn ich nach
Hause zurückkehre? Wird mich Esau zur Rechenschaft
ziehen?

Jakob hatte längst eingesehen, daß er Esau auf
unglaublich schnöde Art betrogen hatte, zweimal
betrogen hatte – um das Erstgeburtsrecht und um den
Segen des Vaters Isaak. Es tat Jakob leid. Er war durchaus bereit, dafür geradezustehen. Aber wie weit würde
Esaus Rache gehen? Würde er Jakob töten?

Jakob wünschte, er wäre in seiner Jugend ein anderer
gewesen. Er nahm das Gesicht seiner Frau Rahel zwischen die Hände.

»Was bin ich in deinen Augen für ein Mensch?«
fragte er.

»Ein guter Mensch«, sagte Rahel und nahm sein
Gesicht zwischen ihre Hände.

»Und was war ich für ein Mensch, als wir uns kennenlernten?«

»Du warst derselbe.«

»Nein«, sagte Jakob, »ich war ein Betrüger, ein hochmütiger Mensch, der sich einbildete, er sei besser und mehr wert als ein anderer.«

»Als wer?«

»Als mein Bruder«, sagte Jakob und rang seine Hände.

Er fürchtete sich. Er hatte Esaus Verhalten schon früher nicht berechnen können, inzwischen waren über zwanzig Jahre vergangen, und Jakob konnte ja nicht wissen, was in all den Jahren in seinem Bruder vorgegangen war, ob die Zeit die Wunden geheilt oder ob Esaus Haß sich nur noch mehr gesteigert hatte.

So zog Jakob, Unruhe und das alte schlechte Gewissen im Herzen, mit seinem Troß nach Hause, dem Esau entgegen.

Und dann wurde dem Jakob gemeldet: Esau komme ihm entgegen.

»Allein?«

»Nein, nicht allein.«

»Wie viele?«

»Viele.«

»Männer und Frauen?«

»Nur Männer.«

»Und habt ihr mit meinem Bruder gesprochen?« fragte er die Kundschafter.

»Wir haben uns nicht in seine Nähe gewagt«, erhielt er als Antwort.

»Habt ihr sein Gesicht gesehen?«

»Nein.«

Da zitterte Jakob vor Angst. Er war feige. Er gab Befehl, den Troß aufzuteilen. Vorne sollten Silpa und ihre Söhne sein – Gad und Ascher mit ihren Familien und ihrem Gesinde. Dann in einigem Abstand sollten

Bilha und ihre Söhne folgen – Dan und Naftali mit Gefolge. Dann wieder Abstand. Dann Lea und ihr großer Anhang – Ruben, Schimeon, Levi, Jehuda, Isachar und Sebulon. Und am Schluß, in der sichersten Position, er, Jakob, mit Rahel und Josef. Das war sehr feige.

In der Nacht, bevor es zur Begegnung der beiden Brüder kam, erschien Jakob ein Geist. Es hieß, es sei Gott selbst gewesen, der dem Jakob erschienen sei in jener Nacht. Aber Jakob hat ihn nicht gesehen, er hat ihn nur gespürt. Der Geist riß ihn vom Lager hoch. Er kämpfte mit ihm, er rang mit ihm, und Jakob wehrte sich, und der Kampf dauerte die ganze Nacht. Und der Kampf war nicht von vornherein entschieden. Noch in der Morgendämmerung hatte sich Jakob in den nächtlichen Streiter verkrallt und ließ ihn nicht los. Aber der Geist, wer immer er auch war, wollte den Tag nicht sehen, er versetzte dem Jakob einen fürchterlichen Schlag und verletzte ihn, er hat ihm am Bein die Sehne verkürzt, von nun an wird Jakob hinken.

Der Geist sagte zu Jakob: »Laß mich nun gehen, die Morgenröte kommt, laß mich los!«

Und Jakob sagte: »Ich laß dich erst los, wenn du mich segnest.«

Der Geist sagte: »Wer bist du denn, daß du glaubst, von mir etwas fordern zu können?«

»Jakob bin ich, ich bin Jakob. Ich bin nicht mehr, und ich bin nicht weniger. Aber in dieser Nacht bin ich mehr geworden, als ich vorher war.«

Da sagte der Geist: »Dann werde ich dir einen zweiten Namen geben: Israel sollst du genannt werden von nun an!«

Das heißt soviel wie: Ich habe mit Gott gekämpft.

Oder: Gott hat mit mir gerungen. Da hat Jakob Mut gewonnen. Er versammelte seine Frauen und seine Söhne und Töchter um sich.

Und er sagte zu Silpa und Bilha und Lea und all ihren Söhnen: »Ich bin feige gewesen, als ich euch vorschickte. Meine Strafe für diese Feigheit ist, daß ich sie vor euch bekenne.«

Da senkten Lea, Silpa und Bilha, Ruben, Schimeon, Levi, Jehuda, Isachar und Sebulon, Ascher und Gad, Dan und Naftali ihren Kopf, und es war ein Zeichen von großem Respekt.

Und Jakob sprach weiter: »Ich habe eine große Schuld auf mich geladen in meiner Jugend. Ich war in Versuchung, dieser Schuld eine neue Schuld hinzuzufügen. Ein Geist ist mir in der Nacht erschienen, und ich glaube, es war der Geist Gottes, und ich habe mit ihm gerungen, und wenn es einer nicht glaubt, dann soll er sich mein Bein anschauen, und dieser Geist hat mir den Kopf zurechtgerückt und mich ein Bein kürzer gemacht. Ich will meine alte Schuld begleichen. Und ich will mich nicht fürchten vor meinem Bruder Esau. Aus allen Herden, die wir besitzen, werden wir die schönsten, kräftigsten Tiere aussuchen. Die will ich Esau zum Geschenk machen. Und die schönsten Tücher und die schönsten Schmuckstücke sollt ihr aussuchen und mir geben, damit ich sie als Geschenk vor Esau hinlege.«

Und er löste die Ordnung seines Volkes auf. Er befahl, man solle am Ufer des Flusses das Lager aufschlagen. Und Jakob machte sich allein auf den Weg, seinem Bruder entgegen.

Aber Esau hegte keine Rachegedanken gegen Jakob. Er hatte ihm längst vergeben. Ja, dieser Esau war ein vornehmer, ein großzügiger, ein gütiger Charakter. Er kam Jakob entgegengelaufen, breitete die Arme aus und umarmte seinen Bruder.

»Willkommen«, sagte er.

»Gott ist mir erschienen«, sagte Jakob schnell. »Das war ein Zeichen, daß alles gut wird.«

»Alles ist gut«, sagte Esau. »Es wäre auch alles gut gewesen, wenn dir Gott nicht erschienen wäre.«

Esau nahm keines der Geschenke an.

Jakob und sein Volk zogen weiter.

Und eines Abends wartete Rahel auf Jakob im Zelt. Sie lächelte.

»Du bist so schön«, sagte sie zu ihm.

»Ich bin ein alter Mann«, sagte Jakob.

»Kein alter Mann«, sagte Rahel, »ein stolzer Vater bist du.«

»Das ist wahr«, sagte Jakob. »Elf Söhne habe ich und noch einmal so viele Töchter. Aber mein liebster Sohn ist Josef. Weil er dein Sohn ist.«

Rahel antwortete nicht. Sie lächelte nur.

»Du bist schön«, sagte Jakob.

Rahel nickte.

»Ich weiß es«, sagte sie.

»Das darf eine Frau nicht von sich selbst sagen«, sagte Jakob. »Aber du darfst es.«

Rahel lächelte.

»Warum lächelst du?« fragte Jakob.

Rahel war wieder schwanger. Zum zweiten Mal. Sie war glücklich. Und Jakob war auch glücklich.

»Alles ist gut geworden«, sagte er. »Gott hat mir all seinen Glanz geschickt!«

Jakob zog mit seinem Volk über das Land. Er ließ

sich bei den anderen nicht mehr oft sehen. Er besuchte seine anderen Frauen nicht mehr in ihren Zelten, und mit seinen anderen Söhnen sprach er wie mit Männern, die sein Vertrauen hatten und in seinem Dienst standen, aber nicht wie ein Vater mit seinen Söhnen spricht.

Jakobs Familie waren Josef und Rahel. Das führte natürlich zu Spannungen. Lea und Silpa und Bilha waren eifersüchtig. Auch ihre Söhne waren eifersüchtig.

»Wer ist dieser Josef«, sagten sie, »daß er für jede Arbeit zu gut ist!«

»Er ist noch zu jung für die Arbeit«, sagte Jakob.

»Wir waren auch einmal jung«, sagten die Söhne von Lea und Silpa und Bilha. »Da hatten wir keinen Vater, der sagte, wir seien zu jung für die Arbeit.«

Und Lea und Bilha und Silpa sahen, wie Rahels Bauch anschwoll.

»Noch einmal? In deinem Alter? Ob das gutgeht?« sagten sie.

Aber es war keine Sorge, es war Neid.

»Ach, freut euch doch mit mir«, sagte Rahel. »Habt ihr nicht viel mehr Glück gehabt in all den Jahren als ich? Immer habe ich zu Gott gebetet, daß er mir so viel Glück geben möge, wie er euch gegeben hat. Nicht mehr wollte ich. Nun bin ich zum zweiten Mal schwanger. Mißgönnt es mir nicht!«

Die Frauen nickten. Aber keine kam und legte ihre Hand auf Rahels Stirn.

Es war eine schwere Geburt. Zu früh kam das Kind. Unverhofft. Mitten am Tag.

»Laß mich allein, ich kann das«, sagte Rahel zu Jakob. »Zieht ihr weiter, sucht euch einen Lagerplatz, schickt mir am Abend die Mägde, ich werde allein damit fertig. Es wird eine leichte Geburt werden, glaub mir.«

Aber Jakob wollte das nicht. Er gab seine Anweisungen. Die Karawane zog weiter, Jakob blieb bei Rahel. Es wurde keine leichte Geburt. Nein. Es wurde eine sehr, sehr schwere Geburt.

»Jakob, mein Lieber«, sagte Rahel, »ich glaube, ich werde sterben!«

Sie brachte einen Knaben zur Welt und kam nicht mehr zu Bewußtsein. Jakob fiel wie aus dem Element, die Welt zerbrach für ihn.

»Warum«, rief er zum Himmel hinauf, »warum spielt mir Gott so viel Glück vor? Warum begegnet er mir in der Nacht, ringt mit mir in der Nacht, gibt mir einen neuen Namen? Warum das alles, dieser Glanz, wenn im nächsten Augenblick diese Finsternis über mich hereinbricht?«

Jakob saß am Wegesrand und weinte. Das Neugeborene lag neben ihm, wimmernd neben dem Körper der toten Mutter.

Josef hatte in seinem Herzen gespürt, was geschehen war, er verließ die Karawane und kehrte um und lief zurück. Da sah er den Vater am Wegrand sitzen, die Stirn in die Hände gestützt, weinend. Er sah seine Mutter, und er sah auch, daß neben seiner Mutter das Kind lag. Josef wickelte das Kind in ein Tuch, tauchte seinen kleinen Finger in den Wasserschlauch und ließ das Kind daran saugen.

»Er ist mein Bruder«, sagte er zu Jakob. »Er ist dein Sohn!«

Wie alt war Josef? Zehn Jahre wohl, nicht älter. Er trug seinen Bruder, und er gab ihm den Namen Benjamin. Er trug seinen Bruder und führte seinen Vater zur Karawane zurück.

Es war ein großes Leid. Rahel wurde begraben, und auf ihrem Grab wurde ein Altar errichtet. Jakob zog sich ganz in sein Zelt zurück. Erst nach Wochen ließ er Josef zu sich. Es hat lange gedauert, bis Josef seinen Vater dazu gebracht hat, Benjamin auf dem Schoß zu wiegen.

DINA, SCHECHEM UND JEHUDA

Von König Hamor – Von einer großen Liebe – Von Leas
langer Schwangerschaft – Von den Bedingungen der
Brüder – Von einem großen Verbrechen – Vom Fluch
Jakobs – Von Jehuda – Von Tamar – Von einer schönen
Hure – Von Jehudas Heimkehr

Eines Tages war die Karawane vor die Stadt Schechem
gezogen. Dort schlugen Jakob und sein Volk das Lager
auf. In Schechem regierte König Hamor. Mit ihm stand
Jakob seit vielen Jahren in enger Handelsbeziehung. Sie
waren keine Freunde, das nicht, zwischen Seßhaften
und Nomaden wäre Freundschaft auch eine schwierige
Angelegenheit gewesen, Partner waren sie, gute Partner,
das ist nicht wenig.

Am Tag wurde gehandelt, mit allen möglichen
Waren wurde gehandelt, Jakobs Leute hatten immer
Dinge anzubieten, die auf Erstaunen und Neugierde trafen, Waren aus fremden Ländern. Hamor dagegen bot
bürgerlich Solides. Am Abend veranstaltete Hamor für
die Karawane des Jakob ein großes Fest vor der Stadt,
er wußte, Jakobs Leute wollten nicht in die Stadt, sie
wollten vor der Stadt bleiben. Tanz und Musik sollten
sein.

Hamor hatte einen Sohn, und er liebte diesen Sohn
über alles. Er hatte ihm den Namen der Stadt gegeben,
nämlich Schechem. Als am Abend das Fest stattfand
und die jungen Leute musizierten und tanzten und ihre

Freude hatten, da kam es zu einer Begegnung zwischen Schechem und Dina, der Tochter des Jakob.

Wer war Dina? Als Dina zur Welt gekommen war, war sie von ihrer Mutter Lea über Wochen versteckt worden. Lea meinte, Jakob werde zornig auf sie sein, wenn sie ihm statt noch eines Sohnes nun eine Tochter geboren hatte.

Sie stopfte Kissen unter ihr Gewand und sagte: »Es ist noch nicht soweit, er will noch nicht kommen.«

»Aber ich kann doch zählen«, sagte Jakob. »Ich weiß doch, wie lange eine Schwangerschaft dauert!«

»Diese dauert eben länger«, sagte Lea, und in ihrer Angst log sie: »Gott ist mir im Traum erschienen und hat mir verkündet, ich werde einen starken, einen mächtigen Sohn bekommen, der in der Welt stehen wird wie ein Berg, und deshalb braucht er um so länger die Geborgenheit des Mutterschoßes, weil er in seinem Leben einem ganzen Volk Geborgenheit geben muß.«

Eine Zeitlang wartete Jakob noch, dann sagte er: »Lea, was ist?«

»Was soll sein«, sagte sie und senkte die Augen.

»Ich habe Zweifel, Lea!« sagte Jakob. »Ich habe sogar dreifachen Zweifel. Ich habe Zweifel, ob die Natur so etwas zulassen würde wie eine Schwangerschaft, die doppelt so lang dauert wie eine normale Schwangerschaft. Dann habe ich Zweifel, weil Gott, wenn er jemandem aus unserem Volk erscheint, dann doch wohl mir erscheinen würde, mir ist er aber nicht erschienen. Und am meisten Zweifel, Lea, habe ich an dir.«

Da begann Lea zu weinen, so daß ihre Augen noch mehr tränten als sonst, sie warf sich vor Jakob zu Boden und flehte, er solle ihr und ihrer Tochter nichts antun.

Jakob war entsetzt. Nicht weil Lea eine Tochter geboren hatte, war er entsetzt. Er war entsetzt, weil Lea offensichtlich solche Angst vor ihm hatte.

»Was habe ich dir denn bisher angetan, daß du solche Angst vor mir hast?« sagte er und half ihr auf die Beine. »Bin ich ein solcher Tyrann?«

Nein, Jakob war kein Tyrann, und Lea wußte das, so aber war er besonders zärtlich zu ihr gewesen, eben weil er kein Tyrann sein wollte.

Dina war die erste Tochter des Jakob, aber sie war nicht die einzige. Über Dina wissen wir nicht viel. Kann sein, daß sie ein unscheinbares Mädchen war und daß wir deshalb so wenig von ihr wissen. Muß aber nicht sein. Über Mädchen wurde nicht viel berichtet. Wenn ein Mann einem anderen Mann ein Versprechen gab und wenn dieses Versprechen ein großes Versprechen war, dann wurde es nicht mit Handschlag besiegelt, sondern dadurch, daß sie sich gegenseitig die Hand an das Geschlechtsteil legten. Die Männlichkeit, die kam gleich hinter der Göttlichkeit, und dann kam lang, lang nichts und dann erst das andere Geschlecht...

Aber Dina muß ein besonders anziehendes Wesen gehabt haben. Denn als Schechem, der Königssohn, sie sah, war er so verzaubert, daß er beschloß, sich über alle Gepflogenheit hinwegzusetzen.

Er ging zu seinem Vater und sagte: »Ich liebe die Tochter Jakobs. Ich will, daß sie meine Frau wird.«

»Nie haben sich unsere Völker gemischt«, sagte Hamor. »Ob deine Liebe Grund genug ist dafür?«

Ohne Dina könne er nicht mehr leben, sagte Schechem.

»Und sie?« fragte Hamor. »Will sie, daß du ihr Mann wirst?«

»Ja«, sagte Schechem. »Sie will es.«

Hamor kannte Jakob sehr gut, er wußte, daß Jakob einer Heirat nicht zustimmen wird.

»Warte ein paar Tage«, sagte er zu seinem Sohn, »dann wirst du dir das Mädchen aus dem Kopf geschlagen haben.«

Aber Schechem schlug sich Dina nicht aus dem Kopf. Er wurde krank, krank vor Sehnsucht. Da faßte sich Hamor ein Herz und ging zu Jakob.

»Laß uns alte Männer einen Spaziergang machen«, sagte Hamor.

So gingen Jakob und Hamor in die Wüste hinein, bis sie das Lager hinter sich nicht mehr sehen konnten. Hamor erzählte, er erzählte alte Geschichten aus seiner Familie. Jakob hörte zu. Er wußte, am Ende würden sich die Geschichten immer mehr der Gegenwart nähern, und dann würde König Hamor eine Bitte an ihn richten. Das war durchaus üblich. Man fiel nicht mit der Tür ins Haus. Es wäre als Brüskierung verstanden worden, wenn der Bittende sein Anliegen ohne Umschweife vorgetragen hätte. Das umständliche Geschichtenerzählen war ein Akt der Höflichkeit, und den ließ sich Jakob gern gefallen.

Schließlich aber, nach Stunden, kam Hamor doch zur Sache. Er muß ein guter Erzähler gewesen sein, dieser Hamor, denn es war ihm gelungen, Jakobs Herz zu öffnen.

»Wenn das Glück der Kinder davon abhängt«, sagte Jakob, »dann will ich nicht im Wege stehen. Ich werde mit meinen Söhnen sprechen.«

Einen ganzen Tag lang schleppten die Knechte des Hamor Geschenke zum Zelt Jakobs. Jakob sprach mit seinen Söhnen. Außer um Josef und Benjamin hatte sich Jakob lange nicht mehr um seine Söhne gekümmert. Seit dem Tod Rahels hatte er die Söhne seiner anderen Frauen wie Fremde behandelt. Das hatte Verbitterung in ihnen ausgelöst und Traurigkeit und Zorn, bei einigen sogar Haß. Besonders ärgerten sie sich darüber, daß Josef und Benjamin bei dieser Aussprache nicht anwesend waren. Das war ein Affront, der ihnen nur noch deutlicher machen sollte, wie fern sie und wie nahe die beiden dem Vater standen, so nahe, daß er sich offensichtlich längst schon mit ihnen beraten hatte.

»Nein«, sagten die Söhne der Lea, der Silpa, der Bilha. »Nein, wir wollen das nicht! Unsere Schwester soll einen Mann aus unserem Volk heiraten.«

»Aber das Glück der beiden!« rief Jakob aus.

»Was ist schon Glück!« schnaubten die Söhne der Lea, der Silpa, der Bilha zurück. »Entscheide zwischen Glück und Gottesfurcht! Willst du Dina einem Ungläubigen geben? Schechem glaubt nicht an unseren Gott und sein Vater auch nicht, die ganze Stadt glaubt nicht an unseren Gott!«

Schließlich stellten die Söhne Jakobs eine Bedingung: »Wenn Hamor und sein Sohn Schechem und die ganze Stadt sich zu unserem Gott bekennt, wenn sie ihre Religion aufgeben, dann werden wir der Heirat zustimmen.«

Sie waren natürlich davon überzeugt, daß Hamor diese Bedingung ablehnen würde. Aber Hamor stimmte zu. Er gab Befehl, die Götzenbilder aus den Tempeln der

Stadt zu entfernen. Alle Menschen der Stadt mußten sich zum Gott Jakobs bekennen.

Da sagten die Brüder: »Nein, das ist nicht genug! Alle Männer über acht Jahre müssen sich beschneiden lassen! Das ist zwischen Gott und Abraham ausgemacht worden.«

Wieder dachten sie: Das wird nicht geschehen, das werden die Männer nicht zulassen. Aber Hamor setzte sich in seinem Volk durch, und alle Männer über acht Jahre wurden beschnitten. Viele Männer wurden krank und bekamen Fieber, Beschneidungen waren nicht ungefährlich, man wußte nicht über Infektionen Bescheid.

Das nützten die Brüder aus: Unter der Führung von Schimeon und Levi überfielen sie in der Nacht die Stadt. Und sie töteten alle Männer der Stadt. Denn sie wollten nicht, daß ihre Schwester Dina sich verheirate mit Schechem, dem Sohn des Hamor.

Jakob war außer sich. Er flehte zu Gott, er möge seinem Volk dieses Verbrechen verzeihen. Außer Josef und Benjamin hatte sich nur Jehuda nicht an diesem Massaker beteiligt. Auch er war gegen eine Heirat seiner Schwester mit Schechem gewesen. Aber er hatte gegen die Gewalt argumentiert. Und er war nun ebenso entsetzt wie sein Vater. Jakob verfluchte seine Söhne, und er nahm Jehuda nicht aus.

Er sagte: »Ich werde meinen Segen dem Josef geben und keinem von euch. Meine Frau sollte immer Rahel sein, ich wollte Lea nicht, ich wollte Silpa nicht, ich wollte Bilha nicht. Und ihr, die ihr von Lea, von Bilha und von Silpa seid, euch will ich nicht anerkennen als meine wirklichen Söhne. Euch, die ihr solche Schande über mein Volk gebracht habt, euch will ich verfluchen!«

Da sagte Jehuda: »Und ich? Was ist mit mir? Verfluchst du mich auch? Mich, der ich dagegen war, daß Schechem überfallen wird? Verdiene ich nicht etwas Besseres als deinen Fluch?«

Aber Jakob drehte sich nur um und ging in sein Zelt. Und er redete mit seinen Söhnen nicht mehr. Lange nicht mehr.

Jehuda war zutiefst verletzt.

»Hier ist kein Platz für mich«, sagte er und ging.

Jehuda verließ den Troß des Jakob, er ging allein, und er zog in eine große Stadt. Jehuda war ein Mann mit ausgeprägtem Gerechtigkeitssinn, er war ruhig, er war tolerant, weltoffen. Er nahm sich eine Frau in dieser Stadt, und er hatte drei Söhne mit dieser Frau, und er nannte diese Söhne Er, Onan und Schela.

Jehuda war ein Händler, und er betrieb auch Handel mit den Bordellen in der Stadt. Das wollten viele Händler nicht, es galt ihnen als unrein, als nicht schicklich. Jehuda hatte keine Vorurteile.

Eines Tages brachte sein Sohn Er eine junge Frau mit nach Hause. Sie nannte sich Tamar. Sie hatte einen roten Faden um ihr Handgelenk gewickelt. Das war ein Zeichen. Diese Frau war eine Prostituierte.

Er, Jehudas Sohn, sagte: »Ich will diese Frau heiraten.«

Jehuda sagte: »Gut, da habe ich nichts dagegen.« Zu Tamar sagte er: »Aber du mußt versprechen, daß du dein Gewerbe aufgibst.«

Sie versprach es. Aber Er und Tamar bekamen keine Kinder. Eines Tages wurde Er in der Wüste gefunden, tot, auf dem Rücken liegend, den Blick zum Himmel gerichtet. Niemand wußte, was geschehen war.

Wie es üblich war, gab Jehuda seinem zweiten Sohn Onan die Witwe zur Frau. Aber Onan wollte keine Kinder haben, jedenfalls nicht von Tamar. Die Sünde des Onan bestand darin, daß er seinen Samen auf die Erde fallen ließ.

Dann wurde Onan wie sein Bruder Er in der Wüste gefunden, tot, auf dem Rücken liegend, den Blick zum Himmel gerichtet. Niemand wußte, was geschehen war. Da bekam es Jehuda mit der Angst zu tun, und er wollte Tamar nicht seinem jüngsten Sohn Schela geben, wie es üblich gewesen wäre.

Er sagte zu Tamar: »Warte, er ist noch zu jung.«

Tamar sagte: »Wie lange muß ich warten?«

Jehuda sagte: »Fünf Jahre, vielleicht sechs oder sieben.«

Tamar sagte: »Darf ich bei dir bleiben in dieser Zeit? Sorgst du für mich?«

Jehuda sagte: »Wenn du dich mit keinem anderen Mann einläßt, dann sorge ich für dich.«

Tamar versprach es.

Eines Abends, Jehuda kam vom Feld, ging er im Hurenviertel vorbei, da saß eine sehr schöne, aufreizend geschminkte Prostituierte auf der Mauer.

Sie sprach den Jehuda an: »Willst du mit mir gehen?«

Sie gefiel dem Jehuda, und er sagte: »Ja!«

Sie sagte: »Hast du Geld?«

Jehuda sagte: »Nein, ich komme gerade vom Feld, aber ich kann dir ein Ziegenböcklein geben.«

Sie sagte: »Hast du es denn bei dir?«

Er sagte: »Nein, aber ich werde es dir bringen.«

»Wann?«

»Morgen.«

Sie sagte: »Gib mir ein Pfand.«

Jehuda gab ihr seine Bänder und sein Siegel, seine Gebetsriemen und seinen Stab. Dann ging er zu ihr in die Kammer und schlief mit ihr. Jehuda hatte die Prostituierte nicht erkannt, weil sie so kräftig geschminkt war. Es war Tamar, seine Schwiegertochter.

Tamar wurde schwanger von Jehuda, das war ihre Absicht gewesen, sie wollte ein Kind von ihm haben.

Jehuda, der von nichts wußte, sagte zu ihr: »Du hast dein Versprechen gebrochen, du mußt dafür bestraft werden.«

Er wollte sie töten. Da wies ihm Tamar die Pfänder vor, seinen Stab, seine Gebetsriemen, seine Bänder, sein Siegel. Da wußte Jehuda, daß er es gewesen war, der Tamar geschwängert hatte, und er ließ sie frei. Tamar brachte Zwillinge zur Welt.

Nach Jahren kehrte Jehuda der Stadt den Rücken und schloß sich wieder seinem Volk an. Viel hatte sich verändert. Eine bedrückte Stimmung herrschte. Josef war nicht mehr da.

»Was ist geschehen?« fragte Jehuda.

Man wollte nicht darüber sprechen. Es hieß, Josef sei gestorben, er sei von wilden Tieren zerrissen worden ...

JOSEF UND SEINE BRÜDER

Von einem, der meint, er sei etwas Besonderes – Von
einem, der träumt und seine Träume deutet – Von einem,
der so schön ist wie sonst keiner – Von einem, der in den
Brunnen geworfen wird – Von einem zerrissenen, blutigen
Kleid – Von einem Vater und einem Wolf

Was war geschehen? Was ist mit Josef geschehen? War
er wirklich tot? Erst viel später, viel, viel später erfuhr
Jehuda die Wahrheit...

Josef, der Sohn der Rahel, war in seiner Jugend nicht
einfach gewesen. Oder besser: Es war nicht einfach
gewesen, mit ihm auszukommen. Jedenfalls nicht für
seine Brüder. Josef war immer überzeugt gewesen, daß
er etwas Besonderes sei. Und er hat keine Gelegenheit
ausgelassen, diese Überzeugung vor seinen Brüdern zu
äußern: daß Gott ihn ausersehen habe, daß Gott etwas
Großes mit ihm vorhabe. Josef war eitel, aber er war
nicht eigentlich arrogant. Er gefiel sich. Aber er hielt
es nicht für notwendig, sich aufzuspielen. Es spielt sich
einer ja nur auf, wenn er mehr scheinen will, als er nach
seiner eigenen Einschätzung ist. Josefs Selbsteinschätzung war überwältigend. Mit einem nur arroganten
Menschen ist leichter auszukommen...

Außerdem: Josef war der Liebling seines Vaters.
Jakob hatte so lange auf einen Sohn von Rahel gewartet! Josef wurde von Jakob bevorzugt – auf drastisch
und offensichtlich ungerechte Art und Weise.

»Es sind genug Hände da für die Arbeit«, sagte Jakob. »Auch Josef muß arbeiten.«

»Wenn ich euch helfen kann, gern«, sagte Josef zu seinen Brüdern. »Aber wenn es nicht unbedingt sein muß, ist es mir auch recht.«

»Nein, nein, es muß nicht unbedingt sein!« hieß es da von seiten der Brüder.

Die Brüder waren schwere Arbeit gewohnt, und Josef, das hatte sich längst herausgestellt, war keine Hilfe, jedenfalls keine, die man sich wünschte. Die Brüder bestanden weiß Gott nicht darauf, daß Josef mit ihnen aufs Feld ging und dort seine gescheiten Theorien ausbreitete, seine Analysen ihrer Arbeit, was sie alles nicht ganz richtig machten und wie es besser gemacht werden könnte. Am meisten ärgerten sich die Brüder, weil Josefs Analysen meistens richtig, seine Ratschläge meistens fruchtbringend waren. Eigentlich immer... Das war ärgerlich für die Brüder! Ruben, der Älteste, war der einzige, der ihn bisweilen verteidigte.

Er sagte: »Josef ist ein Träumer, und ein Träumer sieht Dinge, die andere nicht sehen, das ist schon wahr.«

Ruben war ein Wohlmeinender. Die es nicht wohl meinten, sagten, es würde dem Josef nicht schaden, wenn ihm einmal einer eine aufs Maul haut, das kann nur seine Weltsicht glätten, und das kann nur gut sein – für die Welt und für ihn. Aber sie hatten zu großen Respekt vor ihrem Vater, und sie wußten – oder vermuteten –, daß Josef alles und das sofort seinem Vater weitererzählte.

Und darum trauten sie sich zu Josef nicht mehr zu sagen als: »Du bist ein ... Besserwisser.«

Und sie bissen sich dabei auf die Zähne und krallten

die Hände in den Gürtel, damit die sich nicht selbständig machten.

»Was ist dabei, wenn einer etwas besser weiß?« erwiderte Josef gelassen.

Was nämlich erschwerend dazukam, war, daß Josef gar nicht merkte, wie sehr sich seine Brüder über ihn und seine Ratschläge ärgerten. Er konnte sich nicht vorstellen, daß ihn seine Brüder weniger liebten, als sein Vater ihn liebte. Er konnte sich überhaupt nicht vorstellen, daß es auf der Welt jemanden gab, der ihn nicht liebte. Hätte man ihn gefragt, er hätte ohne Aufschneiderei, aber auch ohne Bescheidenheit gesagt: Ja, ich bin wahrscheinlich der liebenswürdigste Mensch. Es war für ihn eine ausgemachte Selbstverständlichkeit, daß er der Mittelpunkt der Welt war. Und darum setzte er selbstverständlich voraus, daß sich die meisten, die allermeisten Gedanken seiner Brüder um ihn drehten. Und damit hatte er gar nicht so unrecht.

Schimeon und Levi konnten ihn besonders wenig leiden, und Gad und Dan haßten ihn. Benjamin dagegen, der Kleine, verehrte Josef. Zu der Zeit, als unsere Geschichte spielt, war Josef sechzehn, Benjamin sechs. Und immer noch wollte Benjamin, daß Josef ihm die Hand hielt, wie er es getan hatte, als er noch nicht richtig sprechen konnte und sie im Lager herumspaziert waren. Benjamin ließ sich von Josef die Sterne erklären, und Josef wußte über die Sterne viel zu sagen. Und Benjamin ließ sich von Josef seine Träume deuten. Das mochte der kleine Benjamin am allerliebsten, mit seinem Bruder Josef draußen auf dem Feld im Schatten eines Baumes zu sitzen und seinem Bruder einen Traum zu erzählen und sich diesen Traum von ihm deuten zu lassen.

»Ich denke im Traum über Sachen nach, über die ich im Wachen nicht nachdenke«, sagte Benjamin. »Warum ist das so?«

»Du bist nicht der einzige, dem es so geht«, sagte Josef.

»Und ich mache Sachen, die ich im Wachen nie machen würde«, sagte Benjamin, »auch böse Sachen.«

»Dafür brauchst du dich nicht zu schämen«, sagte Josef.

»Bin ich im Traum ein anderer? Oder kriecht ein anderer in meinen Traum, und ich sehe dann, was er tut, und höre, was er sagt, und denke, was er denkt?«

»Das weiß ich nicht«, sagte Josef.

»Aber wenn *du* es nicht weißt, wer weiß es dann?«

»Niemand«, sagte Josef.

Er wollte damit sagen: Kein Mensch kann es wissen. Für Benjamin aber war klar: Wenn Josef es nicht einmal weiß, dann weiß es auch sonst niemand, denn Josef ist der klügste Mensch auf der Welt.

Sebulon, ein Sohn Jakobs mit Lea, ein Besonnener, einer, der nicht gern redete, der es auch nicht gut konnte, der nur einmal in Leidenschaft geraten war, nämlich als er das Meer gesehen hatte, weswegen er von da an von seinen Brüdern »der Seefahrer« genannt wurde – Sebulon war der erste, der sah, daß das Verhältnis der Brüder zu Josef sich zuspitzen und schließlich zu einer gefährlichen Krise ausarten könnte.

Er ging zu Jakob, sagte: »Vater, du mußt mit Josef reden!«

»Was macht Josef falsch?« fragte Jakob.

»Er macht nichts falsch«, sagte Sebulon, »es ist seine Art, die den Umgang mit ihm schwierig macht.«

240

»Was soll das sein«, sagte Jakob unwirsch, er vermied es, seinem Sohn ins Gesicht zu sehen. Seit der entsetzlichen Geschichte in Schechem schauderte es Jakob vor den Blicken seiner Söhne. »Was kommst du in mein Zelt und klagst deinen Bruder wegen seiner Art an?«

»Ich klage ihn ja nicht an«, wand sich Sebulon. »Das ist es ja gerade, daß man Josef nichts vorwerfen kann. Er macht nichts falsch. Er ist nicht unfreundlich zu uns. Er gibt uns nur so ein Gefühl ...«

»Was für ein Gefühl gibt euch Josef?«

»Er gibt uns das Gefühl, daß wir alles falsch machen. Er ist nicht böse zu uns, aber er gibt uns das Gefühl, als wären wir böse ...«

»So?« sagte Jakob.

»Vater!« sagte Sebulon. »Gibt es denn gar nichts, worin wir neben Josef bestehen können?«

Darauf antwortete Jakob nicht, sondern sagte nur: »Macht eure Arbeit, und kümmert euch nicht um Josef!«

Jakob liebte Josef, und auch Benjamin liebte er. Aber die anderen – er wollte nicht einmal mit ihnen reden.

Eines Tages, ohne daß ein Anlaß bestand, schenkte Jakob dem Josef ein wunderschönes Kleid, ein Kleid, das seiner Frau Rahel gehört hatte. Es war nicht Rahels Hochzeitskleid, das nicht, nein, Jakob hatte es ihr ebenso ohne Anlaß geschenkt, wie er es nun ohne Anlaß an seinen Liebling weitergab. Mit wenigen Stichen war das Kleid umgeändert worden. Alle Farben mischten sich in Harmonie auf dem feinen, kühlen Stoff. Das Kleid war nicht überladen mit Schmuck, Jakob hatte damals Auftrag gegeben, es solle Rahels Schönheit unterstreichen und ihr nicht Konkurrenz machen.

»Warum werde ich so reich beschenkt?« fragte Josef.

»Weil ich es will«, sagte Jakob.

»Und meine Brüder willst du nicht beschenken?«

»Sei still!« sagte Jakob. »Ich habe das geträumt. Du bist derjenige, der die Träume deutet. Du bist derjenige, der immer behauptet, Träume seien Botschaften Gottes. Und ich habe eben geträumt, ich soll dir dieses Kleid schenken.«

»Dann will ist es gern tragen«, sagte Josef.

Habe ich erwähnt, daß Josef obendrein der schönste junge Mann war, der in Jakobs Volk je herangewachsen war? Ist Schönheit bei so viel Glück nicht eine selbstverständliche Zugabe? Aber Josefs Schönheit war so außerordentlich, daß viele behaupteten, es verhalte sich gerade umgekehrt: nämlich daß Glück bei so viel Schönheit die zwingende Folge sei. Wie auch immer – Josef war schön.

Und er wollte seine Schönheit zeigen. Kann man das einem Heranwachsenden verübeln? Er wusch sich, ölte sein Haar, daß es glänzte, rieb sich mit Duftölen ein und zog sein neues Gewand über. Und dann? Ja, dann ging er hinaus aufs Feld zu seinen Brüdern. Die dort arbeiteten. Schwitzten. Schmutzig waren. Derbe Kleider trugen.

»Seid ihr nicht stolz, daß ihr einen so schönen Bruder habt?« fragte Josef.

Eine unverschämte Frage, die gar nicht unverschämt gemeint war. Aber irgend etwas fehlte diesem Josef. Er hatte einen psychischen Defekt, das steht für mich außer Frage. Man könnte sagen: Josef war ein unfaßbarer Egomane, einer, der sich nicht einmal vorstellen konnte, daß jemand nicht in derselben Art und Weise von ihm begeistert war, wie er selber von sich begeistert war. Aber diese Einschätzung ist nicht richtig. Denn Josef war gar nicht von sich begeistert. Ich wiederhole mich: Er legte es weder auf Lob noch auf Bewunderung an.

Ich denke mir, Josef war sich selbst immer ein wenig fremd. Er staunte über sich selbst. War Josef ein Psychopath? Wahrscheinlich. Aber was heißt das schon? Er staunte über sich, er hielt sich für ein Instrument Gottes. Ohne Eifer, ohne Gier, ohne jeden Ehrgeiz spürte er, daß Gott mit ihm seine Pläne hatte. Sollte er sich und damit Gott verleugnen, nur damit er nicht Neid und Ärger und Haß provozierte? Gott hat mich auserwählt, dachte er – wußte er! –, er hat einen aus unserem Volk, einen der Söhne Jakobs auserwählt. Mich. Ist das nicht Grund genug, daß Jakobs Volk stolz auf mich ist?

»Seid ihr nicht stolz, daß ihr einen so schönen Bruder habt?«

So stand er vor seinen schwitzenden, keuchenden, schmutzigen Brüdern und drehte sich.

»Halt dein Maul!« zischte Gad.

»Verschwinde!« brummte Dan in seinen Bart.

Sebulon nickte sarkastisch vor sich hin. Warum hat unser Vater nicht auf mich gehört, dachte er, warum um Himmels willen hat er nicht mit Josef gesprochen. Ruben, der Älteste, sah, daß Schimeon und Levi sich Blicke zuwarfen, daß sie ihre Arbeitsgeräte weglegten und in die Hände spuckten.

»Josef«, sagte Ruben, nahm ihn beim Arm, zog ihn mit sich beiseite, »Josef, du kleiner Narr! Was tust du da? Natürlich sind wir stolz darauf, daß du so schön bist. Natürlich freuen wir uns, daß du so ein schönes Kleid hast. Aber kannst du dir denn nicht vorstellen, daß es vielleicht besser gewesen wäre, du hättest uns dein neues Kleid erst am Abend gezeigt, wenn auch wir etwas schöner aussehen, gewaschen, gekämmt, sauber angezogen?«

»Aber ich hätte am Abend nicht anders ausgesehen als jetzt«, sagte Josef.

»Du nicht, nein«, seufzte Ruben, »aber wir! Trotzdem, Josef, geh jetzt nach Hause, schau dich noch eine Weile im Spiegel an, und dann leg das Kleid wieder ab!«

Josef tat, was Ruben sagte.

Am nächsten Tag besuchte er wieder seine Brüder auf dem Feld. Diesmal trug er das schöne Kleid nicht mehr. Er setzte sich in den Schatten und sah ihnen bei der Arbeit zu. Dann war Mittagszeit, und die Brüder setzten sich nun ebenfalls in den Schatten, sie aßen gemeinsam, und nach dem Essen legte sich Josef hin und schlief ein.

Es war ein sehr kurzer Schlaf, er erwachte und war verwirrt, wußte erst nicht, wo er war. Seine Brüder lachten ihn aus.

Aber er sagte zu ihnen: »Bitte, ich möchte euch meinen Traum erzählen.«

»Wir müssen wieder an die Arbeit«, sagten sie.

»Bitte«, sagte Josef, »es ist ein kurzer Traum. Aber er ist wichtig. Wichtig für mich, aber auch wichtig für euch.«

»Du träumst, und das soll wichtig für uns sein?« sagte Gad.

Josef überhörte den gehässigen Unterton und begann zu erzählen: »Wir alle waren in meinem Traum versammelt, alle Söhne Jakobs, auch Benjamin. Wir haben alle gemeinsam auf dem Feld gearbeitet ...«

»Daran kannst du sehen, daß Träume nicht die Wahrheit sagen!« ätzte Dan.

Josef überhörte es. »Wir haben den Weizen zu Garben gebunden. Ich war der erste, der seine Weizengarbe aufgestellt hat. Meine Weizengarbe blieb aufrecht stehen. Dann habt ihr eure Weizengarben in einem Kreis um meine herum aufgestellt. Und plötzlich... plötzlich neigten sich eure Weizengarben vor der meinen. Das habe ich geträumt. Meine Garbe stand aufrecht, eure verneigten sich vor der meinen.«

Da erhob sich Schimeon und sagte: »Interessant! Das hast du also geträumt. Interessant! Und das wolltest du uns unbedingt erzählen?«

Josef sagte: »Ja, ich dachte, das muß ich euch unbedingt erzählen.«

»Und du dachtest, das interessiert uns, das wollen wir unbedingt wissen, was mit unseren und mit deiner Garbe in deinem Traum passiert ist?«

»Ja«, sagte Josef.

»Und jetzt wirst du uns sicher auch gleich die Deutung dazu liefern«, sagte Gad. Auch er war aufgestanden. »Oder sollen wir den Traum uns selber deuten?«

Josef schlug die Augen nieder und sagte nichts.

Gad sagte: »Du bist also der Meinung, der Traum spricht für sich?«

Josef sagte: »Ja, wenn ich es genau bedenke, spricht der Traum für sich.«

»Wenn du es genau bedenkst, so. Darf ich dennoch einen Deutungsversuch machen? Soll der Traum vielleicht bedeuten, daß wir uns vor dir verbeugen werden?«

Josef sagte: »Ja.«

Da wollte Gad auf Josef losgehen, aber Ruben hielt ihn zurück.

»Tu ihm nichts!« rief er. »Auch wenn dieser Traum so eitel klingt und so widerlich ist und uns demütigt, es ist ein Traum. Josef hat ihn sich nicht ausgedacht. Der Mensch kann nichts für seine Träume.«

In dieser Nacht träumte Josef wieder, und wieder wollte er, daß seine Brüder und diesmal auch sein Vater von seinem Traum erführen.

Als sie alle beim Frühstück saßen, sagte Josef: »Ich habe wieder geträumt.«

Da schlugen einige der Brüder das Brot auf den Tisch und wollten aufstehen.

Aber Jakob sagte: »Keiner verläßt den Tisch, bevor ich ihn verlasse. Also, Josef, erzähl uns deinen Traum!«

»Er wird meinen Brüdern wieder nicht gefallen«, sagte Josef, »aber ich muß ihn erzählen, denn Gott hat mir diesen Traum geschickt. Ich wurde in meinem Traum in den Himmel gehoben, und ich war glänzend angetan mit einem wunderschönen Gewand. Ich habe gestrahlt heller als die Sonne, und ich war in der Mitte des Himmels, und die Sonne, der Mond und elf Sterne umgaben mich und huldigten mir.«

»Und was bedeutet dieser Traum?« fragte Jakob.

Da schlug Josef wieder die Augen nieder.

»Deutet sich auch dieser Traum von selbst?« fragte Gad.

Josef nickte.

»Hast du etwas dagegen, wenn ich ihn deute?«

Josef schüttelte den Kopf.

»Du bist die Mitte, wir sind die Gestirne, die sich vor dir verbeugen und dir huldigen. Habe ich recht?«

»Hat Gad deinen Traum richtig gedeutet?« fragte Jakob.

»Ja«, sagte Josef.

Da schlug nun Jakob das Brot auf den Tisch. Und er erhob sich, stapfte in sein Zelt und befahl Josef zu sich.

Jakob saß da, schüttelte den Kopf, seufzte, schüttelte wieder den Kopf, kicherte schließlich in sich hinein, schüttelte wieder den Kopf und sagte: »Und wenn du so einen Traum gehabt hast, dann darfst du das nicht sagen, Josef! Verstehst du das denn nicht? Man darf nicht alles sagen, was einem in den Kopf kommt, mein Liebling.«

Mehr sagte Jakob nicht.

Dann waren die Brüder lange fort von zu Hause. Sie waren mit ihren Schafherden unterwegs. Jakob wartete, und sie kamen nicht, sie blieben viele Tage aus, und sie blieben viele Wochen aus.

Jakob sagte zu Josef: »Josef, mach du dich auf den Weg zu deinen Brüdern. Such sie! Ich bin zu alt. Benjamin ist zu jung. Sieh nach, was mit ihnen ist! Sag ihnen, sie sollen zurückkommen, ihr Vater sorgt sich. Aber erzähl ihnen keine Träume! Sei höflich zu ihnen!«

Josef versprach es. Aber als er dann seinen Esel packte, sah Jakob, daß er das schöne Kleid der Rahel ins Gepäck geschnürt hatte.

»Wozu brauchst du dieses Kleid, Josef?« fragte er. »Willst du auf ein Fest gehen? Du sollst aufs Feld gehen, deine Brüder suchen!«

Aber Josef packte das Kleid nicht aus. Als Josef die Zelte seines Vaters hinter sich gelassen hatte, hielt er an und zog das Kleid an. Warum hat er das getan? Um vor den Brüdern zu prahlen? Nein, um sich selbst in seiner Schönheit zu empfinden. So jedenfalls deutet es Thomas Mann in seinem großen Roman über unseren Helden.

Josef war allein, und er hatte das Gefühl, ein Auserkorener zu sein, und dieser Empfindung wollte er Ausdruck verleihen, indem er sich schmückte. Er wollte ja das Kleid ausziehen, wenn er auf seine Brüder traf. Dann war er so in Gedanken versunken, daß er seinen Vorsatz vergaß. So kam er zu dem Platz, wo die Brüder lagerten. Sie sahen ihn, ehe er sie sah.

»Da kommt unser Träumer«, sagte Ascher.

»Ich habe unseren Vater gewarnt«, sagte Sebulon.

»Du meinst, unser Traumdeuter kommt«, sagte Schimeon.

»Will uns wohl einen neuen Traum erzählen«, sagte Isachar.

»Neugierig, als was wir uns diesmal vor ihm niederwerfen«, sagte Naftali.

»Wie eine Hure aus der Stadt sieht er aus«, sagte Levi.

»Huren soll man wie Huren behandeln«, sagte Gad.

»Die dreckigste Hure ist mir lieber als der«, sagte Dan.

Ruben schwieg.

Noch bevor Josef ein Wort gesagt hatte, zerrten ihm die Brüder das Kleid vom Leib und zerrissen es in Fetzen.

Josef weinte und rief: »Warum tut ihr das? Ich bin gekommen, weil mein Vater...«, und schnell korrigierte er sich, »... weil unser Vater Sorge um euch hat.«

Dieser Versprecher brachte die Brüder noch mehr in Rage. Ein Wort gab das andere, sie schubsten ihn hin

248

und her. Einer schlug zu, der nächste schlug fester. Am Ende sprach es einer aus, sie wußten hinterher nicht mehr, wer es gewesen war.

»Töten wir ihn!«

Und sie kamen überein. »Wenn wir es alle tun, dann ist es, als ob es keiner getan hätte, dann gibt es keinen Zeugen.«

Nur Ruben, der schlug nicht ein: »Nein, nein«, sagte er, »das tun wir nicht! Wir wollen uns doch nicht zu Verbrechern machen. Wir werden ihn bestrafen für seine Eitelkeit, das tun wir. Werfen wir ihn in den Brunnen! Dort soll mit ihm geschehen, was will. Wenn Gott tatsächlich seine Hand über ihn hält, wie Josef immer behauptet, dann wird er ihn herausholen, wenn nicht, dann soll er draufgehen.«

So geschah es. Sie warfen Josef in den Brunnen.

Dort lag er nun still, er schrie nicht. Sogar in dieser elenden Situation war er der Überzeugung, er sei ein Werkzeug Gottes. Er ließ alles mit sich geschehen. Er war voller Vertrauen. Es wurde Nacht, er sah die Sterne am Himmel vorüberziehen, er sah einen kleinen Ausschnitt des Himmels.

Seine Brüder lagerten in der Nähe des Brunnens, nicht allzu nah beim Brunnen, das nicht, falls Josef in der Nacht vor Angst schreien sollte – das wollten sie nicht hören.

Weit nach Mitternacht schlich sich Ruben zum Brunnen. Er wollte Josef retten, wollte ihn herausziehen und nach Hause schicken. Er hatte ein entsetzlich schlechtes Gewissen. Er rief Josefs Namen.

Aber Josef antwortete nicht. Er hörte Ruben rufen, aber er gab keine Antwort. Was mit mir geschieht, das geschieht, weil es Gottes Plan ist, so dachte er, und ich, Josef, darf Gottes Plan nicht durchkreuzen.

Am nächsten Tag kam eine Karawane des Weges, die Männer wollten Wasser aus dem Brunnen schöpfen, die Eimer faßten kein Wasser, sie blickten in den Schacht und sahen Josef. Sie holten ihn heraus, fragten ihn aus. Aber er erzählte ihnen nichts von seinen Brüdern.

»Was sollen wir mit dir machen?« fragten die Männer.

Josef zuckte mit den Schultern. Sie schauten ihn genau an und sahen, daß er über alle Maßen hübsch war.

Sie sagten: »Wir werden ihn verkaufen. Vielleicht kann man irgendwo in einer großen Stadt in einem Männerbordell Geld für ihn bekommen.«

Sie nahmen ihn mit, kamen bei den Brüdern vorbei, und die Brüder sahen Josef. Sie blickten zur Seite.

Der Karawanenführer sagte zu den Brüdern: »Wir haben hier jemanden. Könnt ihr den brauchen? Seht ihn euch an, wir verkaufen ihn euch. Er ist hübsch.«

Die Brüder sagten nichts. Josef sagte nichts. Die Karawane zog weiter.

Ruben begann zu weinen: »Was haben wir nur getan?« rief er. »Was haben wir nur getan? Sie werden ihn verkaufen, irgendwo in Ägypten werden sie ihn verkaufen, und sie werden ihn in ein Bordell stecken!«

»Na und?« sagten die anderen. »Er hat uns das Leben zur Hölle gemacht in den letzten Jahren. Dann soll er sehen, wie er weiterkommt. Er glaubt ja, er sei etwas Besonderes und Gott führt ihn, dann wird er es jetzt sehen!«

»Was sollen wir unserem Vater sagen?« jammerte Ruben. »Unserem Vater wird das Herz brechen!«

Sie nahmen Josefs Kleid, dieses schöne, geschmückte Kleid, töteten ein Schaf, tunkten das Kleid in das Blut.

»Wir werden unserem Vater diese Fetzen zeigen und sagen, das haben wir gefunden. Ein Löwe hat Josef zerrissen.«

Das machten sie aus.

Josef zog mit der Karawane, und dann kreuzte eine andere Karawane ihren Weg, und Josef wurde verkauft. Sein neuer Herr war ein alter, gutmütiger, warmherziger Mann, er hatte nicht vor, Josef an ein Bordell zu verkaufen. Er sah, daß Josef geschickt war, daß man ihn brauchen konnte, weil er gut rechnen konnte. Jeder Kaufmann kann einen guten Rechner brauchen.

Josef organisierte die geschäftlichen Angelegenheiten, er hatte eine korrekte Handschrift. Er wehrte sich nicht gegen sein Schicksal, er war zufrieden mit allem, was mit ihm geschah.

»Was wünschst du dir?« fragte ihn sein Herr. »Du hast mir eine schöne Abrechnung gemacht und mir damit viel Geld verschafft. Ich will dich daran teilhaben lassen.«

Einen Wunsch hatte Josef: Er wollte, daß man ihm einen Schleier gibt, wie einer Frau.

»Ich weiß, daß mein Gesicht schön ist«, sagte er, »und dieses schöne Gesicht hat mir viel Unglück gebracht. Mir und auch anderen. Ich möchte nicht, daß jemand mein Gesicht sieht.«

Der Führer der Karawane war damit einverstanden, und er hat Josef einen Schleier gegeben. So zogen sie weiter.

Als die Brüder nach Hause kamen, traten sie vor

Jakob hin und sagten: »Dieses Kleid hier, von dem nur noch Fetzen übrig sind, kennst du das?«

Jakob sagte: »Wo habt ihr das her?«

»Wir haben es gefunden.«

Jakob brach zusammen. Weinte. Heulte: »Nun hat mir das Schicksal das Liebste genommen! Ein wildes Tier hat meinen Sohn zerrissen.«

Er befahl seinen Söhnen, das erste wilde Tier, das ihnen in die Finger kam, zu fangen und ihm zu bringen, denn er wollte es töten. Die Brüder dachten, er ist verrückt geworden, der Alte. Aber sie wagten es nicht, ihm zu widersprechen. Sie fingen einen Wolf. Schon wollte sich Jakob auf das Tier stürzen, da begann der Wolf zu sprechen.

»Was willst du von mir?« sagte er. »Ich habe mein Junges verloren, so wie du dein Junges verloren hast. Ich bin hinaus in die Wüste gelaufen, um es zu suchen, und ich habe es nicht wiedergefunden, so wie du dein Junges nicht wiedergefunden hast. Laß uns weinen, aber töte mich nicht.«

Da umarmte Jakob den Wolf.

JOSEF IN ÄGYPTEN

Von den langen Wegen des Handels – Von trefflichen
Papieren – Von Potifar – Vom Hofgeometer – Von Suleika
und ihrer Leidenschaft – Von Jahren im Gefängnis – Von
einem Bäcker und einem Mundschenk – Von den Träumen
des Pharaos – Von sieben fetten und sieben mageren
Jahren

Es dauerte Jahre, bis die Karawane nach Ägypten kam.
Man ließ sich Zeit. Wo es gut war, blieb man. Manchmal ein halbes Jahr. Man trieb Handel. In einer Stadt
im Osten erwarb man günstig fünfzehn Sack Hirse. Die
wurden im Westen gebraucht. Also wieder zurück. Und
dann nach Süden. Und dann nach Norden. Käufer und
Verkäufer gaben die Richtung an.

Josef war kein Sklave mehr, das heißt, er war zwar
immer noch das Eigentum des Anführers, aber der
behandelte ihn nicht wie einen Sklaven, ganz im Gegenteil, er behandelte ihn wie seinen Ratgeber, seinen
Freund, mit allem Respekt.

Und alle Männer und alle Frauen in der Karawane
hatten Respekt vor Josef zu haben, sie näherten sich
ihm nicht, ohne sich vor ihm zu verbeugen. Das hatte
der alte Mann, der der Karawane vorstand, so befohlen.
Und er wußte warum.

Einmal in der Woche hielt Josef so etwas wie eine
Sprechstunde für die Mitglieder der Karawane ab. Da
kamen die Leute, fragten um Rat.

»Sieh dir diesen Kelch an, Josef«, sagte einer. »Ich

habe ihn teuer in der Stadt erstanden. Der Verkäufer sagte, ich könne ihn für das Doppelte weiterverkaufen.«

»Du bist betrogen worden«, gab Josef zur Antwort. »Er ist nicht die Hälfte wert. Du hättest mich gleich fragen sollen.«

»Und was mache ich jetzt?«

»Gib ihn deiner Frau. Ich weiß, sie ist sehr geschickt. Sie soll bunte Steine einarbeiten. Dann wird er zu einem Kunstwerk und wird mehr als das Doppelte bringen.«

Da wollte der Mann Josefs Hand küssen. Aber Josef wehrte ab.

»Es ist nur ein Ratschlag«, sagte er, »mehr nicht. Küsse deiner Frau die Hände, wenn sie ihre Arbeit getan hat!«

Das führte dazu, daß auch die Frau von nun an nur das Beste über Josef sagte.

So gewann Josef die Herzen der Menschen, die zu dieser Karawane gehörten. Und er gewann auch die Herzen der Menschen, mit denen sie Handel trieben. Denn er war der Meinung, daß Betrug zwar einen kurzfristigen Profit bringt, langfristig aber jedes Geschäft ruiniert. Diese Lehre hatte er von seinem Vater Jakob erhalten. Der hatte ihm von Laban erzählt, Josefs Großvater, der seine Wirtschaft durch Betrug und kurzsichtigen Profit ruiniert hatte.

Nein, der Führer der Karawane behandelte Josef längst nicht mehr wie einen Sklaven. Nie hatte er einen besseren Ratgeber gehabt. Josef, der Träumer, hatte sich zu einem brillanten Geschäftsmann entwickelt, zu einem Mann von Welt.

Vor Ägypten hatten die Nomaden Angst. Nicht daß sie fürchteten, man werde ihnen dort etwas antun.

Man fürchtete, man werde sich dort blamieren, man werde ausgelacht – Kuhtreiber, Schafbauer, Provinzler, Stinker... Die ägyptischen Behörden waren arrogant, ließen die Karawanenhändler stundenlang, tagelang, manchmal wochenlang an der Grenze warten, verlangten Papiere, wo die meisten dieser Leute doch gar nicht lesen und schreiben konnten. Ließen am einen Tag durchblicken, man sei durchaus bereit, »Geschenke« entgegenzunehmen, machten am anderen Tag Lärm, weil man angeblich versucht habe, sie zu bestechen.

Ägypten war die große Welt, und auch wenn ein stolzer Anführer einer stolzen Karawane draußen in der Wüste ein König war, hier auf ägyptischem Boden war er ein Nichts, ein Garnichts.

»Hier mußt du zeigen, was du wirklich kannst«, sagte der alte Führer zu Josef.

»Es sind Menschen«, sagte Josef.

»Ja, das weiß ich auch! Aber das ist es ja gerade! Wenn es Bäume wären, hätte ich keine Angst vor ihnen. Du hast keine Ahnung, was Menschen anderen Menschen antun können!«

Da schwieg Josef.

Josef führte die Verhandlungen mit den Grenzwachen so geschickt, daß die Karawane nach wenigen Stunden die Grenze passiere durfte. Außerdem hatte Josef einen Offizier zu einem Empfehlungsschreiben zu überreden vermocht, das den, der es vorwies, berechtigte, seine Waren nicht nur auf dem Markt der Hauptstadt, sondern auch in den Wohnbezirken der hohen Staatsbeamten anzubieten.

»Wie hast du das fertiggebracht?« fragte der Alte.

»Ich habe dem Offizier von unseren schönsten Waren

erzählt«, sagte Josef, »und ich habe so begeistert erzählt,
daß er sie kaufen wollte, alle, und dann habe ich ihm
den Preis für die Waren genannt, der sehr hoch war, viel
zu hoch, jedenfalls für sein Einkommen, obwohl ich ja
weiß, daß so ein Offizier viel verdient, und das hat einen
solchen Eindruck auf ihn gemacht, daß er zur Auffassung kam, diese Waren seien zu schade, um auf dem
Markt angeboten zu werden, und er mir, ohne daß ich
ihn darum gebeten hätte, dieses Empfehlungsschreiben
ausstellte.«

Noch ein zweites Empfehlungsschreiben hatte der
Offizier ausgestellt: eines für Josef.

»Dieses Schreiben«, sagte Josef, »ist an einen gewissen Potifar adressiert. Er sei der Oberste der Leibwache
des Pharaos. Oder etwas Ähnliches.«

»Und was steht in diesem Schreiben?« fragte der
Alte. Er konnte nämlich nicht lesen und nicht schreiben.

»Es betrifft mich«, sagte Josef, »mich als Ware.«

»Was heißt das? Du bist doch keine Ware!«

»O doch«, sagte Josef und senkte seinen Blick. »Das
bin ich doch. Ich bin dein Sklave. Auch wenn du mich
nicht wie einen Sklaven behandelst. Was ich einzig deiner Güte verdanke.«

»Und was steht in dem Schreiben?«

»Wenn du mich an diesen Potifar verkaufst, wirst du
sehr viel Geld bekommen.«

»Ich dich verkaufen! Niemals!« rief da der Alte.

Josef sagte nichts weiter dazu.

Aber dann, als sie in der Hauptstadt ankamen, setzte
sich der Alte doch mit diesem Potifar in Verbindung,
und das Angebot, das dieser mächtige Mann dem alten
Händler unterbreitete, nachdem er das Empfehlungs-

schreiben gelesen hatte, war so überwältigend, daß der Alte in Tränen ausbrach und Josef zugleich umarmte und auf ihn fluchte.

»Das werde ich dir nie verzeihen!« rief er. »Daß du dich auf so geschickte Weise zu empfehlen verstehst, so daß man mir ein Angebot unterbreitet, das zu groß ist, um es ablehnen zu dürfen! Ich würde alle Prinzipien meines Händlerlebens verraten!«

Im Haus des Potifar wurde Josef von Anfang an die Regelung der Familienfinanzen übertragen. Potifar hatte nur einmal mit ihm gesprochen, er hatte ihn auf Herz und Nieren geprüft und hatte zu seiner Befriedigung festgestellt, daß das Empfehlungsschreiben trefflich und das Geld, das er für diesen Hebräer ausgegeben hatte, gut angelegt war. Josef war in seinem Bereich autonom, wenn er jemanden zu seiner Hilfe benötigte, hatte er sich an den Kämmerer des Potifar zu wenden. Den Herrn selbst bekam er nicht weiter zu Gesicht.

Potifar war ein Eunuch. Das heißt, er beaufsichtigte den Harem des Pharaos. Er bekleidete damit eine der höchsten Stellen im Reich. Potifar war verheiratet. Das mutet seltsam an. Die gesellschaftlichen Regeln verlangten, daß ein Beamter des Pharaos verheiratet war – auch der Eunuch. Die Frau des Potifar war Suleika.

Und dann war eines Tages ein großer Empfang im Haus des Potifar.

Potifar sagte zu seinem Kämmerer: »Wir benötigen alle unsere Leute zur Bedienung der Gäste!«

Also auch Josef. Über hundert angesehene Leute waren eingeladen, unter ihnen auch der Hofgeometer des Pharaos. Der war ein faszinierender Mann, hochgewachsen, mit hellen Augen in einem beinahe schwarzen

Gesicht. Die Gäste drängten sich um ihn, hörten ihm zu, er erzählte von der Konstellation der Sterne und zeigte, wie man mit Dreieck, Lineal und Zirkel umging. Geometrie war damals eine Modewissenschaft.

Josef hatte dafür zu sorgen, daß die Gäste immer mit frischen Getränken versorgt wurden. So ergab es sich, daß er einem Gespräch zuhörte, das eben der Hofgeometer des Pharaos mit einem der Gäste führte. Da konnte sich Josef nicht zurückhalten, seine alte Eitelkeit drängte sich in ihm nach vorn, sein ihm angeborener Mangel an Demut. Er tat etwas, was man unter keinen Umständen als Bediensteter tun durfte: Er stellte Fragen. Aber seine Fragen waren so klug, so geschickt, auch so geschliffen und zugleich witzig formuliert, daß sich niemand daran störte. Im Gegenteil, der Hofgeometer war im höchsten Maß erstaunt über die Klugheit dieses Angestellten.

Er fragte den Potifar: »Wer ist denn das hier?«

Potifar antwortete: »Das ist mein Sklave.«

Der Hofgeometer rief aus: »Sogar der Pharao wäre stolz, einen solchen Sklaven zu haben!«

Als das Fest vorüber war, trat Suleika, die Frau des Potifar, zu ihrem Mann und sagte: »Warum hast du deinen Sklaven vor mir versteckt? Ist er nicht zu gut, um irgendwelche Rechenaufgaben zu lösen?«

»Aber er löst diese Rechenaufgaben so vorzüglich, daß unser Haushalt schon in den wenigen Wochen, seit er hier ist, davon profitiert hat«, sagte Potifar.

»Ich möchte, daß er auch für mich einige Aufgaben erledigt«, sagte Suleika.

Die Wahrheit ist: Suleika hat sich rasend in Josef verliebt! Hat sich vernarrt in das schöne Gesicht und den schönen Körper des Josef! Es ist anzunehmen, daß sich Potifar darüber im klaren war.

Suleika ist zu bemitleiden! Sie ist als junges Mädchen mit Potifar verheiratet worden, ohne daß sie gefragt worden wäre. Nun war sie die Frau eines Eunuchen, zwar des ersten Eunuchen des Pharaos, aber von der körperlichen Liebe war sie in ihrer Ehe ausgenommen. Sie wollte sich Josef zum Liebhaber nehmen, und sie dachte, das wird leicht sein, einem Sklaven kann man befehlen.

Sie befahl dem Josef, zu ihr ins Schlafgemach zu kommen.

Aber Josef sagte: »Das kann ich nicht tun. Ich bin der Diener. Ich kann nicht in das Bett der Frau meines Herrn steigen. Das kann ich nicht tun!«

»Und wenn ich dir sage, daß es meinem Mann recht ist?«

»Ich kann es trotzdem nicht tun.«

»Willst du es nicht tun?«

»Ich kann es nicht.«

Suleika gab aber nicht so schnell auf. Sie bedrängte Josef, sie versuchte, ihn zu verführen, bei jeder Gelegenheit versuchte sie es, sie entblößte ihre Beine, wenn er an ihr vorüberging, entblößte ihre Brust, wenn er vor ihr stand.

Es fiel Josef nicht leicht zu widerstehen. Suleika war eine sehr schöne, sehr reizvolle Frau.

»Ich möchte, daß dein Mann mich wieder verkauft«, sagte er. »Ich kann nicht weiter in seinem Haus wohnen. Ich werde mit ihm sprechen. Ich will ihm die Wahrheit sagen.«

Da weinte Suleika. Sie fiel vor Josef auf die Knie, bat

ihn, sie nicht zu verlassen. Wenigstens sehen wolle sie ihn, wenn er schon nicht in ihr Schlafgemach komme.

»Es ist nicht gut, wenn du mich siehst«, sagte Josef. »Ich weiß, es ist mein Gesicht, das dich betört.«

»Du bist eingebildet«, sagte Suleika. »Das ziemt sich für einen Sklaven nicht.«

»Ich bin auf mein Gesicht nicht eingebildet«, sagte Josef. »Ich weiß, daß mein Gesicht schön ist, und ich schäme mich dafür.«

Josef sagte, er werde nur unter einer Bedingung nicht mit Potifar sprechen, nämlich wenn er in Suleikas Gegenwart einen Schleier tragen dürfe. Aber Suleika ließ das nicht zu. Sie wollte Josefs Gesicht sehen. So tat er alles, um ihr in dem großen Haus nicht zu begegnen. Suleika wurde krank, liebeskrank.

Die Hofdamen, die sie besuchten, fragten: »Was ist mit dir los? Hast du eine geheime Krankheit, von der wir nichts wissen? Von der du uns nichts sagen willst? Wir sehen doch, wie sehr du leidest.«

Suleika sagte: »Wollt ihr wissen, woran ich leide?«

»Ja, sag es uns!«

»Ich werde euch zeigen, woran ich leide«, sagte Suleika.

Die Damen saßen im Salon. Suleika gab Befehl, man solle den Josef holen.

Josef kam, er brachte Obst auf einem Teller, und weil er ahnte, was passieren würde, hatte er den Schleier vor seinem Gesicht.

Als er den Damen die Obstschale reichte und die Messerchen dazu, sagte Suleika zu ihm: »Warum hast du einen Schleier übergezogen? Wir wollen dich sehen.«

Die Damen waren gerade dabei, die Früchte mit den

Messerchen zu schälen, da nahm Josef den Schleier ab. Als sie sein Gesicht sahen, wie schön es war, da schnitten sie sich in den Finger.

»Jetzt kannst du gehen«, sagte Suleika zu Josef.

Und zu ihren Freundinnen sagte sie: »Seht ihr! Ihr habt nur wenige Sekunden in sein Gesicht geschaut und habt euch vor Entzücken und Schmerz in den Finger geschnitten. Ich sehe ihn den ganzen Tag, und das schneidet mir in die Seele.«

Suleika versuchte immer wieder, Josef zu verführen. Sie braute ihm Liebestränke. Aber er durchschaute sie und spuckte aus. Er blieb standhaft.

Sie sagte zu ihm: »Du tötest mich. Ist das erlaubt?«

»Einen Menschen zu töten ist nicht erlaubt«, sagte Josef.

»Dann bist du ein Verbrecher!« schrie sie ihn an.

Doch er sagte nur ruhig: »Ich bin kein Verbrecher.«

Sie flehte. Sie redete mit den zärtlichsten Worten zu ihm.

Josef blieb standhaft.

Dann fing Suleika an, Josef zu drohen. Sie sagte: »Wenn du mir nicht folgst, werde ich mich rächen. Ich werde dich grausam unterdrücken!«

Josef sagte: »Gott hilft den Unterdrückten.«

»Ich werde dich verhungern lassen«, sagte sie.

»Gott speist die Hungernden«, sagte Josef.

»Ich werde dich in den Kerker werfen lassen!«

»Gott befreit die Gefangenen.«

»Ich werde dich in den Staub treten!«

»Gott erhebt die Gedemütigten.«

Eines Tages hielt es Suleika nicht mehr aus, sie riß den Josef an sich, und sie riß ihm die Kleider vom Leib.

Sie umklammerte ihn, mit ihren Fingernägeln zerkratzte sie seine Haut. Josef stieß sie von sich und lief hinaus.

Suleika stand da, gedemütigt. Da schlug ihre Liebe in Haß um. Sie riß sich selber die Kleider vom Leib, sie zerkratzte sich mit den Fingernägeln die Brust. Dann schrie sie.

Als die Wache kam, schrie sie weiter, schrie: »Josef, der Knecht, er wollte mich vergewaltigen. Seht her: Er hat meine Kleider zerrissen, er hat meine Haut zerkratzt. Ich habe mich gewehrt! Nehmt ihn fest!«

Josef wurde gefunden, wie er nackt in einer Nische kauerte. Seine Haut war zerkratzt. Das galt als Beweis seiner Schuld.

Potifar ließ den Josef ins Gefängnis werfen. Potifar wußte genau, was in Wahrheit vorgefallen war, er konnte es sich jedenfalls denken. Potifar mochte den Josef, er dachte sich sogar, wie großartig loyal es von ihm doch war, daß er seiner Frau widerstanden hatte. Aber er wollte Suleika in der Öffentlichkeit nicht bloßstellen. Deshalb ließ er Josef ins Gefängnis sperren.

Aber Potifar gab dem Kerkermeister den Auftrag, er solle Josef gut behandeln. Josef wehrte sich nicht, er fügte sich. Er nahm es hin als einen Teil des Planes Gottes. Er nahm es hin als Strafe für die Eitelkeit seiner Jugend. Nun saß er also im Gefängnis, er war freundlich zu allen, und alle waren freundlich zu ihm.

Nach etlichen Monaten kamen zwei neue Gefangene ins Gefängnis, nämlich der Bäcker des Pharaos und der Mundschenk des Pharaos. Dem Bäcker wurde vorgeworfen, er habe bitteres Mehl verwendet, nämlich für das Brot, das der Pharao aß. Dem Mundschenk wurde vorgeworfen, er habe den Wein gepanscht, den er dem

Pharao verkauft hatte. Beide behaupteten, sie seien unschuldig.

In der Nacht träumten beide, und ihre Träume beeindruckten sie so sehr, daß sie am nächsten Tag den Kerkermeister baten, er solle einen Traumdeuter holen. Der lachte sie aus: »Ihr wollt einen Traumdeuter? Im Gefängnis einen Traumdeuter? Was wollt ihr denn noch? Einen Frisör vielleicht? Nein, Traumdeuter gibt es im Gefängnis nicht!«

Da sagte Josef: »Was habt ihr denn geträumt? Ich kann Träume deuten. Erzählt mir eure Träume!«

Der Mundschenk begann: »Ich habe von Traubenknospen geträumt. Dann blühten sie, dann waren Beeren daran und dann Trauben, und die habe ich mit einer Hand genommen. In der anderen Hand habe ich den Becher des Pharaos gehalten. Ich habe die Trauben zerdrückt und habe den Traubensaft in den Becher fließen lassen.«

Josef fragte: »Wie viele Traubenranken waren es?«

»Drei!«

Josef dachte nach. Dann sagte er: »Also, ich werde dir den Traum deuten. Jede dieser Ranken ist ein Tag. Nach drei Tagen wird der Pharao einsehen, daß er dich zu Unrecht beschuldigt hat, und er wird dich zurückholen.«

»Und was bekommst du dafür, daß du mir meinen Traum gedeutet hast?« fragte der Mundschenk.

»Bitte versprich mir, wenn du beim Pharao bist, daß du ihn auf meinen Fall aufmerksam machst. Erzähl ihm von mir. Vielleicht wird er auch mich hier herausholen.«

Der Mundschenk sagte: »Ich verspreche es dir. Wenn

eintritt, was du mir gedeutet hast, dann werde ich an dich denken.«

Dann trug der Bäcker seinen Traum vor: »Ich habe im Traum einen Brotkorb auf meinem Kopf getragen, und zuoberst lagen Süßigkeiten. Dann habe ich geträumt, daß Vögel daherkommen und sich auf den Korb niederstürzen und alle Süßigkeiten, die für den Pharao bestimmt waren, wegpicken und wegfressen.«

»Wie viele Süßigkeiten waren es?« fragte Josef.

Der Bäcker sagte: »Drei!«

»Und alle haben die Vögel gefressen?«

»Ja«, sagte der Bäcker.

Da sagte Josef: »Nach drei Tagen wird der Pharao den Beweis in der Hand haben, daß du wirklich bitteres Mehl verwendet hast. Er wird dich köpfen.«

Es geschah so, wie Josef vorausgesagt hatte: Nach drei Tagen war der Geburtstag des Pharaos, der Mundschenk wurde aus dem Gefängnis geholt, in allen Ehren wieder in sein Amt gesetzt, und der Bäcker wurde geköpft.

Aber der Mundschenk vergaß, dem Pharao von Josef zu erzählen.

Zwei Jahre vergingen. Josef lag immer noch im Gefängnis. Da hatte der Pharao eines Nachts einen Traum. Er erzählte diesen Traum seinen Traumdeutern.

»Ich habe geträumt«, sagte er, »ich sitze am Ufer des Nil, und aus dem Nil steigen sieben fette Kühe. Sie grasen auf den Weiden, und es ist eine Wonne, ihnen zuzusehen. Dann auf einmal steigen sieben magere Kühe aus dem Nil. Sie gehen auf die fetten Kühe zu und fressen sie auf. Ich bin aufgewacht, weil ich Angst hatte. Ich wollte schreien, aber ich konnte nicht, und ich schlief wieder ein. Ich träumte noch einmal. Ich sah, wie sieben fette Getreideähren aus einem einzigen Halm sprossen. Daneben wuchs aus dem Boden eine dürre Ähre – grau, dürr und hart. Aber diese Ähre wickelte sich um die fetten Ähren und würgte sie zu Tode.«

Die Traumdeuter berieten sich und sagten nach einigen Tagen: »Also, wir sind übereingekommen, wir wissen, was der Traum ungefähr bedeutet. Du wirst sieben Töchter bekommen, diese sieben Töchter werden wunderschön sein, und dann, bevor sie heiraten, werden alle sieben Töchter Krankheiten bekommen und werden sterben.«

Der Pharao sagte: »Das klingt einleuchtend, aber ich merke, das ist nicht die Empfindung meines Traumes. Ihr sprecht von etwas anderem.«

Zufällig war bei diesem Gespräch der Mundschenk anwesend, dem fiel ein, was er Josef im Gefängnis versprochen hatte.

Er sagte zum Pharao: »Pharao, ich war im Gefängnis, da war ein Mann, der hat mir meinen Traum gedeutet, und er hat dem Bäcker seinen Traum gedeutet. Und beide Deutungen waren richtig. Ich kam frei, und der Bäcker verlor seinen Kopf. Vielleicht weiß dieser Mann, wie dein Traum zu deuten ist.«

Der Pharao war ein vorurteilsloser Mann, ein weltoffener Mann. Er ließ tatsächlich Josef aus dem Gefängnis holen. – Man muß sich das einmal vorstellen: Der mächtigste Mann des großen Ägypten läßt einen Knastbruder kommen, damit er ihm einen Traum deutet!

Der Pharao erzählte seinen Traum, und Josef sagte: »Gott will dir eine Nachricht schicken. Er schickt dir zwei Träume, die beide dasselbe bedeuten: Die fetten

Kühe und die fetten Getreideähren bedeuten sieben Jahre. Es werden sieben sehr fruchtbare Jahre sein für Ägypten. Aber nach diesen sieben Jahren werden Jahre der Dürre, der Hungersnot kommen, auch wieder sieben Jahre. Mein Gott, der mir sagt, wie ich diesen Traum deuten soll, er sagt mir auch, ich soll dich darauf aufmerksam machen, daß du Vorsorge treffen sollst. In den sieben fetten Jahren mußt du die Ernährung der Bevölkerung für die nächsten sieben Jahre organisieren. Du mußt alles überschüssige Getreide aufkaufen, du mußt Speicher bauen lassen, du mußt überall im Land diese Speicher aufstellen. Du mußt einen Vizekönig einsetzen, der das alles organisiert. Denn es wird das wichtigste, es wird das allerwichtigste, das überlebenswichtige Thema sein!«

Josef war sehr geschickt.

Der Pharao fragte: »Kennst du jemanden, der das organisieren könnte?«

Josef senkte die Augen. Da wußte der Pharao: Na, wer wohl?

Er rief seine Beamten zu sich und sagte: »Dieser Mann hier, Josef, der mir meine Träume gedeutet hat, er soll mein Vizekönig werden!«

Der Pharao stattete Josef mit nahezu absoluter Macht aus. Josef wurde der Doppelgänger des Pharaos genannt. Josef begann unverzüglich mit der Arbeit: Er ließ Speicher bauen, er kaufte den Bauern die Überschüsse ab, und er füllte die Speicher.

DIE HUNGERSNOT

Von der Organisierung des Überflusses – Von der
Organisierung des Hungers – Von zehn Brüdern, die
nach Ägypten ziehen – Von Schimeons Verhaftung – Von
elf Brüdern, die nach Ägypten ziehen – Von einem
Wiedersehen – Von einem Lied gegen den Tod – Von
Jakob, dem Alten, und seinem Glück

Josef kann nicht nur klar denken, er kann nicht nur
brillant seine Gedanken formulieren, er ist auch ein
vortrefflicher Organisator. Er erteilt Forschungsauf-
träge zum Thema: Wie lassen sich Getreide und Hülsenfrüchte am besten über lange Zeit lagern? Dann läßt er
im ganzen Reich Speicher bauen. An strategisch wichtigen Punkten läßt er diese Speicher bauen, so daß das
ganze Reich gleichmäßig versorgt ist.

Die Menschen wundern sich: »Was ist der Grund?
Wir haben doch bisher immer genug zu essen gehabt.«

»Der Pharao hat geträumt«, heißt es. »Die Träume
des Pharaos sind heilig. Josef hat die Träume des Pharaos gedeutet. Und was der Pharao geträumt hat,
geschieht!«

Sieben Jahre ziehen ins Land, und die Felder tragen
Frucht wie noch nie. Auch die Ältesten können sich
nicht erinnern, daß jemals solche Ernten erzielt wurden.
Die Bauern kommen mit der Arbeit nicht nach. Auslän-
dische Arbeitskräfte müssen angeheuert werden, damit
die überreiche Frucht nicht auf den Feldern verdirbt.

Sieben Jahre Glück. Ein Jahr wie das andere. Nein,

das zweite Jahr ist noch reicher als das erste, und das dritte reicher als das zweite! Und so fort! An den Wohlstand gewöhnt man sich schnell. Die Menschen sehen keine Notwendigkeit, ihre Überschüsse als Vorräte anzulegen.

»Warum denn?« fragen sie. »Dann wissen wir ja nächstes Jahr überhaupt nicht mehr, wo wir das alles unterbringen sollen!«

Die Besonnenen warnen: »Es war nicht immer so gut. Es kann auch wieder schlechter werden.«

»Was heißt schlechter«, lachen die Satten. »Wir können doch jetzt schon nur einen kleinen Teil von dem essen, was wir ernten. Wenn wir nur so viel essen können, wie wir ernten, ist es doch immer noch genug.«

Manche Leute überlegen sich ernsthaft, ob sie ihre Überschüsse nicht verbrennen sollen, ob sie im Winter ihre Öfen nicht mit Getreide heizen sollen. Sie wollen die Hülsenfrüchte in den Nil kippen, weil sie zuviel davon haben. Oder sie wollen sie erst gar nicht mehr ernten.

»Warum sich den Rücken krumm arbeiten, wenn man im Überfluß lebt!«

Josef bezahlt Arbeiter für die Ernte, er kauft die Überproduktionen auf. Der Preis ist niedrig. Weil das Angebot so groß ist. Er läßt den Überschuß in die Speicher füllen. Als die Speicher im fünften Jahr voll sind, läßt er neue Speicher bauen, größere.

»Jetzt übertreibt es der Vizekönig aber!« sagen die Leute. Sogar die Fachleute meinen, Josef tuc zuviel des Guten.

»Auch die Speicher kosten schließlich Geld«, sagen sie zum Pharao. »Es ist dein Geld. Wir finden, der Vizekönig verschwendet es. Er ist ein Schwarzseher. Vielleicht ist er ein böser Mensch. Er kann sich nicht freuen über unser Glück. Er wünscht sich das Unglück herbei. Er will nicht glauben, daß ein neues Goldenes Zeitalter angebrochen ist. Am Tag scheint die Sonne, in der Nacht regnet es. Warum sollte es nicht in alle Zukunft so sein?«

»Ich habe geträumt«, sagt der Pharao. »Josef handelt nach meinen Träumen.«

»... die er interpretiert hat«, wird geknurrt.

Aber der Pharao läßt sich nicht beirren. Er schenkt den Neidern kein Gehör. Andere Fachleute kommen.

»Es ist wunderbar, was der Vizekönig da macht«, sagen sie zum Pharao. »Ganz wunderbar! Großartig. Kompliment! Das heißt, es ist wunderbar, was er will. Ein guter Mensch! Aber zwischen Wollen und Können ist ein Unterschied. Es wird nicht funktionieren, was er will. Noch nie ist es gelungen, Weizenkorn und Hülsenfrüchte länger als zwei Jahre zu lagern. Die Maden werden es verderben, die Maden und der Brand.«

Josef begegnet den diesbezüglichen Anfragen mit Gelassenheit. Er hat feinen Staub unter die Vorräte streuen lassen, das bewirkt, daß die Maden nicht an das Getreide gehen und der Brand nicht aufkommt.

»Wissenschaftliche Erkenntnisse«, sagt der Pharao. »Alles, was Josef befiehlt, soll geschehen!«

Josef ist der Vizekönig, der Vertraute des Pharaos, der »Doppelgänger« des Pharaos, wie manche sagen. Und: Er ist auch sein Freund.

Sieben Jahre Glück sind wie eine Ewigkeit. Nach sieben Jahren nimmt man das Glück hin als eine Selbstverständlichkeit. Wer sich das Unglück nicht mehr vorzustellen vermag, kann damit nicht umgehen, wenn es ihn trifft.

Nach den sieben fetten Jahren begannen die sieben mageren Jahre. Kein Regen fiel mehr, die Felder verdorrten, die Frucht starb ab, und die wenigen privaten Vorräte der Menschen waren bald aufgezehrt.

Nun öffnete Josef seine Speicher und brachte das Korn und die Hülsenfrüchte auf den Markt. Zuerst bezahlten die Leute mit Geld, dann hatten sie kein Geld mehr. Aber Hunger hatten sie trotzdem. Da gaben sie ihr Vieh gegen Getreide. Dann hatten sie kein Vieh mehr, aber immer noch Hunger. Da gab jeder sein Land für Getreide, und dann gab jeder sein Haus für Getreide. Am Schluß, als sie gar nichts mehr hatten, gaben sie sich selbst, verkauften sich, verkauften ihre Arbeitskraft, verkauften sich in die Sklaverei.

Wenn die Hungersnot zu Ende sein wird, wird dem Pharao alles gehören: Das Geld wird ihm gehören, das Vieh wird ihm gehören, die Häuser werden ihm gehören, die Felder werden ihm gehören, und die Menschen werden ihm auch gehören. Das wird er Josef verdanken.

Von einem moralischen Standpunkt aus betrachtet, könnte man seine Zweifel haben, von einem ökonomischen Standpunkt aus betrachtet, muß man zugeben: Josef war sehr geschickt. Ein Genie!

Josef hatte sich in diesen vierzehn Jahren verändert. Er galt nach wie vor als gerecht, aber er galt auch als streng. Als unerbittlich streng. Er war still geworden, unnahbar.

Man sagte: »Mit ihm kannst du nicht verhandeln! Du mußt zahlen. Prinzipien hat er so hart wie Stein.«

Immer hielt er sein Gesicht verschleiert. Man vergaß, wie er aussah.

Die Hungersnot war nicht auf Ägypten begrenzt, auch die angrenzenden Länder waren davon betroffen, Kanaan, Syrien. Die Menschen kamen nach Ägypten, weil sie gehört hatten, in Ägypten gebe es Korn zu kaufen. Der Hunger trieb sie.

Josef, der Vizekönig, der auch die Macht hatte über die Gesetzgebung, erließ ein Gesetz, das lautete: »Jeder, der Getreide haben will, muß persönlich kommen. Wenn sich herausstellt, daß einer das Getreide zum Weiterverkauf erwirbt und nicht für den Eigengebrauch, dann wird er getötet. Kein Mann, der nach Ägypten kommt, um hier Getreide einzukaufen, darf mehr als ein Lasttier bei sich haben, und jeder muß den Erwerb des Getreides mit seinem Namen, dem Namen seines Vaters und dem Namen seines Großvaters bestätigen.«

Josef ließ sich von seinen Beamten jeden Tag eine Liste geben, auf der die Namen aller standen, die von außen ins Reich gekommen waren, um hier Getreide einzukaufen. Er wollte den Schwarzmarkt unterbinden, das Handelsmonopol des Pharaos schützen. Aber es gab auch einen persönlichen Grund für diese Maßnahmen: Josef dachte, eines Tages werden seine Brüder kommen, um Getreide zu kaufen. Auch in Kanaan herrschte Hungersnot.

Die Hungersnot in Kanaan war so stark, daß Jakob, der Alte, bald nicht mehr wußte, wie er seine Leute ernähren sollte.

Er rief seine Söhne zu sich und sagte: »Ich habe gehört, in Ägypten unten gibt es Getreide und Hülsenfrüchte zu kaufen. Man sagt, dort herrsche ein kluger

Vizekönig, der habe Vorräte angelegt in den guten Jahren. Ihr müßt dorthin ziehen. Ihr müßt alle zusammen hingehen. Ich habe gehört, man gibt einem Mann nur so viel, wie er allein braucht. Es müssen zehn Männer kommen, wenn man für zehn Männer Essen haben will. Geht hin und kauft Getreide und Hülsenfrüchte. Nur den Benjamin will ich bei mir behalten, denn er ist mein Liebster.«

Dem Benjamin galt Jakobs ganze Liebe. Er hatte seine Frau Rahel verloren, und er hatte seinen Sohn Josef verloren. Jakob war ein alter Mann geworden. Er lebte in der Erinnerung. Und kein Tag war vergangen, an dem er nicht geweint hatte.

Die Brüder rüsteten sich für den Weg nach Ägypten – Ruben, Schimeon, Levi, Jehuda, Isachar, Ascher, Dan, Gad, Naftali und Sebulon.

Jakob gab ihnen noch Maßregeln mit: »Wenn ihr in der Stadt ankommt, benehmt euch unauffällig! Betretet die Stadt durch verschiedene Tore! Laßt euch nicht gemeinsam blicken! Sprecht nicht miteinander, wenn ihr euch zufällig begegnet! Es soll so sein, als ob jeder für sich ist!«

Daran hielten sie sich. Sie waren selbstbewußte Männer. Stolze Nomaden. Aber als sie nach Ägypten kamen, als sie die Hauptstadt betraten, da bekamen sie es mit der Angst.

»Hierher ist vielleicht unser Bruder Josef verkauft worden«, sagten sie sich. In all den Jahren hatten sie dieses Thema gemieden. »Wer weiß, was aus ihm geworden ist.«

Besonders Ruben hatte ein schlechtes Gewissen: »Wer weiß, ob er noch lebt.«

Einzeln meldeten sie sich bei den Beamten des Vize-königs, gaben an, daß sie Weizen und Hülsenfrüchte kaufen wollten.

Josef sah die Liste, sah die Namen seiner Brüder dar-auf. Er gab Befehl, sie zu verhaften. Alle zehn. Man traf sie im Hurenviertel der Stadt. Nicht weil sie zu den Pro-stituierten gehen wollten, waren sie dort.

Vielmehr hatten sie sich gesagt: »Was hat man mit dem Josef anfangen können? Arbeiten konnte er ja nicht. Er hatte ein schönes Gesicht, man wird ihn als männliche Prostituierte verkauft haben.«

Und obwohl sie ihrem Vater versprochen hatten, in der Stadt unter gar keinen Umständen etwas gemeinsam zu unternehmen, hatten sie sich doch ins Hurenviertel geschlichen, weil sie dachten, vielleicht finden wir eine Spur unseres Bruders.

Sie wurden verhaftet und dem Vizekönig vorgeführt.

Der Vizekönig war ein eigenartiger Mann. Er trug einen Schleier. Die Wachsoldaten sagten, noch nie habe ihn jemand ohne diesen Schleier gesehen. Man vermute, hieß es, der Mann habe ein besonders häßliches Gesicht.

Josef ließ die Brüder vorführen. Einem nach dem anderen blickte er in die Augen. Er redete kein Wort mit ihnen.

Mit seinem Dolmetscher flüsterte er: »Übersetze meine Fragen! Aber sei grob dabei! Brüll sie an! Ich wünsche mir, daß sie vor Angst zittern.«

Josef ließ fragen: »Was wollt ihr hier?«

Sie antworteten: »Wir wollen Getreide kaufen und Hülsenfrüchte, wie jetzt alle nach Ägypten kommen, um Getreide und Hülsenfrüchte zu kaufen.«

»Und das wolltet ihr im Hurenviertel kaufen?«

»Nein.«

»Was wolltet ihr dann im Hurenviertel?«

»Wir haben eine Ware verloren und dachten, dort sei sie.«

»Ach so! Eine Ware habt ihr verloren! Was für Ware denn? Was für eine Ware kann das sein? Was für eine Ware sucht man im Hurenviertel? Die einzigen Waren, die es dort zu kaufen gibt, sind Menschen, schöne Frauen, schöne Männer.«

Die Brüder gerieten in Verlegenheit und schauten einander an.

»Ich weiß, was ihr seid!« sagte Josef in der Sprache Ägyptens, und sein Dolmetscher übersetzte es. »Ihr seid Spione! Ihr seid gekommen, um unserem Reich etwas Böses anzutun.«

Er ließ sie gar nicht darauf antworten, er nahm seinen Divinationsbecher und sagte: »Ich werde euch genau sagen, wer ihr seid!«

Ein Divinationsbecher ist ein Gefäß, auf dessen Grund das Bild eines Gottes ist. Wenn man ihn mit Wasser füllt und ein paar Salzkörner hineinfallen läßt, dann kräuselt sich das Wasser, und das sieht so aus, als ob dieser Gott sein Gesicht verziehen würde. Daraus haben Hellseher in Ägypten ihre Wahrheiten bezogen.

Josef nahm also einen solchen Becher, stellte ihn vor sich auf den Tisch und ließ ein paar Salzkörner hineinfallen.

Dann sagte er: »Ich sehe hier zwei von euch«, und er zeigte auf Schimeon und Levi, »die haben vor vielen Jahren in einer Stadt ein grausames Massaker angerichtet. Es war eine friedliche Stadt. Ihr seid keine Gerechten.«

Die Brüder waren entsetzt. Sie wußten, dieser ver-

274

schleierte Mann hat recht. Es war das Massaker in Schechem, von dem er sprach.

Dann fragte Josef: »Wie viele Brüder seid ihr?«

Sie antworteten: »Wir sind zehn.«

Josef ließ wieder ein paar Salzkörner in den Becher fallen, sagte: »Ihr lügt! Ihr seid nicht zehn. Schon wieder seid ihr nicht gerecht. Ihr seid keine guten Menschen. Wie viele seid ihr?«

Schnell sagten sie: »Wir sind elf. Einer von uns ist vor langer Zeit gestorben.«

»Einer von euch ist gestorben? Soso. Vor langer Zeit. Aha! Aber der Gott in meinem Becher sagt etwas anderes. Er sagt, dieser Bruder ist von euch verkauft worden. Ihr lügt schon wieder!«

»Ja, wir lügen«, sagte nun Ruben. »Wir haben diesen Bruder verkauft. Das ist wahr. Wir sind elf.«

»Ihr lügt schon wieder«, sagte Josef. »Ihr seid nicht elf. Zwölf seid ihr!«

Da wußten die Brüder, dieser Mann ist ein Magier, er läßt sich nicht belügen, und sie gaben alles zu: »Ja, wir sind zwölf.«

»Und wo ist der zwölfte?«

»Der zwölfte heißt Benjamin, und er ist zu Hause bei unserem alten Vater.«

»Gut«, sagte Josef, »ich wollte euch töten, weil ihr nicht gerecht seid. Aber vielleicht ist ja euer Bruder Benjamin ein Gerechter. Ich werde euch ins Gefängnis sperren«, sagte er weiter, »vielleicht wird ja eines Tages dieser Benjamin vorbeikommen, um euch zu suchen. Dann werden wir ja sehen, ob er ein Gerechter ist.«

Er ließ seine Brüder ins Gefängnis sperren.

Am nächsten Tag besuchte Josef das Gefängnis und

sagte zu ihnen: »Seht, ich bin nicht barmherzig, ich bin nur gerecht. Aber ich habe einen Gott, der ist gerecht und barmherzig. Und dieser mein Gott hat mir in der Nacht gesagt, ich soll euch freilassen. Ich soll nur einen von euch in Haft behalten, und die anderen soll ich nach Hause schicken.« Er zeigte auf Schimeon und sagte: »Du, Schimeon, du bist der Brutalste von allen, du bist der, der das Massaker in Schechem zu verantworten hat, du wirst hierbleiben. Ihr anderen werdet nach Hause gehen. Erst wenn ihr mit dem Jüngsten, wenn ihr mit Benjamin wiederkommt, werde ich euren Bruder freilassen.«

So geschah es. Josef gab seinen Brüdern Korn mit, er gab ihnen mehr mit, als sie bezahlt hatten, und das Geld, das sie für das Korn bezahlt hatten, steckte er ihnen heimlich unter das Getreide.

Als sie zu Hause ankamen und die Kornsäcke aufmachten und das Geld herausfiel, da sagten sie: »Um Himmels willen, da ist ein Versehen passiert! Er wird sich denken, wir wollten ihn betrügen. Vielleicht hat er Schimeon schon getötet!«

Sie wagten es nicht, ihrem Vater zu erzählen, was alles vorgefallen war.

Jakob fragte: »Wo ist Schimeon?«

Sie sagten: »Er kommt nach. Er versucht noch, irgendwo anders Getreide aufzutreiben.«

Aber Schimeon kam nicht, und das Getreide aus Ägypten war bald aufgezehrt, und der Hunger quälte das Volk Jakobs.

Da sagte Jakob zu seinen Söhnen: »Ihr müßt noch einmal nach Ägypten ziehen. Schimeon ist nicht gekommen, wer weiß, wo er geblieben ist. Ihr müßt noch einmal Getreide holen, sonst verhungern wir alle.«

Die Brüder sagten: »Gib uns den Benjamin mit! Es bekommt jeder nur so viel Korn, wie er auf seinem eigenen Lasttier tragen kann. Wenn wir einen mehr haben, dann kriegen wir mehr Korn.«

Jakob sagte: »Niemals werde ich das tun! Rahel ist mir genommen worden, Josef ist mir genommen worden! Nun ist mir auch noch Schimeon genommen worden. Nein, Benjamin gebe ich nicht her!«

Aber die Brüder überredeten ihren Vater, und Benjamin zog mit ihnen nach Ägypten.

Als Josef erfuhr, daß die Brüder zurückgekehrt waren und daß nun auch Benjamin mit ihnen war, gab er sofort Auftrag, Schimeon aus dem Gefängnis zu entlassen.

»Wie hat man dich behandelt?« wurde er gefragt.

»Gut«, sagte Schimeon.

»Bist du geschlagen worden?«

»Nein.«

»Hat man dich hungern lassen?«

»Nein.«

Die Brüder waren verwirrt. Und um sie noch mehr zu verwirren, schickte ihnen Josef einen Boten. Sie seien Gäste des Vizekönigs, richtete ihnen der Bote aus. Sie seien zum Abendessen bei ihm eingeladen.

»Warum tut er das?« rätselten die Brüder. »Was will er von uns? Jemand, der uns für Verbrecher hält, gibt ein Essen für uns? Das ist doch verrückt!«

Aber sie wagten nicht, die Einladung abzulehnen. Sie waren auf der Hut.

»Benjamin«, sagte Ruben, »du bleibst in meiner Nähe. Und ihr beide, Dan und Gad, ihr haltet gefälligst den Mund!«

Josef hatte den Schleier vor seinem Gesicht. Wieder blickte er seinen Brüdern in die Augen, zuletzt Benjamin. Er mußte sich abwenden. Es tat ihm weh, seinen liebsten Bruder zu sehen. Er sah, daß Benjamin gerecht geblieben war. Das drückte sein Herz so sehr, daß er hinausgehen mußte und draußen weinte.

Während des Gastmahls sagte Josef kein Wort, und auch die Brüder trauten sich nicht zu sprechen.

Dann sagte Josef: »Na gut. Jetzt dürft ihr nach Hause ziehen. Ich werde euch Korn geben. Weil ihr einen Gerechten bei euch habt, Benjamin, werde ich ihm soviel Korn mitgeben, als wäre er fünf.«

Er ließ die Lasttiere der Brüder mit Säcken voll Korn beladen. Mehr als erlaubt war. Und er kam persönlich, um sich zu verabschieden.

»Warum bist du so zu uns?« fragte Ruben.

Josef antwortete nicht. Tat so, als hätte er ihn nicht verstanden.

Und dann schmuggelte er seinen goldenen Becher in den Getreidesack des Benjamin. Und als die Brüder unterwegs waren, schickte ihnen Josef die Wache nach. Die Brüder wurden aufgehalten.

»Wir werden euch jetzt durchsuchen!« hieß es. »Einer von euch ist ein Dieb! Er hat es gewagt, unserem Vizekönig seinen goldenen Becher zu stehlen!«

Ruben, der älteste der Brüder, sagte: »Was denkt ihr? Das würden wir doch niemals tun. Ich meine, wir sind vielleicht nicht so reich wie ihr, aber wir sind doch keine Verbrecher! Dieser Mann war gut zu uns. Das werden wir ihm doch nicht mit einem Diebstahl vergelten!«

Die Wachen fanden bei Benjamin den Becher.

Da schlugen die Brüder auf Benjamin ein und schrien ihn an: »Bist du denn verrückt? Weißt du denn nicht, was jetzt mit uns geschieht? Dieser Mann ist so unglaublich mächtig, er wird uns vernichten, alle!«

Ruben stellte sich vor Benjamin und sagte: »Tut es nicht noch einmal, Brüder! Nicht noch einmal! Denkt an Josef! Wir werden gemeinsam zum Vizekönig gehen, und die Sache wird sich aufklären.«

Das taten sie. Sie gingen gemeinsam zu Josef, und genau so, wie Josef vor vielen Jahren geträumt hatte, so stellten sich nun die Brüder um ihn herum auf – wie die Weizengarben – und fielen vor ihm auf den Boden, lagen da und baten ihn um Vergebung, sagten, es sei ein Versehen gewesen, Benjamin sei kein Dieb, es müsse ein Versehen sein.

Josef sagte: »Ich werde Benjamin bei mir behalten, er hat mir den Becher gestohlen. Ihr anderen könnt gehen.«

Da trat Ruben vor und sagte: »Das kannst du nicht machen, das wird unser alter Vater nicht überleben. Laß Benjamin ziehen, nimm mich, steck mich in das finsterste Loch. Töte mich! Ich kann nicht zulassen, daß dieser Schmerz meinem alten Vater angetan wird. Er wird es nicht überleben, wenn Benjamin hierbleibt.«

Da konnte sich Josef nicht mehr zurückhalten, und er begann zu weinen. Er konnte nicht sprechen. Die Brüder dachten, jetzt ist er tatsächlich verrückt geworden, jetzt haben sie es mit einem Verrückten zu tun, mit einem ganz und gar Unberechenbaren.

»Er kann jeden Augenblick Befehl geben, uns zu töten«, sagten sie, meinten sie doch, der Vizekönig könne sie nicht versehen.

Da nahm Josef den Schleier ab und sagte: »Ist es denn wahr? Lebt unser Vater noch?«

Er sprach mit ihnen Hebräisch, er brauchte keinen Dolmetscher mehr. Er gab sich als ihr Bruder zu erkennen. Die Brüder fielen wieder vor ihm nieder. Wie er es geträumt hatte.

Josef umarmte seinen Bruder Benjamin, drückte ihn an seine Brust, und den Brüdern gab er Bruderküsse und sagte, daß er ihnen verziehen habe. Er sagte, sie sollen heimkehren nach Kanaan, und sie sollen Jakob holen, sie sollen ihn holen, er und sein Volk könnten hier in Ägypten in Ehren und Wohlstand leben.

Die Brüder machten sich auf den Weg nach Hause, und da erinnerten sie sich daran, was einst Sara passiert war, der Frau des Abraham, nämlich daß sie nicht gestorben war, als sie erfuhr, daß ihr Sohn Isaak getötet worden sei, sondern erst, als sie erfahren hatte, daß er doch noch lebte. Sie fürchteten, daß Jakob sterben könnte, wenn sie ihm nun erzählten, daß Josef, sein Liebling, noch am Leben sei, daß er der mächtige Vizekönig von Ägypten sei.

Da war einer der Brüder, nämlich Ascher, der hatte eine Tochter, die konnte sehr schön singen, und sie kamen überein, sie solle ein Lied schreiben, ein Lied, in dem erzählt wird, daß ein Sohn lebt, der Josef heißt, und daß sich ein Vater freut, der Jakob heißt. – Und so haben sie es gemacht. Sie schickten Aschers Tochter voraus, und die sang ihrem Großvater etwas vor.

Und Jakob? Dankbar und glücklich fiel er auf die Knie, dankte Gott, war mit allem einverstanden, war auch einverstanden, mit seinen Söhnen und seinem ganzen Volk nach Ägypten zu ziehen.

So machten sie sich auf den Weg, heraus aus dem vertrockneten, verhungerten Kanaan hinunter in das glänzende Ägypten, wo die Speicher voll waren.

Der Pharao nahm sie auf, er gab ihnen die schönsten Weideplätze, er sagte zu Jakob: »Dein Sohn Josef, er ist unser Nährvater. Dem ganzen Reich hat er Nahrung gegeben. Wir alle verdanken deinem Sohn das Leben.«

Jakob war ein stolzer Vater. Er blieb in Ägypten. Auf dem Sterbebett bat er Josef, er solle seinen Leichnam zurück in das Land seiner Väter bringen, nach Kanaan.

ZEPHU

Was ist geschehen? Josef, der Israelit, hat Ägypten gerettet! Mit Verstand, mit seinem durchgreifenden Organisationstalent und dem Glauben an seine hellsehende Kraft, den er sich aus der Kindheit bewahrt hat, wendete er eine Hungerkatastrophe ab. Josef – sein Name wurde mit Bewunderung und Liebe ausgesprochen. Josef, der Stellvertreter des Pharaos, der Vizekönig. In den Jahren des Überflusses bereitete er den Staat auf die Jahre der Entbehrungen vor. So hat er Ägypten gerettet.

Was aber war geschehen, daß sein Name in Ägypten mit Haß und Verachtung ausgesprochen wurde? Keine zwei Generationen waren vergangen, seit der Pharao zum Dank das Volk des Josef nach Ägypten eingeladen hat. Damit es teilhabe am Überfluß für immer. Mit Jubel sind die Brüder des Vizekönigs empfangen worden, die elf Brüder mit ihren Familien und Sippschaften und ihrem Gesinde, ihren Herden und ihrem Hausrat, die Stämme Ruben, Simeon, Levi, Jehuda, Issachar, die Stämme Gad und Ascher, die Stämme Dan, Naftali, Sebulon und der mächtige Stamm Benjamin. Und mit ihnen war Jakob gezogen, der Stammvater, begleitet von den drei Frauen, die ihm geblieben waren, Lea, Silpa und Bilha. Und der Pharao hatte den greisen Mann umarmt, hatte seine Fingerspitzen geküßt, hatte seine Hand auf das Geschlecht des Alten gelegt und ihm gedankt, daß er den Josef gezeugt hat.

Josef – was für ein Name!

Die Wohltaten des Josef wirkten lange und über seinen Tod hinaus. Sein Andenken wurde in Ehren gehalten, sein Volk geliebt. In Frieden und Eintracht, ja, in Freundschaft lebten Ägypter und Israeliten nebeneinander. Die einen respektierten die anderen, die Religion der anderen, die Bräuche der anderen, die Sprache der anderen. Schon begannen sich die beiden Völker zu vermischen. Ehen wurden geschlossen, große Feste gefeiert, ein ägyptisches für die Braut, ein israelitisches für den Bräutigam. Oder umgekehrt.

Und dann, auf einmal, war alles anders.

Am Ende der Genesis, dem ersten Buch Moses, werden Josef und seinem Volk in Ägypten noch alle Ehren zuteil. Am Beginn des zweiten Buches, genannt Exodus, heißt es, daß die Ägypter das Volk Israel hassen und verachten, daß sie es vernichten wollen. Israel stöhnte unter der Tyrannei eines neuen Pharaos. Israel betete zu seinem Gott und schrie nach einem Mann, der es aus dem Elend erlösen sollte, der es herausführen sollte aus der Knechtschaft. Die Sehnsucht nach einem Erlöser sprach aus jedem Wort, aus jedem Gedanken, aus jedem Gebet.

Was war geschehen?

In der Bibel finden wir keinen Hinweis auf die Ursachen dieses Hasses. Aber eine hebräische Sage gibt uns Antwort.

Es war einmal ein Händler, ein Mann aus Ägypten, der kannte alle Nachbarländer seiner Heimat, und er kannte auch die Nachbarländer der Nachbarländer, und all diese Länder waren erst ein kleiner Teil der Welt, die er betreten, wo er Waren gekauft und Waren verkauft hatte. Unentschuldbarerweise hat die Sage vergessen, uns den Namen des Mannes zu überliefern.

Zu jener Zeit war er auf der Heimreise in die Hauptstadt Ägyptens, mit seiner kleinen Karawane zog er durch die Wüste, viele Monate war er unterwegs gewesen. Himmel und Erde der letzten Tagesreisen waren ihm vertraut, und das, obwohl der Himmel immer derselbe war, das Land aber immer ein anderes, denn der Wind formt die Wüste nach seiner Laune von Tag zu Tag, von Stunde zu Stunde neu. Der Weg war gut ausgesteckt. Aber auch wenn Räuber die Stecken verstellt oder gar im Sand vergraben hätten, der Händler hätte den Weg gefunden, mit geschlossenen Augen sogar, denn er war ein Reisender, und ein Reisender trägt eine Karte der gangbaren Wege in sich – jedenfalls jener Wege, die ihn nach Hause führen.

Am letzten Abend vor seiner Ankunft in der Stadt – gerade hatte er Befehl gegeben, bei einem Brunnen das Lager aufzuschlagen – sah er einen Reiter über die Dünen kommen. Der Fremde winkte einen Gruß, der Händler winkte zurück, und bald darauf standen sich Händler und Fremder gegenüber und vollzogen ihr Begrüßungsritual. Der Fremde fragte, ob er sich der Karawane anschließen dürfe, er habe dasselbe Ziel, nämlich die Hauptstadt Ägyptens.

Von allem Anfang an empfand der Händler wärmste Sympathie für diesen Fremden. Die Augen dieses

Mannes, deren Blick immer etwas erstaunt wirkte, auch wenn es gar nichts zu staunen gab, schauten einen so offen und unbewaffnet und ohne Hintergedanken an, daß es leichtfiel, über Dinge zu reden, die man mit einem Fremden niemals besprechen hätte wollen.

Die beiden speisten zusammen, tranken zusammen, erzählten, schwiegen, erzählten wieder, und als sie sich zur Nachtruhe verabschiedeten, war dem Händler, als habe er den Abend mit einem Freund verbracht, einem alten Freund, einem Bruder. Noch nie in seinem Leben war ihm ein Mensch begegnet, der in solcher Harmonie mit ihm schwang, der die Welt und die Menschen ebenso sah und deutete wie er, der über dasselbe lachte, sich über dasselbe Sorgen machte, dieselben Hoffnungen in sich trug. Dieser Mann, dachte der Händler voll Erstaunen, war ein Spiegelbild seiner selbst. So selbstverständlich war ihm während des Abends seine Gegenwart gewesen, daß er ganz vergessen hatte, ihn nach seinem Namen zu fragen.

»Zephu«, antwortete der Fremde, als ihn der Händler am nächsten Morgen fragte.

Er habe nie einen solchen Namen gehört, sagte der Händler und fragte, aus welcher Sprache er stamme.

»Man trägt einen Namen und denkt nicht darüber nach«, sagte der Fremde. »Als ich darüber nachdachte, haben meine Eltern schon nicht mehr gelebt, und ich konnte sie nicht fragen.«

Und dann, als die Karawane weiterzog, begann Zephu ein Gespräch.

»Du stammst aus Ägypten?«

»Ja«, sagte der Händler. »Ich bin in Ägypten geboren und auch aufgewachsen. Ich habe die ganze Welt gesehen, aber ich möchte nirgendwo anders leben als in Ägypten.«

»Und was ist der Grund für deinen Stolz?«

Die beiden ritten hinter der Karawane her, so ließ es sich leichter reden, denn im Troß war ein Geschrei, die Leute freuten sich auf zu Hause, zu lange waren sie schon unterwegs, und in fremden Gegenden hält man besser den Mund. Nun war die Heimat nur noch wenige Stunden entfernt.

»Der Grund für meinen Stolz«, sagte der Händler, »ist der Friede. Ägypten lebt in Frieden mit all seinen Nachbarn. Ich bin ein Mann der Wirtschaft. Die Wirtschaft aber kann nur im Frieden blühen.«

»Du bist ein Mann der Wirtschaft, das ist wahr«, spann Zephu das Gespräch weiter. »Du sagst, Ägypten lebt mit seinen Nachbarn in Frieden. Das will ich glauben. Aber heißt das auch, daß die Nachbarn mit Ägypten in Frieden leben?«

Dieser Gedanke war dem Händler noch nicht gekommen.

»Ich weiß nicht, was du meinst«, sagte er.

»Ägypten ist reich, wie ich höre, und wie ich weiter höre, profitieren alle Menschen, die in Ägypten leben, von diesem Reichtum.«

»Ja.«

»Wirklich alle?«

»Alle.«

»Auch jene, die eine andere Sprache sprechen, eine andere Religion haben, andere Bräuche?«

»So ist es.«

»Und alle sind glücklich?«

»Alle sind glücklich.«

»Das muß doch den Neid der Nachbarn erregen.«

»Tut es aber nicht.«

»Und woher nimmst du deine Gewißheit?«

Da lächelte der Händler.

»Hast du je von Josef gehört? Vor vielen Jahren war er Vizekönig in Ägypten. Der Pharao überließ ihm das Regieren. Weil Josef so klug war, so weitblickend. Und er hat klug regiert, hat den Menschen Wohlstand gebracht und hat sie gelehrt, den Wohlstand zu halten. Das war weitblickend. Und seine Außenpolitik war ebenso klug und weitblickend wie seine Innenpolitik, und das hat dazu geführt, daß Ägypten keine Feinde hat. Innen nicht und außen nicht.«

»Ah, Josef«, sagte Zephu, »Josef! Ja, ja, ich habe von ihm gehört. Nur das Beste. Nur das Allerbeste.«

Und nach einer Weile fing Zephu wieder an.

»Angenommen«, sagte er. »Einfach einmal angenommen, rein theoretisch und wirtschaftlich betrachtet: Gibt es ein Volk, das für Ägypten rein theoretisch und wirtschaftlich betrachtet eine Gefahr darstellen könnte? Könnte – ich sage absichtlich: könnte.«

Der Händler meinte, Zephu wolle ihm und sich selbst mit einem Was-wäre-wenn-Spielchen die Zeit verkürzen. Solche Spielchen waren zu jener Zeit sehr beliebt, an den Schulen wurden sie in den Unterricht eingebaut, die Lehrer meinten, es fördere die Intelligenz, wenn die Schüler zu allem Bestehenden eine Alternative zu denken in der Lage wären. Manche behaupteten, dazu hätte sie Josef angehalten. Alles, was in Ägypten für gut gehalten wurde, führte man auf Josef zurück.

»Ja, also wenn du so fragst«, sagte der Händler zu Zephu, »dann würde ich antworten: Am ehesten könnte – könnte! – König Turnus II. von Benevent eine Gefahr darstellen, rein wirtschaftlich betrachtet. Die Handwerker in seinem Land erzeugen in etwa das gleiche wie unsere Handwerker, ihr Überschuß dürfte nicht weit unter unserem liegen. Der Handel gedeiht. Das heißt, wir sind unmittelbare Konkurrenten. König Turnus II. ist der Sohn von König Turnus I., mit ihm haben wir auf allen Gebieten blendend zusammen- gearbeitet...«

»Trotz aller Konkurrenz?«

»Trotz aller Konkurrenz...«

Zephu vermied es, dem Händler ins Gesicht zu sehen, er hatte den Kopf leicht erhoben und blinzelte unter den Lidern hervor. Damit machte er deutlich, daß es sich bei ihrem Gespräch um eine Spintisiererei handelte, worum es sich nicht gehandelt hätte, würden sich die beiden in die Augen gesehen haben.

»Und warum«, fragte er, »warum könnte, jetzt einmal theoretisch gesprochen, König Turnus II. eine Gefahr für Ägypten sein, wirtschaftlich betrachtet?«

»Sein Vater ist vor nicht langer Zeit gestorben, plötz- lich verstorben.«

Auch der Händler blickte ins Leere, es gefiel ihm, wie der Fremde, der ja doch eigentlich sein Freund war, das Spielchen vorantrieb, und er fuhr fort.

»Man befürchtet, er hat seinen Sohn nicht richtig, das heißt, nicht vollständig auf das Amt des Königs vor- bereitet. Turnus II. ist noch ledig. Das hat sicher nichts zu bedeuten, aber es erscheint in Wirtschaftskreisen nicht von Vorteil, wenn ein König ledig ist, da hat er Flausen im Kopf. Da kann es geschehen, daß Entschei- dungen nicht aus logischen Schlüssen und stringenten

Analysen resultieren, sondern aus dem Hormonspiegel, und der ist bekanntlich bei Unverheirateten schwankend. Er ist für uns unberechenbar, der junge König, er könnte ein wunderbarer König werden, wir wissen es aber nicht. Er ist ein Unsicherheitsfaktor, es wäre gut, wenn er bald heiraten würde.«

»Und du meinst«, fragte Zephu nun in einem Ton, als sei für ihn mit der Beantwortung das Spielchen beendet, »wenn König Turnus II. die richtige Frau findet, wird auch keine Gefahr mehr für Ägypten bestehen, auf wirtschaftlichem Gebiet?«

»So ist es. So ist es.«

Und beide, der Händler und Zephu, nickten zufrieden.

In der Hauptstadt trennten sich Zephu und der Händler.

Zu Hause erzählte der Händler seiner Frau von dem Mann, und er sprach so begeistert von ihm, daß die Frau sagte: »Du redest, als hättest du die Klugheit und Liebenswürdigkeit, den Scharfsinn und die Güte in einer Person kennengelernt. Wenn er jetzt auch noch eine Schönheit ist, dann glaube ich es!«

»Aber so ist es«, rief der Händler aus, »ganz genau so ist es.«

Und als er merkte, daß er, ohne es beabsichtigt zu haben, in Wortwahl und Ausdruck die Art des Fremden nachgeahmt hatte, lächelte er und nahm sich vor, dabei zu bleiben.

Zephu war in einer Herberge abgestiegen und schlenderte nun durch die Stadt. Es war Abend, da kam er zum Palast des Pharaos. Es war die Zeit der Wachablöse. Er ging auf den Hauptmann zu, der gerade sein

Tagwerk beendet hatte, grüßte ihn in selbstbewußt höflicher Weise, stellte ihm einige Fragen dessen Beruf betreffend, es entspann sich ein Gespräch, und dem Hauptmann ging es ähnlich wie dem Händler: Auch er meinte, noch nie im Leben sei ihm ein Mensch begegnet, der in solcher Harmonie mit ihm schwang, der die Welt und die Menschen ebenso sah und deutete wie er, der über dasselbe lachte, sich über dasselbe Sorgen machte, dieselben Hoffnungen in sich trug.

Zephu fragte, ob er den Hauptmann ein Stück begleiten dürfe, es sei so angenehm, mit ihm zu plaudern. Und das war dem Hauptmann recht, sehr recht sogar.

»Du bist doch ein Fachmann in militärischen Fragen«, begann Zephu bald ein neues Gespräch. »Sehe ich das richtig?«

»Ohne unbescheiden zu sein: Das ist richtig.«

»Dann möchte ich dich etwas fragen: Wer ist Ägyptens Hauptfeind?«

Der Hauptmann antwortete prompt: »Niemand. Wir haben keine Feinde. Josef, der vor vielen Jahren unser Vizekönig war, hat das Land so prächtig regiert, daß wir weder innerhalb des Landes noch außerhalb des Landes Feinde haben.«

»Ah, Josef«, sagte Zephu, »Josef! Ja, ja, ich habe von ihm gehört. Nur das Beste. Nur das Allerbeste.«

Und nach einer Weile fing er wieder an.

»Angenommen«, sagte er, »einfach einmal angenommen, rein theoretisch und militärisch betrachtet: Gibt es einen König, der für Ägypten rein theoretisch und militärisch betrachtet eine Gefahr darstellen könnte? Könnte – ich sage absichtlich: könnte.«

Der Hauptmann überlegte: »Also rein theoretisch...

Aeneas, der König von Dinara, er vielleicht. Er ist sehr mächtig, er und sein Volk haben ein grausames Schicksal hinter sich. Ihre Heimat ist verbrannt worden. Es heißt, der König habe seit damals nicht mehr gelacht. Seit damals vertraue er niemandem mehr, vertraue nur noch auf seine militärische Stärke. Aber es heißt auch, Aeneas habe einmal eine Ausnahme gemacht, einem einzigen Mann habe er vertraut, und es heißt, er habe das nicht bereut...«

»Darf ich raten, wer dieser Mann war?« unterbrach Zephu den Hauptmann.

Dabei schaute er ihn an, und sein Blick wirkte etwas erstaunt, obwohl es ja gar nichts zu staunen gab, denn wer anders hätte das Vertrauen des alten Königs Aeneas gewinnen können als...

»Es war euer Josef. Habe ich recht?«

»Ja, du hast recht«, lachte der Hauptmann. »Inzwischen aber ist Aeneas hoch in den Jahren, er hat das Regieren satt, und wohl das Leben satt, nun will er seine Macht an seinen Sohn Nibulus übergeben. Von diesem Sohn aber wissen wir wenig. Manche behaupten, er sei friedlich wie ein Lamm. Andere erzählen ganz anderes.«

Nun waren die beiden beim Haus des Hauptmanns angekommen. Der Hauptmann wollte Zephu zum Abendessen einladen, aber Zephu lehnte ab. Der Hauptmann blickte Zephu nach, als der durch die Dunkelheit den Weg zurück ging, und ihm war, als habe er nicht mit einem Fremden einen Abendspaziergang gemacht, sondern mit einem Freund, einem alten Freund, einem Bruder...

Und seiner Frau erzählte der Hauptmann das gleiche, was der Händler seiner Frau erzählt hatte, und die

Frau des Hauptmanns sagte das gleiche, was die Frau des Händlers zu ihrem Mann gesagt hatte, nämlich daß man den Eindruck haben könnte, er habe den Abend mit der Klugheit und Liebenswürdigkeit, dem Scharfsinn und der Güte in einer Person verbracht, und wenn er jetzt auch noch eine Schönheit sei, dann glaube sie ihm das.

»Aber so ist es«, sagte der Hauptmann, »ganz genau so ist es.«

Und als er merkte, daß er die Art des Fremden nachgeahmt hatte, war ihm das ganz recht.

Der Zufall aber wollte es, daß die Frau des Händlers und die Frau des Hauptmanns Schwestern waren. Die beiden trafen sich, und sie erzählten einander die Geschichten, die ihre Männer ihnen erzählt hatten, und da wunderten sich diese beiden Frauen.

»Wie ist es möglich«, sagten sie, »daß unsere Männer, die so verschieden sind, wie man verschiedener nicht sein kann, die sich auf den Tod nicht ausstehen können, daß sie beide in ein und demselben Mann einen Bruder sehen, der die Welt und die Menschen deutet wie sie, der über dasselbe lacht, sich über dasselbe seine Sorgen macht, dieselben Hoffnungen in sich trägt?«

Die Frau des Hauptmanns sagte: »Wenn dieser Fremde so ist wie mein Mann, dann kann er nicht sein wie deiner.«

Und die Frau des Händlers gab ihrer Schwester recht.

Wer war dieser Zephu?

Er war der Sohn des Eliphas, der Enkel des Esau. Esau war der Bruder des Jakob, er war von Jakob um sein Erstgeburtsrecht und somit um den Segen des Vaters Isaak betrogen worden. Aber Esau war, entgegen

der Meinung so mancher Erzähler, die den Betrug des
Jakob rechtfertigen wollen, ein großzügiger, ja, ein edler
Charakter. Er vergab seinem Bruder, forderte nicht ein-
mal Genugtuung.

Anders verhielt es sich bei Eliphas, seinem Sohn. Es
hatte ihn verletzt, daß mit seinem Vater so umgesprun-
gen worden war. Nicht nur Esau, sondern dessen ganze
Familie sei von Jakob gedemütigt worden, sagte er.
Sagte es täglich. Das war sein Ceterum censeo, wenn er
zu seinen Söhnen sprach.

»Wir werden nichts gegen Jakob und seine Sippe
unternehmen«, verkündete er. »Das würde das Andenken an Esau trüben, der ein vornehmer Mann war.
Seine Großzügigkeit werden wir respektieren, über
sein Grab hinaus. Deshalb werden Jakob und die Seinen von unserer Seite nichts zu befürchten haben. Aber
vergessen werden wir nicht. Wir werden keinen Handel
mit dem Geschlecht Jakobs treiben, wir werden einer
ehelichen Verbindung zwischen einem unserer Söhne
oder einer unserer Töchter mit Nachkommen des Jakob
nicht zustimmen, wir werden Dritten gegenüber unsere
Verwandtschaft leugnen. Der Stamm der Edomiter hat
nichts gemeinsam mit dem Stamm Israel.«

Und die Söhne des Eliphas nickten mit grimmigen
Mundwinkeln und ballten die Fäuste in den Taschen,
aber sie versprachen zu handeln, wie ihr Vater es
wünschte.

Nicht so Zephu. Zephu hatte zwar ebenso wie seine
Brüder dem Vater sein Wort gegeben, nichts gegen Jakob
und dessen Sippe zu unternehmen. Aber ein Ehrenwort
war ihm nichts wert, und Wortbruch betrieb er, wo
immer es ihm nützlich war.

Nein, Zephu war nicht der freundliche, der offene, der charmante, liebenswürdige Mensch, als der er allen erschien – dem Händler ebenso wie dem Hauptmann. Sein Auge war nicht das Spiegelbild seiner Seele. Er war getrieben von Haß. Es war aber ein besonderer Haß, ein Haß, der nur einen einzigen Adressaten kannte, so daß er ganz in der Seele seines Absenders verborgen blieb, wenn der mit jemandem sprach, der keine Rolle in dieser grausigen Leidenschaft spielte. Deshalb hielten die Leute Zephus Wesen für liebenswürdig und ohne Falsch – solange sie ihn nicht näher kannten.

Und was flüsterte dieser Haß dem Zephu ein?

»Daß wir Edomiter ein unbedeutendes Volk sind, daß wir arm sind, daß unseren Männern manchmal nichts anderes übrigbleibt, als in den Städten zu betteln, und unseren Frauen nichts anderes als die Hurerei, daran ist nur einer schuld – nämlich Jakob. Jakob und sein Volk Israel.«

Zephu hatte zwar nie in seinem Leben einen Israeliten zu Gesicht bekommen, die waren ja vor langer Zeit fortgezogen, nach Ägypten; aber das tat seinem Haß keinen Abbruch. Im Gegenteil.

»Jakob hat Esau mit dem Erstgeburtsrecht auch den Segen des Isaak gestohlen. Der Segen hat ihn reich gemacht. Hat ihn in das reichste Land der Welt geführt. Hat sein Volk dort zu Ansehen und Macht verholfen. Das alles hätte uns, den Edomitern, zugestanden!«

In Wahrheit aber dachte Zephu nur an sich. Seine Leute galten ihm nichts, zur schmalbrüstigen Rechtfertigung für seinen Haß mußten sie ihm herhalten.

»Ich«, sagte er sich, »ich bin so begabt, ich bin so klug, ich bin so weltgewandt, und ich habe dennoch nicht die geringste Chance. Wie leicht es mir doch fällt, die Gunst, sogar die Liebe der Menschen zu gewinnen! Und was hat es mir genützt? Was ist aus mir geworden? Ein armer Schlucker mit einem gut geölten Mundwerk!«

Daß er die Gunst, die Liebe der Menschen ebenso schnell wieder verlor, wie er sie gewonnen hatte, das führte er nicht darauf zurück, daß man ihn, wann immer er länger irgendwo blieb, durchschaute, sondern daß er, der Edomiter, ohne Segen war.

Der Neider will so viel haben wie der andere; der Mißgünstige wünscht, der andere möge so wenig haben wie er. Zephu war ein Mißgünstiger, und in seinem Herzen gedieh die Mißgunst, als wäre sie dort zu Hause. Und was ist der Mißgunst letztes Wort? Zerstörung.

Zephu machte sich auf den Weg nach Ägypten. Er wollte das Volk des Jakob, das Volk Israel suchen. Das war der Zweck seiner Reise. – Und dann? Was hatte er vor? Was war sein Plan? Hatte er überhaupt einen Plan?

Wer die Zerstörung will, der braucht keinen Plan. Nie ist ein Mensch freier in allem, was er denkt und tut, als wenn Ziel und Ende seines Trachtens Zerstörung heißen. Ihn brauchen keine Wahrheit zu kümmern, keine Logik, weder Strategie noch Taktik, gewiß nicht Moral, er kennt keine Hemmung. Was zerschlagen ist, läßt sich nicht mehr zusammenfügen. Nur der ungebundene, reine Zerstörungswille setzt die Phantasie in ungebundener, reiner Form frei. Konstruktives Denken und konstruktives Handeln machen Fehler, der Irrtum ist dem Konstruktiven inhärent. Zwischen dem konstruktiven Gedanken und seiner Materialisierung entstehen zwangsläufig Indifferenzen. Nie wird etwas genau so, wie es gedacht war.

Anders beim destruktiven Gedanken. Die Zerstörung in der Tat gleicht der Zerstörung im Gedanken aufs Haar. Der konstruktive Mensch ist immer und unausweichlich Bedingtheiten ausgesetzt, deshalb werden ihn der Zweifel und die Unzufriedenheit nie verlassen. Zweifelsfrei und zufrieden ist nur der Zerstörer. Er ist bedingungslos, das macht ihn attraktiv. Über Zephu wird die Welt sagen: »Er ist ein Genie!«

Nein, er hatte keinen Plan. Ebenso wie der Gesegnete darauf vertraut, daß ihm das Gute auf seinem Weg entgegenfliegt und ihm die Richtung weist, so verließ sich Zephu auf seinen Haß, und sein Haß war so gewaltig und gab ihm so viel Kraft, daß er sich einbildete, er allein könne die Vernichtung Israels betreiben.

Bereits am nächsten Tag verließ er die Hauptstadt Ägyptens und machte sich wieder auf den Weg hinaus in die Wüste. Er ging den Menschen aus dem Weg, hatte ihn doch die Erfahrung gelehrt, daß ihm die Menschen ihrerseits aus dem Weg gingen, wenn sie ihn erst näher kennengelernt hatten. Da traf er in der Wüste abermals auf eine Karawane, und er schrieb es der Gunst jener Kraft zu, die ihre Macht und Stärke im Haß offenbart, daß diese Karawane im Auftrag von König Aeneas unterwegs war, nämlich um im Namen seines Sohnes Nibulus im Lande Kittim am Hof des mächtigen Königs Uzi um die Hand der Prinzessin Jania zu werben.

König Aeneas, der des Regierens müde war und wohl auch des Lebens, hatte seinen Kanzler geschickt, hatte ihn ausgestattet mit wertvollen Geschenken.

»Vom Land Kittim habe ich nur Gutes gehört«, sagte er, »und von König Uzi nur das Beste. Seine Tochter wird er gut erzogen haben. Ich wünsche mir, daß Nibulus Jania heiratet.«

Ob auch Nibulus Jania heiraten wollte, stand gar nicht zur Debatte.

Einmal meldete sich der junge Königssohn zu Wort: »Ist sie denn auch schön?« fragte er.

»Was spielt das für eine Rolle?« fuhr ihn Aeneas an.

»Wenn sie nicht schön ist, dann will ich sie nicht«, versuchte Nibulus zu trotzen.

Darauf gab ihm Aeneas keine Antwort. Mit einem Wink entließ er den Kanzler.

Aber Nibulus lief dem Kanzler nach.

»Wenn sie nicht wenigstens hübsch ist«, wiederholte er, »dann will ich sie nicht.«

»Es ändert nichts, ob du sie willst oder nicht«, sagte der Kanzler.

»Oh, doch«, beharrte Nibulus. »Wenn sie mir nicht gefällt, werde ich nicht gut zu ihr sein, und wenn ich nicht gut zu ihr bin, wird sie es ihrem Vater melden, und der wird zornig sein, und dann haben wir uns mit der Heirat nicht einen Verbündeten geschaffen, sondern einen Feind.«

Das sah der Kanzler ein, und er versprach Nibulus, daß er ihm ein Bild von Prinzessin Jania mitbringen wird.

»Ein Bild ist ein Bild«, nörgelte Nibulus weiter, »und ein gutes Bild ist ein gutes Bild, aber man hat schon erlebt, daß ein Maler besser malen kann als die Natur.«

»Also, was soll ich tun?«

»Bring mir ein Bild mit von Prinzessin Jania, aber schau sie dir vorher an!«

Der Kanzler versprach es und machte sich mit seinem Troß auf den Weg.

Dieser Karawane schloß sich Zephu an. Und – wir wundern uns nicht – er befreundete sich mit dem Kanzler. Der Kanzler jedenfalls nannte es Freundschaft. Schon nach dem ersten Abend, den er im Gespräch mit Zephu verbrachte, war dem Mann, als sei ihm in seinem an Erfahrungen reichen Leben noch nie ein Mensch begegnet, der in solcher Harmonie mit ihm schwang, der die Welt und die Menschen ebenso sah und deutete wie er, der über dasselbe lachte, sich über dasselbe Sorgen machte, dieselben Hoffnungen in sich trug ...

»Ich habe eine heikle Mission zu erfüllen«, vertraute der Kanzler Zephu an. »Ich wünschte, ich hätte jemanden wie dich an meiner Seite.«

Zephu sagte, er werde ihn gern nach Kittim begleiten. Das sei ihm eine Freundespflicht.

»Freundespflicht«, wiederholte der Kanzler mit einem Anflug von Sentiment.

Und Zephu »befreundete« sich auch mit Troilos, dem Sohn des Kanzlers, einem gutgewachsenen, hübschen, durchaus auch klugen Mann. Der zugegebenermaßen etwas naiv war. Wer aber mußte sich hinterher, wenn er Zephu erst näher kennengelernt hatte, nicht vorwerfen, naiv gewesen zu sein?

Schließlich erreichten sie Kittim und wurden am Hof von König Uzi empfangen. Nach dem Gastmahl ließ der König seine Tochter rufen. Aber er erlaubte es nicht, daß sie ihr Gesicht vor den Fremden entblößte. Nur in die Augen durften sie ihr schauen.

»Ein Bild, gut, ein Bild lasse ich von Jania malen«, sagte König Uzi. »Das muß genügen.«

Nun begann die Diplomatie. Der Kanzler argumentierte, ein Bild sei ein Bild, und ein gutes Bild sei ein gutes Bild, aber man habe schon erlebt, daß ein Maler besser malen kann als die Natur, was in diesem Fall nicht unterstellt werden solle, aber schließlich sei sein Herr Aeneas einer der reichsten und mächtigsten Könige, und eine Verbindung mit Kittim, das müsse König Uzi doch wohl zugestehen, könne in erster Linie für ihn als Vorteil verbucht werden, weshalb sein Herr zweifellos verlangen dürfe, daß alle Voraussetzungen dieses Geschäftes offengelegt würden.

»Ein Geschäft?« brauste König Uzi auf. »Die Heirat meiner Tochter ist ein Geschäft?«

»Nun ja«, sagte der Kanzler, »ein Geschäft freilich nicht für die jungen Leute, für Jania und Nibulus, die sollen und werden sich lieben, ein Geschäft aber sicher für die Väter.«

So ging es den ganzen Abend. Schließlich machte König Uzi den Vorschlag, der Kanzler allein solle das ganze Gesicht von Jania zu sehen bekommen.

»Das ist ein guter Vorschlag«, sagte der Kanzler. »Aber weißt du, mein Herr, der König Aeneas, ist ein alter Mann, und er ist mißtrauisch, womöglich wird er denken, ich sei von dir bestochen worden. Deshalb wünsche ich, daß dieser Freund« – er zeigte auf Zephu – »ebenfalls das Gesicht deiner Tochter sehen darf.«

Auch damit war König Uzi einverstanden.

Nun aber ergriff Zephu das Wort: »Ich bin ein junger Mann«, sagte er, »ich kann mich an Erfahrung weder mit König Uzi noch mit dem Kanzler von König Aeneas messen. In meinem Alter hat man Launen, hat man Gefühle, und Launen und Gefühle können einem den Blick trüben. Gefühle können jubeln, wo es wenig zu jubeln gibt, Launen können kritisieren, wo es wenig zu kritisieren gibt. Deshalb wünsche ich mir diesen Freund« – er zeigte auf Troilos, den Sohn des Kanzlers – »an meiner Seite. Er ist in meinem Alter, auch er hat Gefühle und Launen, so daß ein Ausgleich mit meinen Gefühlen und Launen zu erwarten ist. So sind wir zu zweit und können neben dem König und dem Kanzler als einer gelten.«

König Uzi war auch damit einverstanden.

Nun betraten sie zu viert das Zelt der Königstochter. Auf Befehl ihres Vaters nahm Jania den Schleier vom Gesicht. Oh, sie war sehr schön, die Augen des erfahrenen Kanzlers öffneten sich weit, und in den Gesichtern von Zephu und Troilos zeigten sich nur Gefühle und gar keine Launen, und der Vater des Mädchens war sehr stolz.

Am selben Abend bat Zephu Troilos, mit ihm einen Spaziergang zu machen. Sie verließen die Stadt, setzten sich draußen beim Brunnen unter eine Dattelpalme.

Lange sagte Zephu nichts. Dann seufzte er.

»Warum seufzt du?« fragte Troilos.

»Es wird schwer werden«, sagte Zephu.

»Was wird schwer werden?«

»Für Prinzessin Jania wird es schwer werden.«

»Ich verstehe dich nicht.«

»Hast du denn keine Augen im Kopf, Troilos? Hast du sie denn nicht angesehen? Was bist du doch für ein herzloser Mensch! Siehst nicht das Leid im Gesicht einer jungen Frau, die keine Armeslänge von dir entfernt steht!«

»Was redest du denn da! Ich bin kein herzloser Mensch! Und warum sollte Prinzessin Jania leiden?«

»Weil sie verliebt ist, unglücklich verliebt ist.«

»Aber wie kann sie denn verliebt sein? Sie kennt Nibulus ja noch gar nicht, sie hat ihn nie gesehen, wir haben kein Bild von ihm mitgebracht! Und außerdem, wenn sie, angenommen, doch in ihn verliebt ist, warum sollte sie dann unglücklich sein? Sie kriegt ihn ja!«

»Nicht in Nibulus ist sie verliebt, du Esel! Nicht seinetwegen ist sie unglücklich!«

»In wen ist sie denn verliebt?«

»In dich!«

Zephu hatte im Zelt von Prinzessin Jania den Troilos sehr genau beobachtet. Und er hatte gesehen, daß sich der junge Mann in Jania verliebt hatte. Daß er sich sehr in sie verliebt hatte, so sehr, daß er es nach dem ersten Blick gar nicht mehr wagte, sie anzusehen. Und wenn Zephu zu Troilos gesagt hatte, Jania leide, dann war es in Wahrheit Troilos, der litt.

Ach, Troilos ließ sich gern von Zephu einen Esel nennen, wenn der nur wiederholte, daß sich Jania in ihn verliebt hatte. Und Zephu wiederholte es und sagte es immer wieder, und nicht nur das sagte er.

»Die Liebe kommt von Gott«, sagte er. »Weißt du das, Troilos, daß die Liebe von Gott kommt?«

»Ich weiß es nicht, aber wenn du es mir sagst ...«

»Ja, ich sage es. Die Liebe ist heilig, sie ist Gottes größtes Heiligtum, und wenn Jania dich liebt und wenn du Jania liebst, dann ist es Gottes Wille, daß König Uzi und König Aeneas kein Geschäft miteinander machen!«

Er werde, sagte Zephu, ein Treffen, geheim, diskret, mit Jania arrangieren, dann dürften sie sich gegenseitig ihre Liebe gestehen.

»Aber wie soll ich ihr, der Prinzessin, gegenübertreten?« fragte Troilos.

»Als Mann«, sagte Zephu. »Ihr seid nicht Prinzessin und Sohn des Kanzlers, ihr seid ein Mann und eine Frau.«

»Aber was soll ich anziehen? Wie soll ich mich schmücken?«

»Einfache Kleidung, kein Schmuck. Und deinen Dolch, den laß da. Frauen mögen das Militärische nicht. Gib mir deinen Dolch, ich werde ihn verwahren.«

Und dann lockte Zephu Prinzessin Jania in der Nacht unter einem Vorwand zu dem vereinbarten Ort.

Und Troilos und Jania standen sich gegenüber.

»Was willst du von mir?« fragte sie.

Als Troilos ihr seine Liebe gestand, lachte sie und nannte ihn ebenfalls einen Esel, aber diesmal hörte das Troilos nicht gerne, und sie sagte, sie habe ihn in ihrem Zelt gar nicht bemerkt, nicht einen Gedanken habe sie an ihn verwendet, und er solle verschwinden, und zwar auf der Stelle, dann werde sie so gütig sein und ihn nicht an ihren Vater verraten. Sie drehte sich um und ließ Troilos stehen.

Troilos hatte keine Gelegenheit mehr, die peinliche Situation zu erklären, Jania zu erzählen, was für ein Spiel Zephu mit ihr und mit ihm trieb. Denn plötzlich ertönte ein Geschrei aus dem Palast. Soldaten umringten Troilos, nahmen ihn fest, warfen ihn in den Kerker. Auch sein Vater wurde verhaftet und mit ihm alle Männer, die zur Karawane von König Aeneas gehörten.

König Uzi war ermordet worden. Die Tatwaffe wurde sichergestellt: der Dolch des Troilos. Das Motiv stand außer Diskussion. Jania war Kronzeugin. Sie hatte den Sohn des Kanzlers abgewiesen, der Mord an ihrem Vater war die Rache.

Troilos wußte, und auch wir wissen: Es war Zephu. Er hatte König Uzi ermordet. Dem Troilos glaubte niemand, und wir können in die Geschichte nicht eingreifen. Warum hatte Zephu das getan? War dieser Mord Teil seines Planes? Wie gesagt, Zephu hatte keinen detaillierten Plan, er hatte ein Ziel, die Vernichtung des Volkes Israel, im einzelnen aber verließ er sich auf seine Inspiration, tat, was der Haß ihm eingab, dem er vertraute wie einem Gott, den allein er als Former und Leiter seiner Talente anerkannte.

Politisch gesehen war die Situation prekär. Das Volk von Kittim war ohne Führung, und wie es immer und überall ist, im Chaos kommen die radikalsten Kräfte am schnellsten wieder zu Sinnen, und sie finden die stärksten Worte. Krieg wurde gefordert, Krieg gegen König Aeneas, der als Anstifter des Mordes bezeichnet wurde. Der Kanzler, dieser bis zur Herzlosigkeit loyale Mann, verhinderte die politische Katastrophe, indem er eine private Katastrophe anrichtete: Aus seiner Gefängniszelle heraus verhandelte er, und am Ende schlug er vor, die Tat durch den Tod seines Sohnes Troilos zu sühnen, und gab sich, weiß im Gesicht, einverstanden, als die radikalen Kräfte im Land Kittim verlangten, er selbst, der Vater, müsse die Hinrichtung vollziehen.

Zephu aber war verschwunden. Und mit ihm das Bild von Prinzessin Jania.

Allein ritt Zephu durch die Wüste, trieb sein Tier an, und bald erreichte er das Land Benevent und kehrte ein am Hof von König Turnus II. Sehr gut war ihm in Erinnerung geblieben, was jener Händler gesagt hatte, nämlich daß es nur einen gebe, der – »einfach einmal angenommen, rein theoretisch und wirtschaftlich betrachtet« – für Ägypten eine Gefahr darstellen könnte, nämlich König Turnus II., der, weil »der Hormonspiegel bei Unverheirateten schwankend ist«, als unberechenbar galt.

Auf die altbewährte Weise schlich sich Zephu in das Herz des jungen, lebenslustigen Königs.

»Ich habe gehört, du willst heiraten«, sagte er.

»Wenn ich die Richtige finde.«

»Ich habe die Richtige für dich«, sagte Zephu und zeigte ihm Janias Bild.

Entweder Zephus Gott war wirklich sehr mächtig, oder Jania war tatsächlich die Richtige, König Turnus II. verliebte sich auf der Stelle in die schöne Prinzessin aus Kittim.

»Ich werde«, rief er aus, »noch heute werde ich aufbrechen und um ihre Hand anhalten!«

Er bat Zephu, ihn zu begleiten, er werde ihn über alle Maßen beschenken, wenn er in den Verhandlungen das Wort führe. O nein, nach Kittim wollte Zephu gewiß nicht!

»Niemand kann besser verhandeln als du«, sagte er.

Und König Turnus II. war gerührt von so viel Bescheidenheit und dachte bei sich, noch nie sei ihm ein Mann begegnet, der in solcher Harmonie mit ihm schwang, der die Welt und die Menschen ebenso sah und deutete wie er, der über dasselbe lachte, sich über dasselbe Sorgen machte, dieselben Hoffnungen in sich trug...

Aber der junge König war kein guter Verhandler. Die Bürger von Kittim ließen ihn abblitzen. Ganz gleich, was geschehen war, sagten sie, die Prinzessin ist dem Sohn des Aeneas versprochen, Kittim habe die Brautgeschenke angenommen, die Braut sei bereits unterwegs, wenn Turnus II. auf seinem Wunsch bestehe, Jania zu heiraten, dann müsse er das mit Aeneas und dessen Sohn ausmachen, sie gehe das nichts mehr an.

Niedergeschlagen kehrte der junge König nach Hause zurück.

»Was soll ich tun? Ich kann ohne sie nicht leben!«

»Hol sie dir!« sagte Zephu.

»Wie denn?«

»Krieg!«

»Gegen den starken Aeneas?«

Zephu sagte: »Er wird überall für so stark gehalten, daß er seine tatsächliche Stärke gar nie zeigen mußte. Aber Stärke bleibt stark nur, wenn sie immer aufs neue bewiesen wird. Ich behaupte, Aeneas ist gar nicht stark.«

Und Turnus II. erklärte Aeneas den Krieg.

Was tat Zephu? Er schlug sich auf die Seite von Aeneas. Er gewann das Vertrauen des alten Königs. Und Aeneas, der nie mehr in seinem Leben Krieg führen wollte, führte Krieg gegen Turnus II. Und er besiegte ihn, schlug dessen Armee, vernichtete die blühende Wirtschaft des Landes Benevent. Am Ende war Jania die Gemahlin von Nibulus, und Aeneas hatte den Beweis für Zephus These geliefert, nämlich daß Stärke nur stark bleibt, wenn sie bewiesen wird: Seine Armee war mächtiger als jemals zuvor. Auch wenn die Völker unter dem Krieg leiden, die Armeen macht er stark.

Nach dem Krieg war das Gleichgewicht der internationalen Beziehungen zerstört. Die militärische Macht des Aeneas war unverhältnismäßig. Eine gefährliche Situation, bedenkt man, welchen Einflüsterer der König an seiner Seite hatte.

Kenner der griechischen Mythologie werden sich längst gefragt haben: Ist dieser Aeneas jener berühmte Flüchtling, der als einziger zusammen mit seinem Sohn und einem Haufen Getreuer die brennende Stadt Troja verlassen konnte? Ich habe in den Sagen keinen Beleg dafür gefunden, gleichwohl aber einige Hinweise, die dafür sprechen. Die Mythenerzähler, die diesen Stoff behandelten, wollten wohl zwei große Sagenkreise miteinander verknüpfen, sei es aus mythologischer Komplettierungssucht, sei es, um ihrer Geschichte mehr Gewicht zu geben.

Wie auch immer. Aeneas war jedenfalls ein anderes Kaliber als jener ägyptische Händler, den wir am Beginn unserer Geschichte kennenlernten, oder der ägyptische Hauptmann oder all die anderen, die über Zephu meinten, noch nie in ihrem Leben hätten sie mit einem Mann in solcher Harmonie geschwungen und so weiter. Aeneas hatte Zephu zwar zu seinem Berater gemacht, hatte sich von ihm in einen Krieg hetzen lassen, aber der Einfluß des Einflüsterers hatte seine Grenzen, das sollte Zephu bald zu spüren bekommen.

»Was ist Macht?« fragte er den König eines Tages – mit einem philosophischen Unterton in der Stimme, was ein Gespräch über unverbindlich Allgemeines erwarten ließ, wie man es führt, wenn zwar nicht alles besprochen, aber alles getan ist.

»Macht ist Ruhe«, gab Aeneas ohne Zögern zur Antwort. »Wozu sollte Macht sonst dienen, wenn nicht dazu, dem Mächtigen ein Leben in Ruhe zu gönnen?«

»Das ist eine gute Antwort«, sagte Zephu. »Aber: Was ist Ruhe?«

»Ruhe heißt, keine Sorgen zu haben.«

Es war klar: Hier sprachen Lehrer und Schüler miteinander. Der Schüler wollte wissen, der Lehrer wußte. Der Lehrer antwortete, der Schüler fragte. Scheinbar war es so ...

»Und was sind die Sorgen eines Königs?«

»Die Sorgen des Königs, das sind die Sorgen seines Reiches.«

»Das heißt, er sorgt sich nicht nur um sein eigenes Wohlergehen und das Wohlergehen seiner Familie, sondern um das Wohlergehen eines jeden Untertans?«

»Das heißt es.«

»Und wo endet die Sorge eines Königs?«

»Sie endet nie.«

»Was ist nach dem Tod des Königs? Reicht die Sorge des Königs über seinen Tod hinaus?«

»Ja.«

»Das heißt, ein König hat nie Ruhe?«

»Ja, Zephu, das heißt es wohl.«

»Aber dann hat er ja auch nie Macht.«

Aeneas merkte, daß ihn Zephu in einen Widerspruch geführt hatte. Oder besser: daß er sich von Zephu in einen Widerspruch hatte führen lassen.

»Du bist ein scharfer Denker«, sagte er. »Worauf willst du hinaus? Du führst dieses Gespräch doch nicht nur der Worte halber.«

»Ich mache mir Gedanken über deine Macht«, sagte Zephu.

»Und zu welchem Schluß bist du gekommen?«

»Du mußt Krieg führen.«

»Was redest du da!« polterte Aeneas los. »Was Krieg führen! Ich habe erst einen Krieg geführt. Ich komme aus einem Land, das vom Krieg verwüstet worden ist.

Aus meiner brennenden Heimatstadt bin ich geflohen, habe meinen alten Vater auf den Schultern getragen, meinen Sohn an der Hand gehalten. Ich hasse den Krieg. Ich wünsche mir, daß nie wieder Krieg geführt wird auf der Welt! Ich hasse es, wenn Soldaten Soldaten gegenüberstehen!«

»Deshalb mußt du den letzten großen Krieg führen«, sagte Zephu.

»Und gegen wen?«

»Gegen Ägypten. Ägypten verfügt über die letzte große Armee. Du mußt Ägypten niederringen, dann werden nicht mehr Soldaten Soldaten gegenüberstehen. Weil es nur noch deine Soldaten gibt. Erst dann, erst dann kannst du sagen, deine Macht reicht über deinen Tod hinaus.«

Da wurde der alte Aeneas unsicher. Was wäre gewesen, wenn damals der König seiner Heimatstadt seine Feinde geschlagen hätte, bevor sie ihn angegriffen haben? Wieviel Leid wäre erspart geblieben! Und er, Aeneas, hätte nicht durch die Welt irren müssen, und er hätte ein Grab gefunden in der heimatlichen Erde. Vielleicht hatte Zephu recht? Er war ein scharfer Denker.

Aeneas ließ einen Seher rufen. Den besten Seher, Bileam ben Beor. Von ihm werden wir noch viel hören. Damals war er erst fünfzehn Jahre alt, aber bereits ein Star, er war so etwas wie der Superstar unter den Hellsehern seiner Zeit, goldene Haare, goldene Haut und, wie es hieß, eine goldene Stimme.

Aeneas fragte Bileam ben Beor: »Was rätst du, Seher? Was siehst du? Soll ich einen Krieg führen gegen Ägypten?«

Und Bileam ben Beor antwortete: »Nein, tu es nicht,

tu das nicht! In Ägypten lebt das Volk Israel, und Israel wird sich mit Ägypten verbünden, denn die beiden Völker sind befreundet. Israel aber hat einen großen Gott, der wird dafür sorgen, daß du diesen Krieg verlierst.«

»Das siehst du?«

»Das sehe ich«, sagte Bileam ben Beor. »Das und noch mehr.«

»Was siehst du noch?«

»Es wird dir nicht gefallen. Wenn du einer bist, der den Boten für die Botschaft schlägt, dann wirst du mich schlagen. Du wirst deinen Ratgeber aus deinem Reich vertreiben! Das sehe ich. Du hättest ihn nie aufnehmen dürfen. Du wirst dafür bezahlen, ihn aufgenommen zu haben. Das sehe ich.«

Nein, Aeneas war nicht einer, der den Boten für die Botschaft schlägt. Er hat den Rat des Hellsehers befolgt. Er hat keinen Krieg gegen Ägypten angefangen. Und: Er hat Zephu verjagt.

Das war eine Niederlage für Zephu. Gewiß. Aber freuen wir uns nicht zu früh. Ein Charakter wie Zephu gewinnt aus Niederlagen mehr Kraft noch als aus Siegen. Denn die Niederlage schürt den Haß, und der Haß war sein Meister.

Zunächst allerdings schien es, als habe Zephu aufgegeben. Er sattelte sein Tier und ritt in die Wüste hinaus, kehrte nach Hause zurück, ins Land der Edomiter. Das war ein weiter Weg. Zephu hatte viel Gelegenheit nachzudenken.

»Ich habe ein neues Bild von der Welt gewonnen«, sagte er, als er angekommen war und bei seinen Brüdern saß, »vor allem ein neues Bild vom Volk Israel.«

»Was soll das heißen?« fragten die Edomiter. »Sind sie noch schlimmer, als wir denken?«

»Nein«, sagte Zephu, »sie sind besser.«

Da lachten die einen, die anderen ballten die Fäuste und stießen sie gegen Zephus Schulter.

»Kommt alle her!« riefen sie. »Zephu ist wieder da! Die Wüste hat ihm das Hirn verbrannt. Er behauptet, dem Jakob seine Leute seien ihm lieb geworden!«

»Ich war in Ägypten«, sagte Zephu, »ich habe mit den Männern und Frauen Israels gesprochen. Sie leben in Wehmut und Trauer. Und sie kennen keine größere Sehnsucht, als sich mit uns zu versöhnen.« Und mit der sanften Stimme des Wolfes fuhr er fort: »Was gewesen ist, ist gewesen. War ich nicht der erste, wenn es darum ging, Israel zu hassen? Aber nun sage ich euch: Sie sind unsere Brüder. Sie sehnen sich danach, daß wir nach Ägypten kommen und uns mit ihnen vereinen und mit ihnen im Wohlstand leben. Sie wollen uns teilhaben lassen an ihrem Glück. Sie wollen wiedergutmachen, was uns ihre Vorfahren angetan haben. Israel und Edom sind Söhne Isaaks, Söhne Abrahams. Und Ägypten ist das Land, in dem Milch und Honig fließen. Es ist das Land, das uns Abraham versprochen hat. Das Gott dem Abraham versprochen hat. Es ist unser Land. Das Land der Söhne Abrahams. Edom und Israel gemeinsam werden die Ägypter besiegen und aus ihrem Land treiben!«

Hat sich Zephu auf seinem langen Ritt durch die Wüste doch einen Plan zurechtgelegt? Es sieht ganz danach aus. Er will seine Brüder umgarnen, wie er immer alle Menschen umgarnt hat, von denen er sich einen Vorteil versprach. Erst lachen sie ihn aus, die Brüder, winken ab, aber dann werden sie still, lauschen seinem geölten Mundwerk, können bald die Augen nicht mehr von ihm lassen. Der eine oder andere schaut ihn bereits mit einem neuen Blick an. So kenne ich Zephu ja gar nicht, denkt sich der eine oder andere, er ist ein anderer geworden in der Fremde, und am Ende des Abends, nachdem man zwei bis drei Stunden der süßen Stimme Zephus gelauscht hat, gesteht sich der eine oder andere ein, daß man sich gründlich in Zephu getäuscht hat, als man meinte, niemals könne man mit diesem in Harmonie schwingen oder die Welt und die Menschen so sehen und deuten wie er oder über dasselbe lachen, dieselben Sorgen haben, dieselben Hoffnungen...

Auch das Böse soll planvoll vorgehen, das wünschen wir uns. Warum? Weil es dadurch berechenbar wird. Auch der Haß ist auf seine Art ein Gebäude, sagen wir uns. Soll er sich etwa nicht mit einem Haus vergleichen lassen? Und wir sagen: Wer ein Haus baut, kann nicht mit dem Giebel beginnen. Wieder suchen wir Trost in dem Gedanken, daß auch die Destruktion einen Plan benötigt. Aber zugleich wissen wir: Wer ein Haus zerstört, der braucht sich an keine Reihenfolge zu halten.

Die Edomiter glaubten ihm. Wählten ihn zu ihrem Anführer. Und hielten ihn ganz und gar nicht für verrückt, als er ihnen einzureden versuchte, sie müßten Aeneas angreifen – den übermächtigen Aeneas! –, denn Aeneas sei ein Verbündeter Ägyptens, und nur wenn dessen Armee besiegt sei, könne ein Krieg gegen Ägypten gewonnen werden. Und die Brüder griffen nach Hauen und Spaten, nach Sicheln und Sensen, nach Peitschen und Knüppel.

Voller Begeisterung zogen sie in den Krieg gegen die Armee des Aeneas.

Am Abend vor der Schlacht, so schien es, kam Zephu dann doch noch zur Vernunft. Zweifel packten ihn, Zweifel und Verzweiflung. Niemand kannte die Stärke der feindlichen Armee besser als Zephu, außer Aeneas. Keiner seiner edomitischen Lumpensoldaten würde am Leben bleiben. Und Zephu fiel auf die Knie und rief zu Gott. Er rief den Namen Gottes, und die Stimme versagte ihm nicht dabei.

Und Gott sprach mit Zephu. Das heißt, zunächst hörte Gott zu. Denn Zephu redete. Mit leiser Stimme redete er. Mit vor Zerknirschung leiser Stimme. Einer Zerknirschung, wie Gott bisher noch keine gehört hatte. Einer Zerknirschung, die den Menschen erniedrigte und Gott erhöhte. Eine gute Stunde lang dauerte diese Zerknirschung. Eine weitere Stunde lang flehte Zephu, Gott möge ihn vernichten, seine Brüder aber verschonen. So inbrünstig atemlos flehte Zephu, daß Gott gar nicht zu Wort kam, also auch nicht sagen konnte, er nehme Zephus Opfer gern an.

Am Ende der Suada war Gott erschöpft. Wurde aber gleich wieder frisch, denn in Zephus Rede folgten nun einige kritische Bemerkungen über Gott und sein Werk. Vorgetragen allerdings in einem freundschaftlichen, durchaus solidarischen Ton, der es Gott möglich machte, das eine oder andere Eingeständnis zu machen. Rede und Widerrede zwischen den beiden wurden lockerer. Gott kam ins Erzählen. Wer hat mehr zu erzählen als er! Zephus Augen, die so sympathisch erstaunt wirkten – schließlich gibt es ja auch viel zu staunen, wenn

Gott erzählt –, schauten so offen und unbewaffnet
und ohne Hintergedanken, daß es dem Herrn der Welt
leichtfiel, über Dinge zu reden, die er mit einem Menschen niemals besprechen wollte.

Und wovon erzählte Gott? Vom Menschen und von
den Schwierigkeiten, die sich bereits bei der Erschaffung
des Adam eingestellt hatten. Von der Erschaffung der
Eva erzählte er. Daß er drei, ja sogar vier Anläufe hatte
nehmen müssen, bis Adam endlich zufrieden gewesen
sei. Von der Sünde erzählte er, von der Verführung
durch Samael. Von der Vertreibung aus dem Paradies.
Da wurde die große Seele Gottes schwer. Zephu zeigte
Verständnis. Und er zeigte großes Interesse, ein Interesse, wie dem Werk Gottes seit dem seligen Henoch
nicht mehr entgegengebracht worden war.

Und als die Morgenröte ihre rosigen Finger über den
Horizont schob, dachte Gott bei sich, erst einmal in
seinem ewigen Dasein war ihm einer begegnet, der in
solcher Harmonie mit ihm schwang wie dieser Zephu,
nämlich Luzifer, und der hatte ihn verraten, und man
hatte ihn verstoßen müssen. Wenn Luzifer der große
Trauernde unten in der Hölle genannt wird, dann ist
Gott der große Trauernde oben im Himmel. Luzifer
war sein Liebling gewesen. Das nächtliche Gespräch mit
Zephu hatte in Gott eine alte Traurigkeit geweckt, und
als er wieder allein mit sich selbst war, sprach er weiter, ganz so, als wäre jemand da, der ihm zuhörte, und
als er merkte, daß er, ohne es beabsichtigt zu haben, in
Wortwahl und Ausdruck Zephus Art zu sprechen nachgeahmt hatte, lächelte er und gestattete sich, noch eine
kleine Weile dabei zu bleiben...

Nur eine Nacht hatte Zephu benötigt, um Gott herum-
zukriegen. In altgewohnter Weise, wie er vor ihm den
ägyptischen Händler, den ägyptischen Hauptmann, wie
er den Kanzler des Aeneas, den Sohn des Kanzlers, wie
er König Turnus II., wie er König Aeneas und schließlich
wie er seine Brüder herumgekriegt hatte.

Am Morgen hatte Gott dem Zephu versprochen,
er werde den Edomitern in der Schlacht gegen Aeneas
beistehen. Ergebnis: Das unbesiegbare Heer des Aeneas
wurde von dem zerlumpten Haufen aufgerieben. Und
die Welt hat es gesehen.

Und die Welt sagte: »Zephu ist ein Genie!«

Hatte sich Zephu bisher auf doppeltes Spiel verstanden, so steigerte er sich nun: Er spann eine dreifache
Intrige.

Den Edomitern sagte er: »Nun laßt uns gemeinsam
mit Israel Krieg gegen Ägypten führen!«

Dann verbreitete er bei den Ägyptern das Gerücht,
die Edomiter wollen Ägypten angreifen, sie wollen sich
mit den Israeliten gegen Ägypten verbünden.

»Mit den Israeliten?« sagten die Ägypter. »Israel ist
doch ein Freund Ägyptens.«

»Nur scheinbar«, ließ Zephu wissen, »nur scheinbar!«

»Und was sollen wir tun?« fragten die Ägypter.

»Stellt Israel auf die Probe«, hieß es. »Wenn die Edomiter kommen, laßt die Israeliten allein gegen sie kämpfen. Seid neutral! Seht zu!«

Und zuletzt brachte es Zephu sogar fertig, daß die
Israeliten auf ihn hörten.

»Die Edomiter«, sagte er, »die Bezwinger des großen
Aeneas, wollen nun euch vernichten. Und Ägypten gibt
euch preis.«

»Was sollen wir tun?« fragten sie Israeliten.

»Wer nicht euer Freund ist, ist euer Feind«, sagte Zephu. »Vergeßt das nicht.«

Chaos brach aus. Steckte hinter Zephus Machenschaften weiterhin ein System? Keiner vertraute dem anderen. Freunde gingen einander aus dem Weg. Der ägyptische Arzt behandelte die israelitische Patientin nicht mehr, der israelitische Richter weigerte sich, einen Streit unter Ägyptern zu schlichten. Auf der Straße wurde nicht mehr gesprochen. Feind hörte mit. Alles war aus den Fugen geraten. Das Wort vom guten Menschen wurde zum Schimpfwort. Wer sich für den Namen seines Vaters schämte, predigte Vaterlandsliebe. Die Lüge wurde zum Markenzeichen von Fleiß und Anständigkeit. Und dann war Krieg.

Die Edomiter fielen über Ägypten her. Und die Israeliten kämpften. Und die Ägypter sahen zu. Und Gott schämte sich. Er schämte sich, weil er zum zweiten Mal in seinem ewigen Dasein geglaubt hatte, ein anderes Wesen schwinge in Harmonie mit ihm, und er kam zur Einsicht, zur schmerzlichen Einsicht, daß es kein Wesen auf der Welt geben kann, das zur göttlichen Harmonie fähig ist.

Gott besann sich auf sein Volk und stand Israel im Kampf bei. Die Edomiter wurden geschlagen und aus Ägypten vertrieben. Und der Sieg gehörte Israel. Denn die Ägypter waren neutral geblieben. Und da erinnerten sich die Israeliten daran, was Zephu, der Teufel, ihnen eingeblasen hatte, nämlich: Wer nicht euer Freund ist, ist euer Feind. Und sie richteten ein Massaker an unter den Söhnen Ägyptens.

Und Zephu? Der hatte sich längst aus dem Staub

gemacht. Wohin? Niemand wußte es. Manche sagten, er sei in Ruhe und ohne Sorgen alt geworden. Ein Mann, der sein Ziel erreicht hat: Bevor er nach Ägypten kam, waren Ägypter und Israeliten Freunde. Als er Ägypten verließ, waren sie Feinde. Das Gift der Zwietracht hatte seine Wirkung getan, ein neuer Pharao kam, und der baute seine Herrschaft auf den Haß. Israel wird stöhnen unter seiner Tyrannei, es wird beten zu seinem Gott und schreien nach einem Mann, der es herausführen soll aus der Knechtschaft. Die Sehnsucht nach einem Erlöser wird aus jedem Wort sprechen, aus jedem Gedanken, aus jedem Gebet...

PHARAO MALUL

Von einem großen Großvater – Von lustigen Gesetzen –
Von loyalen Ministern – Von Zwangsarbeit – Von einer
Erzählerin – Von einem Trick, die Liebe aufzufrischen – Von
zwei Hebammen – Von einer Feuersbrunst – Vom Traum
des Pharaos – Von einem goldenen Hellseher – Von der
eigenen Idee des Pharaos – Vom Pöbel – Von einem
Knaben in einem Körbchen

Zu jener Zeit bestieg Malul den ägyptischen Pharaonenthron. Er war der Enkel jenes weisen und gütigen Pharaos, der einst Josef, den Israeliten, zum Vizekönig
gemacht und dessen Volk ins Land geholt hatte. Malul
hatte seinen Großvater nicht gekannt. Er hatte von ihm
nur aus Erzählungen gehört. Man erzählte von dem
großen Mann, alle erzählten von ihm, und sie taten es
mit gesenktem Blick, wie sie zeit seines Lebens mit ihm
gesprochen hätten, als wäre sein Geist allgegenwärtig.

Malul genoß eine besonders sorgfältige Erziehung,
sein Vater wünschte, daß der Geist des großen Ahnen
über das Kind komme, und im Geiste dieses Ahnen
wurde Malul erzogen.

»Dein Großvater hat ...« So begann jede Schul-
stunde, ganz gleich, ob der Lehrer nun Geographie oder
Geschichte, ob er Geometrie und Arithmetik oder ob er
die schönen Künste durchnehmen wollte. »Dein Großvater hat ...«

Dem Enkel erschien dieser Mann bald als Inkarnation all dessen, was von ihm erwartet wurde, und
zugleich aber auch als Inkarnation all dessen, was er

mit Sicherheit nicht erfüllen zu können glaubte. Wen wundert's – als Malul ein junger Mann geworden war, war aus dem Vorbild ein Feindbild geworden.

Maluls Vater hatte an der Politik der friedlichen Koexistenz nichts geändert, so war es den Menschen, die am Nil lebten, gleich ob Ägypter oder Israelit, möglich gewesen, die Früchte eines gewaltigen wirtschaftlichen Aufschwungs zu genießen. Dann, kurz vor dem Krieg gegen die Edomiter, starb Maluls Vater. Er war ein guter Pharao gewesen. Er beließ alles so, wie er es bei seinem Machtantritt vorgefunden hatte. Er galt als Philosoph.

»Etwas Gutes wird meistens schlechter, wenn man es besser machen will.«

Das war sein kategorischer Imperativ. An dem Tag, an dem sein Sohn die erste Frage stellte, übergab er ihn postwendend den Lehrern. Besser als die konnte es keiner machen. Seinem kategorischen Imperativ zu Ehren ließ der Pharao Vaterliebe nicht aufkommen.

Malul hatte eine Amme, die liebte ihn. Sie liebte ihn, ohne etwas von ihm zu erwarten. Sie wußte, er würde eines Tages Pharao werden. Der Lebensweg eines Pharaos ist nicht der Lebensweg eines Menschen. Pharao ist die Vorexistenz eines Gottes. Ein Gott aber geht auf keinem Lebensweg, er selbst ist der Weg. Die Amme gab keine Ratschläge und wußte keine Antworten, sie befragte ihre Träume und erzählte Geschichten, und es waren Geschichten, in denen nicht irgendein mächtiger Großvater die Hauptrolle spielte, sondern einfache Geschichten von einfachen Leuten.

Wenn Malul seine Schulstunden hinter sich gebracht hatte, rief er seine Amme und sagte: »Erzähl mir eine Geschichte!«

»Was für eine Geschichte willst du hören?« fragte sie dann.

Und immer sagte er: »Eine lustige Geschichte.«

Malul hatte nämlich sehr bald erkannt, daß es nur ein Gebiet gab, auf dem weder sein Vater und schon gar nicht sein Großvater Nennenswertes zu bieten hatten, nämlich der Humor. Das Feld des Humors aber ist weit und bietet vieles. Witze mit tieferem Sinn interessierten Malul wenig, Ironie verstand er nicht, und wo der Humor einfach Ausdruck von Lebensfreude war, dort fand er nichts, was ihn komisch oder lustig oder auch nur erheiternd dünkte. Seine Vorliebe galt den Albernheiten. Und weil seine Amme ihn liebte, suchte sie in ihrem Schlaf nach albernen Träumen und erzählte ihrem Liebling alberne Geschichten.

Malul war ein junger Mann, als er Pharao wurde, erst achtzehn Jahre war er alt, was für das Land und die Menschen kein Problem war – oder kein Problem gewesen wäre, wenn er die Ratschläge seiner Minister befolgt hätte. Unter seinem Großvater, dem Weisen, Gütigen, war ein breites Regierungsgremium gebildet worden, denn der Pharao war der Meinung, aus vielen Köpfen erwachse mehr Weisheit und aus vielen Herzen mehr Güte.

»Dein Großvater hat ...«, sagten nun auch die Minister, und alle Vorschläge, die sie dem jungen Pharao unterbreiteten, begannen mit ebendieser Formel. Malul ärgerte das, und so ließ er kurzerhand die Nennung des Namens seines Großvaters unter Strafe stellen. Er sei ein zu großer Mann gewesen, als daß jeder Beliebige seinen Namen im Mund mit irgendwelchen alten Essensresten herumwälzen dürfe, so argumentierte er zum bassen Erstaunen der Minister – und befahl dann auch gleich, überhaupt das Wort Großvater aus dem Wortschatz Ägyptens zu streichen.

»Aber dein Großvater ...«, setzte einer an, doch ehe er den Satz fortsetzen konnte, hatte Malul bereits die Wachen gerufen, und der Mann war verhaftet.

Ohne Zweifel, alberne Zeiten standen bevor. Im Kopf und im Herzen war Malul immer noch ein Kind, und er blieb ein Kind. Er sah allerdings sehr männlich aus, zweimal am Tag mußte er sich die Wangen schaben lassen, wollte er am Abend nicht dastehen wie ein Rauchfangkehrer.

Eine Zeitlang spielte Malul mit der Macht des Pharaos. Es reizte ihn, ein albernes Gesetz nach dem andern zu erlassen, es brachte ihn zum Lachen, wenn er sich den panischen pseudofachmännischen Disput seiner Beamten anhörte. So ließ er den Gesundheitsminister und dessen Staatssekretäre zu sich kommen.

»Was haltet ihr von meinem neuen Gesetz, das die Würzung der Suppen regelt?« fragte er und mußte sich auf die Lippen beißen, um nicht herauszuplatzen.

Dann hörte er sich an, wie sich die höchsten Beamten des Staates eifrig vor ihm demütigten, und lief mitten in der Debatte hinaus, um sich in seinen Gemächern vor Lachen auf den Boden zu werfen.

Die Menschen nannten ihn Malul den Lustigen. Niemand fürchtete ihn. Malul aber wollte, daß sich die Menschen vor ihm fürchteten. Ein Lustiger wird keine Spuren in der Geschichte Ägyptens hinterlassen, sagte er sich und dachte sich: Es liegt an meinen Beratern. Also schickte er alle Minister in den Ruhestand und alle

Beamten dazu, die sein Vater und sein Großvater eingesetzt hatten. Und er bestellte sich neue Berater an seine
Seite.

Diese neuen Berater waren junge Männer, nicht viel
älter als Malul selbst. Sie waren geprägt durch den Krieg
gegen die Edomiter. In ihren Köpfen und ihren Herzen
war die Saat der Zwietracht, die Zephu gesät hatte, auf-
gegangen.

»Was gibt es zu tun im Land?« fragte Malul.

»Eines vor allem«, sagten die neuen Männer.

»Sagt es mir!«

»Gegen Israel!« war die Antwort.

Malul hatte sich bis dahin nicht für Politik interessiert. Er hatte sich weder Gedanken über den Krieg
noch Gedanken über das Volk Israel gemacht, und über
Zephu und seine Machenschaften wußte er wenig, denn
der Geschichtsunterricht war ihm beim einen Ohr hinein und beim anderen wieder hinausgeflogen. Aber trotz
aller Verrücktheiten hatte er ein Gespür für Herrschaft.
Dieses Gespür sagte ihm, daß Herrschaft einen Gegner
braucht, daß Herrschaft für sich nichts ist, daß einer da
sein muß, der beherrscht wird.

»Gegen Israel?« fragte er.

»Jawohl!«

»Aber mein Großvater hat doch...«, begann er vorsichtig. Und wurde auf der Stelle in kaltem, gleichgülti-
gem Ton unterbrochen: »Das Wort ist verboten!«

Schon wollte Malul aufbrausen und erwidern, er
selbst habe schließlich dieses Wort verbieten lassen, so
ein Gesetz sei nichts weiter als eine Albernheit wie alle
anderen Gesetze auch, die er erlassen hat – das Gesetz
über die Würzung der Suppen, das Gesetz zur Rege-

lung der Behandlung von Mückenstichen, das Gesetz gegen das nächtliche Schnarchen bei offenem Fenster. Er wollte sagen, von nun an wolle er keinen Unsinn mehr machen, er wolle Politik machen, denn er wolle nicht als Malul der Lustige in der Geschichte untergehen.

Da sah er in den Gesichtern seiner neuen Minister, daß ihnen völlig gleichgültig war, was er wollte, nämlich wörtlich gleichgültig, daß ihnen alles, was er wollte, gleich viel galt. Eben weil er der Pharao war. Daß sie alles tun würden, was er ihnen befahl. Daß sie alles auf sich nehmen würden. Daß sie nach den langen Jahren des freien Austauschs der Meinungen endlich keine eigene Meinung mehr haben wollten. Daß es für sie nur eine Meinung gab, nämlich seine Meinung. Weil er der Pharao war.

Und Malul dachte bei sich: Diese Männer verehren mich. Sie halten alles, was ich sage, für weise. Sie halten mich für weise. Sie halten mich für einen großen Mann. Wenn ich es will, dann werden sie dafür sorgen, daß ich als ein großer Pharao in die Geschichte eingehe. Größer noch als mein ...

»Also gegen Israel«, sagte er.

»Ja, gegen Israel«, wiederholten die Minister. »Israel ist stark und wird von Tag zu Tag stärker. Bald wird dieses Volk stärker sein als das ägyptische. Dann wird man uns aus unserem eigenen Land vertreiben.«

»Gut«, sagte Malul.

Noch mal: Malul hatte nichts gegen Israel. Wo hätte er auch Ressentiments lernen sollen? Sein Großvater hatte besonderen Wert darauf gelegt, daß alle Bürger und Bürgerinnen in seinem Reich gleich behandelt wurden, die gleichen Rechte und die gleichen Pflichten hatten, und sein Vater hatte daran nichts geändert. Im Haus des Pharaos gab es keine Ressentiments, weder gegen die Hebräer noch gegen sonst jemanden, daran hatte auch der Krieg gegen die Edomiter nichts geändert. Zephus Gift hatte im Haus des Pharaos keine Wirkung getan. Hätten die neuen Minister einen anderen Gegner genannt, Malul wäre genauso darauf eingegangen. Herrschaft braucht einen Gegner, um sich zu entfalten. Und es spielt kein Rolle, wer dieser Gegner ist.

In einem Augenblick entschied Malul, daß der Gegner seiner Herrschaft Israel heißen wird. Malul wird ein sehr alter Mann werden, und seine Herrschaft wird vierundneunzig Jahre dauern, und die Feindschaft mit Israel wird die alles bestimmende Antriebskraft dieser Regentschaft sein. Unter der Politik dieses Pharaos wird Israel stöhnen. Die Tyrannei Maluls wird im Volk Israel eine mächtige Sehnsucht wecken, die Sehnsucht nach einem Erlöser. Israel wird zu seinem Gott beten, wird schreien nach einem, der es herausführt aus dieser Knechtschaft. – Und es war doch nur ein winziger Augenblick, in dem sich Malul zu dieser Politik der Unterdrückung entschloß.

Er zog sich zurück in seine Gemächer. Rief seine Amme. Sagte zu ihr: »Erzähl mir eine Geschichte! Aber diesmal erzähl mir die traurigste Geschichte, die du kennst.«

Die Amme wunderte sich. Sie wunderte sich, daß ihr Liebling keine lustige Geschichte zu hören wünschte wie sonst immer. Aber sie war auch froh darüber, denn sie wollte ja, daß Malul ein großer Pharao würde, einer, der in die Geschichte Ägyptens einging, und in die Geschichte geht man nur ein, wenn man auch die traurigen Seiten des Lebens kennt. Dennoch mißtraute sie diesem Sinneswandel. Sie dachte lange nach.

Dann sagte sie: »Also gut, ich werde dir die traurigste Geschichte erzählen.«

Aber es war nicht die traurigste Geschichte, es war nur eine traurige Geschichte. Die Amme war eine gute Erzählerin, und sie wußte, daß traurige Geschichten viel mehr in der Lage sind, ein Menschenherz zu erregen, als lustige Geschichten, und obwohl sie Malul mehr liebte als alles auf der Welt, mußte sie sich doch eingestehen, daß er ein liederliches Gemüt hatte, und ein liederliches Gemüt zu erregen kann gefährlich sein.

»Die traurigste Geschichte«, begann sie, »ist die von dem armen Mann und der armen Frau, die sich sehr liebten und keinen größeren Wunsch hatten, als eine kleine Familie zu gründen. Um sich das zu erfüllen, mußten sie viel arbeiten. Die Frau arbeitete am Tag auf dem Feld, der Mann arbeitete in der Nacht als Nachtwächter. So kam es, daß sie sich gar nicht mehr sahen. Mit der Zeit erloschen ihre Liebe und ihre Lust, sie bekamen kein Kind, sie bekamen kein Haus, und sie wurden keine Familie. Das ist die traurigste Geschichte dieser Gattung, die ich kenne«, sagte die Amme.

»Ich habe einen Entschluß gefaßt«, verkündete Malul seinen Ministern am nächsten Tag. »Vor den Städten Ramses und Pithom werden wir Wehranlagen errichten lassen!«

»Brauchen wir solche Wehranlagen?« fragten die Minister.

»Nein«, sagte Malul. »Wir brauchen nicht die Wehranlagen, wir brauchen die Arbeit an den Wehranlagen. Wir werden die Israeliten zur Arbeit heranziehen. Sie

werden Lohn bekommen, aber jeden Tag weniger. Je
weniger Lohn sie bekommen, desto mehr müssen sie
arbeiten. Die Männer sollen ihre Frauen nur einmal
im Jahr sehen, nur ein einziges Mal, und nur für eine
Nacht. So wird Israel klein werden und schwach.«

Der Bauminister gab die Pläne in Auftrag. Der Sozial-
minister ließ verlautbaren, wo sich die Männer Israels
versammeln sollen. Der Heeresminister schritt die Soldaten ab, sonderte die Söhne Israels von den Söhnen
Ägyptens, und die einen trieben die anderen zusammen.

»Was gibt's?« fragte ein Israelit einen Ägypter.

»Arbeit«, antwortete dieser.

»Wir haben Arbeit.«

»Jetzt bekommt ihr neue.«

»Und wer macht unsere alte Arbeit?«

»Eure Frauen, wer sonst!«

»Und wer betreut unsere Kinder?«

»Habt ihr nicht einen Gott, der über Engel verfügt?
Sagt ihm, er soll einen schicken, damit er auf die Kinder
aufpaßt!«

»Und wer hat überhaupt den Befehl zu diesem
Unsinn gegeben?«

»Malul der Lustige!«

Israel stöhnte unter der Fron. Die Frauen stöhn-
ten unter der Männerarbeit, die Männer wurden von
ihren Lieben weggerissen. Sie wurden aus ihren Dörfern
geholt, aus ihren Häusern in den Städten, auf den Feldern
wurden sie eingefangen wie wilde Tiere, aus den Büros
wurden sie gezerrt, aus ihren Werkstätten. Ganz gleich,
was für einen Beruf einer vorher ausgeübt hatte, ob er
Schneider oder Lehrer, Musikant oder Obstverkäufer
gewesen war, von nun an gab es nur einen Männerberuf

im Volk Israel, den Beruf des Ziegelbrenners. Die Männer wurden vor die Städte Ramses und Pithom geschafft, und am Rand dieser Städte, wo die Wüste begann, wurden Öfen errichtet, und in der heißen Wüstensonne arbeiteten die Männer an den heißen Öfen, brannten aus Lehm Ziegel – für ein Bauwerk, dessen Errichtung keinen anderen Sinn hatte, als sie zu quälen.

Und die Männer sahen ihre Frauen nicht mehr und sahen ihre Kinder nicht mehr und hatten Sehnsucht nach ihren Frauen und ihren Kindern. Und wenn Männer über eine lange Zeit ohne Frauen sind, dann werden sie roh, und ihre Einbildungen werden roh, und ihre Sehnsucht wird wie Hunger und am Ende wie Gier. Davor fürchteten sich die Männer, und auch die Frauen zu Hause fürchteten sich davor. Sie fürchteten, daß keine Liebe mehr sein wird zwischen ihnen, wenn sie sich endlich sähen, keine Zärtlichkeit, sondern nur Hunger und Gier. Fürchteten, daß aus Gier und Hunger keine gute Nachkommenschaft erwachse. Fürchteten, daß sie am Ende gar nicht mehr bei den Männer liegen wollen, denn Hunger und Gier machen häßlich.

»Ich weiß gar nicht mehr, wie meine Frau aussieht«, sagte einer, da war ein Jahr fast um.

»Ich auch nicht«, sagte der andere. »Aber es ist mir egal.

»Mir auch«, sagte ein dritter.

Und sie schämten sich.

Wenn es eine Geschichte war, die Malul zu dieser bizarren Maßnahme inspiriert hatte, dann haben die Erzähler der Gegenseite ebenfalls eine Geschichte gefunden oder erfunden, in der geschildert wird, wie die Männer und Frauen Israels sich gegen diese Form der Unterdrückung zur Wehr gesetzt haben.

Da sei nämlich, heißt es, ein findiger Bursche gewesen, der habe sich etwas ausgedacht.

»Wenn ihr nach Hause kommt«, sagte er zu den Männern, »zieht eure Frauen nicht sofort aufs Lager.«

»Warum nicht?« riefen die Hungrigen, Gierigen.

»Wir haben ein Jahr lang gewartet, und wir haben wenig Zeit. Wenn wir uns nicht beeilen, wird in Israels Nachkommenschaft ein Jahrgang fehlen!«

Der Bursche aber kannte die traurigste Geschichte, die die Amme des Pharaos ihrem Liebling erzählt hatte.

»Es muß eine Liebe sein«, sagte er.

»Liebe hin oder her!« riefen da die Gierigen, Hungrigen.

»Laßt ihn reden«, sagten die Besorgten und fragten den Burschen: »Wie kann in wenigen Stunden eine Liebe wachsen, die in einem langen Jahr verroht und verdorrt ist?«

»Wenn ihr in euer Haus kommt«, sagte der Bursche, »nehmt zwei Spiegel, den einen gebt eurer Frau, den anderen aber behaltet. Dann setzt euch nebeneinander auf das Bett. Und dann schaut euch im Spiegel an.«

»Der Mann soll die Frau anschauen, und die Frau den Mann?«

»Nein«, sagte der Bursche. »Der Mann soll sich selber anschauen, und die Frau soll sich selber anschauen. Der Mann soll sich im Spiegel anschauen und zu sich selbst sagen: Oh, bin ich schön! Ich bin so schön! Ich bin ein schöner Mann! Und die Frau soll sich im Spiegel anschauen und zu sich selbst sagen: Oh, bin ich schön! Ich bin so schön! Ich bin eine schöne Frau!«

Die Männer Israels haben dem jungen Burschen geglaubt, denn er hatte gute Argumente, ein Engel sei ihm im Traum erschienen und habe ihm aufgetragen, er solle so zu den Männern Israels sprechen.

Und der Engel hatte einen guten Ratschlag gegeben. Die Männer taten genauso, und der Hunger wurde erträglich und die Gier geduldig, und die Liebe war wieder da. Alle israelitischen Ehefrauen waren nach dieser Nacht schwanger, und neun Monate später brachte jede von ihnen nicht nur ein Kind zur Welt, sondern Zwillinge oder gar Drillinge. Und Männer und Frauen, so erzählt diese Geschichte, waren um eine Erfahrung reicher, nämlich daß Liebe nicht sein kann ohne Eigenliebe.

Pharao Malul rief abermals seine Amme zu sich und sagte: »So, du hast mir die traurigste Geschichte erzählt, erzähle mir nun die zweittraurigste Geschichte, die du kennst!«

Die Amme sagte: »Die zweittraurigste Geschichte, die ich kenne? Ach ja, ich kannte einmal eine Frau, und diese Frau liebte nichts so sehr wie Kinder. Kinder, das war ihr Glück. Sie heiratete, aber sie konnte keine eigenen Kinder kriegen, das war ihr größtes Unglück. So wurde sie Hebamme, weil sie wenigstens am Glück anderer Frauen teilhaben wollte. Aber das Glück der anderen Frauen machte sie nicht glücklicher, sondern nur noch unglücklicher. Denn da war Mißgunst. Die Mißgunst machte, daß, wenn es ein Knabe war, sie nachlässig und lasch ihren Beruf ausübte, daß sie das Neugeborene liegen ließ, daß sie vergaß, das Fenster zu schließen, so daß Zugluft hereinkam, daß sie manchmal stolperte und das Kind zu Boden fiel. Das ist die zweittraurigste Geschichte, die ich kenne«, sagte die Amme.

»Gut«, sagte Malul. »Ruft mir die Hebammen!«

Es waren zwei. Ihre Namen werden in der Bibel genannt: Schifra und Pua.

»Hört zu!« sagte Malul. »Ihr Hebammen! Wenn ihr zu einer israelitischen Frau geht, und es ist ein Knabe, dann sollt ihr euren Beruf nachlässig und lasch ausüben, dann sollt ihr das Neugeborene liegen lassen, dann sollt ihr vergessen, das Fenster zu schließen, so daß Zugluft hereinkommt, dann sollt ihr manchmal stolpern, so daß das Kind zu Boden fällt!«

Schifra und Pua hatten Angst vor dem Pharao, aber sie nahmen ihren Beruf sehr ernst und taten nicht, was der Herrscher Ägyptens von ihnen verlangte.

Nach einer Zeit traten sie vor ihn hin und sagten: »Siehst du, das funktioniert nicht, die Hebräerinnen, die sind wie die Tiere, die bringen ihre Kinder zur Welt, und erst, wenn sie da sind, rufen sie nach uns, und da nützt es nichts mehr, wenn wir unseren Beruf nachlässig und lasch ausüben, wenn wir die Knaben liegen lassen und vergessen, das Fenster zu schließen, so daß Zugluft hereinkommt, oder wenn wir manchmal stolpern und das Kind zu Boden fällt.«

Gott hat Schifra und Pua dafür beschenkt, so steht es in der Bibel: Sie bekamen jede ein Haus.

Und das Volk Israel wuchs und wurde stark und war bald stärker als je zuvor.

Malul rief seine Amme ein drittes Mal zu sich.

»Du hast mir die traurigste und hast mir die zweit-

traurigste Geschichte erzählt, erzähl mir nun die dritttraurigste Geschichte, die du kennst!«

»Ja, die dritttraurigste Geschichte«, sagte die Amme,
»ist die, als ich ein Kind war. Da war eine Feuersbrunst
bei uns in der Nachbarschaft. Die Eltern waren bei der
Arbeit, und die Kinder waren allein im Haus, als das
Feuer ausbrach. Die Kinder sind verbrannt.«

»Diese Geschichte ist doch viel trauriger als die anderen beiden«, sagte Malul. »Warum nennst du sie die
dritttraurigste Geschichte?«

»Weil ich sehe, was du aus meinen Geschichten
machst«, sagte die Amme. »Und weil ich hoffte, daß
es nicht bis ans Ende gebracht wird, habe ich dir die
traurigsten Geschichten in verkehrter Reihenfolge erzählt.«

»Gut«, sagte der Pharao und befahl, die Häuser und
Hütten der Israeliten anzuzünden.

Aber der Spott jenes ägyptischen Soldaten, der
damals dem armen hebräischen Mann den Rat gegeben
hatte, der Gott Israels möge doch einen Engel schicken,
der auf die Kinder aufpassen soll, dieser zynische Rat
war im Himmel durchaus aufgegriffen worden. Gott
schickte einen Engel, und der Engel Gottes verwandelte
die Kindlein, die in den Wiegen lagen, in kleine pelzige
Tiere, und er rollte sie aus ihren Wiegen und grub sie
in die Erde ein, und die kühle Erde nahm sie auf und
beschützte sie, als oben die Feuersbrunst tobte. Die
Erde, das ist bekannt, steht auf der Seite Gottes, und
sie machte, daß die Kindlein in ihrem Schoß schneller
wuchsen, als sie oben gewachsen wären. Als die Eltern
am Abend nach der Arbeit nach Hause kamen und in
ihrem Schmerz auf die Knie fielen, da standen vor ihnen

plötzlich junge Männer und junge Frauen und erzählten, was geschehen war.

Und das Volk Israel wuchs und wurde stark und war bald stärker als je zuvor.

Malul hatte einen Traum. Er träumte, ein alter Mann komme aus der Wüste, habe ein Seil über der Schulter und ziehe an dem langen Seil ein Schiff hinter sich her. Der Mann zog das Schiff durch den Sand und zog es über die Felder und zog es über die Straßen der Städte. Das war eine unvorstellbare Strapaze. Eine Ader stand dem Mann über den Augen, die teilte seine Stirn in zwei Reiche. Und Malul, der Pharao, sah im Traum die Leute aus ihren Häusern laufen. Und die Leute staunten über die Ader auf seiner Stirn nicht weniger als über das Schiff, das der Mann hinter sich herzog.

Und Malul hörte im Traum einen Israeliten sagen: »Die Ader, das ist das Zeichen des Kain.«

Malul wollte in seinen Traum hineinrufen: Wer ist Kain?

Auf dem Schiff, das der Mann hinter sich herzog, lagen Schriftrollen und Bücher. Die Gelehrten Ägyptens kletterten auf das Schiff, denn das Gerücht war aufgekommen, in den Schriftrollen und Büchern sei die ganze Weisheit der Welt festgehalten. Die Gelehrten blätterten und lasen und soffen sich voll mit der Weisheit der Welt. Ihre Köpfe und Bäuche blähten sich auf, und sie wurden so schwer, daß der Mann sein Schiff nicht mehr ziehen konnte.

Da habe, träumte Malul, der Mann das Seil zusammengerollt und habe damit die Gelehrten aneinandergebunden und zu einem Bündel verschnürt. Er habe den

Mast seines Schiffes abgebrochen und über den Kiel gelegt zu einer Waage. Dann kam ein Lamm des Weges, ein zartes, weißes Wesen. Der Mann aus der Wüste hängte auf die eine Seite der Waage die aufgeblähten Gelehrten Ägyptens und auf die andere Seite das zarte Lamm. Und siehe da, die Weisheit der Welt war leichter als das Lamm.

Das hat der Pharao geträumt.

Aber er konnte sich den Traum nicht deuten. Auch die Amme konnte – oder wollte – den Traum nicht deuten. Und seine Minister hatten von dieser Kunst nicht die geringste Ahnung. Da hat Malul den berühmtesten Hellseher seiner Zeit, den Superstar unter den Hellsehern, engagiert, nämlich Bileam ben Beor.

Bileam ben Beor war ganz aus Gold, und das ist wörtlich zu verstehen. Seine Haare waren nicht etwa nur vergoldet, nein, sie waren aus Gold. Und seine Haut war aus Gold, und seine Knochen waren aus Gold, und seine Zähne, seine Augen, alles aus massivem Gold. Kein Tier konnte ihn tragen, er konnte nicht reiten, natürlich nicht, ein Esel wäre viel zu schwach gewesen, auch ein Kamel wäre viel zu schwach gewesen, ein Pferd wäre viel zu schwach gewesen. Die Leute glaubten nicht, daß es einen Menschen geben kann, der aus purem Gold besteht. Sie schlichen sich von hinten an Bileam ben Beor heran und versuchten, ihn zu berühren. Aber Bileam ben Beor war ein Hellseher.

Ehe die Hand ihn berührte, drehte er sich um und sagte: »Greif mich nicht an, Mensch! Weißt du denn nicht, daß Gold das gefrorene Feuer der Hölle ist?«

Es wurde erzählt, Bileam ben Beor sei als Kind in einen Honigtopf gefallen. Die Sonne habe in diesen

Honig geschienen und habe das Kind darin zu Gold gemacht, seine Haare, seine Haut, seine Knochen, seine Augen – und auch seinen Verstand. Bileam ben Beor sei erleuchtet worden von der Sonne, ein Stück Sonne sei in seinen Verstand gedrungen und habe seinen Geist vergoldet. Aber seine Seele sei erstickt, und er sei böse geworden. Hieß es.

Diesen Superstar der Hellseherei holte Pharao Malul zu sich an den Pharaonenhof. Er sollte ihm seinen Traum deuten.

Bileam ben Beor warf sich nicht nieder vor dem Herrscher der Welt. Er blieb stehen. Das war mehr als regelwidrig. Das war eine Unverschämtheit, und jeder andere wäre dafür bestraft worden. Aber Bileam ben Beor war ein Superstar.

»Hör zu, Pharao!« begann der Hellseher, noch bevor Malul ein Wort zu ihm gesagt hatte. »Bevor wir beide miteinander Geschäfte machen, will ich dir ein paar Dinge erklären. Erstens: Ich habe mehrere Berufe. Mein erster Beruf ist der eines Schmeichlers. Diesbezüglich bin ich nur einem verpflichtet, nämlich dem Wohlbefinden meines Klienten. Ist das soweit verständlich?«

Malul ließ sich von dem selbstbewußten Ton einschüchtern.

»Ja, ich habe es verstanden.«

»Als Schmeichler«, fuhr Bileam ben Beor fort, »werde ich Dinge über dich sagen, die werden dich sehr froh machen. Du wirst glücklich sein.«

»Wahre Dinge?« fragte Malul.

»Eher unwahre Dinge.«

»Aber ich werde doch nicht mehr daran glauben, wenn du mir das schon vorher sagst.«

»Oh, doch, du wirst daran glauben«, sagte Bileam ben Beor. »Ich bin ein sehr guter Schmeichler.«

»Und was ist dein zweiter Beruf?«

»Mein zweiter Beruf ist der des Hellsehers. Wenn ich gebeten werde, diesen Beruf auszuüben, bin ich ausschließlich der Wahrheit verpflichtet. Und die Wahrheit nimmt keine Rücksicht – auf niemanden. Ist das soweit verständlich?«

»Mhm«, sagte Malul.

»Also, was willst du von mir?«

»Ich möchte wissen, was mein Traum bedeutet.«

Der Pharao bezahlte das Honorar für Hellseherei – bei Gott, nicht wenig! –, und Bileam ben Beor lieferte seine Arbeit ab.

»Das Bündel mit den Gelehrten, das auf der einen Seite dieser merkwürdigen Waage hängt«, sagte er, »stellt Ägypten dar. Das zarte, weiße Lamm ist Israel. Israel ist bedeutender als Ägypten. Das sagt dein Traum.«

»Was soll ich nun tun?« fragte der Pharao.

»Du schneidest hier einen Punkt an, der meinen dritten Beruf betrifft«, sagte Bileam ben Beor.

»Du hast noch einen dritten Beruf?«

»Mehrere Berufe, sagte ich. Im dritten Beruf bin ich Ratgeber. Wenn du einen Ratschlag von mir willst, mußt du bezahlen.«

»Der Ratschlag ist in der Traumdeutung nicht inbegriffen?«

»Nein«, sagte Bileam ben Beor, »wieso auch?«

Das erschien Malul dann doch zu teuer.

Er rief ein viertes Mal seine Amme.

»Mir gehört die Welt«, sagte er.

»Das weiß ich«, sagte die Amme.

»Wenn du das weißt«, sagte Malul, »dann weißt du auch, daß auch deine Träume mir gehören. Also, leg dich schlafen, such nach einem Traum, der eine gute Geschichte erzählt, und sag ihm, der Pharao will die Geschichte haben!«

Die Amme sagte: »Nein, ich habe dir drei traurige Geschichten erzählt, eine vierte werde ich dir nicht erzählen. Jedesmal hatte es zur Folge, daß Katastrophen geschehen sind, Fronarbeit, versuchter Kindermord, Feuersbrunst.«

Da schloß sich Malul in seinen Gemächern ein, verknotete die Finger ineinander. Ging auf und ab. Knurrte und quietschte vor Zorn und Hilflosigkeit, verkroch sich unter seinem Bett und fühlte sich gedemütigt und fühlte sich wieder wie ein kleiner, alberner Mann und nicht, wie sich ein Pharao fühlen sollte.

Das Reich war ohne Herrscher, drei Tage lang.

Schließlich trat der Pharao vor seine Minister. Er sah aus wie ein Schakal, der zu aufrechtem Gehen dressiert worden war. Sein Gesicht hatte ein Fell. Drei Tage war er nicht rasiert worden.

»Nun ist er ein Gott geworden«, flüsterten die einen.

»Er ist Anubis geworden«, flüsterten die anderen.

»Warum gerade Anubis?«

»Damit er die Grabkammer seines Großvaters betreten kann.«

»Und was wollte er dort?«

»Den Geist seines Großvater auffressen.«

»Und wer ist er jetzt? Anubis? Oder Malul? Oder sein Großvater?«

»Alle drei. Anubis und Malul und der Großvater.«

»Darf man das Wort jetzt wieder aussprechen?«

»Man darf.«

So tuschelten die Minister.

Pharao Malul war in die Unterwelt seines Schlafzimmers gestiegen, anstatt den Geist seines Großvaters zu fressen, hat er auf seinen Knöcheln gekaut. Aber er hatte einen Entschluß gefaßt. Zum ersten Mal einen eigenen Entschluß. Er ließ sich weder von seiner Amme eine Geschichte erzählen, noch befragte er seine Minister, noch kaufte er sich eine Deutung von Bileam ben Beor.

»Wenn mir niemand hilft, dann helfen mir alle«, sagte er.

Und das meinte er damit: »Jeder Ägypter, ob Mann oder Frau, hat von nun an das Recht zu töten. Wo immer ein Ägypter oder eine Ägypterin einen israelitischen Knaben sieht, darf er oder sie diesen Knaben erschlagen. Oder erstechen. Oder aufhängen. Oder irgendwo hinunterstoßen.«

»Ist das ein Gesetz?« fragten die Minister.

»Nein«, sagte Malul, »es ist der Wunsch des Pharaos, und es ist ein Geschenk des Pharaos an seine Untertanen. Alle dürfen es tun.«

»Aber nicht alle werden es tun wollen«, sagten die Minister.

»Einige werden genügen«, sagte Malul.

Und er hatte recht.

Es kam eine Mode auf, eine Mode des Mordens. Da gab es einige, die fingen gleich damit an. Kaum war des Pharaos Wunsch an sein Volk öffentlich geworden, gingen sie mit Knüppeln auf die Straße und schlugen zu. Da gab es ägyptische Bürger, die Mitleid hatten und die Hände vors Gesicht warfen, als wollten sie um Hilfe schreien. Aber sie brauchten ja keine Hilfe. Sie gingen in ihre Häuser zurück und schlossen die Fenster. Dann gab es welche, die sagten sich: Zuschauen kostet nichts, nicht einmal den guten Ruf. Die verließen ihre Häuser und schauten zu. Die hebräischen Knaben liefen durch die Stadt und versteckten sich. Da gab es dann Bürger, die taten nichts, hatten keine Knüppel in der Faust, kein Messer, sie zeigten lediglich mit dem Finger dorthin, wo sich die Knaben versteckt hatten.

Das Merkwürdige war: Das Leben ging weiter. Wer noch am Vortag Kindern auf den Schädel geschlagen hatte, bis ihm der Arm lahm wurde, verkaufte am nächsten Tag weiter sein Obst und sein Gemüse. War freundlich wie immer. Lustig wie immer. Stemmte zu Mittag die Hände in die Hüften und blinzelte in die Sonne. Und schämte sich nicht.

Da erinnerte sich mancher Bürger daran, wie er irgendwann einmal einen brennenden Haß in sich gespürt hatte, er wußte nicht mehr auf wen und warum, er erinnerte sich nur, daß es ein brennender Haß gewesen war. Und daß dieser Haß eine Saite in seiner Seele schmerzlich gespannt hatte, und es war ihm, als wäre er nie erlöst worden von diesem Haß, und er dachte bei sich: Nun, endlich, besteht eine Möglichkeit, daß ich mich von diesem alten, unerlösten Haß befreie. Dieser Bürger schlich sich am Abend mit einem Messer im Ärmel aus dem Haus, und er schlich zu seinem Nachbarn, einem Israeliten, mit dem er ein Leben lang gut ausgekommen war. Er sah den Knaben des Nachbarn im Garten spielen.

»Komm«, sagte er zu dem Kind. »Ich bringe dich

in Sicherheit. Dein Vater und deine Mutter wissen Bescheid.«

Er führte ihn zum Ufer des Nil, und in einer dunklen Ecke zwischen den Dingen, die dort auf die Schiffe verladen wurden, stieß er dem Kind das Messer ins Herz.

Da war der alte Haß erlöst. Aber nun brannte das schlechte Gewissen. Und der Mann warf sich zu Hause auf sein Bett und weinte und konnte lange nicht einschlafen. Und am nächsten Morgen sah er, daß das Leben weiterging.

»Jetzt habe ich es getan«, sagte er laut zu sich. »Jetzt kann ich es genausogut noch einmal tun.«

Ägyptische Frauen nahmen ihre eigenen Kinder auf den Arm und zogen mit ihnen durch die Wohngebiete der Israeliten. Sie wußten, die hebräischen Frauen versteckten ihre Kinder in Küchenkästen und Wäschekästen, in Werkzeugtruhen und in Kellern, unter Betten und auf Dachböden, in Korntöpfen und unter Putzwolle, und sie wußten, Kinder antworten Kindern, wie eine Amsel einer anderen antwortet, und wenn ein Kind weint, weint ein anderes Kind mit, und darum zwickten sie ihre eigenen Kinder, so daß diese weinten, und wenn ein hebräisches Kind antwortete, stürmten die Frauen in das Haus, aus dem das Weinen drang. Sie überprüften, ob es ein Knabe oder ein Mädchen war, und wenn es ein Knabe war, rissen sie ihn aus der Wiege und warfen ihn in den Nil.

Es war ein Kinderschlachten. Es war eine Lust am Bösen. Und das Wunder war: Man sah dem Mörder den Mörder nicht an, und man sah dem Anständigen die Anständigkeit nicht an.

»Das ist ein Wunder«, sagten die Minister. »Ein Wunder, das der Pharao geschehen ließ.«

Niemand sprach mehr von Malul als dem Lustigen. Und bald erinnerte sich auch keiner mehr daran, daß der Pharao jemals so genannt worden war.

Lange hatte es gedauert, bis Malul endlich einen eigenen Plan gefaßt hatte. Mit fünfzehn Jahren hatte er den Pharaonenthron bestiegen, nun war er vierzig. Nun war er stolz.

Aber ganz konnte er seinen Triumph nicht genießen. Denn seine Frau Alparanith ließ sich nicht mehr bei ihm sehen.

Eine ihrer Dienerinnen kam und sagte: »Die Herrin will dich nicht mehr sehen, solange das Morden anhält.«

Und die alte Amme wollte ihren Liebling auch nicht mehr sehen. Als Malul nach ihr rief, kam sie nicht.

Und Bithja, die Tochter des Pharaos, wollte ihren Vater auch nicht mehr sehen. Aber sie schickte nicht eine Dienerin, um ihm das mitzuteilen, sie kam selbst.

»Ich verabscheue dich«, sagte sie.

Eines Tages war Bithja mit ihren Freundinnen unten am Nil, um am seichten Ufer zu baden, da hörte sie ein Wimmern. Man suchte, und man fand ein Körbchen. Und in diesem Körbchen lag ein Knabe.

Da sagte Bithja: »Das ist sicher das Kind einer Hebräerin. Ich will es zu mir nehmen, ich will es beschützen, daß ihm nichts geschieht.«

AUS DEM STAMME LEVI

Vom Geist der Erzählung – Von Antagonisten und
Protagonisten – Von Erlösern im allgemeinen – Von der
Perle Abrahams – Von der Wirkung, wenn einer sein Leben
erzählt – Von einem, der das Glück verkaufen will – Vom
Palast des Bettlers – Von einer Läuterung

Bithja wird den Knaben Moses nennen. Moses wird der
Erlöser werden, er wird das Volk Israel aus Ägypten
führen. Und er wird es befreien von der Fron des Pharaos.

Der Geist der Erzählung – der, spätestens seit ihn
Thomas Mann beschwor, unserer Einbildung über ihre
Kraft hinaus auch Legitimation zugesteht –, der Geist
der Erzählung will es, daß die Helden der letzten beiden Kapitel von unserem Verstand mißbilligt und von
unserem Herzen mit Empörung abgelehnt werden.
Aber manchmal empfiehlt die Dramaturgie, zunächst
den Antagonisten vorzustellen, damit der Protagonist
der Geschichte mit noch größerer Sehnsucht herbei-
gewünscht wird. Wenn es sich bei dem Protagonisten
obendrein um einen Erlöser handelt, empfiehlt es sich,
sogar zwei Antagonisten einzuführen, weil dann erstens
um so deutlicher wird, wovon der Erlöser die Menschen
erlösen soll, und zweitens, weil durch die Schilderung
der Gegenspieler das Auftreten des Hauptakteurs noch
weiter hinausgeschoben wird, was den Zuhörer durch
eine symbolisch vergleichbare Sehnsucht mit jenen

Menschen verbindet, die so innig auf sein Erscheinen hoffen. – Wir haben es hier mit einer orientalischen Geschichte zu tun, und nirgends wird die Kunst des Geschichtenerzählens besser beherrscht als im Orient.

Und noch etwas: Wenn der Erlöser zudem ein Vermittler zwischen Gott und den Menschen sein soll, also ein Heros im klassisch-antiken Sinn, nämlich einer, der es uns Menschen erst möglich macht, mit der unerreichbaren Gottheit in Kontakt zu treten, dann verlangt die Dramaturgie nach einer weiteren Figur, nach noch einem Vermittler, diesmal einem, der zwischen dem Erlöser und den Menschen steht, denn der Erlöser selbst, eben weil er mit beinahe göttlichen Eigenschaften begabt, also selbst eine Art Halbgott ist, ragt so weit über die Menschen hinaus – wie könnte er sonst mit der Gottheit kommunizieren? –, daß einer da sein muß, der uns zumindest seine Menschlichkeit bestätigt.

Es verwundert nicht, daß solche Erlöserfiguren immer dann auftreten, wenn sich das Göttliche im Bewußtsein der Menschen verkleinert und aus dem Leben der Menschen entfernt hat. Der Erlöser ist immer auch ein Glaubenserneuerer oder gar ein Religionsstifter.

Vergleichen wir Moses mit Jesus: Die Dramaturgie der Jesus-Geschichte wartet ebenfalls mit zwei Antagonisten auf, nämlich mit Kaiphas, dem Hohenpriester der Juden, und mit Pontius Pilatus, dem Vertreter der römischen Besatzungsmacht. Auch Jesus benötigt seinerseits einen Vermittler zu den Menschen, die an ihn glauben, den Christen, in seinem Fall ist es eine Vermittlerin, nämlich seine Mutter Maria.

Wir können dieses Schema auch auf antike Vermittler zwischen Göttern und Menschen anwenden, zum

Beispiel auf Herakles. Auch ihm werden zwei große antagonistische Figuren entgegengestellt, nämlich jener König, der ihm die zwölf Arbeiten auferlegt, und Hera, die Gattin des Zeus. Auch die Herakles-Geschichte benötigt eine weitere Mittelsperson, die den menschlichen Anteil im Heros garantiert, es ist – das Christentum hat sich inspirieren lassen – die Mutter des Herakles, Alkmene.

Es ist also durchaus mythologisch typisch, daß diese zweite Mittelsperson aus der Familie des Erlösers stammt, daß sie als Gegengewicht zur Gottähnlichkeit des Erlösers auf dessen menschliche Herkunft pocht. Diese zweite Mittelsperson ist in der Mosesgeschichte mit seinem Vorfahren Levi besetzt: Moses war ein Sproß aus dem Stamme Levi.

Sehnsucht und Geduld sind Geschwister, die eine kann ihre Kraft ohne die andere nicht entfalten, deshalb soll auch in diesem Kapitel der Erlöser noch nicht auftreten. Erst möchte ich von einem Großvater, dem Patriarchen Levi, erzählen.

Mit der Tatsache, daß Moses ausgerechnet aus dem Stamme Levi kam, wollte man sich nie ganz zufriedengeben. Warum stammt Moses ausgerechnet von Levi ab? Levi war ein Sohn von Jakob und Lea. Lea war nicht die Lieblingsfrau des Jakob, die Lieblingsfrau des Jakob war Rahel. Lea ist dem Jakob untergeschoben worden, Laban, sein Schwiegervater, hat ihn betrogen. Außerdem war Levi kein Mann von gutem Charakter, er war alles andere als großzügig, alles andere als gütig, und besonders gescheit war er auch nicht. Er war böse, unbarmherzig, grausam, plump.

Levi war es, der dafür plädiert hat, Josef, seinen Bruder, zu töten. Aus Eifersucht. Weil Josef der Liebling Jakobs war. Weil Josef ein schöner Mann war. Vor allem, weil Josef seine Brüder immer wieder mit seiner Klugheit demütigte. Ruben dagegen war es, der die Brüder vom Mord abhielt und überredete, Josef in einen Brunnen zu werfen. Warum stammte der Erlöser Israels nicht zum Beispiel aus dem Stamme Ruben? Ruben war doch im Grunde ein feiner Mensch, ein bißchen unbeholfen zwar und schwach, aber doch seiner Moral treu.

Levi war der Grausame, der Böse, der Unbarmherzige. Erinnern wir uns: Als Jakob und seine Söhne zur Stadt Schechem kamen, verliebte sich der Prinz von Schechem in Dinah, die Tochter des Jakob, und als Jakob schon den Heiratsvertrag fertig aufgesetzt hatte, da war es wieder Levi, der seine Brüder gegen Schechem aufhetzte, so daß sie bei Nacht in der Stadt einfielen und alle Männer töteten.

Immer wieder hat man sich gefragt: Warum hat Gott als Gebärgrund für den Erlöser Israels ausgerechnet den Stamm Levi gewählt. Warum stammte Moses nicht von Josef ab, dem Liebling des Jakob, dem Schönen, dem Klugen, dem Liebling aller Israeliten? Oder wenigstens von Jehuda? Jehuda war gerecht. Oder von Ascher? Ascher hatte einen klaren Verstand. Oder von Benjamin, dem Starken?

Nein, es war Levi.

Man hat sich darauf geeinigt: Die Pläne Gottes sind eben unergründlich, wir können nicht wissen, was seine Motive sind. Was aber nicht heißt, daß man nicht suchen und forschen darf. Und so hat man gesucht und geforscht und hat eine Geschichte zutage gefördert, die dem Plan Gottes wenigstens eine Ahnung von menschlicher Plausibilität verlieh.

Einmal in seinem Leben habe – so erzählt diese Geschichte – der Mann Levi nämlich doch so etwas wie Liebe in sich gespürt. Als die große Hungersnot war, schickte Jakob seine Söhne nach Ägypten, um bei dem sagenhaften Vizekönig des Pharaos Korn zu kaufen. Die Brüder wußten nicht, daß dieser Vizekönig Josef war. Josef gab seinen Brüdern Getreide, aber er behielt einen von ihnen als Geisel, nämlich Schimeon, den steckte er ins Gefängnis.

Schimeon war jener Bruder, mit dem Levi den meisten Umgang hatte. Zum ersten Mal in seinem Leben spürte Levi ein Gefühl wie Liebe, wie Trauer in sich. Als sie wieder nach Hause kamen, quälte ihn die Sehnsucht nach Schimeon so sehr, daß er sein ganzes Hab und Gut, seine Herden, Kamele, Rinder, Ziegen, Schafe, seine Diener, seine Mägde, alles, was er besaß, verkaufte und eintauschte gegen – ja: gegen eine Perle, gegen eine einzige Perle.

Es war jene Perle, die der Urvater Abraham ein Leben lang an einer Kette um seinen Hals getragen hatte. Als Gott dem Abraham die ganze Welt und auch den Himmel zeigte, als er mit ihm zwischen die Sterne geflogen war, da habe Abraham, im Vorbeiflug sozusagen, diese Perle mit der Hand aus dem Mond gebrochen. Man dachte sich den Mond als eine riesige Perle, und wer bei einer klaren Vollmondnacht genau hinschaut, der kann mit freiem Auge die Stelle sehen, wo Abraham seine Perle herausgebrochen hat.

Unvorstellbar wertvoll war diese Perle. Und sicher hat Levi den Besitzer übers Ohr gehauen, denn sie war hundertmal mehr wert als all seine Herden und sein ganzes Gesinde. Diese Perle nun wollte Levi nach Ägypten bringen, wollte sie dem sagenhaften Vizekönig vor die Füße legen, damit er Schimeon ziehen lasse.

Levi machte sich allein auf den Weg, hatte nichts weiter bei sich als ein paar Brotfladen, ein Bündel junger Zwiebeln und einen Schlauch mit Wasser. Er war zu Fuß unterwegs, besaß kein Reittier mehr, hatte ja alles gegeben für die Perle. Die hatte er in seine Tasche gesteckt, eingeschlagen in ein Tuch. Als er in der Hauptstadt Ägyptens ankam, so heißt es, sei seine Seele bereits ein wenig geläutert gewesen, da sei er schon nicht mehr durch und durch der hartherzige, böse Levi gewesen. Die Wüste ist dem Einsamen eine Zuchtmeisterin.

Levi hatte gerade das Stadttor durchschritten, da sprach ihn ein Bettler an. Solche Bettler saßen zu Hunderten in der Stadt und streckten ihre Hände nach den Fremden aus, und nur wer noch nie in der Stadt gewesen war und ihre Bräuche nicht kannte, gab etwas, die anderen sagten sich: Freilich bin ich ein gütiger Mann, freilich gebe ich einem Bedürftigen, aber es sind so viele, ich müßte, um gerecht zu sein, allen etwas geben, aber das kann ich nicht, dafür bin ich nicht reich genug, aber bevor ich ungerecht bin, will ich lieber keinem etwas geben.

Genauso hatte Levi bei seinem letzten Besuch in Ägyptens Hauptstadt gedacht. In Wahrheit hatte er sich gar nichts gedacht, er hatte die Bettler nicht einmal wahrgenommen, und wenn einer zu aufdringlich gewesen war, hatte er ihm einen Tritt versetzt.

Aber nun setzte er sich neben den Bettler an die Mauer eines Hauses und teilte mit ihm sein Brot, und es war sein letztes Brot. Daraus schließen jene, die sich über das Leben des Stammvaters Levi ihre Gedanken machen, daß sein Herz sich bereits ein wenig erwärmt hatte. Und sie führen dies eben auf die zuchtmeisterlichen Künste der Wüste zurück.

Die beiden aßen und tranken, verzehrten Levis letztes Brot, verzehrten Levis letzte Zwiebeln. Sie unterhielten sich über dies und das, Belanglosigkeiten, Levi berichtete aus der Wüste, der Bettler aus der Stadt.

Schließlich fragte der Bettler: »Was willst du hier in der Hauptstadt Ägyptens tun?«

»Ich will etwas Gutes tun«, antwortete Levi.

»Dein Blick ist nicht der eines Mannes, der schon viel Gutes in seinem Leben getan hat«, sagte der Bettler. »Deine Augenbrauen sind zusammengezogen, deine Stirn gefurcht, deine Mundwinkel deuten nach unten, und du hast noch nicht einmal gelacht, und wir sitzen immerhin schon fast eine Stunde hier zusammen.«

Und weil es so angenehm war, im Schatten einer Hauswand zu sitzen und auf den Abend zu warten, und weil dieser Bettler einen so vertraulichen Ton in der Stimme hatte, daß man meinen konnte, er kenne einen schon lange und wundere sich über nichts und sehe einem alles nach, darum begann Levi zu erzählen. Und weil er für gewöhnlich nie etwas erzählte, dachte er sich: Nun, da ich einmal angefangen habe damit, kann ich gleich alles erzählen.

Und Levi erzählte dem Bettler sein ganzes Leben. Und ließ nichts aus. Es war eine Beichte. Und mehr als das: Es war ein Kennenlernen. Levi lernte sich selbst kennen, als wäre die Erinnerung ein Roman mit ihm als Hauptperson. Und weiter: Es war das Begreifen eines

Zusammenhangs. Erst in der Erzählung begriff Levi, daß sein Leben ein böses Leben gewesen war, und er begriff, wie aus einem Leben ein böses Leben werden kann, obwohl der Mensch, der es lebte, in jedem Augenblick überzeugt war, daß er richtig handelte, daß er Richtiges sagte, daß er die Wahrheit empfand.

Es ist ganz einfach, dachte Levi und war doch erstaunt darüber, man hat etwas kleines Böses getan, und es ist nichts geschehen, merkwürdigerweise ist das Leben weitergegangen, ohne daß das kleine Böse die geringste Spur hinterlassen hat, und darum glaubt man, es war gar nicht so sehr böse, und dann glaubt man, es war gar nicht böse, und irgendwann glaubt man, es war gar nicht. Und dann folgt das nächste kleine Böse, und alles wird genauso.

Und noch etwas wurde ihm klar: Alles Gelebte, auch das Böse, kann in Augenblicke zerteilt werden, das heißt: Etwas, das im Abstand der Erzählung als etwas großes Böses gesehen werden muß, wie Levis Vorschlag, Josef zu töten, oder als er die Brüder aufgehetzt hatte, bei Nacht in Schechem einzufallen, auch diese großen bösen Taten können als aus winzigen Teilen bestehend gesehen werden, und es ist ganz leicht, diese Teile in ihrer Betrachtung und Beurteilung so klein zu machen, bis ein jedes, für sich genommen, nur noch ein winzig kleines Böses ist, das keiner Entschuldigung mehr wert ist, weil gar keine Schuld daraus entstehen kann.

Und erst als er sein Leben dem Bettler erzählte, sah Levi ein, wie schwer es ist, kein böses Leben zu führen, eben weil das Leben selbst aus lauter winzigen Augenblicken besteht, in lauter winzig kleinen Schritten passiert, die, jeder für sich genommen, keiner Entschuldigung wert sind, die nicht die geringste Spur hinterlassen, so daß man glauben darf, es war gar nicht so sehr böse, was man getan, gesagt oder empfunden hat, und dann glaubt, es war gar nicht böse, und irgendwann behauptet, es war gar nicht. Eben bis man eines Tages sein ganzes Leben im Zusammenhang vor sich sieht, wie es Levi sah, als er dem Bettler sein Leben erzählte, und ihm nun von seiner eigenen Erzählung bewiesen wurde, daß das Böse eben doch eine Spur hinterlassen hat, nämlich sein Leben selbst.

»Du hast mir eine lange Geschichte erzählt«, sagte der Bettler. Da war es schon weit über Mitternacht. Sie saßen immer noch im Staub der Straße, den Rücken an die Hauswand gelehnt.

Und der Bettler sagte: »Ich möchte dich etwas fragen: Weißt du, was Glück ist?«

Levi antwortete: »Natürlich weiß ich, was Glück ist. Jeder weiß es, auch wenn es keiner definieren kann.«

»Und warum, glaubst du, daß es keiner definieren kann?«

»Was nützt es mir, wenn ich weiß, was Glück ist, und nicht glücklich bin. Was schadet es mir, wenn ich nicht weiß, was Glück ist, aber glücklich bin?«

»Warst du in deinem Leben schon glücklich?«

»Das wird schon sein.«

»Wie oft?«

»Ich weiß es nicht.«

Der Bettler ließ Levi Zeit.

Nach einer Weile sagte Levi: »Nein, ich glaube, ich war noch nie glücklich in meinem Leben.«

Da fragte der Bettler: »Willst du das Glück kaufen?«

»Ich wußte nicht, daß man das Glück kaufen kann«,

sagte Levi und lachte, aber es war kein Lachen, das der Bettler als solches gelten ließ. »Ist Ägypten so reich, daß man hier sogar das Glück kaufen kann?«

»Nein, auch in Ägypten kann man das Glück nicht kaufen«, sagte der Bettler. »Genausowenig wie in jeder anderen Stadt der Welt. Es liegt nicht am Ort.«

»Woran liegt es denn?«

»Es liegt am Preis. Das Glück ist unbeschreiblich teuer, ich habe noch nie einen getroffen, der es bezahlen konnte.«

»Und warum denkst du, ich könnte es bezahlen?«

»Sein Preis ist die Perle, die dein Ahne Abraham vom Mond gepflückt hat«, sagte der Bettler.

»Dann muß ich auf das Glück verzichten«, rief Levi aus. »Ich will nämlich mit dieser Perle meinen Bruder aus dem Gefängnis loskaufen.«

Und er lachte wieder, und dieses Lachen ließ der Bettler als ein wirkliches Lachen gelten.

»Nun hast du zum ersten Mal gelacht, seit wir uns kennen«, sagte der Bettler. »Es ist spät geworden. Wollen wir uns verabschieden, wir werden uns wohl nicht mehr wiedersehen.«

Sie erhoben sich und reichten einander die Hand zum Abschied. Der Bettler ging als erster. Levi blieb noch stehen. In winzig kleinen Schritten näherte sich ihm ein Gedanke. Das Glück, dachte er. Ja, es ist wahr, was der Bettler sagte, man muß sich die Frage stellen: Was ist das Glück? Nein, es ist nicht richtig: Man darf sich nicht darauf hinausreden, jeder wisse, was das Glück sei, aber keiner könne es definieren. Man muß es wenigstens versuchen, man muß wenigstens eine Antwort versuchen.

Er rief dem Bettler nach: »He, warte!«

Augenblicklich blieb der Bettler stehen und stellte sein Bündel neben sich ab.

»Was ist?«

»Weißt du es?«

»Ja, ich weiß es.«

»Weißt du, was das Glück ist?«

»Ja, ich weiß es.«

»Dann sag es mir!«

»Ich kann es dir nicht sagen. Aber wenn du willst, kann ich es dir zeigen.«

Levi folgte dem Bettler. Der Bettler führte ihn in einen Palast, ein Palast so wunderbar wie der Palast des Pharaos. Der Tisch war gedeckt. Für zwei Personen. Der süße Geruch des Kuchens erfüllte den Raum. Der Tee duftete. Und in dem Palast stand ein Thron. Und auf diesen Thron setzte sich der Bettler.

»Das alles gehört mir«, sagte der Bettler. »Gib mir die Perle, dann gebe ich dir das Glück.«

»Ich gebe dir meine Perle nicht«, sagte Levi. »Laß mich das Glück nur anschauen, mehr will ich nicht.«

»Ich kann es dir nur zeigen, wenn du die Perle in meine Hand legst«, sagte der Bettler.

»Das heißt, ich lege sie dir nur in die Hand?«

»Das heißt es.«

»Die Perle liegt in deiner Hand, aber sie gehört immer noch mir?«

»So ist es.«

Da griff Levi in seine Tasche und holte die Perle heraus. Er wickelte sie aus dem Tuch, fühlte sie zwischen den Fingern. Betrachtete die Perle. Und legte sie in die offene Hand des Bettlers. Der gewiß kein Bettler war.

»Und jetzt das Glück«, sagte Levi.

»Glaubst du wirklich, du kannst das Glück anschauen, ohne daß du es besitzen willst?« fragte der Bettler.

»Ich weiß nicht«, stammelte Levi. »Ich weiß es doch nicht.«

»Aber ich weiß es«, sagte der Bettler. »Niemand kann das Glück anschauen, ohne daß er es auch besitzen will. So hat Gott den Menschen nun einmal geschaffen.«

Der Bettler öffnete seine Hand und hielt sie Levi hin.

»Nimm die Perle«, sagte er. »Verknote sie wieder in dein Tuch! Stecke sie in deine Tasche zurück!«

Aber Levi dachte bei sich: Also, wenn Gott den Menschen nun einmal so geschaffen hat, was will sich da ein kleiner Mensch wie ich dagegen stellen? Und zugleich dachte er: Im Grunde genommen ist es nur eine Perle. Niemand sieht dieser Perle an, daß sie unser Urahn Abraham vom Mond gebrochen hat, niemand sieht dieser Perle an, daß er sie sein Leben lang an einer Kette um den Hals getragen hat. Die Perle sieht aus wie eine gewöhnliche Perle. Wie die Perlen, die es zu Hunderten hier auf den Märkten zu kaufen gibt. Der Vizekönig wird mich auslachen, wenn ich sie ihm vor die Füße lege. Niemals wird er Schimeon für diese Perle aus dem Gefängnis lassen. Er wird sagen, ich sei ein unverschämter Kerl. Er wird nicht nur Schimeon nicht aus dem Gefängnis lassen, er wird mich zu ihm sperren! Was war ich doch für ein Esel! Für dieses elende kleine Ding habe ich mein ganzes Hab und Gut hingegeben. Was bin ich doch übers Ohr gehauen worden! Und dachte, ich hätte übers Ohr gehauen! Ich bin der ärmste, unglücklichste Mann auf der ganzen Welt! Ich habe nichts, das ist die Wahrheit. Ich habe nichts. Aber dieser hier bietet mir für dieses Nichts das Glück. Was braucht einer, der nichts hat, der nichts ist, was braucht der, um seinen Bruder aus dem Gefängnis des ägyptischen Pharaos freizubekommen? Er braucht vor allem Glück!

Und Levi sagte zum Bettler: »Behalte die Perle, gib mir das Glück!«

Der Bettler legte die Perle in einen Mörser und zerstampfte sie zu Staub.

»Was tust du?« schrie Levi. »Meinen ganzen Besitz hast du zerstört!«

Der Bettler sagte: »Was ist das? Staub ist das.« Er streute den Staub über den Tee und sagte: »Trink davon.«

Ein Märchen. Eine merkwürdige Geschichte allemal, allein schon deshalb, weil sie hier abbricht. Wie hat Levi reagiert? Wir erfahren es nicht. Freilich, wir können schließen: So wie wir Levi kennen, wird er sich das bestimmt nicht von diesem falschen Bettler gefallen lassen. Er wird den nächsten schweren Gegenstand nehmen und dem Mann den Schädel einschlagen. Das wäre typisch Levi. Aber das wird nicht erzählt. Wir wissen, es gelang Levi, seinen Bruder Schimeon aus dem Gefängnis zu befreien. Und wir wissen, Josef hat Levi verziehen, daß dieser ihn vor vielen Jahren töten wollte. Will uns diese Geschichte von einer Läuterung erzählen? Hat der Bettler, der ebenso ein Bote des Teufels wie ein Bote Gottes gewesen sein könnte, Levi beweisen wollen, daß Glück eine Stimmung des Herzens und nicht ein Besitz ist? Wer auch immer diese Geschichte gefunden oder

erfunden hat, es lag in seiner Absicht, aus dem bösen
Levi einen guten Menschen zu machen, einen Men-
schen, der es wert ist, daß aus seinem Stamm der Erlöser
Israels hervorgeht.

JOCHEBED UND AMRAM

Von einem gemeinsamen Schrei – Von der Liebe zweier
Kinder – Von einer List – Von einem heimlichen Begehren –
Von einer nicht bestandenen Prüfung – Vom Verschwinden
der Liebe – Von einer lebenslangen Erinnerung an eine
verbotene Leidenschaft – Von nächtlichen Besuchen – Von
Aaron, der nicht mehr weinen kann – Von Mirjam und dem
Erzengel Gabriel – Von der Geburt des Moses – Von Bithja,
der Ziehmutter

Levi hatte viele Kinder, viele Söhne, viele Töchter.
Der älteste Sohn hieß Gershom, die jüngste Tochter
Jochebed. Jochebed war fünfundzwanzig Jahre jünger
als ihr Bruder Gershom. In derselben Stunde, als sie
geboren wurde, wurde auch Gershoms Sohn Amram
geboren. Mit einem gemeinsamen Geburtsschrei wurden Tante und Neffe in die Welt gehoben.

Da sagte die Hebamme: »Das klingt ganz so, als hätten sich die beiden das Jawort gegeben.«

Da beschloß die Familie, daß Jochebed und Amram,
Tante und Neffe, wenn sie das Alter erreicht hätten,
Mann und Frau werden sollten.

Jochebed und Amram wuchsen gemeinsam auf, sie
wußten, sie würden eines Tages Mann und Frau sein. Das
ist keine einfache Sache. Das war deshalb keine einfache
Sache, weil das Wort Liebe nicht ein einziges Mal gefallen war. Ja, wenn da einer gekommen wäre und gesagt
hätte, wie steht's denn mit der Liebe zwischen den beiden, dann wären erstaunte Blicke hin und her gegangen
in der Familie, und keiner hätte eine Antwort gewußt,
weil sich nicht einer diese Frage jemals gestellt hatte.

Also, Jochebed und Amram wußten, sie würden
Mann und Frau werden, mit Liebe hatte das nichts zu
tun. Aber Jochebed liebte den Amram, und Amram
liebte die Jochebed. Nur wußten sie es nicht voneinander. Und Jochebed dachte bei sich: Wenn ich anfange,
von Liebe zu reden, dann wird Amram dreinschauen,
wie die anderen in der Familie dreinschauen würden
bei diesem Thema. Und Amram dachte bei sich dasselbe. Und was ist, wenn er mich nicht liebt, fragte sich
Jochebed. Und Amram hatte denselben Kummer.

Dieser Gedanke war schließlich für Amram nicht
zum Aushalten, er wollte es wissen, er wollte es unbedingt wissen. Da kam ihm eine Idee: Er erklärte der
Familie, er müsse für einige Tage verreisen, verkleidete
sich, setzte sich eine Perücke auf, klebte sich Augenbrauen über die Augen, klebte sich Bärte auf Kinn und
Oberlippe und übte Bewegungen wie ein Fremder. Er
beschaffte sich von einem Reisenden ein Pferd, das
gesattelt war, wie man es hier nicht kannte. So ritt er vor
die Zelte und bat, vom Wasser des Brunnens trinken zu
dürfen. Und wie es die Gastfreundschaft gebot, wurde
er eingeladen, die Nacht über zu bleiben.

Amram aß und trank und ließ sich bedienen. Und
nach dem Essen richtete er es ein, daß er mit Jochebed
allein beim Brunnen war. Und Jochebed senkte den
Blick, denn dieser fremde junge Mann gefiel ihr, und
das durfte nicht sein. Sie fand keine Antworten auf
seine Fragen, wohl auch deshalb nicht, weil die Fragen
ungeschickt und zu allgemein formuliert waren, es war
ein Gespräch, wie es ein Mann und eine Frau führen,
die sich ineinander verliebt haben. Jochebed fühlte sich
hingezogen zu diesem Fremden. Kein Wunder, es war

ja Amram. Und auch Amram war, als sähe er seine
Jochebed zum ersten Mal, als spreche er zum ersten Mal
mit ihr.

»Wir kennen uns erst seit wenigen Stunden«, sagte
er. »Erst seit wenigen Minuten sind wir allein. Und doch
kann ich in deinem Herzen lesen.«

»Niemand kann im Herzen eines anderen lesen«,
sagte Jochebed und blickte dem jungen Mann immer
noch nicht in die Augen. »Wie sollte das auch gehen!
Das Herz ist tief in der Brust verborgen.«

»Oh, doch«, sagte Amram, »es gibt ein Mittel, das
macht, daß wir einem anderen mitten ins Herz schauen
können.«

»Und was ist das für ein Mittel?« Ihre Stimme zitterte, und es war nur ein Flüstern.

»Die Liebe«, sagte Amram.

Da blickte ihn Jochebed an, und sie konnte bis in sein
Herz sehen.

»Ich bin einem anderen versprochen«, sagte sie.

»Du bist ihm versprochen«, sagte Amram. »Aber
liebst du ihn auch?«

»Ja, ich liebe ihn«, sagte sie.

»Von ganzem Herzen?«

»Ich liebe ihn von ganzen Herzen.«

»Und du würdest ihn nie verlassen?«

»Ich würde ihn nie verlassen.«

»Und du willst bei ihm bleiben bis zu deinem Tod?«

»Ich will bei ihm bleiben bis zu meinem Tod.«

Was für ein Jubel stieg da in Amram auf! Beinahe hätte er sich verraten. So gern hätte er Jochebed
umarmt! Noch heute nacht, dachte er bei sich, wird dieser Fremde für immer aus unserem Leben verschwinden,

und morgen wird Amram zurückkehren, und Amram wird seiner Jochebed endlich sagen, wie sehr er sie liebt, von ganzem Herzen, daß er sie nie verlassen wird und bei ihr bleiben will bis zu seinem Tod. Und dann werden Amram und Jochebed heiraten.

Dieser Fremde wußte, was sich gehört. Er verneigte sich vor Jochebed und wollte sich schon zum Gehen wenden, da sprang Amram doch noch das Glück auf die Zunge, das Glück und der Übermut.

Er sagte: »Eines sollst du wissen, Jochebed. Wer immer dein Bräutigam ist, sag ihm, es war einer da, der dich nicht weniger liebt als er. Sag ihm, er hatte einen zweiten Sattel auf sein Pferd geschnallt. Dieser Sattel war für Jochebed.«

Dann ging er und ließ Jochebed allein beim Brunnen zurück.

Und Jochebed? Sie lief dem Fremden nach. Alle Gefühle, die sie für Amram empfand, verbanden sich in ihr mit einer neuen Leidenschaft, einer Leidenschaft, wie sie noch nie in ihrem Innersten gebrannt hatte. Die Liebe kommt von Gott, rief es in ihr, und Gottes Wille ist stärker, als ein Beschluß der Familie je sein kann. Sie lief dem Fremden nach, wollte ihm sagen, er soll sie mit sich nehmen, sie will ihm folgen, wohin er auch zieht.

Sie traf den Fremden, wie er gerade sein Pferd sattelte. Einen Augenblick hielt sie inne, verbarg sich, wollte diesen Mann ansehen. Sie sah, wie der Fremde seinen Mantel auszog. Sah, wie er sein Haar vom Kopf nahm. Sah, wie er sich den Bart von Oberlippe und Kinn zupfte. Sah Amram.

Im selben Augenblick drehte sich Amram um. Sah Jochebed, die ihm nachgekommen war – die dem Fremden nachgekommen war. Und Jochebed wurde klar, daß Amram sie hatte verführen wollen, daß kein Vertrauen in ihm war, daß er sie hatte prüfen wollen. Und Amram wurde klar, daß Jochebed die Prüfung nicht bestanden hatte.

Von nun an herrschte Mißtrauen zwischen ihnen. Amram und Jochebed wurden Mann und Frau, aber die Liebe, die in ihnen gewesen war, als sie Kinder waren, die gab es nicht mehr.

Sie liebten sich nicht mehr – das sagt sich so leicht! Glücklich Liebende, heißt es, sind sich überall auf der Welt ähnlich; die unglückliche Liebe aber tragen jeder Mann und jede Frau auf eigene Weise in sich.

Nein, es ist nicht wahr, daß die beiden sich nicht mehr liebten. Hinter der Gleichgültigkeit, mit der sie sich tagsüber begegneten, blieb ihr Leben lang eine Erinnerung gegenwärtig und mächtig, nämlich die Erinnerung an diese rätselhafte Leidenschaft, die sie füreinander empfunden hatten, als Jochebed meinte, einen anderen Mann vor sich zu haben, und Amram sich selbst als ein anderer von Jochebed begehrt fühlte. Und unter der Kälte, die zwischen ihnen war, schwelte diese Leidenschaft ihr Leben lang weiter.

Freunde und Bekannte hätten das nicht für möglich gehalten. Man redete hinter ihrem Rücken, zuckte verwundert die Achseln, schüttelte den Kopf über so viel gegenseitige Teilnahmslosigkeit, so viel gegenseitiges Desinteresse, nahm sich im stillen vor, es in eigener Angelegenheit nie so weit kommen zu lassen; fragte sich, wie es in so einer Ehe überhaupt zu Nachwuchs kommen konnte.

Jochebed und Amram stritten sich nicht einmal. Sie

gingen einander aus dem Weg, sie beachteten sich gar nicht. Sie aßen nur selten zur selben Zeit und am selben Tisch. Wenn sie die Felder bearbeiteten, fing Amram auf der einen Seite an und Jochebed auf der anderen. Es gab Leute, die sie seit Jahren kannten, die behaupteten, sie hätten die beiden nie ein Wort miteinander reden hören.

Jochebed und Amram schliefen nicht im selben Bett, nicht einmal im selben Raum. Aber sie hatten ihr Geheimnis, und oft kam es vor, daß Amram mitten in der Nacht erwachte, erfüllt war von dieser alten Leidenschaft und hinüberging zu Jochebed und sich stumm zu ihr legte. Und nicht seltener kam es vor, daß Jochebed erwachte und in Amrams Kammer schlüpfte. Sie sprachen nicht darüber. Wenn sie am Morgen in Umarmung erwachten, setzten sie sich schnell auf und drehten einander die Rücken zu, und Amram schlich zurück in seine Kammer oder Jochebed in ihre. Sie waren Mann und Frau, und es war ihrer beider eheliche Pflicht, einander beizuliegen. Aber sie schämten sich, wenn sie die Ehe vollzogen. Als hätten sie sich einer verbotenen Leidenschaft hingegeben. Nichts anderes ist es, sagten sie sich. Sagte jeder zu sich selbst.

Die Erinnerung an den Abend beim Brunnen, als sie sich in ihrem Innersten erkannt hatten, ohne sich äußerlich zu erkennen, diese Erinnerung hielt ihnen vor Augen, daß in ihrer Seele Gefühle waren, vor denen sie sich fürchteten, andere Gefühle, als sie Ehemann und Ehefrau füreinander empfinden dürfen. Die Erinnerung an diese Leidenschaft war auch die Erinnerung an Mißtrauen und Betrug, und der Gedanke beunruhigte sie, daß Mißtrauen und Betrug diese Leidenschaft erst entzündet haben könnten, daß vorher zwar Liebe dagewesen war zwischen ihnen, aber nicht diese Leidenschaft, und daß es diese Leidenschaft war, die die Liebe vertrieben hatte.

Jochebed brachte eine Tochter zu Welt, die nannte sie Mirjam. Und dann brachte sie einen Sohn zur Welt, den nannte sie Aaron.

Es kam die böse Zeit, als Pharao Malul Israel mit Fron unterdrückte, und dann die Zeit, als der Pöbel durch die Straßen Ägyptens zog und die Knaben Israels aus ihren Wiegen riß. Da schlich sich Amram in der Nacht wieder einmal zu Jochebed. Sie wollte ihre Arme um ihn legen. Er aber zündete die Lampe an.

»Ich will kein Licht«, sagte Jochebed.

»Ich will mit dir sprechen«, sagte Amram.

»Ich will nicht mit dir sprechen«, sagte Jochebed.

Mann und Frau blickten einander an, und Amram sah in Jochebeds Augen Zorn und Trauer. Und er wußte den Grund dafür. Zorn und Trauer, weil von nun an auch ihr nächtliches Geheimnis kein Band mehr zwischen ihnen sein würde. Denn beide ahnten, daß der Wächter dieses Geheimnisses ihr Schweigen gewesen war. Amram empfand nicht anders als Jochebed.

»Jochebed...«, sagte Amram.

Beide hielten dem Blick des anderen stand. Jochebed hoffte, Amram würde ein richtiges, ein gutes Wort finden. Und Amram suchte nach diesem Wort.

»Jochebed...«, sagte er noch einmal.

Alles, was er im Augenblick empfand, war in diesem Wort eingeschlossen.

Für Jochebed war das zuwenig. Es genügte ihr nicht.

»Was willst du?« fragte sie.

Aber Amram war in dieser Nacht ja gar nicht zu seiner Frau gekommen, weil er über ihre Ehe sprechen wollte, über ihre verlorene Liebe, über ihre Leidenschaft. Er war gekommen, weil ihm die politische Lage große Sorgen machte. Darüber wollte er mit seiner Frau sprechen. Er hatte einen Entschluß gefaßt. Den wollte er Jochebed mitteilen.

»Wir werden auch in Zukunft nicht davon lassen können, einander in der Nacht zu besuchen«, sagte er.

»Ich will darüber nicht reden«, sagte Jochebed.

»Aber wenn du wieder schwanger wirst«, fuhr Amram fort, »und wenn du einen Sohn zur Welt bringst, dann wird er erschlagen werden. Das könnten wir beide nicht ertragen, denn ich habe dich nicht, und du hast mich nicht, und so haben wir beide nichts, woran wir uns halten könnten, wenn das Unglück über uns hereinbricht.«

»Was sollen wir tun?« fragte Jochebed.

»Ich möchte, daß du das Haus verläßt«, sagte Amram. »Wir werden die Tage verbringen wie bisher. Wir werden auf dem Feld arbeiten, ich auf der einen Seite des Feldes, du auf der anderen Seite. Wir werden im Haus unser Essen einnehmen, vielleicht nicht zur selben Zeit und am selben Tisch. Nur eines: Wir werden in der Nacht nicht im selben Haus schlafen.«

Am nächsten Morgen ging Jochebed. Sie nahm nicht mehr mit als ein Bündel mit Wäsche, küßte zum Abschied ihre Tochter Mirjam auf die Stirn, faßte ihren Sohn Aaron bei der Schulter. Amram stand abseits, die Arme vor der Brust verschränkt, blickte auf die Straße, und als Jochebed auf der Straße ging, drehte er sich um und sah ins Haus.

Mirjam war damals ein Mädchen von acht Jahren. Sie wußte, daß ihre Mutter nicht für immer ging. Man hatte ihr alles erklärt, und sie hatte alles verstanden. Sie hatte verstanden, daß es Vater und Mutter gemeinsam unter einem Dach nicht mehr aushielten. Und das tat ihr weh, es tat ihr nicht weniger weh, als wenn die Mutter für immer gegangen wäre. Mirjam stand auf der Straße und hielt ihren Bruder Aaron an der Hand. Sie weinte.

Aaron weinte nicht. Er war erst fünf Jahre alt. Für die Mörder war er zu alt. Pharao Malul hatte den Mord an israelitischen Knaben bis zu vier Jahren freigegeben. Aaron war ein zartes, kränkliches Kind. Es war nicht nur einmal vorgekommen, daß seine Mutter und sein Vater einem Mann, der mit einem Knüppel in der Hand in das Haus eingedrungen war, beweisen mußten, daß ihn zu ermorden nicht straffrei war. Er war in einer Zeit aufgewachsen, in der es normal war, daß solche wie er erschlagen wurden. Das ist keine Zeit für Tränen.

Keine Liebe war im Land, und keine Liebe war in den Herzen. Mirjam betete zu Gott.

»Mach, daß die Liebe wieder kommt«, betete sie. »Daß sie im Herzen des Pharaos einkehrt. Und daß sie in die Herzen unserer Eltern zurückkehrt.«

Eines Nachts hatte sie einen Traum. Sie träumte von einem Engel. Der Engel kam über die Felder, und er war so leicht, daß sich die Ähren nur wenig unter seinen Füßen beugten.

»Mirjam, siehst du mich?« rief der Engel.

»Ich sehe dich«, sagte Mirjam.

»Ich bin da«, sagte der Engel. »Ich bin doch da, oder?«

»Ja, du bist da«, sagte Mirjam.

»Aber niemand sieht mich. Nur du allein kannst mich sehen.«

»Es ist ein Traum«, sagte Mirjam. »Ich schlafe und träume und sehe dich im Traum.«

»Gott hat mich zu dir geschickt«, sagte der Engel.

»Hat Gott meine Gebete erhört?« fragte Mirjam im Schlaf.

»Er hat sie jedenfalls gehört«, antwortete der Engel.

»Und? Wird die Liebe in die Herzen des Pharaos und unserer Eltern einziehen?«

»So einfach ist das nicht«, sagte der Engel. »Die Liebe kommt zwar von Gott, das ist schon richtig, aber es liegt beim Menschen, ob er sie annimmt oder nicht. Gott hat sich nun einmal darauf versteift, euch einen freien Willen zu lassen, und daran will er nichts ändern.«

»Was haben dann meine Gebete genützt?« fragte Mirjam.

»Ein bißchen haben sie schon genützt«, sagte der Engel. »Also, beim Pharao hat sich Gott zurückgehalten, dem hat er keine Liebe geschenkt, den braucht er so, wie er ist, mit ihm hat er andere Pläne. Aber deinen Eltern, Jochebed und Amram, ihnen hat er die Liebe geschickt – übrigens zum wiederholten Male. Was sie daraus machen, darauf will Gott, wie gesagt, keinen Einfluß nehmen.«

»Und ich?« fragte Mirjam. »Was wird aus mir?«

»Du hast eine schöne Stimme«, sagte der Engel. »Eine schöne Stimme und eine laute Stimme. Gott hat beschlossen, dir hellseherische Gaben zu verleihen. Du wirst schlafen und träumen, und im Traum wirst du mich sehen, wie ich über die Felder komme, so leicht, daß sich die Ähren nur wenig unter meinen Füßen beugen. Wir zwei werden gute Bekannte werden. Ich werde dir mitteilen, was du deinem Volk verkünden sollst.«

»Und heute«, fragte Mirjam im Traum den Engel, »hast du heute schon eine Nachricht mitgebracht, die ich meinem Volk verkünden soll?«

Ja, das hatte er.

Am nächsten Tag ging Mirjam hin und verkündete, was ihr der Engel aufgetragen hat.

»Hört, ihr Frauen und Männer Israels! In der vergangenen Nacht war ein Mann aus unserem Volk bei seiner Frau gelegen, und die Frau hat empfangen, und sie wird einen Knaben zur Welt bringen, und der wird Israel erlösen!«

Auf der Straße verkündete Mirjam das Wort Gottes. Die Menschen drängten sich um sie, fragten, wollten mehr wissen. Und unter den Menschen waren auch Jochebed und Amram. Nachdem Mirjam gesprochen hatte, zog Jochebed ihren Mann am Ärmel beiseite. Sie zog ihn ins Haus, zog ihn in die Kammer, die bis vor kurzem die ihre gewesen war, und schloß die Tür ab.

»Ich bin gemeint«, sagte sie.

Amram blickte vor sich nieder. Nickte.

Gott hat den beiden die Liebe geschickt – zum wiederholten Male und in der vorangegangenen Nacht wieder. Amram war aufgewacht, und er hatte das Haus verlassen, war weit gegangen, bis er gefunden hatte, wo Jochebed ihre Nächte verbrachte. Er war zu ihr gekrochen, und sie hatte ihn umarmt. Sie hatten nicht miteinander gesprochen, und ehe es hell geworden war, hatte sich Amram von ihrem gemeinsamen Lager erhoben, hatte Jochebed verlassen und war nach Hause zurückgekehrt.

»Ja«, sagte Amram, »wir sind gemeint.«

Jochebed war schwanger.

Vater und Mutter traten vor Sohn und Tochter hin.

»Hört zu, Aaron und Mirjam«, sagten sie. »Gott hat euren Eltern die Liebe geschickt, und sie haben das Geschenk angenommen.«

So formulierten sie es, weil sie sich schämten.

In der Nacht träumte Mirjam wieder von dem Engel. Und diesmal fragte sie ihn nach seinem Namen. Es war der Erzengel Gabriel.

»Du hast deine Sache gut gemacht«, sagte er.

»Es war keine schwere Aufgabe«, sagte Mirjam im Traum zum Engel.

»Keine Sorge, es werden schwere Aufgaben auf dich zukommen«, sagte er.

Ob er ihr etwas über ihre Zukunft verraten dürfe, fragte sie. Das dürfe er schon, sagte der Engel, aber Mirjam werde sich am Tag nicht mehr daran erinnern.

Der Erzengel hatte ihr diesmal nichts mitzuteilen. Er besuchte sie, wie man einen Freund besucht, bei dem man sich eine kurze Stunde im Gespräch entspannen möchte.

»Du bist so schön«, sagte Mirjam.

»Du wirst dich an meinen Anblick gewöhnen«, sagte Gabriel.

»Wenn ich den Menschen erzähle, daß mir ein Erzengel im Traum erscheint«, sagte sie, »dann werden sie wissen wollen, wie so einer aussieht.«

»Wie ich aussehe, ist gleichgültig«, sagte Gabriel. »Um mich zu beschreiben, müßtest du meinen Geist kennen. Aber den kennt nur Gott.«

Bis an ihr Lebensende – und Mirjam wurde eine sehr

alte Frau – wurde sie immer wieder gebeten, sie möge doch den Erzengel Gabriel beschreiben. Niemand in ihrem Volk hat je einen Engel gesehen. Auch ihre Brüder nicht. Der eine von beiden wird Größeres zu sehen bekommen, das ist wahr. Jedoch einen Engel hatte nur Mirjam gesehen. Aber sie hat den Gabriel nie beschrieben. Er sei sehr schön, sagte sie. Mehr sagte sie nicht.

Jochebed brachte einen Knaben zur Welt. Sie nannte ihn Jekuthiel. In diesem Namen ist die Hoffnung eingeschlossen.

»Ich habe gehofft«, sagte Jochebed, und als sie gefragt wurde, worauf sie denn gehofft habe, antwortete sie: »Da sich nichts in meinem Leben erfüllt hat, lebe ich nur für die Hoffnung. Alles ist Hoffnung.«

Sein Vater Amram nannte den Knaben Heber.

»Er war es, der mich wieder zu meinem Weib zurückgeführt hat«, sagte er.

Da sagten die Leute: »Aber du hast Jochebed ja gar nicht verlassen, du hast sie davongejagt!«

»Das ist doch das gleiche«, sagte Amram.

»Nein, es ist nicht das gleiche«, sagten die Leute. »Es ist schlimmer.«

»Vor Gott ist es das gleiche«, sagte er.

»Woher willst du das wissen?«

Da wurde Amram zornig und bockte und sagte tagelang kein Wort mehr.

Mirjam nannte ihren kleinen Bruder Jared. Denn der Engel war ihr wieder erschienen, und er hatte zu ihr gesagt, sie werde ihrem Brüderchen folgen, sie werde hinunter zum Wasser gehen, um zu sehen, was aus ihm wird.

Aaron nannte ihn Abi Sanoach.

»Unser Vater«, argumentierte er, »hat unsere Mutter davongeschickt, und wegen meines Brüderchens hat er sie wieder ins Haus geholt.«

Gershom, der Großvater, der Sohn des Levi, nannte den Knaben Abi Gedor. Das spielt darauf an, daß ein tiefer Riß das Haus Jakob geteilt hatte und daß das Erscheinen dieses Kindes den Riß ein für allemal heilen würde.

Noch herrschte der Terror. Malul hatte seinen Befehl, alle israelitischen Knaben unter vier Jahren zu töten, noch nicht zurückgenommen. Deshalb versteckte Jochebed ihr Kind bei einer Amme, die den Knaben unter die anderen Kinder mischte, hoffend, so werde er nicht gefunden. Die Amme nannte das Kind Abi Sukko.

Sie sagte: »In einer Hütte ward er verborgen drei Monate lang vor den Mördern.«

Dann aber kam die Amme zu Jochebed.

»Ich kann nicht mehr auf ihn aufpassen«, sagte sie. »Ich gebe ihn dir zurück. Wenn man ihn findet, wird man mich bestrafen. Und die Mörder werden meinen, ein Recht zu haben, auch den anderen Kindern, auf die ich aufpasse, etwas anzutun.«

Da wachte Jochebed in den Nächten neben der Wiege, und an den Tagen ließ sie niemanden zu sich.

Gabriel erschien Mirjam.

»Das geht so nicht«, sagte er. »Der Mensch braucht Schlaf. Wenn er den nicht kriegt, wird er verrückt.«

»Was sollen wir tun?« fragte Mirjam.

»Nimm einen Korb«, sagte der Erzengel. »Bestreiche die Ritzen des Korbes mit Pech. Leg dein Brüderchen in den Korb, und setz dieses Schiffchen in den Nil!«

Mirjam tat, wie ihr der Engel geheißen. Sie war noch ein Kind, aber weil sie in ihrem Leben gelernt hatte, daß sich niemand um einen kümmert, war auch ihr Vertrauen zum Erzengel Gabriel recht gering, und so schlich sie sich am Ufer entlang und beobachtete das Körbchen, das langsam auf dem Wasser dahinglitt. Und als Bithja, die Tochter des bösen Pharao Malul, das Körbchen aus dem Wasser fischte, war Mirjam in der Nähe.

»Das ist sicher das Kind einer Hebräerin. Ich will es zu mir nehmen, und ich will es beschützen, daß ihm nichts geschieht«, hörte Mirjam die Tochter des Pharaos sagen.

Und Bithja war es, die dem Knaben den Namen Moses gab.

KINDHEIT UND JUGEND

Von einem Körbchen im Nil – Von der mutigen
Mirjam – Von der mißtrauischen Jochebed – Von den
bösen Nachbarn – Vom Haushalt des Pharaos – Von
der goldenen Krone des Pharaos und den glühenden
Kohlen – Vom bösen Hetzer Bileam ben Beor – Von einem
Treffen auf dem Marktplatz – Von engeligem Besuch in
der Nacht – Vom Leiden des Volkes Israel – Von einem
Mord – Von einem nächtlichen Gedankengang – Von zwei
streitenden Männern – Vom Tod des Pharaos Malul

Bithja, die Tochter des Pharaos, wollte eine gute Mutter sein, aber sie war keine Mutter, und sie war keine Amme, und sie hatte keine Milch. Und das Knäblein schrie.

Mirjam war, wie der Engel ihr geraten hatte, am Ufer des Nil entlang gelaufen, war dem Körbchen, das auf dem Wasser schwamm, gefolgt, und als sie die Frauen sah, die das kostbare Schiffchen an Land zogen, hatte sie sich im Schilf versteckt. Sie bangte und betete zu Gott, und sie wußte gar nicht, was sie alles von Gott erbitten sollte, denn ihr war, als gäbe es nichts als Sorge in ihrem jungen Leben, fühlte sie sich doch für alle Sorgen ihrer Welt zuständig, schließlich war ihr ja ein Engel beigestellt worden, und der Himmel würde solchen Aufwand nicht treiben, wenn die Sorge nur eines einzigen Menschen zur Disposition stünde.

Die Frauen beugten sich über das Körbchen. Jede wollte das Baby streicheln oder wenigstens eine Fußzehe festhalten oder ein Fingerchen.

»Warum schreit das Kind so sehr?« fragte Bithja.

»Es wird Hunger haben.«

»Gebt ihm zu essen«, sagte Bithja, die über gar nichts, was ein unbeschütztes Leben forderte, Bescheid wußte. In dem Leben, das sie bisher geführt hatte, war ihr jede Arbeit, jede Sorge abgenommen worden, und das Wort Not kannte sie nicht.

»Man kann einem so kleinen Menschen nicht einfach etwas zu essen geben«, wurde ihr geantwortet. »Er braucht Milch aus einer Brust.«

Aber es war keine Frau da, die Milch in ihrer Brust trug.

»Schnell«, befahl Bithja, »lauft und sucht mir eine Amme!«

Da trat Mirjam aus dem Schilf.

»Ich weiß eine Frau«, sagte sie. »Es ist eine gute Frau. Sie ist meine Mutter. Sie hat mich gestillt und hat meinen Bruder gestillt. Und ihre Milch hat mich froh gemacht vom ersten Tag an und klug, und meinem Bruder hat sie die Gabe der Rede gegeben, so daß er als Kind schon sprechen kann wie ein Erwachsener.«

Das sprudelte so aus Mirjam heraus. Sie befürchtete nämlich, man werde sie wegschicken, sobald sie den Mund zumachte, und weil sie sich dachte, diese Damen, die immer von allem das Beste abgekriegt haben und immer alles im Überfluß, können nur durch Übertreibung beeindruckt werden, ließ sie ihrer Phantasie die Zügel schießen. Daß ihr Bruder Aaron bisher als ein Redetalent aufgefallen sei, konnte ja gewiß nicht behauptet werden – Aaron, der schon sehr früh gesehen hatte, wie gefährlich es in diesem Leben war, ein hebräischer Knabe zu sein, war im Gegenteil ein stilles Kind, manchmal sagte er tagelang kein Wort, und wenn er gefragt wurde, beschränkten sich seine Antworten meistens auf Ja und Nein. Aaron hatte gelernt, das Beste für einen hebräischen Knaben ist, er hält den Mund.

Der Engel aber, der Mirjam beigestellt worden war und der auch auf ihren Ruf bedacht war, hat ihre Übertreibungen als Anregung genommen und sie oben vorgetragen, schließlich macht es sich nicht gut, wenn eine Vermittlerin von Gottes Wort eine Lügnerin ist, und so ist dann aus Aaron tatsächlich ein Mann der Rede geworden, und wenn Mirjam behauptet hatte, das Kind könne sprechen wie ein Erwachsener, dann konnte Aaron als Erwachsener sprechen wie ein Kind, einfach und mit der Naivität dessen, der sich gar nicht vorstellen kann, daß es jemanden gibt, der ihm nicht zuhört.

»Das ist ein guter Vorschlag«, sagte Bithja zu Mirjam. »Es ist ein Glück, daß du zufällig in der Nähe warst.«

Bithja hat die Zusammenhänge durchschaut, ohne Zweifel. Daß hier eine hebräische Frau ihr Kind retten wollte vor der grausamen Willkür des Pharaos; daß sie ihre Tochter vorgeschickt hat, damit sie den Säugling im Auge behalte, um dann im rechten Augenblick vorzutreten. Bithja wollte eine Mutter sein, und sie wollte eine gute Mutter sein; sie wollte allgemein ein guter Mensch sein und wollte alles, was in ihrer Macht stand, tun, um das Leid derer zu lindern, die von ihrem Vater so grausam verfolgt wurden.

»Lauf, Mädchen, hol deine Mutter«, sagte sie zu Mirjam und befahl ihren Dienerinnen, vorerst mit niemandem über den Vorfall zu sprechen.

Jochebed kam und reichte dem Kind die Brust. Hielt den Blick gesenkt, wollte gar nicht sehen, wer da alles um ihr Kind herumstand.

»Das machst du sehr gut«, sagte Bithja. »Ich glaube, niemand könnte das besser als du.«

Jochebed war mißtrauisch.

»Was soll das heißen?« fragte sie.

Sie fürchtete, die Pharaotochter habe ihr eine Falle gestellt, gleich werde sie die Soldaten ihres Vaters rufen. Sie war ängstlich, aber auch aufmüpfig. Schließlich war es ihr Kind, das da an ihrer Brust lag.

»Was heißt, ich mache das gut?« sagte sie. »Ich mach das so, wie es jede Frau macht, die Milch hat. Wie soll man das auch anders machen!«

Sie drückte das Kind so fest gegen ihre Brust, daß es zu ersticken drohte. Lieber will ich es ersticken, dachte sie, als daß ein Soldat es mir erschlägt.

»Hab doch keine Angst«, sagte Bithja. »Du sollst die Amme meines Kindes sein.«

»Was heißt das?«

»Ich will, daß mein Kind in deinem Haus aufwächst.«

»Was heißt das?«

»Was fragst du immerzu? Du sollst meinem Kind Milch geben. Und du sollst meinem Kind Liebe geben, bis es alt genug ist, um allein den weiten Weg durch alle Zimmer im Palast des Pharaos zu gehen.«

»Heißt das, ich darf es mitnehmen?«

»Das heißt es.«

»Und es kommen nicht morgen Soldaten und reißen es mir weg?«

»Nein. Du hast mein Wort. Nur ab und zu will ich kommen und mir mein Kind anschauen.«

Das Mißtrauen legte Jochebed ihr Leben lang nicht ab. Auch wenn sich die Tochter des Pharaos noch so sehr bemühte, mit der Mutter »ihres Kindes« auf freundliche Weise zu verkehren, Jochebed ließ sie ihr Leben lang spüren, was sie von ihr und ihresgleichen dachte: Von diesen Menschen kommt Böses, nur Böses, und zwar von allen, ohne Ausnahme.

Immer war Jochebed gefaßt auf eine letzte Abrechnung, die um so erbarmungsloser ausfallen würde, je länger sie auf sich warten ließ. Wie kann es auch anders sein, sagte sie sich. Da ist die Tochter des Pharaos, der größer ist als alle Menschen zusammen, und sie kommt zu mir, die ich nichts weiter bin als eine kleine hebräische Frau, und sie tut mir schön und will mich umarmen wie eine Schwester, und ich schau sie nicht einmal an, und sie tut das Allerbeste für meinen Sohn, und ich sage nicht einmal danke, das kann nicht gutgehen, nein, das kann nicht gutgehen, sagte Jochebed zu sich selbst.

Aber sie brachte es nicht über sich, auch nur einmal ein freundliches Wort zu Bithja zu sagen, ihr auch nur einen einzigen freundlichen Blick zu schenken. Und sie weigerte sich, ihren Sohn bei dem Namen zu nennen, den Bithja ihm gegeben hatte, noch als er ein berühmter Mann war, weigerte sie sich. Männer kamen und fielen vor ihr auf die Knie, küßten ihre Füße.

»Du bist die Mutter von Moses!« riefen sie.

Da stampfte Jochebed auf, daß den Pilgern der Staub in die Augen flog.

»Was wollt ihr von mir!« schimpfte sie. »Ich habe zwei Söhne, einer heißt Aaron, der andere heißt Jekuthiel! Und sonst habe ich keinen Sohn!«

Wenigstens vorübergehend war nun alles, wie es sich gehörte: Moses wuchs bei seinen Eltern und seinen Geschwistern auf.

Einmal in der Woche kam ein Bote der Pharaotochter und brachte Lebensmittel und Geschenke für die ganze Familie. Denn Bithja wollte nicht, daß die Eltern »ihres« Kindes arbeiten mußten. Sie sollten ihre ganze Zeit dafür verwenden, sich um den Knaben zu kümmern. Das sollte ihre Arbeit sein.

Bithja wollte helfen, nichts weiter. Aber der Fluch der bösen Tat hatte das Leben in Ägypten vergiftet, und das Gift hatte sich ausgebreitet, und bald war nichts mehr gut, und alles war verdorben. Und wer nichts weiter wollte als helfen, der konnte zu einer tödlichen Gefahr werden.

Als der Bote wieder einmal mit Lebensmitteln und Geschenken kam, sagte Amram zu ihm: »Richte deiner Herrin aus, wir wollen das nicht mehr. Wir werden tun, was sie von uns verlangt, aber wir wollen nicht, daß ein Ägypter unser Haus betritt. Und wir wollen schon gar nicht, daß er uns etwas mitbringt.«

Amram hatte Angst. Jedesmal, wenn der Bote kam, hatten sich die Nachbarn vor seinem Haus versammelt, hatten lange Augen gemacht, wenn er all die guten Sachen vom Wagen lud und auspackte.

»He«, sagten die Nachbarn dann, »dürfen wir probieren?«

Sie schnitten sich von dem gepökelten Fleisch, aßen die Kuchen auf, tranken den Wein, tunkten ihre Finger in den Honig. Und als es hieß, jetzt sei es genug, da ließen die Nachbarn den Mund offen und taten, als hätten sie nicht richtig gehört.

»Was heißt genug?« fragten sie.

»Genug heißt genug«, sagte Amram.

»Genug heißt also genug?«

»Was soll es denn sonst heißen? Hat es eine Verordnung gegeben, die besagt, daß genug nicht mehr genug heißt?«

»Weißt du«, sagten die Nachbarn, »wir haben da ein Problem.«

»Was für ein Problem denn?« fragte Amram.

»Der Zusammenhang, weißt du, der interessiert uns.«

Es war damit alles gesagt. Darum bat Amram den Boten, nicht mehr zu kommen. Damit kein Zusammenhang zwischen dem Haus des Amram und dem Haus des Pharaos hergestellt werden konnte. Kein Israelit wollte in den Verdacht geraten, mit den Ägyptern auch nur irgend etwas zu tun zu haben.

Aber es war eine böse Zeit, und es genügte nicht, wenn man vom Feind nichts Gutes nahm, man mußte sich bereits rechtfertigen, wenn der Feind einem nichts Böses tat. Und dem Haus Amrams wurde nichts Böses getan.

Die Mütter Israels, deren Söhne vom ägyptischen Pöbel ermordet worden waren, kamen und klopften an die Tür.

Sie sagten: »Eine Frage nur! Eine Sekunde nur! Darf man den Kleinen anschauen, das Wunderkind?«

»Mein Jekuthiel ist kein Wunderkind«, sagte Jochebed. »Er ist, wie eure waren. Es ist nichts Besonderes an ihm.«

»Das kann nicht sein!« schrien die Frauen. »Das kann einfach nicht sein!«

Und sie setzten sich auf die Schwelle und zerkratzten sich das Gesicht und weinten.

Und bald hatten Jochebed und Amram keine Freunde

mehr, und die Kinder der Nachbarn spielten nicht mehr
mit Mirjam und Aaron.

Als Moses vier Jahre alt war, brachte ihn seine Schwester Mirjam zum Palast des Pharaos und übergab ihn
Bithja. So war es vereinbart worden.

»Du weinst ja gar nicht«, sagte Bithja zu Mirjam.
»Ist dir mein Sohn in den vier Jahren denn nicht ans
Herz gewachsen?«

Was sollte man darauf antworten? Jochebed hätte
wieder Angst bekommen können und denken, jetzt
ist es so weit, jetzt kommt die Abrechnung, jetzt wird
mich die Pharaotochter den Soldaten ausliefern, vier
Jahre hat sie sich den Spaß gemacht, auf meine Vernichtung zu warten. Wenn ich sage, nein, er ist mir nicht
ans Herz gewachsen, dann wird sie mich vernichten,
weil ich herzlos bin, und wenn ich aber sage, doch, er
ist mir ans Herz gewachsen, dann wird sie mich töten,
weil sie fürchten muß, ich nehme ihr das Kind wieder weg. So hätte Jochebed denken und Angst haben
können.

Mirjam dagegen hatte ganz sicher keine Angst.
Erstens hatten sich die Zeiten gebessert. Pharao Malul
hatte seinen Mordbefehl zurückgezogen. Das war seiner
Tochter Bithja und auch seiner Frau Alparanith zu verdanken. Und auch der alten Amme, die hatte ihn wissen lassen, sie werde keine Geschichte mehr erzählen,
solange in Ägypten hebräische Kinder mit Erlaubnis des
Pharaos getötet werden dürften. Schließlich hatte Malul
nachgegeben.

»Es ist mir zu Ohren gekommen«, sprach er zu seinen Ministern, »daß es in meinem Reich ab und zu vor-

kommt, daß hebräische Knaben unfreundlich behandelt werden.«

»Das ist richtig«, sagten die Minister. »Man bringt sie massenhaft um.«

»Ich wünsche das nicht«, sagte Malul.

»Daß man die israelitischen Knaben unter vier Jahren massenhaft umbringt?«

»Daß sie so unfreundlich behandelt werden.«

»Aber das war doch deine eigene Idee«, sagten die Minister.

»Wer seid ihr, daß ihr euch anmaßt, die Ideen des Pharaos zu kennen«, brauste Malul auf.

Und die Minister dachten sich: Da hat er recht, wer sind wir eigentlich ...

Aber nicht nur deshalb war Mirjam ohne Sorge, als sie Moses zu Bithja brachte. Wenn eine Gefahr bestünde, hätte mich der Erzengel Gabriel gewarnt, dachte sie. Das hatte er aber nicht getan. Und er war ihr mehrere Male in den letzten vier Jahren erschienen. Nicht nur, um ihr eine Botschaft zu bringen, manchmal war er im Traum zu ihr gekommen, weil er sich mit ihr unterhalten wollte, manchmal stand er nur da, sagte gar nichts, hielt inne in seinem engelhaften Dasein.

Mirjam blickte Bithja gerade in die Augen – nicht kampflustig, wie es ihre Mutter getan hätte, wenn sie es getan hätte –, vertrauensvoll und zweifelsfrei war Mirjams Blick.

Und sie antwortete: »Ich liebe dieses Kind wie meinen Bruder. Warum sollte ich weinen? Du wirst gut für ihn sorgen. Und dann wird er zu uns zurückkehren.«

Von nun an sorgte Bithja für die Erziehung »ihres« Kindes.

Der kleine Moses war der Sonnenschein im Haushalt des Pharaos.

Zur Zeit der Kindermorde war Pharao Malul ein sehr einsamer Mann gewesen. Die drei Frauen, die er liebte – seine Gattin, seine Tochter, seine Amme –, sprachen nicht mehr mit ihm. Wenn er den Raum betrat, gingen sie. Er aß allein. Er schlief allein. Er badete allein.

Allein meinte: Sein Herz war allein. Sonst hatte er durchaus Gesellschaft. Zumindest einer war dauernd in seiner Nähe, nämlich Bileam ben Beor, der Superstar unter den Hellsehern. Aber den liebte Malul nicht. Den bezahlte er. Und er hatte ihn nicht gerufen, damit er ihm die Zukunft voraussage. Er hatte ihn als Schmeichler an den Hof geholt. Und Bileam ben Beor mußte sich gewaltig anstrengen, wollte er mit seinen Schmeicheleien die Liebe von Gattin, Tochter und Amme kompensieren.

Ja, die Zeit der Kindermorde war eine düstere Zeit gewesen. Malul sprach von seiner traurigen Zeit. Und er meinte damit nicht die Trauer der Mütter und Väter, deren Kinder erschlagen worden waren, sondern er meinte seine Trauer. Weil er in dieser Zeit allein gegessen und allein gebadet und allein geschlafen hatte.

Aber nun war alles anders. Alles war wieder wie früher. Besser als früher. Um die Mittagstafel saßen zur Rechten des Pharaos seine Gattin Alparanith, seine Tochter Bithja und die Amme. Zu seiner Linken saß der Schmeichler Bileam ben Beor, eckig, golden, wie angeschraubt. Aber Malul gegenüber, so daß er ihm immer in die Augen sehen konnte, hockte der kleine Moses auf seinem Stühlchen, der Sonnenschein. Und ganz egal, was nun dieser Moses war, ein Israelitenkind oder ein

Ägypterkind, und wenn er vom Ende der Welt gekommen wäre, er war der Liebling des Pharaos. Malul war vernarrt in den Knaben.

Die Augen des kleinen Moses müssen es dem Pharao besonders angetan haben.

Immer wieder sagte Malul: »Komm über den Tisch zu mir, mein kleiner Stern! Setz dich neben meinen Teller und schau mich an!«

Dann stemmte sich Moses auf die breite Tafel, kroch zwischen den Fleischtöpfen hindurch und setzte sich auf das Kissen, das der Pharao neben seinem Teller bereit hielt. Und wenn Malul gegessen hatte, breitete er die Arme aus, und Moses ließ sich auf den Schoß des Pharaos fallen. Und nicht selten kam es vor, daß Malul mit dem Kleinen auf dem Teppich herumrollte und dabei kicherte und lachte und quietschte, als wäre er selbst nicht älter als der kleine Moses.

Bileam ben Beor warnte: »Wenn irgend jemand deinen Untertanen erzählt, wie du dieses Hebräerkind behandelst, dann werden sie sicher den Respekt vor dir verlieren.«

»Was soll das heißen!« rief Malul. »Erst war man böse auf mich, weil ich die Hebräerkinder unfreundlich behandelt habe, jetzt ist es nicht recht, wenn ich sie freundlich behandle!«

Eines Tages kroch Moses wieder über den Tisch auf den Schoß des Pharaos, und an diesem Tag hatte Malul Lust gehabt, beim Mittagessen seine Krone auf dem Kopf zu tragen, und die Krone glitzerte und funkelte, denn sie war aus purem Gold und mit Edelsteinen besetzt. Da griff Moses danach, zerrte sie vom Haupt des Pharaos und steckte seinen Kopf hinein.

Bileam ben Beor sprang auf und rief: »Pharao, denk nicht, das sei ein Zufall! Das ist ein Zeichen! Dieses Kind wird nach deiner Macht greifen!«

Malul aber lachte. »Du fürchtest dich vor einem Kind? Und du willst ein Zauberer sein?«

»Dieses Kind«, verkündete Bileam, und er legte alles Gold seiner Kehle in die Stimme, »dieses Kind ist offensichtlich dein Liebling, aber es ist ein Nachfahre Abrahams, und Abraham war als Kind der Liebling von König Nimrod, und als er ein Mann war, hat er Nimrod besiegt. Das vergiß nicht, Pharao!«

Bileam ben Beor war zwar von Malul als Schmeichler engagiert worden, er hatte sich mit der Macht arrangiert – für gutes Geld! –, und er ließ sich täglich von der Macht demütigen – für gutes Geld! Aber er war ein Hellseher, der Hellseher schlechthin, und auch wenn sein Einfluß in letzter Zeit geschwunden war, Malul hatte nicht vergessen, was für Referenzen dieser Bileam ben Beor vorzuweisen hatte, und auch wenn der Pharao infolge seiner geringen Selbsteinschätzung dazu neigte, als gering zu achten, wer ihm schmeichelte, hatte er dennoch bisher keinen Anlaß gehabt, an den hellseherischen Fähigkeiten des Bileam ben Beor zu zweifeln.

Malul nahm dem Kind die Krone weg und setzte sie wieder auf sein Haupt.

»Wer spricht aus dir«, fragte er Bileam ben Beor, »der Eifersüchtige oder der Hellseher? Der Schmeichler ist es wohl nicht.«

»Du wiegst dein Unglück auf deinem Schoß«, sagte Bileam ben Beor.

»Dieses Kind soll mein Unglück sein?«

Und Bileam ben Beor wiederholte: »Du wiegst dein Unglück auf deinem Schoß!«

»Jag Bileam ben Beor aus dem Haus!« riefen Alparanith und Bithja, und die Amme nickte dazu. Die Frauen ekelten sich vor dem Mann aus Gold, haßten ihn, verachteten ihn wegen seiner Schmeicheleien.

»Wenn er bleibt, werde ich dein Haus wieder verlassen«, sagte Bithja. »Und mein Kind kommt mit mir.«

Bileam ben Beor sagte nichts mehr. Er stand bewegungslos wie eine Statue, das Bild eines lächelnden Götzen.

»Warum brauchen wir überhaupt beim Mittagessen, wenn wir hier sitzen, eine Krone auf dem Kopf?« wollte Alparanith schlichten. »Jedes Kind greift nach glitzernden Dingen! Und deine Krone glitzert nun einmal, und dieses Kind kennt keinen Unterschied, weiß nicht, was Gold ist, greift einfach nach dem, was mehr glitzert. Würde dein Löffel mehr glitzern als deine Krone, es hätte nach dem Löffel gegriffen.«

Aber Malul war verunsichert: »Und wenn es doch ein Zeichen ist?«

»Sicher«, sagte Bileam ben Beor, »die Krone des Pharaos glitzert mehr als der Löffel des Pharaos. Aber glühende Kohlen glitzern mehr als die Krone. Holt eine Schale mit glühenden Kohlen! Dann werden wir sehen.«

»Was soll das für eine Prüfung sein!« rief Bithja. »Wenn Moses nach der Krone greift, hat Bileam ben Beor recht, wenn er nach den Kohlen greift, verbrennt er sich!«

Aber Malul hatte sich von seinem Schmeichler verunsichern lassen. Er liebte das Kind. Aber noch mehr liebte er seine Macht. Eine Schale mit den glühenden Kohlen wurde auf den Tisch gestellt, die Pharaonenkrone daneben gelegt.

Und der kleine Moses? Ehe man es sich versah, griff er in die Schale, holte ein Stück glühende Kohle heraus und steckte es sich in den Mund.

Es heißt, das sei der Grund dafür gewesen, warum Moses eine schwere Zunge gehabt habe. Moses war sein Leben lang kein geschickter Redner. Er hatte einen klaren Verstand, war wie keiner in der Lage, Entschlüsse zu fassen. Aber er konnte nicht gut reden. Darum hat er überallhin seinen Bruder Aaron mitgenommen. Manche vermuten, Moses selbst habe die Geschichte mit der glühenden Kohle erfunden, um eine Begründung für sein rhetorisches Untalent zu haben. Wie auch immer – die kleine Geschichte ging jedenfalls in den Sagenschatz der Hebräer ein.

Malul kümmerte sich wenig um Politik, sie interessierte ihn nicht, hatte ihn im Grunde nie interessiert. Er gab Befehle, forschte aber nicht nach, ob sie auch tatsächlich ausgeführt wurden. Wohl und Stärke des Landes waren ihm kein Anliegen.

Bileam ben Beor hatte zwar an direktem politischem Einfluß verloren, aber es gelang ihm, durch Intrigen, Einschüchterung und Erpressung der Beamtenschaft zu bestimmen, was im Reich geschah. Er war es, der die Befehle des Pharaos weiterleitete, und wenn die Worte des Pharaos aus dem goldenen Mund des Hellsehers kamen, waren es nicht die gleichen Worte, die durch seine goldenen Ohren gegangen waren. Wenn Malul auf Anraten seiner Frau und seiner Tochter die Abschaffung der Fron verordnete, dann hieß das aus dem Mund Bileam ben Beors Verschärfung der Fron. Bileam ben

Beor schirmte das Haus des Pharaos von allen Informationen ab. Und so wußten auch Bithja und Alparanith nicht, was in Ägypten tatsächlich vor sich ging.

Zur Zeit der Kindermorde hatte sich Bithja Informationen von außen verschafft, sie hatte niemandem am Hof ihres Vaters vertraut, hatte sich in einfache Kleider gehüllt und war unter die Leute gegangen, hatte heimlich die Wohnviertel der Hebräer besucht und sich selbst ein Bild gemacht. Sie war verzweifelt gewesen und hatte sich für ihren Vater geschämt und versucht, Gutes zu tun. Nun, da die Kindermorde verboten worden waren, sah sie keine Notwendigkeit mehr, die Idylle und den Luxus des Pharaonenpalastes zu verlassen.

Und Moses wuchs in diesem Luxus, in dieser Idylle auf, und auch er wußte nicht, was draußen vor sich ging.

Dann eines Tages – Moses war inzwischen ein junger Mann, stattlich, schön, groß – kam ihm die Idee, einen Spaziergang durch die Stadt zu machen. Allein. Wenn er bisher die Stadt besucht hatte, dann mit Leibgarde und Pomp, wie es sich für den »Enkel« des Pharaos gebührte. Was er zu sehen bekam, war von Bileam ben Beor vorher festgelegt worden. Wenn der Weg an elenden Gassen vorbeiführte, waren die Zugänge mit Tüchern verhüllt worden. Und die Menschen auf der Straße trugen ihre schönsten Kleider, und die Kinder wurden für ihr Lachen bezahlt.

Nun aber spazierte Moses allein durch die Stadt, gekleidet wie ein einfacher Bürger. Er besuchte die Märkte, kaufte ein und bezahlte. Er setzte sich in den Schatten, hörte den Gesprächen der Männer zu, wagte es allerdings nicht, sich an den Gesprächen zu beteiligen, denn es wurde ihm sehr schnell klar, daß er gar nichts über das Leben dieser Menschen wußte, daß er sich schon nach wenigen Worten verraten würde. Niemand kümmerte sich um ihn, und wenn sich die Frauen nach ihm umdrehten, dann nur, weil er so stattlich, so schön, so groß war.

Und die Frauen drehten sich nach ihm um – bis ins hohe Alter hat Moses auf Frauen eine besondere Anziehungskraft ausgeübt. Frauen waren ihm nie gleichgültig. Wenn er Entscheidungen zu treffen hatte, wenn er sich beriet, immer wollte er, daß Frauen um ihn waren. Nicht weil er ihre Ratschläge besonders schätzte – Ratschläge anderer, egal, ob Mann oder Frau, bedeuteten für ihn selten mehr als ein atmosphärisches Hintergrundgeräusch zu seinen Gedanken –, nein, die Anwesenheit einer Frau beflügelte seinen Geist, machte ihn weit, gab seinen Gedanken Sicherheit. Und die Frauen spürten, daß sie diesem Mann Kraft gaben, und manchmal wurden sie sich erst durch ihn bewußt, über welche Kraft sie verfügten. Und das bewirkte, daß sich die Frauen nicht weniger zu Moses hingezogen fühlten als er sich zu ihnen.

Auf seinem Spaziergang über den Markt sah Moses vor sich eine Frau, die einen Korb am Arm trug. Sie kaufte Gemüse ein. Über dem Kopf trug sie einen Schleier, der ihre Haare verdeckte. Moses stand im Schatten eines Stoffdaches, das die Ware eines Händlers vor der Sonne schützte. Die Frau bemerkte nicht, daß sie beobachtet wurde. Einen kurzen Blick auf ihr Gesicht erhaschte Moses, dann wandte sie sich ab. Ein Gefühl stieg aus seinem Herzen empor, ein Gefühl, wie er es nicht kannte.

Moses war neunzehn, und er war schon verliebt gewesen in seinem Leben. Er kannte das Gefühl des Verliebtseins. Damit hatte diese Empfindung nichts zu tun. Ihm war, als greife jemand nach seinem Herzen, als wolle sich eine Hand darum schließen und es nie wieder freigeben. Als die Frau den Markt verließ, folgte ihr Moses.

Er folgte ihr durch die schattigen Gassen der Stadt, folgte ihr, als sie das Innere der Stadt verließ und auf die Hütten der Vororte zuging. Hier lebten die Hebräer. Manchmal hatte Moses von diesen Menschen reden hören. Die Amme des Pharaos erzählte bisweilen von diesen Menschen. Daß er hier aufgewachsen war, ja, davon hatte er gehört, aber er erinnerte sich nicht daran.

Und dann hielt er es nicht länger aus, er beschleunigte seinen Schritt, legte der Frau die Hand auf die Schulter und sprach sie an.

»Ich will dich nicht erschrecken«, sagte er.

Die Frau drehte sich um, blickte Moses gerade in die Augen, und dann erschrak sie doch, erschrak so sehr, daß sie das Bewußtsein verlor.

Moses fing sie auf, ehe sie zu Boden sank. Er trug sie in den Schatten, fächelte ihr Luft zu.

Es war Mirjam, seine Schwester. Sie hatte ihn erkannt. Nicht an seinem Gesicht hatte sie ihn erkannt. Es waren so viele Jahre vergangen, seit sie ihn zu Bithja in den Palast des Pharaos gebracht hatte. Mirjam hatte ihren Bruder erkannt, weil der Engel in der Nacht zu ihr gekommen war und das Treffen mit Moses angekündigt hatte.

»Hast du einen Wunsch, Mirjam?« hatte der Erzengel Gabriel im Traum gefragt.

»Bist du gekommen, um mich nach meinen Wünschen zu fragen?«

»Unter anderem.«

»Viele Wünsche habe ich«, antwortete Mirjam.

»Das habe ich befürchtet«, sagte der Engel.

»Was gibt es an meinen Wünschen zu fürchten?«
fragte Mirjam.

»Es wäre gut, wenn du nur einen Wunsch hättest.«

»Es gibt keinen Menschen, der nur einen Wunsch
hat.«

»Das weiß ich inzwischen«, seufzte der Engel.
»Ablenkungen sind hier zu viele, Klarheit ist selten. Was
aber, Mirjam, ist dein dringlichster Wunsch?«

Mirjam lag in ihrem Bett, sie schlief, sie träumte,
und eigentlich war sie allein mit sich selbst. Darum war
es nicht nötig, sich zu schämen und der Frage auszuwei-
chen.

»Meinen dringlichsten Wunsch willst du wissen?«
sagte Mirjam zum Erzengel Gabriel. »Siehst du, ich bin
bald dreißig Jahre alt, ich bin eine schöne Frau, das weiß
ich, ich bin eine kluge Frau, das weiß ich auch, ich bin
auch eine fleißige Frau, daran besteht nicht der geringste
Zweifel. Und dennoch bin ich immer noch ohne Mann.
Warum ist das so? Die Leute sagen, ich sei liebenswert,
und wenn ich sie frage, wie sie es sich erklären, daß eine
wie ich, eine schöne, kluge, fleißige, liebenswerte Frau,
immer noch keinen Mann hat, dann schütteln sie den
Kopf und sagen, das sei ihnen unerklärlich. Also: Mein
dringlichster Wunsch ist, daß ich einen Mann finde.«

Das sagte Mirjam im Traum zum Erzengel Gabriel.

Und der Erzengel Gabriel sagte: »Das habe ich
befürchtet.«

Und Mirjam sagte: »Was gibt es für dich und den Himmel schon zu fürchten, wenn ich einen Mann bekomme?«

»Ich will es kurz machen«, sagte der Engel. »Morgen wird dich ein Mann ansprechen. Er wird seine Hand auf deine Schulter legen und wird sagen: Ich will dich nicht erschrecken.«

»Und? Wird er mich erschrecken?«

»Ja.«

»Und warum?«

»Es wird dein Bruder Moses sein. Morgen wird er den Palast des Pharaos verlassen, und er wird nie wieder dorthin zurückkehren.«

Im Traum ist der Mensch enger bei seiner eigenen Zeit als im Wachen. So war es für Mirjam im Traum nicht weiter verwunderlich, daß sie ihren Bruder treffen wird, den sie seit über fünfzehn Jahren nicht mehr gesehen hat.

»Du hast erwartet, mein dringlichster Wunsch sei, meinen Bruder Moses wiederzusehen«, sagte sie zu dem Engel.

»Ich fürchtete, es würde nicht so sein«, sagte der Engel.

»Werde ich einen Mann haben in meinem Leben, einen guten Mann?« fragte Mirjam.

Aber der Engel war schon davon.

Und am nächsten Tag war eingetreten, was der Engel angekündigt hatte.

Als Mirjam wieder zu sich kam, umarmte sie ihren Bruder und sagte: »Ich habe mir gewünscht, daß du zu uns kommst, Moses.«

Sie saßen im Schatten der Umzäunung, die das

Hebräerviertel von der übrigen Stadt trennte, und erzählten einander ihr Leben. Moses wußte, daß er der Sohn einer Hebräerin war, den die Tochter des Pharaos vor dem Tod errettet hatte. Bithja hatte sich irgendwann ein Herz gefaßt und hatte ihm alles erzählt. Aber sie selbst wußte ja auch nicht viel, so gut wie gar nichts wußte sie über die Lebensverhältnisse seiner Familie, über die Lebensverhältnisse der Hebräer allgemein. Sie meinte, seit der Mordbefehl zurückgenommen war, herrsche Normalität. Sie wußte ja nicht, daß Bileam ben Beor die Weisungen des Pharaos, auf die Bithja und ihre Mutter so sorgsam Einfluß nahmen, hinter dem Rücken des Pharaos in ihr Gegenteil verkehrte.

»Wenn du sehen willst, wie unsere Leute leben, wenn du sehen willst, unter welchen Bedingungen sie arbeiten«, sagte Mirjam zu Moses, »dann komm! Ich werde es dir zeigen.«

Was Moses sah, entsetzte ihn. Mirjam führte ihn in die Ziegelfabriken. Die hebräischen Männer arbeiteten in der Wüstensonne an den heißen Öfen. Das Wasser war rationiert. Die Schwachen wurden geschlagen. Die Starken wurden gedemütigt, bis sie aufbrausten. Dann wurden sie geschlagen. Die Arbeiter wurden wie Sträflinge behandelt. Ägyptische Soldaten beaufsichtigten sie, die waren bewaffnet. Manchmal mußten die Männer schwere Ziegelstapel auf ihren Schultern über eine Stiege tragen, die war aus dem Tritt gebaut, absichtlich. Die Männer fielen, die Ziegel zersplitterten. Der Schaden wurde ihnen vom Lohn abgezogen, oder sie mußten länger arbeiten.

Mirjam führte Moses durch die Lager, in denen die Männer in den Nächten schliefen. Es waren Baracken, in denen Holzpritschen standen, jeweils drei übereinander, wie Regale. Es gab keine Möglichkeit, sich zu waschen.

Und die Aufseher höhnten: »Ihr seid ein Volk, das stinkt!«

Mirjam führte ihren Bruder über die Plätze, wo die Frauen, die in der Nähe ihrer Männer sein wollten, ihre Habseligkeiten ausgebreitet hatten. Sie verkauften alles, was sie besaßen, oder tauschten es gegen Brot, gegen Öl, gegen Wein. Die Frauen weigerten sich, sich zu waschen, sie wollten es nicht besser haben als ihre Männer, denn sie liebten ihre Männer.

Moses ging hinter seiner Schwester her, ging zwischen staubigen Mauern, wo die Kinder an den Tagen Schatten suchten, während ihre Eltern arbeiteten – wenn sie überhaupt noch Eltern hatten.

»Nicht einen Tag Ruhe haben die Männer«, sagte Mirjam. »Der Lohn ist zu gering, um davon leben zu können. Und wer unter der Fron zusammenbricht, bekommt gar keinen Lohn mehr. Auch die Frauen müssen arbeiten und können sich nicht um die Kinder kümmern. Und Frauen, die für die Arbeit zu schwach sind, sind gezwungen, ihren Körper zu verkaufen. Und wenn eine Frau alt ist und allein ist und nicht mehr begehrenswert ist, dann stirbt sie.«

»Der Pharao weiß das nicht«, stammelte Moses.

»Du nimmst ihn in Schutz«, sagte Mirjam.

Und sie hatte recht. Moses nahm ihn in Schutz, den Herrn von Ägypten. Er, Moses, war des Pharaos geliebter Sohn. So hatte ihn Malul genannt, als er ein Kind war, und so nannte er ihn immer noch.

Und Malul sah keine Veranlassung, dem Hofstaat zu

verschweigen, daß er Moses als seinen Erben eingesetzt hatte, Moses sollte Maluls Nachfolger werden.

»Erzieht ihn nach meinem Vorbild«, ermahnte er die Lehrer, »so wie ich nach dem Vorbild meines Großvaters erzogen wurde.«

Freilich, Malul war launisch, und was er heute förderte, konnte er morgen mit Haß verfolgen. Aber die Liebe zu Moses dauerte nun schon seit vielen Jahren an, und wer immer noch darauf hoffte, es sei doch nur eine vorübergehende Laune, der wurde enttäuscht.

Malul hatte zwei Söhne, aber die interessierten ihn nicht, er ließ sie nicht an seiner Mittagstafel sitzen. Ob sie eifersüchtig waren, ob sie die Bevorzugung des Findelkindes ihrer Schwester verletzte, kümmerte ihn nicht.

»Nicht die Natur«, pflegte Malul zu sagen, »schreibt dem Pharao vor, wer sein Sohn ist, sondern einzig sein Wille.«

Wie reagierte Alparanith darauf, die Mutter der Ungeliebten? Es ist nicht bekannt. Manche behaupten, auch sie habe den Moses mehr geliebt als ihre eigenen Söhne.

Und Moses? Er genoß die Liebe des Pharaos. Er war nicht arrogant, benutzte seine Erhöhung nicht, um andere zu erniedrigen, machte sich gern zum Fürsprecher, wann immer einer einen Wunsch an den Pharao hatte – aber er ließ sich doch gern verwöhnen, sonnte sich in der Liebe des Herrschers, ließ sich gern schmeicheln und nannte es eine Selbstverständlichkeit, daß ihm jeder Wunsch auf der Stelle erfüllt wurde. Wer kann das einem jungen Mann verübeln?

»Du nimmst den Pharao in Schutz«, sagte Mirjam. »Aber vergiß nicht: Die Fron war seine Idee, und daß sie nicht aufgehoben wurde, ist seine Schuld, denn er ist der Herr, und auch wenn der Herr nicht weiß, was hinter seinem Rücken geschieht, so ist es doch seine Schuld.«

Moses kehrte nicht in das Haus des Pharaos zurück. Was er gesehen hatte, würde sein Leben verändern. Er wollte allein sein. Er war verwirrt. Er blickte auf seine Existenz, wie einer von außen in ein hell erleuchtetes Zimmer blickt; wie einer, der in der kalten Nacht steht, auf die schaut, die drinnen im Warmen lachen. Und er beneidete den, der er gewesen war, er beneidete ihn um seine Unwissenheit.

»Komm zu uns«, sagte Mirjam zu ihrem Bruder. »Du findest ein Bett im Haus deiner Eltern.«

Aber Moses wollte allein sein. Er ging die ganze Nacht und ging den ganzen Tag, und die Welt, die er sah, sah er zum ersten Mal. Weit ins Land hinein ging er, besuchte andere Städte und Dörfer.

»Die Menschen warten auf dich«, hatte Mirjam zum Abschied gesagt. »Das Volk Israel ruft nach dir.«

»Niemand kennt mich«, hatte ihr Moses geantwortet. »Was redest du da, Mirjam! Ich höre niemanden nach mir rufen. Wenn sie rufen und schreien, dann, weil sie von den ägyptischen Soldaten geschlagen werden. Wo ist das Volk Israel? Ich sehe nur verzweifelte Männer und Frauen ohne Hoffnung und Kinder ohne Liebe. Wenn diese Menschen auf etwas warten, dann auf den Tod.«

»Du wirst ihnen Hoffnung geben!« hatte Mirjam ihm nachgerufen. »Du! Du, Moses! Du wirst ihnen die Verzweiflung nehmen!«

»Das kann ich nicht!« hatte Moses gesagt und hatte seiner Schwester den Rücken gekehrt.

»Du kannst es, Moses! Gott hat dich geschickt!«

Ohne ihr noch einmal Antwort zu geben, war Moses gegangen.

»Bete zum Gott Israels!« rief Mirjam ihm nach.

Diesen Gott kannte Moses nicht.

Moses kannte Gott nicht, aber er sah das Leid seines Volkes.

Auf seiner Wanderung kam er an einem Steinbruch vorbei. Er sah einen ägyptischen Aufseher, der so lange mit seiner Peitsche auf einen Juden einschlug, bis der Mann am Boden liegen blieb und sich nicht mehr rührte. Der Aufseher trat mit dem Stiefel gegen die Brust des Mannes. Schippte Staub über sein Gesicht. Dann ging er. Er meinte wohl, der Mann sei tot.

Moses beugte sich zu dem Mann nieder, goß Wasser über sein Gesicht, reinigte es von Schmutz und Blut. Der Mann lebte noch. Moses zog ihn in den Schatten, pflegte seine Wunden und gab ihm zu essen und zu trinken.

»Was ist geschehen«, fragte er den Mann. »Warum hat dich der Soldat geschlagen?«

»Der Soldat hat meine Frau vergewaltigt«, sagte der Mann. »Er hat mir meine Frau weggenommen. Er hat sie zu sich nach Hause geschleppt. Er sperrt sie ein, und in der Nacht zwingt er sie in sein Bett. Ich habe mich vor ihm in den Staub geworfen und ihn angefleht, er soll unserem Elend ein Ende bereiten. Da sagte er zu mir: Deinem Elend werde ich ein Ende bereiten. Und er schlug mit der Peitsche auf mich ein.«

Da stieg in Moses ein Zorn auf, wie er ihn in seinem Leben noch nie verspürt hatte.

»Geh du getrost nach Hause«, sagte er zu dem Mann. »Ich werde eurem Elend ein Ende bereiten.«

Moses suchte den Aufseher.

»Bist du der Mann, der eines Juden Frau geraubt hat, der sie zu Hause hält wie Vieh, der den Juden fast zu Tode geprügelt hat, als er um Gnade bat – bist du dieser Mann?«

Und der Aufseher antwortete ihm lächelnd: »Das weiß ich nicht. Kann sein. Es gibt viele Männer, die so etwas getan haben, was ich getan habe.«

Da bückte sich Moses, hob einen Stein auf, so groß wie der Kopf des Mannes, und erschlug ihn damit. Und verscharrte ihn im Sand.

In der Nacht weinte Moses. Er bereute. Er steckte seine Hände in den Wüstensand, damit er sie nicht ansehen mußte. Er war ein Mörder. Ich will zu Mirjams Gott beten, sagte er zu sich. Ich will zu ihm beten und ihm eine Frage stellen. Nämlich, ob es in bestimmten Ausnahmefällen erlaubt ist, einen Menschen zu töten.

Moses kniete nieder, richtete es sich bequem ein, denn es sollte ein langes Gebet werden. Aber dann zögerte er. Er erhob sich und wischte den Staub von seinem Kleid. Er betete nicht zu Mirjams Gott. Und er stellte Mirjams Gott auch keine Frage.

Wenn er mir antwortet, sagte er sich, dann ist es gut. Dann wird er zwar alles mögliche von mir verlangen, das ist zu erwarten, aber es ist gut. Ich werde mich bemühen. Was ich tun kann, werde ich tun. Mehr kann auch ein Gott nicht von mir verlangen. Aber was ist, wenn er mir nicht antwortet? Und ich glaube eher, er wird mir nicht antworten. Was dann? Dann werde ich denken, es gibt diesen Gott gar nicht. Aber wenn es diesen Gott gar nicht gibt, dann wird meine Schwester Mirjam verzweifeln. Und, angenommen, es stimmt, was sie sagt, daß die Menschen auf einen warten und nach einem rufen, der sie erlöst, und weiter angenommen, wirklich nur einmal angenommen, ich bin tatsächlich derjenige, auf den sie warten, nach dem sie schreien, dann werde ich ihnen sagen müssen: Es gibt euren Gott gar nicht. Also kann er mich auch nicht zu euch geschickt haben. Also war euer Warten vergebens und euer Schreien umsonst. Damit würde ich eine große Sünde auf mich laden, denn es ist eine Sünde, den Schwachen zu entmutigen, und diese Sünde würde schwerer wiegen als der Mord an dem Aufseher. Und ebendeshalb werde ich lieber nicht zu Mirjams Gott beten und werde ihm lieber keine Fragen stellen. So überlegte Moses in jener Nacht.

Am nächsten Tag war er wieder draußen bei dem Steinbruch. Wer weiß, dachte er, vielleicht finde ich dort ein Zeichen, das mir sagt, es gibt Mirjams Gott, dann werde ich unverzüglich zu ihm beten.

Da sah er von weitem den Mann, den er tags zuvor aus der brennenden Sonne gerettet, dessen Wunden er behandelt, dem er zu essen und zu trinken gegeben hatte. Da ist ja mein Freund, dachte Moses. Ich will mit ihm besprechen, was mir in der Nacht durch den Kopf gegangen ist.

Der Mann war nicht allein. Aber diesmal war der andere kein Soldat, kein Ägypter. Er trug die schäbigen Kleider eines Hebräers. Die beiden sprachen miteinander. Ganz offensichtlich war es ein heftiges Gespräch, beide fuchtelten mit den Armen, manchmal stießen sie sich an. Der Wind verwehte ihre Worte, so daß Moses sie nicht verstehen konnte.

Und dann sah Moses, wie der andere ausholte und auf den Mann einschlug, den er im stillen seinen Freund genannt hatte. Da lief er über die Düne, umklammerte die Gelenke des Bösen.

»Was tust du!« schrie er ihn an. »Warum schlägst du ihn? Siehst du denn nicht, daß er schwach ist, daß er verletzt ist? Weißt du denn nicht, daß er mißhandelt wurde von einem der Aufseher?«

Aber was geschah? Der Mann, den Moses im stillen seinen Freund nannte, sprang vom Boden auf, stieß Moses zurück.

»Willst du ihn etwa auch umbringen? Wie du den Aufseher umgebracht hast? Was bist du für einer? Kannst du nicht sein, ohne jeden Tag einen Menschen zu töten? Sag nicht, daß du mir hilfst! Ich will deine Hilfe nicht!«

Moses war sehr verwirrt. Der Böse war kein Böser, er war der Schwager des Mannes, den er im stillen seinen Freund genannt hatte – nun nicht mehr so nannte.

»Er hat meine Schwester verstoßen«, sagte der Mann. »Darum habe ich ihn niedergeschlagen. Das wird doch wohl noch erlaubt sein!«

»Ich will seine Schwester nicht mehr haben, sie ist unrein«, sagte der Gatte.

»Sie ist unrein, ja«, sagte der Bruder, »aber sie ist ohne Schuld unrein. Der Soldat hat sie geraubt.«

»Er hat sie in sein Bett gezerrt«, sagte der Gatte.

»Sie hat sich gewehrt«, sagte der Bruder.

»Sie hat sich zuwenig gewehrt«, sagte der Gatte.

»Wenn sie sich noch mehr gewehrt hätte, hätte er sie getötet«, sagte der Bruder.

»Sie hätte sich töten lassen sollen«, sagte der Gatte.

Da holte der Bruder wieder aus und schlug seinen Schwager zu Boden.

»Seid ihr denn nicht beide Juden?« schrie sie Moses

an. Und er hätte ihnen gern und ausführlich darlegen wollen, wie er die Sache sah. Aber erstens fanden die Worte nicht zu den Gedanken, und zweitens unterbrachen ihn die beiden, noch ehe er den Mund aufmachen konnte.

»Was willst du von uns?« schimpften sie auf ihn ein. »Wir wollen deine Hilfe nicht! Geht das nicht in deinen Schädel? Du bringst uns nur in Schwierigkeiten!«

»Mein Schwager muß sich vor den Ägyptern verstecken«, sagte der eine. »Du hast einen ihrer Aufseher erschlagen, sie meinen, er sei es gewesen. Du hast sein Leben ruiniert!«

»Und gehst auf den Bruder meiner Frau los«, setzte der andere nach, »nur weil er ihre Partei ergreift, was er als Bruder ja tun muß!«

»Aber ich habe dich gegen ihn verteidigt! Dich!« brachte Moses mit Mühe und Schnaufen hervor.

»Was spielt das für eine Rolle? Ich kann nicht zusehen, wie mein Schwager von einem Fremden attackiert wird!«

»Er hat dich geschlagen!«

»Na und? Schlagen ist wie Reden! Was mischst du dich ein?«

Moses betrachtete die beiden. Verwirrung war in ihren Augen. Ratlosigkeit, Ziellosigkeit, Elend standen in ihrem Blick.

»Und ihr wollt erlöst werden...«, murmelte er vor sich hin.

»Was hat er gesagt?«

»Daß wir erlöst werden wollen.«

»Wovon denn erlöst werden?«

»Keine Ahnung! Frag ihn!«

»He, du! Was spinnst du herum? Wir wollen nicht erlöst werden!«

»Nein, das wollen wir nicht! Wenn wir es wollten, wüßten wir es!«

Ohne ein weiteres Wort geht Moses davon. Er verläßt die Stadt, verläßt das Land. Er sagt niemandem, wohin er geht. Er verabschiedet sich weder von Mirjam noch von Bithja. Er weiß nicht, wohin er geht. Seine Spur verliert sich.

Pharao Malul, dessen Liebling er war, ihn wird er nie wieder sehen. Malul versank in Schwermut.

»Wo ist Moses?« waren seine ersten Worte, wenn er die Augen am Morgen öffnete. »Wo ist mein Moses, mein Glück?«

Und dann rief er nach seiner Amme, der uralten, vertrockneten, die nicht mehr schlief und nichts mehr aß und nur noch aus Geschichten bestand.

»Erzähl mir von Moses!« sagte Malul.

Und die Amme sagte: »Moses, Moses ... Der ist weg. Er hat dich im Stich gelassen. Ich weiß nichts von ihm.«

»Er hat mich geliebt, wie ich ihn geliebt habe!« jammerte der Pharao.

»Niemand liebt so, wie der Pharao liebt«, sagte die Amme.

»Erzähl mir eine Geschichte von Moses!« bettelte er, und er hatte eine Stimme wie ein Kind. »Was tut er gerade? Wo ist er? Mit wem spricht er? Geht es ihm gut? Geht es ihm so gut, daß er mich vergessen hat? Geht es ihm schlecht? Braucht er meine Hilfe?«

»Ich weiß es nicht«, sagte die Amme.

»Dann frag einen Traum. Früher hast du deine Träume gefragt.«

»Ich schlafe nicht mehr«, sagte die Amme.

»Ich befehle dir zu schlafen!« zeterte Malul.

Er rief die Wachen, ließ die Amme abführen, befahl, man solle sie in ihr Gemach schleppen und dort aufs Bett binden und erst wieder losmachen, wenn sie eingeschlafen sei.

Und die Amme schlief tatsächlich ein, schlief drei Tage und drei Nächte, und alle meinten, sie sei gestorben, aber sie war nicht gestorben, sie hatte ihre Träume befragt, und keiner ihrer Träume wußte etwas über Moses, und erst nach drei Tagen und drei Nächten kam ein Traum, der wußte etwas.

Und Malul fragte wieder: »Weißt du jetzt, was mit meinem Moses ist? Hast du einen Traum befragt? Wohin ist Moses gegangen?«

»Ja, ich habe einen Traum gefunden und ihn befragt«, sagte die Amme. »Dein Moses ist in einem fremden Land. Er ist in dem Land, wo die Mohren leben. Er ist der König der Mohren geworden.«

Und sie erzählte Malul Geschichten, erzählte ihm Märchen. Wie sie es ihr Leben lang getan hatte. Und Malul lauschte ihren Geschichten.

Aber die Geschichten machten ihn nicht glücklich. Erst war seine Seele krank geworden, nun wurde auch sein Körper krank. Es fing mit Bauchgrimmen an, am Ende lag er danieder, konnte sich nicht mehr bewegen, auf seiner Haut blühte der Aussatz weiß wie Schimmel.

Der Pharao weinte. Und fluchte. Und verfluchte. Und verfluchte alle. Und haßte alle. Und da fiel ihm einer ein, der auch auf alle fluchte, der auch alle haßte, nämlich Bileam ben Beor. Und er rief nach dem Hellseher.

»Als was soll ich dir dienen?« fragte der Goldene. »Als Hellseher, als Schmeichler oder als Ratgeber?«

»Als Ratgeber«, sagte Malul.

»Du weißt, wie hoch mein Ratgeberhonorar ist?«

»Ich bin der Pharao«, rief Malul, »mir gehört die Welt!«

»Also, in welcher Angelegenheit brauchst du meinen Ratschlag?«

»Sieh mich an!« sagte Malul. »Warum bin ich so, wie ich bin?«

»Schuld sind die, die immer schuld sind«, sagte Bileam ben Beor. »Die Juden.«

»Was soll ich tun?«

»Töte sie!«

»Nein«, sagte Malul. »Ich werde zu ihnen gehen. Ich werde die Juden bitten, sie sollen mich in Frieden lassen.«

Malul, der Unglückliche, der vom Aussatz Zerfressene, ließ seine Sänfte kommen, und er gab den Trägern Befehl, ihn nach Gossem zu bringen, wo die Juden lebten. Aber er erreichte sein Ziel nicht. Die Träger stolperten, Malul stürzte zu Boden. Ein elendes, blasses, mageres Ding war sein Körper nur noch.

Die Juden standen um ihn herum.

»Helft mir«, sagte er, und es war alle Kraft nötig, um das zu sagen. »Helft mir, ich bin der Herr der Welt!«

»Das kann nicht sein«, sagten die Juden. »Wir wissen, was uns der Pharao angetan hat. Wäre er wie du, dann hätten wir uns das nicht gefallen lassen.«

Und sie drehten sich um und gingen und ließen Malul allein, und Malul starb. Und seine Tränen flossen ihm noch aus den Augen, da schlug sein Herz schon lange nicht mehr.

ZIPPORA UND REGUEL

Von den Nöten der großen Helden und den Nöten des
Erzählers, über sie zu berichten – Von den Brunnen und
ihrer Tradition – Von einer Frau, die allein und zu Fuß
durch die Wüste geht – Von Wimpern, einem Mund und
einer Nase – Von Liebespaaren, die keine sind – Von der
Entdeckung, daß ohne Liebe das Leben leer ist – Vom
Zorn aller Zörne – Vom richtigen Anschauen – Von der
Verwandlung der Untreue in Heldentum – Von einem
Gespräch über den Dank – Von einem Ast aus dem Paradies

Als Moses Ägypten verließ, war er ein junger Mann.
Als er zurückkehrte, war er achtzig Jahre alt. Wo war
Moses gewesen? In so vielen Jahren! Das ist das Leben
selbst. Was hat er erlebt? Aus der Bibel erfahren wir
wenig, viel zuwenig jedenfalls, um uns diesen Lebens-
abschnitt zu einer Lebensgeschichte zu formen. Also
müssen wir uns nach anderen Quellen umsehen.

Moses, der Gesetzgeber, der Religionsstifter, kor-
rekter müßte es heißen: der Religionserneuerer, er ist ja
nicht nur eine zentrale Figur des Interesses von Theologen und Rechtsgeschichtlern. Solchen herausragenden
Persönlichkeiten wird auch im Gedächtnis des Volkes ein
Denkmal gesetzt, und solche Denkmale bestehen eben
aus Geschichten – dem einzigen Baumaterial, über das
auch der ärmste Mann im Überfluß verfügt. Die Sagen,
Märchen, Legenden, Anekdoten über Moses füllen dicke
Bände, und die rund sechzig Jahre, die er außerhalb
Ägyptens verbracht hat, erscheinen einem plötzlich als
eine viel zu kurze Zeit, gemessen an dem, was er erlebt
haben soll. Der Volksmund macht aus Moses eine mythische Figur, durchaus vergleichbar mit den Helden des

klassischen Altertums, einen Heroen, der außerhalb der Zeit seine Abenteuer erlebt, dessen Taten chronologisch zu ordnen weder möglich noch sinnvoll ist.

Wenn die Bibel zuwenig erzählt, dann erzählen die Sagen zuviel. Viel zuviel. Wenn einer alles erlebt, erlebt er gar nichts. Wenn einem Menschen alles zuzutrauen ist, ist er kein Mensch mehr, sein Charakter bläht sich ins Unfaßbare, ins Beliebige. Mit den Moses-Sagen verhält es sich ähnlich wie mit den Herakles-Sagen aus der griechischen Mythologie: Der Protagonist wird von der Masse seiner eigenen Heldentaten erdrückt, so daß er am Ende als eine uninteressante Figur übrigbleibt, die lediglich eine Funktion zu erfüllen hat, nämlich Träger von Geschichten zu sein.

Solche alles überragenden mythischen Figuren verdrängten kleinere lokale Helden: Die verschiedenen Regionen wollten ihrer Mythologie mehr Gewicht verleihen, indem sie ihre eigenen Helden aufgaben und deren Taten dem großen Vorbild anhängten. Das ist der Homogenität eines Charakters freilich nicht zuträglich. So tritt Moses in der einen Geschichte als ungeduldiger, cholerischer Anführer einer Armee von Gerechten auf, und in der anderen Geschichte lernen wir ihn als einen sanften, langmütigen Menschen kennen, um den sich Kinder und Tiere scharen. In der einen Geschichte wird Moses Minister und ordnet durch und durch diesseitige Staatshaushalte, in der anderen schweben Engel vom Himmel und füttern den Verhungernden mit nahrhafter Luft. – Es ist, als hätte man völlig unterschiedlichen Figuren einfach den Namen Moses gegeben. Mit dem großen Mann aus der Bibel haben viele dieser Geschichten nichts mehr zu tun.

Sind diese Sagen also wertlos? Weil sie uneinholbar vom Original der Erzählung abweichen? So ein Urteil wäre sinnvoll, wenn man bei einer mythischen Figur überhaupt von einem Original sprechen könnte, einem Original, an dem sich der Wert einer Erzählung messen läßt. Der Historiker kann sehr wohl unterscheiden, was wahr und was falsch ist – jedenfalls geht seine Wissenschaft davon aus. Nachdem es für uns aufgeklärte Menschen jedoch eine Binsenweisheit ist, daß sagenhafte Begebenheiten nicht wirklich, das heißt nicht historisch überprüfbar geschehen sind, sondern höchstens eine innere Wahrheit besitzen – was immer man darunter verstehen mag –, kann der Wert einer sagenhaften Erzählung weder an ihrer Originalität noch an ihrem Alter, noch an der Quelle, der sie entstammt, noch an den Autoritäten, über die sie tradiert wurde, gemessen werden.

Was aber macht dann den Wert, den Gebrauchswert, einer mythischen Geschichte aus? Warum wählt der Erzähler diese Variante und jene nicht, warum zieht er bisweilen eine obskure Quelle einem kanonischen Text vor? Ich kann darauf nur eine subjektive Antwort geben: Im Lauf der Erzählung gewinnt der Held derselben immer mehr an charakterlicher Kontur. Das ist nur scheinbar dem Willen des Erzählers zuzuschreiben. Sozusagen unter der Hand des Erzählers erzählt sich der Held seinen Charakter selbst. Der Erzähler hütet sich davor, allzu heftig einzugreifen. Oft hat ein Held nach solchen Interventionen schon geschwiegen. Also überläßt der Erzähler dem Helden die Zügel und begnügt sich mit einer dienenden Rolle – und wählt unter den vielen Geschichten und Varianten jene aus, die dem

Helden auf seinem eingeschlagenen Weg förderlich sind, und schiebt großzügig Legenden, Märchen, Sagen, Anekdoten beiseite, die dem Charakter seines Helden nicht entsprechen – auch wenn damit die eine oder andere Begebenheit, die vielleicht einen »besseren Plot« vorzuweisen hätte, unter den Tisch fällt.

Moses begab sich auf eine lange Wanderschaft. Er wollte nie wieder nach Ägypten zurückkehren. Der Konflikt, der dort das ganze Leben bestimmte, der Konflikt zwischen Juden und Ägyptern, würde ihn nicht zur Ruhe kommen lassen. Er war ein Jude, der als Ägypter aufgewachsen, als Ägypter erzogen worden war. Er trug den Konflikt in sich. Erst unter Menschen, die weder wissen, wer ein Ägypter noch wer ein Jude ist, würde der Riß, der durch seine Seele ging, heilen. So dachte Moses.

Er wanderte durch die Länder, und eines Tages kam er zu einem Brunnen. Er setzte sich in den Schatten eines Baumes und ruhte sich aus. Er schöpfte Wasser und wartete, bis die Mittagshitze vorüber war. Auch wenn Moses damals erst wenig über die Geschichte des jüdischen Volkes wußte, so wurde doch in ihm das Lied weitergesponnen, das Abraham einst angestimmt und Isaak, Jakob und die anderen später übernommen hatten, und wie ein Refrain kehrten in diesem Lied alte Motive immer wieder. An einem Brunnen hatten sich Abraham und Sara den Ehekuß gegeben, an einem Brunnen hatte Eliëser für Isaak, seinen Herrn, um Rebekka gefreit, an einem Brunnen hatte Jakob Rahel zum ersten Mal gesehen – und an einem Brunnen hatten die Söhne Jakobs über ihren Bruder Josef den Stab gebrochen, was zur Folge hatte, daß dieser nach Ägypten verschleppt wurde.

Moses – er war zu jener Zeit schon bald fünfzig Jahre alt – saß also im Schatten des Baumes, lehnte mit dem Rücken am Brunnenschaft, er war müde, die Lider senkten sich über seine Augen, und er meinte, es sei schon das Bild eines Traumes, als er durch die flimmernde Wüste eine Gestalt auf sich zukommen sah.

Es war eine Frau, sie war ganz in schwarze Tücher gehüllt. Sie war allein. Sie ging zu Fuß. Gegen Wüstensonne und Wüstenstaub hatte sie die Augen zusammengekniffen, so daß sie Moses erst wahrnahm, als sie nur noch wenige Schritte vor ihm war.

Sie blieb stehen.

»Ich will Wasser«, rief sie ihm zu. »Sonst will ich nichts. Ich bin allein. Niemand braucht sich vor mir zu fürchten.«

Moses erhob sich und lachte laut heraus.

»Sieh mich an«, sagte er, »du reichst mir gerade bis an die Brust. Warum sollte ich mich vor dir fürchten?«

Er warf den Eimer, der an einem Seil hing, in den Brunnen und zog ihn mit Wasser gefüllt herauf.

»Trink!« sagte er. »Trink, soviel du willst. Niemand wird dich daran hindern.«

Die Frau konnte nicht trinken. Sie war zu schwach, um den Eimer zu halten. Sie wankte. Moses mußte sie stützen, sonst wäre sie gefallen. Er legte sie neben den Brunnen in den Schatten, hob ihren Kopf und gab ihr mit seiner Hand Schluck für Schluck Wasser. Er zog ihr das Tuch vom Kopf, befeuchtete Haare und Stirn.

»Was ist mir dir geschehen?« fragte er. »Kein

Mensch geht zu Fuß und allein durch die Wüste. Bist du beraubt worden? Haben dich deine Leute zurückgelassen?«

Die Frau antwortete nicht. Sie war zu schwach dazu. Die Augen fielen ihr zu. Sie schlief ein.

Moses blieb neben ihr sitzen und betrachtete sie.

»Entweder muß ich sehr vertrauenerweckend auf sie wirken«, sagte er zu sich, »oder aber sie ist in ihrer Erschöpfung dem Tod so nahe, daß sie keinen Gedanken an ihre Sicherheit mehr aufbringen kann. Wie auch immer, sie ist jedenfalls an den Richtigen geraten. Auch wenn es sehr unwahrscheinlich ist, daß ihr an diesem einsamen Brunnen eine Gefahr droht, will ich doch so lange bleiben, bis sie erwacht.«

Er schnitt ein Palmenblatt vom Baum, fächelte ihr Luft zu, hielt es über ihre Augen, als die Sonne so tief stand, daß der Baum nur mehr wenig Schatten warf.

Die Frau schlief einen ganzen Tag und eine ganze Nacht. Manchmal sprach sie im Schlaf und verlangte Wasser. Moses gab ihr zu trinken, benetzte wieder ihr Haar und kühlte ihre Stirn. In der Nacht legte er seinen Mantel über sie, und er selbst lief um den Brunnen herum und schlug mit den Armen um sich, damit ihm warm wurde.

Als sie erwachte, sah sie Moses an, und kein Erstaunen war in ihrem Blick. Moses teilte mit ihr das wenige, was er zu essen bei sich hatte. Lange saßen sie schweigend nebeneinander.

»Wer bist du?« fragte er endlich.

»Warum willst du das wissen?« fragte sie dagegen.

»Du hast einen ganzen Tag und eine ganze Nacht geschlafen«, sagte er. »Das ist in der Wüste eine lange

Zeit. Ich habe diese Zeit damit zugebracht, dich anzusehen.«

»Und?« fragte sie. »Was hast du gesehen?«

»Deine Wimpern habe ich gesehen, deinen Mund, deine Nase...«

»Jeder Mensch hat Wimpern, Mund und Nase«, sagte sie.

»Das ist schon richtig«, sagte Moses, »aber noch nie in meinem Leben habe ich die Wimpern, den Mund und die Nase eines Menschen so genau betrachtet.«

»Weil du nichts anderes zu tun hattest.«

»Das ist wohl wahr«, sagte Moses.

»Und nun«, sagte sie, »willst du wissen, wie der Mensch heißt, zu dem diese Wimpern, dieser Mund und diese Nase gehören?«

»Ja«, sagte er.

Wieder war es lange still zwischen den beiden.

Dann sprach sie schnell und undeutlich: »Zippora heiße ich. Nun aber will ich gehen, und ich möchte nicht, daß du mir folgst.«

Sie erhob sich, wickelte das schwarze Tuch um ihren Kopf und ging ohne einen Blick auf Moses davon.

»Nein«, rief Moses, »bleib! Du kannst nicht allein durch die Wüste gehen! Laß uns doch zusammen gehen! Ich werde dich nach Hause bringen, ganz gleich, wo dein Zuhause ist. Ich habe keinen Weg. Bleib! Erzähl mir!«

Einen Augenblick hielt die Frau inne. Dann ging sie weiter.

Moses sah ihr nach. Im Flimmern der heißen Luft über dem Wüstenboden war ihre Gestalt kaum mehr auszumachen.

Moses hatte sich auf seiner langen Wanderschaft

angewöhnt, laut mit sich selbst zu sprechen. Diese Angewohnheit legte er bis an sein Lebensende nicht mehr
ab – was ihn oft in Verlegenheiten bringen sollte.

Laut sagte er zu sich selbst: »Sie wird sterben.«

Er überlegte, ob er ihr folgen sollte, ob er sie mit
Gewalt zum Brunnen zurückbringen und dort festhalten
sollte, bis er sie vom Unsinn ihres Vorhabens überzeugt
hätte.

Dann, als er sie ganz aus den Augen verloren hatte,
sagte er: »Sie möchte sterben. Kein Mensch geht allein
zu Fuß in die Wüste, außer er möchte sterben.«

Aber er selbst war ja auch einer, der allein und zu
Fuß durch die Wüste gegangen war.

Er setzte sich wieder an den Brunnen. Er wollte noch
einen Tag bleiben. Hier gibt es Wasser, dachte er, ein
paar Datteln werde ich auch finden, und ich habe einen
schönen Gedanken, der mir die Zeit kurz macht. An
Zippora dachte er, ging in seinen Gedanken noch einmal durch, was sie gesagt hatte

Zippora war keine schöne Frau, und Moses, der sie
so viele Stunden lang betrachtet hatte, hatte sich, als sie
neben ihm lag, nicht zu ihr hingezogen gefühlt. Kein
noch so flüchtiger Gedanke des Begehrens war ihm
gekommen. Er war von ihnen beiden der Stärkere, und
es erschien ihm als eine Menschenpflicht, daß der Stärkere den Schwächeren in der Wüste beschützt. Aber wie
sie dann mit ihm gesprochen hatte, das hatte ihn beeindruckt. Und als er sich nun ihre Worte und den Klang
ihrer Stimme in der Erinnerung nachschuf, wuchs der
Eindruck noch, und aus dem wenigen, was seiner Ein-
bildungskraft zur Verfügung stand, baute er ein herrliches Bild.

»Nie habe ich jemanden getroffen, dessen Stimme so voll Selbstgewißheit war«, sagte er zu sich.

Es tat ihm gut, laut über Zippora zu sprechen, es war ihm dabei, als spüre er ein wenig ihre Gegenwart.

»Sie hat mir nicht gedankt. Und warum nicht? Ich habe getan, was jeder Mensch mit Gewissen tun muß. Nur schwache oder dumme Menschen danken für das, was ihnen zusteht. Für einen starken und klugen Menschen beginnt der Dank erst dort, wo er etwas bekommt, was ihn zwar freut, was er aber zum Leben nicht dringend nötig hat. Sie ist ein starker und kluger Mensch. Hätte ich ihr etwas gegeben, was sie nicht nötig hatte, dann hätte sie mir gewiß gedankt. Aber ich besitze nichts als das Notwendige, und vom Notwendigen habe ich ihr so viel gegeben, wie ich entbehren konnte, nicht mehr und nicht weniger. Also steht mir kein Dank zu. Ich habe ihr das Leben gerettet, das ist wahr. Aber für das Leben braucht der Mensch niemandem zu danken außer Gott.«

Das waren seine Gedanken. Er tat, als wären es ihre. Er dachte: Ich kann in ihr Herz horchen. Ihre Gedanken sind schön, ihr Herz ist schön. In seinen Gedanken zog das Schöne das weniger Schöne an sich, und bald dachte er an Zippora als an eine schöne Frau. Und er vermißte sie. Und er begehrte sie.

Dann war wieder Abend geworden, zwei Tage dauerte nun schon die Rast des Wanderers bei dem einsamen Brunnen in der Wüste. Er schlief ein und schlief die ganze Nacht und wurde von Lärm geweckt.

Gekreische und Geblöke, Gelächter und Gekicher.

Moses verkroch sich in das Gebüsch. Das wucherte auf der kleinen Oase in einer Üppigkeit, als wolle es der

Ödnis rundherum einen Beweis für die Unbesiegbarkeit des Lebens geben. Aus seinem Versteck heraus beobachtete er eine Gruppe junger Frauen und Männer, die eine Schafherde zum Brunnen trieb. Unter Gelächter wurde der Kübel in den Brunnen geworfen, Wasser wurde in die Steinrinne gegossen, die für die Tiere neben dem Brunnen bereitstand. Die jungen Männer steckten ihren Kopf in den Eimer, prusteten glücklich und voll Übermut, sie machten hohle Hände und gaben den jungen Frauen zu trinken. Dann wurden Küsse ausgetauscht und Umarmungen.

Moses betrachtete die jungen Menschen von seinem Versteck aus, und weil die Liebe in ihm war, sah er in ihnen Liebespaare, und er billigte alles, was sie taten.

Er sagte zu sich: »Ich will in meinem Versteck bleiben, denn es würde mich und sie nur verlegen machen, wenn ich jetzt auftauchte. Es sind bestimmt anständige Leute, und darum würden sie mir verbieten, allein und zu Fuß in die Wüste zu gehen, denn das tut einer nur, wenn er sterben möchte. Also würde ich mich zu ihnen setzen müssen. Und dann hätte ich ihnen ihr Stelldichein verdorben.«

Erst lachten und plauderten die jungen Leute miteinander, dann zog sich das erste Paar zurück, die anderen folgten. Es wurde ruhig. Die Schafe drängten sich im Schatten aneinander. Es war Mittag.

Keine zwei Armeslängen von Moses' Versteck entfernt hatten sich ein Mann und eine junge Frau in den Schatten des Gebüsches gelegt. Moses sah, der Mann war der stärkste und schönste von allen, und er war wohl auch der reichste, seine Kleidung verriet es, das Tuch in einem wertvollen Rot war mit goldenen Spangen zusammengehalten, die Spange auf der Brust war zudem mit glitzernden Edelsteinen besetzt. Die junge Frau, die sich ausgiebig von ihm küssen ließ und ausgiebig zurückküßte, schob ihn immer wieder von sich weg, um ihn zu betrachten, und Moses hatte den Eindruck, als komme sie aus dem Staunen nicht heraus, als könne sie ihr Glück nicht fassen.

Es rührte ihn, die beiden in der Umarmung zu sehen, denn er dachte an Zippora, und eine große Sehnsucht erfaßte ihn, und er wollte sich die Haare raufen, so ärgerte er sich, daß er sie hatten gehen lassen – sie, die schönste Frau, die er je gesehen hatte.

Und Trauer erfaßte ihn, denn es war sehr unwahrscheinlich, daß er sie je wiedersehen würde, und es war sehr wahrscheinlich, daß sie, die allein und zu Fuß war, in der Wüste sterben würde. Und als er an den Tod dachte, dachte er auch an das Leben, nämlich an sein Leben. Was habe ich aus meinem Leben gemacht, dachte er. Mein Leben war leer. Und ich wußte nicht, daß es leer war.

»Dreißig Jahre habe ich vergeudet. Was für ein Unglück!«

Aber kein noch so dunkler Gedanke konnte im Augenblick sein Herz verdämmern.

Und so dachte er: »Was für ein Glück aber auch, daß ich es nicht gemerkt habe, wie leer diese Jahre waren!«

Voll Rührung betrachtete er das Liebespaar. Als eine Gnade erschien ihm die Liebe. Als die verderblichste Sünde, diese Gnade nicht anzunehmen, und es schien ihm eine große Wahrheit zu sein, daß die Liebe den Menschen gut mache, daß der Liebende nichts Böses tun könne. Er wandte seinen Kopf ab.

410

»Es gehört sich nicht, zwei Liebende zu beobachten«, murmelte er in seinen Bart.

Der Mensch kann das Auge abwenden, aber nicht das Ohr, und so wurde Moses, ohne es zu wollen, Zeuge des Gespräches, das die beiden führten. Und was Moses da hörte, wischte die große Wahrheit, die ihn gerade noch so tief bewegt hatte, schnell beiseite.

Offensichtlich war die Sache so: Die Mädchen waren die Mägde von Zippora. Sie hatten gemeinsam mit ihrer Herrin die Schafe zum Brunnen treiben wollen, als sie von den jungen Männern angehalten worden waren. Zippora hatte geglaubt, die Männer seien Banditen, die ihnen die Schafe wegnehmen wollten. Zippora kannte keine Furcht, und sie war bereit, ihr Eigentum zu verteidigen, und sie forderte ihre Mägde auf, sich gemeinsam mit ihr zu wehren.

Aber Widerstand war zwecklos, die Männer machten sich einen Spaß daraus, die Frauen vor sich her zu treiben. Es stellte sich auch bald heraus, daß sie es gar nicht auf die Schafe, sondern eben auf die Frauen abgesehen hatten. Es waren keine Räuber – obwohl sie, als sie die Frauen gewonnen hatten, dann auch keinen Grund sahen, auf die Herde zu verzichten.

Ja, sie hatten die Frauen gewonnen. Vielleicht hatten sich die Mägde ja auch aus Angst freiwillig ergeben. Nach allem, was Moses hörte und was er gesehen hatte, zweifelte er allerdings daran. Diese Mägde hatten ihre Herrin im Stich gelassen, hatten sich auf die Seite der Männer geschlagen und Zippora allein und zu Fuß in die Wüste geschickt.

Daß seine Zippora – inzwischen dachte Moses an Zippora als seine Frau –, daß sie auf so niederträchtige

Art von ihren Mägden verraten worden war, empörte ihn so sehr, daß er alle Vorsicht vergaß.

Laut sagte er: »Euch wird das Küssen noch vergehen!« So laut hatte er gesprochen, daß es alle gehört hatten. Die Männer sprangen auf, griffen nach ihren Waffen. Die Frauen warfen die Hände vor den Mund, als Moses sich aus dem Unterholz erhob. Der Zorn des Moses war etwas Gewaltiges! Wer diesen Mann im Zorn sah, der mußte meinen, der Zorn selbst, wie er von Gott gemacht worden war, stehe vor ihm. Und gegen den Zorn, wie ihn Gott gemacht hat, nützt keine Waffe, und es nützen kein Weinen und kein Bitten.

»Ihr«, brüllte Moses die Männer an, »schöpft vom Wasser, trinkt, soviel ihr könnt, und dann geht hinaus in die Wüste! Geht, wie die tapfere Frau gegangen ist, die ihr vertrieben habt! Dreht euch nicht um, und kommt nie mehr wieder hierher zurück!«

So mächtig war der Zorn des Moses! Keiner der Männer widersprach. Keine der Frauen wagte es, auch nur einen Laut von sich zu geben.

»Ihr seid am Tod eurer Herrin schuld!« schalt Moses die Mägde, als er mit ihnen allein war. »Kein Mensch kann ganz allein durch die Wüste gehen. Zippora wird sterben!«

»Andere mögen vielleicht in der Wüste sterben«, antworteten die Mägde. »Nicht aber unsere Herrin. Sie ist stärker als ein Löwe und ausdauernder als ein Kamel.«

»Seid ihr sicher?«

»Ganz sicher.«

Da flog der Zorn davon, und am liebsten hätte er die Mägde umarmt, als ob sie Retterinnen und nicht Verräterinnen wären.

»Schlachtet ein Lamm!« sagte er. »Bereitet ein Mahl! Ich habe Hunger.«

Während sie aßen, fragte Moses die Mägde aus, und sie erzählten ihm bereitwillig alles, was er wissen wollte. So erfuhr er, daß Zippora die Tochter des Reguel war, daß ihr Vater ein reicher Mann war, daß sie unverheiratet war und daß sich schon viele Männer um sie beworben hatten.

»Und warum hat sie keinen genommen?«

»Die einen hat sie selbst abgewiesen«, sagten die Mägde, »weil die Männer mehr am Reichtum ihres Vaters als an ihr interessiert waren.«

»Und die anderen?«

»Die anderen hat ihr Vater abgewiesen, weil sie die Aufgabe nicht erfüllen konnten, die er ihnen stellte.«

»Führt mich zu eurer Herrin!« rief er aus.

»Wir können nicht zu ihr zurück«, sagten die Mägde. »Zippora weiß, was wir getan haben. Sie wird uns ihrem Vater übergeben, und der wird uns töten.«

»Ach«, rief Moses aus, »ihr kennt eure Herrin nicht! Sie ist gütig und sanftmütig, sie kann verzeihen, ihr Herz ist so schön wie ihr Gesicht, und ihre Seele klingt hell wie ihre Stimme.«

»Von wem sprichst du eigentlich?« fragten die Mägde. »Unsere Herrin ist alles andere als sanftmütig, sie kann im Gegenteil sehr zornig sein.«

»Ich kann auch sehr zornig sein, und trotzdem bin ich sanftmütig«, entgegnete Moses.

Und die Mägde mußten ihm recht geben.

»Aber«, sagte eine, »aber eines stimmt ganz gewiß nicht in deiner Beschreibung. Schön ist unsere Herrin nämlich wirklich nicht.«

»Sie ist die schönste Frau, die ich je gesehen habe«, sagte Moses.

»Vielleicht hast du noch nicht viele Frauen gesehen«, kicherte eine andere.

Und Moses lachte mit.

»Ich habe mehr Frauen gesehen, als ihr alle miteinander Männer gesehen habt!«

»Ich bin Zipporas Dienerin«, sagte eine dritte, »ich kenne sie wohl besser als du, und ich weiß, sie ist nicht schön.«

»Wie lange hast du sie angesehen?« fragte Moses.

»Ich verstehe die Frage nicht«, sagte die Magd. »Ich sehe meine Herrin immer wieder, ich sehe sie jeden Tag.«

»Dann will ich dich etwas anderes fragen«, sagte Moses. »Wie lange arbeitest du schon auf dem Hof des Reguel?«

»Seit zehn Jahren.«

»Das ist eine lange Zeit, gibst du mir recht?«

»Da gebe ich dir freilich recht.«

»Wie viele Zelte stehen auf dem Hof eures Herrn, wie viele Ställe, wie viele Häuser für seine Berater, wie viele Hütten für seine Knechte?«

»Das weiß ich nicht«, sagte die Magd. »Es sind viele Häuser und Ställe und Hütten und Zelte.«

»Aber du siehst die Zelte und Häuser und Ställe und Hütten doch jeden Tag«, sagte Moses. »Du siehst sie immer wieder. Du siehst sie und kennst sie dennoch nicht. Ich habe Zipporas Gesicht eine ganze Nacht und einen ganzen Tag lang angesehen, ich kenne es besser als jeder Mensch, ich kann jede Einzelheit genau beschreiben, und ich weiß, daß Zippora ein schönes Gesicht hat.«

Da wußte die Magd nichts dagegen zu sagen, sie mußte Moses zustimmen, aber sie hatte dennoch das Gefühl, daß sie recht hatte.

»Wenn ihr mich zu Zippora führt«, sagte Moses, »werde ich dafür sorgen, daß ihr nicht nur nicht bestraft, sondern daß ihr für eure Tapferkeit und Treue reich belohnt werdet.«

Reguel war ein kleiner, kahler König. Einer, der große Herden besaß und viel Gesinde und der sich König nannte. Sich jedenfalls gern König nennen ließ.

Moses hatte die Mägde angewiesen, vor der Siedlung zu warten. Er wolle erst allein mit dem König sprechen. Das war ihnen sehr recht, ein wenig mißtrauten sie doch noch dem Verhandlungsgeschick des großen Mannes, zumindest seinen rhetorischen Fähigkeiten. Was Moses sagte, war ja immer überzeugend, aber wie er es sagte, mit den unmotivierten Pausen dazwischen und den Hustern und den vielen Ähs und Mmms – die wir in unserer Erzählung aus Loyalität gegenüber unserem Helden und auch gegenüber unserem Leser weglassen –, das konnte einem Zuhörer die Geduld nehmen, und die Mägde glaubten sich in einer Lage, die einen nicht nur inhaltlich, sondern ebenso formal brillanten Anwalt erforderte.

Moses traf Reguel im Zelt des Königs.

»Ich bin gekommen, um mich demütig bei dir zu bedanken«, sagte Moses.

Reguel war ein höflicher Mann, aber er war kein freundlicher Mann. Er hielt die Regeln der Gastfreundschaft ein, aber darüber hinaus sparte er mit jedem Lächeln, mit jeder Geste der Zuneigung, mit jedem freundlichen Wort. Er rief nach einem Teppich und bot Moses Platz an.

»Wofür willst du mir demütig danken?« fragte er.

»Dafür, daß deine Mägde mir mein Leben gerettet haben.«

»Welche Mägde?«

»Die Mägde deiner Tochter, die ja, weil die Tochter dir gehört, auch dir gehören.«

»Das ist wahr«, sagte Reguel. »Aber die Mägde meiner Tochter sind Huren und Verräter, und wenn ich sie erwische, werde ich jede von ihnen aufhängen, denn sie sind schuld am Unglück meiner Tochter.«

Da krampfte sich das Herz des Moses zusammen. Denn er dachte, das könne nur heißen, Zippora sei doch in der Wüste gestorben.

Und er sagte gleich, was er dachte: »Ist deine Tochter umgekommen?«

»Nein«, sagte Reguel, »ein Fremder hat ihr Wasser gegeben und hat über sie gewacht, als sie schlief.«

Wie glücklich wurde Moses sofort! In seiner Freude liebte er die ganze Welt. Und die verräterischen Mägde, die draußen vor dem Lager bangten, liebte er besonders, denn sie gehörten zu Zippora, und alles, was zu Zippora gehörte, liebte er besonders.

»Die Mägde deiner Tochter«, sagte Moses mit Tremolo in der Stimme, »haben einen tapferen und schlauen Kampf gegen Banditen geführt, sie haben die Männer abgelenkt, so daß deine Tochter fliehen konnte. Das hat sicher wie Verrat ausgesehen, aber es war das Gegenteil. Wäre es besser gewesen, sie hätten sich nach außen so ehrlich gegeben, wie sie in ihrem Herzen sind? Sicher, das wäre anständig gewesen, aber doch nicht klug. Dann hätte deine Tochter zwar mit ihren Augen gesehen, wie treu ihre Mägde sind, dafür aber hätten sie die Banditen erschlagen. So haben diese Frauen zwischen dem Tod deiner Tochter und der Schande, die ihnen ein Verrat bringt, auch wenn er nur scheinbar ist, gewählt und sich für das Leben deiner Tochter entschieden, wissend, daß es ihnen mit größter Wahrscheinlichkeit nicht gelohnt wird. Das zum ersten. Zum zweiten haben sie die Herde verteidigt. Nur ein einziges Lamm haben sie in dem Kampf verloren. Geh und zähle nach!«

Mit offenem Mund starrte der König Moses an, dann gab er Befehl, man solle den Mägden entgegengehen und sie zu ihm führen, damit er sie belohne.

Reguel ließ Tee und Gebäck bringen und betrachtete seinen Gast. Was für ein schöner Mann, dachte er, was für ein gescheiter Mann, was für ein geschickter Diplomat. An seiner Aussprache müßte man feilen und ihm das Stammeln abgewöhnen, die unmotivierten Pausen dazwischen und die vielen Ähs und Mmms, und noch ein paar andere Gesten sollte man ihm beibringen als immer nur sein Handwedeln. Moses gefiel dem König, und insgeheim hoffte er, diesen Mann für sich und seinen Vorteil zu gewinnen.

So saßen die beiden noch lange in dem prunkvollen Zelt und unterhielten sich.

»Dieser Fremde«, sagte Moses irgendwann wie nebenbei.

»Welcher Fremde?« fragte Reguel.

»Von dem du mir erzählt hast. Der deine Tochter vor dem Verdursten gerettet und in der Nacht über sie gewacht hat, damit ihr nichts Böses geschieht.«

»Was ist mit ihm?«

»Hat sie ihn wiedergetroffen?«

»Nein, hat sie nicht.«

»Das muß dir doch im Herzen weh tun.«

»Wieso? Was meinst du damit?«

»Du bist ein gerechter König und ein würdiger Vater und ein guter Mensch dazu«, sagte Moses. »Ich sitze nun schon einige Stunden mit dir zusammen und betrachte dich. Aber auch wenn ich erst eine Viertelstunde hier säße, wüßte ich, was für ein Mensch du bist. Denn es steht in deinem Gesicht geschrieben.«

»Aber warum soll es mir im Herzen weh tun, daß meine Tochter diesen Fremden nicht wiedergesehen hat?«

»Du würdest ihm doch gern deinen Dank abstatten«, sagte Moses, nahm Reguel die Teekanne aus der Hand, benahm sich wie der Gastgeber, schenkte zuerst dem König nach und dann sich selbst.

»Er hat getan, was jeder Mensch mit Gewissen tun muß«, sagte Reguel. »Ist es nicht so, daß Dank erst dort verlangt werden darf, wo einer etwas geschenkt bekommt, was er zum Leben nicht dringend nötig hat?«

»Nein, ganz im Gegenteil«, sagte Moses. »Nur ein schwacher und dummer Mensch dankt für das, was er zum Leben nicht dringend nötig hat. Für einen starken und klugen Menschen beginnt der Dank erst beim Leben selbst. Angenommen, der Retter deiner Tochter tauchte bei dir auf und ...«

»Wieviel«, unterbrach ihn König Reguel schnell, »wieviel würdest du ihm an meiner Stelle geben?«

Moses tat, als ob er lange überlegte.

Dann sagte er: »Die Hälfte von allem, was ich besitze, und nicht eine Münze mehr und nicht eine Münze weniger.«

Da mußte König Reguel zweimal kräftig schlucken.

Mit etwas belegter Stimme sagte er: »An so etwas in dieser Richtung habe ich auch gedacht. Leider, leider weiß ich nicht, wer dieser Mann ist.«

Weil die Regeln der Gastfreundschaft es so verlangten, wurde Moses aufgefordert, ein paar Tage zu bleiben. Und so kam es, daß er Zippora traf. Und sie erschien ihm noch schöner, als er sie in Erinnerung hatte.

»Du bist die schönste Frau, die ich je gesehen habe«, sagte er.

Sie blickte ihn lange an, sehr lange, sagte nichts, blickte ihn nur an. Er konnte in ihrer Miene nicht lesen, aber gerade das mochte er ja an ihr, er mochte es, daß ihr Gesicht nicht zeigte, was ihr Herz fühlte, mochte, daß man schon in ihr Herz schauen mußte, wenn man wissen wollte, was sie fühlte, und er meinte, er könne das.

»Gut«, sagte sie endlich. »Ich will für dich sein, was du in mir siehst.«

Und damit waren sie sich einig.

Zippora führte Moses zu ihrem Vater und sagte: »Er ist der Mann, der mir das Leben gerettet hat. Ihn will ich heiraten.«

»Ich habe es befürchtet«, sagte Reguel.

Er setzte ein zufriedenes Lächeln auf.

»Ich bin glücklich«, sagte er zu Moses. »Du bist der Retter und der Bräutigam. Als ersterer ist dir die Hälfte meines Besitzes versprochen, als zweiterer die Mitgift einer Königstochter. Ich aber werde dich noch reicher beschenken. Was ich dir schenken werde, ist mit Gold nicht aufzuwiegen. Komm mit!«

Und Reguel führte Moses in den Garten hinter seinem Zelt.

Dieser Garten war der ganze Stolz des Königs, und er war berühmt im weiten Land. Hier wuchsen alle Blumen, die es gab, und alle trugen ihre Blüten und mischten ihre Düfte. In den Ästen nisteten alle Vögel, die es gab, und sie zwitscherten und sangen und pfiffen und mischten ihre Stimmen zu einer Symphonie. Alle Arten von Erde lagen in den Beeten, und in den kleinen Teichen schwammen Fische, die glitzerten wie Edelsteine.

»Als ich König wurde«, sagte Reguel, »erzählte mir ein alter Mann vom Anfang aller Dinge. Es war die schönste Geschichte, die mir je erzählt wurde. Am Anfang habe Gott einen Garten gemacht, und in dem Garten lebte das erste Menschenpaar. Er hieß Adam, sie hieß Eva. Der Garten soll so schön gewesen sei, erzählte der Mann, daß jeder Versuch, ihn zu beschreiben ein böser Frevel sei. Ich war ein junger Mensch damals, und ich war begeistert, und die Erzählung vom Paradies nahm mich gefangen, und ich sagte: Ist es denn auch ein Frevel, wenn man diesen Garten nachbauen will? Da sagte der alte Mann, das wisse er nicht, diese Frage sei ihm noch nie gestellt worden, er meine, es sei kein Frevel, sondern eher ein Blödsinn. Und ich sagte: Einen Blödsinn will ich gern machen. Und dann habe ich angefangen, den Garten Eden nachzubauen. Ich ließ mir alle Vögel der Welt kommen, besorgte alle Blumen, alle Erde, breitete Beete aus, legte Teiche an.«

Inzwischen waren Moses und Reguel in der Mitte des Gartens angelangt. Dort wuchs auf einer runden Wiese ein kleiner, schlanker Baum.

»Als ich den Garten fertig gebaut hatte«, erzählte Reguel weiter, »zeigte ich ihn dem alten Mann. Und mein Garten gefiel ihm. Aber dann sagte er: Es fehlt etwas. Was fehlt?, fragte ich. In der Mitte des Paradieses stand der Baum der Erkenntnis, sagte der alte Mann. Ohne diesen Baum wäre das Paradies kein Paradies gewesen.«

Moses sah, daß es kein gewöhnlicher Baum war, sondern eigentlich nur ein Stab, der in der Erde steckte, aber auch kein gewöhnlicher Stab, sondern einer, der Früchte trug, aber keine gewöhnlichen Früchte, sondern Edelsteine.

»Hast du jemals einen solchen Baum gesehen?« fragte Reguel.

»Noch nie«, sagte Moses.

»Dann hör zu! Als Adam, der erste Mann, unser aller Vater, und Eva, die erste Frau, unser aller Mutter, aus dem Paradies vertrieben wurden, weil sie eine Frucht vom Baum der Erkenntnis gegessen hatten, da hat Adam von diesem Baum einen Ast abgebrochen, und er hat ihn mit sich genommen hinaus in die kalte Welt. Er hat aus dem Ast einen Pflug geschnitzt und hat im Schweiße seines Angesichts mit dem Pflug die harte Erde aufgerissen. Er hat gesät, manchmal wuchs etwas, manchmal wuchs nichts. Sein Fleiß wurde belohnt durch Früchte der Erde, aber auch damit, daß Edelsteine an seinem Pflug wuchsen. Wenn er faul war und den Pflug in die Erde steckte und sich ins Gras legte, hat der Pflug Wurzeln geschlagen, und Adam mußte alle Kraft aufwenden, um ihn herauszureißen aus der Erde, dabei fielen die Edelsteine ab. Erst wenn er wieder fleißig war, wuchsen sie nach. Als Adam starb, erbte sein Sohn Seth den Pflug mit den Edelsteinen. Seth war ein fleißiger Mann, viele Steine waren gewachsen. Als er starb, wurde der Pflug an Noah weitergegeben. Noah hat aus dem Pflug einen

Stab geschnitzt, und mit dem Stab hat er die Tiere in die Arche dirigiert. Über Noah und seinen Sohn Sem ist der Stab zu Abraham gelangt. Abraham hat sich auf diesen Stab gestützt, als er seinen Sohn Isaak auf den Berg führte, um ihn dort zu schlachten. Aber weil er ihn dann doch nicht geschlachtet hat, ist der Stab nach dem Tod Abrahams auf Isaak übergegangen. Der hätte ihn an seinen erstgeborenen Sohn Esau weitergeben wollen, aber Jakob hat seinen Bruder Esau betrogen. Jakob hat den Stab als Wanderstab genommen, als er mit seiner Sippe durch die Wüste zog. Alle Edelsteine sind vom Stab abgefallen, der Stab ist grau und knorrig geworden. Erst als Jakob zwanzig Jahre bei Laban Frondienste geleistet hat, ist der Stab wieder erblüht, Diamanten, Smaragde, Saphire, Lapislazuli sind gewachsen, und er war so schön wie nie zuvor. Jakob reichte den Stab an seinen Sohn Josef weiter, und Josef machte ihn zu seinem Zepter, als er Vizekönig von Ägypten war. Nach dem Tod des Josef verschwand der Stab, niemand wußte, wo er war. Ich schickte die besten Männer aus, um ihn zu suchen, und schließlich wurde er gefunden. Ich zahlte ein Vermögen dafür. Ich nahm ihn und drückte ihn in der Mitte meines Gartens in die Erde. Hier schlug er Wurzeln. Er ist prächtig gewachsen, hat viele Edelsteine angesetzt. Dieser Stab ist mehr wert als alle meine anderen Güter zusammen. Wer meine Tochter Zippora heiratet, der soll diesen Stab bekommen. Aber er muß erst beweisen, daß er Kraft hat, er muß ihn aus der Erde ziehen. Bisher hat es niemand geschafft.«

Moses stellte sich breitbeinig vor den kleinen, schlanken Baum, umschloß den Stamm mit seinen Händen – und riß ihn aus der Erde.

DER BRENNENDE DORNBUSCH

Von Gersom und Eliëser – Vom Schweigen zwischen
Eheleuten – Von der großen inneren Leere – Von einem
Feuer, das nicht ausgeht – Von einer sehr vielschichtigen
Diskussion mit Gott, in deren Verlauf auch gezaubert
wird – Vom Sinnbild der Seele

Zippora schenkte Moses einen Sohn. Er nannte ihn Gersom, das heißt: Fremd war ich in einem fremden Haus. Und dann bekam Zippora einen zweiten Sohn, den nannte sie Eliëser. Er war ihr Liebster, vor seinem Vater fürchtete er sich. Wenn Moses ins Haus trat, klammerte er sich an seine Mutter und versteckte sein Gesichtchen in ihren Röcken.

Zippora war nicht glücklich.

Moses war nicht glücklich.

Nach den langen Jahren der Wanderschaft gelang es Moses nicht, sich in den Alltag eines Seßhaften einzufinden. Er arbeitete am Hof seines Schwiegervaters, stellte sich ungeschickt an, war mürrisch, ließ sich nichts befehlen. War faul. Die Knechte beschwerten sich bei König Reguel.

»Wenn er mithilft, haben wir mehr Arbeit«, sagten sie.

»Was ist nur aus dir geworden!« sagte Reguel zu seinem Schwiegersohn.

»Ich bin bald sechzig Jahre alt«, schnaubte Moses zurück, »zu einem Menschen in meinem Alter darf man so etwas nicht sagen!«

Aber er dachte: Was ist nur aus mir geworden!

Bald beteiligte sich Moses nur noch selten an der Arbeit. Er wanderte hinauf in die Berge oder hinaus in die Wüste. Oft blieb er tagelang fort von zu Hause. Um seine Söhne kümmerte er sich wenig. Um seine Frau kümmerte er sich wenig.

Die Mägde sagten: »Er ist nicht wiederzuerkennen. Das soll der sein, den wir vor Zeiten bei dem Brunnen getroffen haben?«

»Meine Mägde haben mir erzählt, in welchen Tönen du von mir gesprochen hast, damals, als du mich noch nicht kanntest«, sagte Zippora zu Moses. »Jetzt kennst du mich und sprichst fast gar nicht mehr mit mir.«

Moses gab keine Antwort. Er wollte, aber er konnte nicht. Er wollte ihr ein freundliches Wort sagen, aber er konnte nicht. Ich muß ihr antworten, dachte er, und es muß eine gute Antwort sein, eine, die ihr nicht weh tut und dennoch die Wahrheit enthält. Aber erstens war es bereits so, daß fast jedes Wort, das er sagte, Zippora weh tat, zweitens wußte er selbst nicht, was die Wahrheit war zwischen ihr und ihm.

Und so überlegte er und überlegte er.

Bis Zippora sagte: »Ich sehe, du willst mir nicht antworten. Ich werde dich nie wieder etwas fragen.«

Und er wollte ihr sagen, nein, ich will dir schon antworten, ich will dir ein freundliches Wort sagen, aber ich muß erst nachdenken, und auch über das, was du eben gesagt hast, muß ich erst nachdenken, du redest schneller, als ich denken kann, laß mir Zeit, Zeit bis morgen, dann antworte ich dir. Aber für Zippora mußte es so aussehen, als wolle er auch auf ihr zweites kein

Wort sagen, und sie sagte ein drittes und meinte, daß sie nun endgültig ihr letztes sagte.

»Dann muß ich also davon ausgehen, daß wir beide in Zukunft nebeneinander leben wie zwei Steine in der Wüste?«

Und wieder bekam sie keine Antwort.

Mein Leben vergeht, dachte Moses, und es ist so leer, wie es immer gewesen war, nur weiß ich inzwischen, daß es leer ist, und das ist das größte Unglück.

Er half sich mit Vergessen. Er vergaß, was gestern war und was vorgestern gewesen war, und so glitt ein Jahr dahin wie ein Tropfen auf einem wächsernen Tuch. Ohne eine Spur zu hinterlassen.

Eines Tages trieb Moses die Schafe des Reguel auf die Weide. Aber die Weide war verdorrt, und er konnte die Herde nicht beieinander halten. Jedes Schaf suchte verzweifelt und für sich nach einem grünen Halm. Hilflos stand Moses in der Sonne und blickte um sich, und er sah nur Steine und Sand und dürres Gesträuch.

»Die Schakale werden die Schafe holen«, sagte er zu sich selbst. »Die Schafe sind wie meine Gedanken, nichts hält sie zusammen.«

Bald hatten sich die Schafe so weit von ihm entfernt, daß er sie nicht mehr sehen und hören konnte. Ihm war, als wäre er das einzig Lebendige weit und breit.

»Hier ist es wie in meinem Herzen«, sagte er, und seine Stimme war alles, was er hörte. »Auch in meinem Herzen ist nichts als ich selbst, und weil niemand für sich selbst sein kann, ist mein Herz so leer wie die Wüste.«

Da beschloß er, alle Verantwortung fahren zu lassen.

»Ich will für nichts mehr Sorge tragen«, sagte er laut.

»Für meine Söhne nicht, für meine Frau nicht, für die Herde meines Schwiegervaters nicht. Nicht einmal um mich selbst will ich mehr sorgen.«

Und ihm fiel gar nicht auf, daß er in all den Jahren, seit er am Hof von König Reguel war, genau so gelebt hatte – ohne Verantwortung für die anderen und Sorge um sich selbst.

Er drehte sich um und ging.

Nicht anders als damals, als ihn seine Schwester Mirjam gebeten hatte, bei ihr zu bleiben und gemeinsam mit ihr für die Befreiung des Volkes Israel von der ägyptischen Knechtschaft zu kämpfen. Auch damals war er gegangen, hatte sich umgedreht und war gegangen. Ohne ein Wort.

Moses ging in die Wüste hinein. Er hatte kein Ziel. Wenn ein Baum da ist, dachte er, dann werde ich sagen, er war mein Ziel. Ein wenig Schatten will ich vom Leben, sonst nichts.

Er sah einen Baumstamm, der ragte in den weißen Himmel. Seine Krone hatte ein Sturm schon vor langer Zeit abgebrochen und über die Wüste gefegt, bis nichts mehr von ihr übrig war als Staub. Der Stamm war bleich wie Silber, er warf einen schmalen Schatten, aber der genügte, um einen Mann vor der glühenden Sonne zu schützen.

Moses setzte sich in den Schatten, lehnte sich gegen den Stamm, trank aus seinem Wasserschlauch, schloß die Augen und sprach laut in die leere Wüste hinein.

»Ich will nichts. Solange ich zufrieden damit bin, daß ich nichts will, werde ich hier sitzenbleiben. Und wenn es mir bis zu meinem Ende genügt, nichts zu wollen, dann werde ich hier eben sterben.«

So saß er, er wußte nicht, wie lange, schlief nicht, war aber auch nicht wach.

Da hörte er vor sich das Knistern eines Feuers. Er öffnete die Augen. Was er sah, war durchaus nicht ungewöhnlich. Ein verdorrter Dornbusch brannte in der Sonne, keine zwanzig Schritte von ihm entfernt. In dieser Hitze kam es immer wieder zu Selbstentzündungen. Eine blinkende Einlassung in einem Stein konnte wie ein kleiner Brennspiegel wirken, und schon fing das ausgetrocknete Geäst Feuer.

»Gut«, sagte Moses zu sich, »ich werde hier sitzenbleiben, bis der Dornbusch abgebrannt ist, dann werde ich zurückgehen und die Tiere zusammensuchen.«

Aber der Dornbusch brannte nicht ab. Als bekäme das Feuer aus der Erde immer neue Nahrung, loderten die Flammen immer weiter. Da erwachte die Neugierde in Moses, er wollte das Feuer untersuchen.

Er machte ein paar Schritte auf den brennenden Dornbusch zu. Da hörte er eine Stimme, und er konnte nicht sagen, woher sie kam.

»Moses!« rief diese Stimme. »Geh nicht weiter! Du betrittst heiligen Boden. Zieh deine Schuhe aus! Knie dich nieder!«

»Wer spricht zu mir?« fragte Moses.

Ganz leise hatte er es gesagt, denn der erste Schrekken war ihm in die Kehle gefahren. So leise hatte er gesprochen, daß es niemand verstehen hätte können, schon gar nicht einer, der nicht zu sehen war.

Aber wer auch immer zu Moses sprach, er hatte seine Frage verstanden.

»Weißt du wirklich nicht, wer ich bin?« sagte die Stimme.

»Zeig dich«, sagte Moses, »dann weiß ich es vielleicht.«

»Niemand sagt mir, was ich tun und lassen soll«, herrschte ihn die Stimme an. »Zieh deine Schuhe aus, und knie nieder. Ich wiederhole: Du stehst auf heiligem Boden.«

Inzwischen war Moses mehr neugierig als eingeschüchtert. Er dachte: Es kann an eines Mannes Stolz nicht kratzen, wenn er in der Wüste seine Schuhe auszieht und niederkniet, zumal es ja niemand sieht. Er dachte: Das Ganze ist leicht zu erklären, mein Kopf wird aus dem Schatten gerutscht sein, die Sonne wird meinen Geist etwas verwirrt haben, alles ist Einbildung. Gegen eine Einbildung zu revoltieren aber ist lächerlich, jedenfalls in meinem Alter. Also schlüpfte er aus seinen Sandalen und kniete sich in den Staub.

»Nun aber sag mir, wer du bist!«

»Ich bin dein Gott«, sagte die Stimme.

Moses starrte in die Flammen, die aus dem Dornbusch schlugen.

Er fragte: »Wer ist mein Gott?«

»Ich habe dich auserwählt, weil ich dich liebe«, sagte die Stimme. »Darum will ich Nachsicht mit dir haben. Keinem anderen würde ich eine solche Frage verzeihen. Hör auf, in die Flammen zu starren. Es schadet erstens deinen Augen, zweitens wirkt es wenig demütig, ich aber fordere Demut von den Menschen.«

Da senkte Moses seinen Blick.

»Ich habe nie einen Gott gehabt in meinem Leben«, sagte er. »Darum habe ich diese Frage gestellt. Ich wollte dich nicht beleidigen.«

»Ich war immer da«, sagte die Stimme. »Ich hab dich

nie verlassen, in keinem Augenblick deines Lebens. Ich bin, der ich bin, und ich bin immer da. So wurde ich von deinen Vätern und Vorvätern genannt.«

»Ich weiß nicht einmal mit Sicherheit, wer meine Väter und Vorväter sind«, sagte Moses. »Ein loses Stück bin ich. Ich weiß nicht, zu wem ich gehöre.«

»Als dich die Menschen, zu denen du gehörst, brauchten, bist du davongelaufen.«

»Bist du der Gott, von dem mir meine Schwester Mirjam vor vielen Jahren gesprochen hat?«

»Der bin ich.«

Moses erinnerte sich an jene Nacht vor so vielen Jahren, als er zu Mirjams Gott hatte beten wollen. Er wird mir nicht antworten, hatte er damals gedacht und hatte nicht gebetet, weil er nicht denken wollte, es gibt ihn nicht, weil er nicht vor seine Schwester hintreten und sagen wollte, es gibt euren Gott nicht, euer Hoffen und Warten sind vergebens, und euer Schreien ist umsonst. Denn, so hatte er damals gedacht, es ist eine Sünde, den Schwachen zu entmutigen. – Und nun, da er auf dem heißen Wüstenboden kniete und die Stimme Gottes zu ihm sprach, spürte er neben Neugierde und Furcht auch Empörung in sich.

»Was willst du von mir?« fragte er.

»Daß du mir dienst«, sagte die Stimme Gottes.

Moses setzte sich auf seine Fersen, denn er meinte, das Gespräch würde wohl noch länger dauern, und es war ihm bequemer so.

»Warum sprichst du erst heute zu mir?« fragte Moses. »Warum nicht schon vor zehn Jahren oder vor zwanzig Jahren oder vor dreißig Jahren?«

»Da warst du noch nicht bereit, mir zu dienen.«

»Und ausgerechnet heute bin ich bereit dazu?«

»Nie in deinem Leben«, sprach Gott zu Moses, »waren dein Herz, deine Seele und dein Verstand so leer wie vorhin, als du an dem dürren Baumstrunk lehntest. Auf diesen Augenblick habe ich gewartet. Nichts mehr war in dir. Wenn ich zu einem Menschen komme, darf nichts in ihm sein. Denn ich bin ein eifersüchtiger Gott, und ich fülle den ganz aus, zu dem ich komme, und ich dulde keinen anderen Gedanken neben mir.«

Dann weiß er wohl auch, daß ich mir vorhin um meine Bequemlichkeit Gedanken machte und mich auf meine Fersen setzte, damit meine alten Knie ein wenig entlastet werden, dachte Moses.

»Ja, das weiß ich«, sagte die Stimme. »Aber warum sollte mich das stören? Ich verlange Gehorsam und nicht Unbequemlichkeit.«

»Und was soll ich tun?« fragte Moses.

»Mach dich auf den Weg nach Hause!« sagte Gott.

»Wo ist mein Zuhause?«

»Das Volk Israel ist dein Zuhause«, sagte Gott. »Mein Volk Israel stöhnt noch immer unter der Fron des Pharaos. Mein Volk!« – Moses glaubte, in der Stimme Gottes etwas Schwärmerisches mitzuhören. – »Ja, es ist mein Volk. Ich bin dem Abraham erschienen, mit ihm saß ich vor seinem Zelt, mit ihm habe ich gesprochen. Und mit dem Jakob habe ich eine Nacht lang gekämpft, er hat mich festgehalten, und Josef, Josef war mein Liebling.«

»Wie lange muß ich noch knien?« unterbrach Moses. »Es ist Mittag, und auf keinem Platz der Erde ist es heißer als hier, und ich bin ein alter Mann, und der Rücken tut mir weh, und die Knie tun mir weh...«

»Du bist kein alter Mann«, dröhnte die Stimme. »Abraham war mehr als dreimal so alt wie du, als er den schwersten Gang seines Lebens antrat, und als Jakob zu Fuß nach Ägypten ging, um seinen Sohn Josef wiederzusehen, war er immerhin zweimal so alt wie du.«

»Darf ich mich wenigstens in den Schatten des Baumstrunks knien?« fragte Moses.

»Nein«, sagte Gott.

Aber auch Gott glaubte inzwischen, dieses Gespräch werde noch eine Weile dauern, deshalb machte er eine Wolke direkt über dem Haupt seines Knechts, die legte einen kühlen Schatten über ihn.

»Gut«, sagte Moses. »Ich soll also nach Ägypten ziehen, zum Volk Israel, das noch immer unter der Fron des Pharaos leidet. An diesem Punkt waren wir stehengeblieben.«

»Sprich zu deinen Leuten! Sag ihnen, ich bin dir erschienen und habe dir den Auftrag gegeben, das Volk Israel aus Ägypten heraus in ein Land zu führen, in dem Milch und Honig fließen.«

»Ja, aber«, sagte Moses, »wie soll ich das machen? Wie soll ich zu den Leuten sprechen? Was soll ich ihnen genau sagen? Im Detail. Gut, angenommen, ich sage, ich bin Moses, Gott hat mich zu euch geschickt, werden sie dann nicht fragen, welcher Gott? Und wenn ich antworte, euer Gott, der mit dem Namen Ich-bin-der-ich-bin, werden sie dann nicht fragen, warum schickt er dich erst jetzt, warum hat er so lange gewartet, warum hat er uns so lange leiden lassen? Hätte er uns nicht schon vor Jahren einen schicken können, der uns erlöst? Die Mütter werden die Bilder ihrer Kinder hochhalten, die unter dem Terror des Pharaos gestorben sind. Gibt er uns unsere Söhne und Töchter wieder, werden sie fragen. Und die Greise werden fragen: Gibt er uns unsere Kindheit und Jugend wieder, die uns in der Fronarbeit genommen wurden? Was antworte ich ihnen?«

Darauf gab Gott dem Moses keine Antwort. Das Feuer loderte weiter, zehrte am Nichts. Die Wolke über dem Haupt des Moses verfinsterte sich, kleine Blitze zuckten auf, kleine Donner grollten.

Ich weiß schon, dachte Moses bei sich, ich weiß schon, es wird ihm ähnlich ergehen wie mir, wenn Zippora mich etwas fragt. Er wird sich denken: Ich muß ihm eine Antwort geben, und es muß eine gute Antwort sein, aber ich muß erst nachdenken. Warum sollte es Gott anders ergehen als mir, dachte Moses, ich will ihm also Zeit lassen.

Und so wartete Moses, den Blick auf den steinigen Wüstenboden gerichtet. Er saß auf seinen Fersen, weil das bequemer war, aber inzwischen war auch das unbequem geworden, und so rutschte er mit seinem Hintern vorsichtig zur Seite, so daß er am Ende neben seinen Waden saß.

Endlich schien ihm doch genug Zeit vergangen zu sein. Schon kam ihm wieder der Gedanke, er bilde sich alles nur ein, das Gespräch und den brennenden Dornbusch, und in Wirklichkeit sei er ganz allein in der Wüste, allein mit seinem leeren Herzen. Er blickte auf und sah, daß das Feuer immer noch brannte.

»Also gut«, sagte er, »angenommen, die Leute stellen diese Fragen gar nicht. Angenommen, sie stellen überhaupt keine Fragen. Kann ja sein. Zum Beispiel, weil sie sich gar nicht für das interessieren, was ich ihnen predige. Was dann? Bist du sicher, daß sie dich überhaupt noch kennen?«

Da war die Stimme Gottes wieder da.

»Wie meinst du das?« fragte sie.

Und Moses war, als schwinge in ihr ein wenig Unsicherheit, ein wenig Verlegenheit, ja sogar ein wenig Ängstlichkeit mit.

»Ich meine, ich meine…«, stammelte er, aber es war nicht sein übliches Stammeln, das aus Ähs und Mmms bestand, er stammelte absichtlich. Weil er nämlich eine Frage auf den Lippen hatte, die seinem großen unsichtbaren Gegenüber vielleicht weh tun könnte. Das wollte er nicht. Er wollte Gott nicht weh tun. Aber die Frage wollte er dennoch stellen: »Kann es sein«, formulierte er, »kann es sein, daß das Volk Israel vielleicht schon einen anderen Gott oder gar andere Götter hat?«

Einen Augenblick lang war es so still, wie es in Moses' ganzem Leben nie gewesen war.

Dann sagte Gott leise: »Nicht daß ich wüßte.«

Moses schämte sich. Ihm fiel das Gespräch mit seinem Schwiegervater Reguel ein, als dieser ihn ins Gebet genommen und zu ihm gesagt hatte: Was ist nur aus dir geworden? Da hatte er geantwortet: Zu einem Menschen in meinem Alter darf man so etwas nicht sagen. Aber gedacht hatte er: Was ist nur aus mir geworden? Und ich, dachte er, bringe Gott in dieselbe Lage, in die mich König Reguel gebracht hat. Gott ist wie ich, dachte Moses, und er staunte darüber nicht im geringsten.

»Wir machen es so«, sagte Gott schließlich und etwas kleinlaut. »Wenn du in Ägypten bist, dann gehst du zuerst zum Pharao. Du sagst: Das Volk Israel will drei Tagesmärsche in die Wüste ziehen und seinem Gott ein Schlachtopfer darbringen, laß es ziehen. Er wird nein sagen. Aber das macht nichts. Du gehst jeden Tag zu ihm. Irgendwann wird er sich denken, warum eigentlich nicht, warum sollen sie nicht in die Wüste gehen, um ihrem Gott ein Opfer zu bringen. Er wird zustimmen, nur damit er dich nicht mehr jeden Tag sehen muß. Du wirst eine schriftliche Erlaubnis von ihm verlangen, und er wird sie dir geben. Und dann erst trittst du vor das Volk Israel hin und weist das Dokument vor. Das wird die Leute sehr beeindrucken. Sie werden denken, der tut etwas, der redet nicht nur. Dann werden sie an dich glauben und dich zu ihrem Führer machen.«

»Ja, gut«, sagte Moses, »einige werden dann an mich glauben. Die meisten werden an mich glauben. Aber die meisten haben nichts zu sagen. Nur wenige haben etwas zu sagen. Diese wenigen werden mir vielleicht auch glauben, aber sie werden so tun, als ob sie mir nicht glauben. Denn die anderen werden sie fragen: Warum habt ihr bisher noch keine solche Idee gehabt? Warum muß da erst ein Fremder kommen? Deshalb werden die Anführer des Volkes Israel sagen, es sind blöde Ideen, die der hat, und sie werden sich gegen mich stellen. Was mache ich dann?«

»Was liegt vor dir auf dem Boden?« fragte Gott.

»Mein Stab«, sagte Moses. »Es ist der Stab, der aus einem Ast des Baumes der Erkenntnis geschnitzt worden ist. Das ist der Baum, der in der Mitte des Paradieses gestanden hat...«

»Ich weiß, ich weiß«, unterbrach ihn Gott. »Das tut hier nichts zur Sache.« Gottes Stimme hatte ihre Kraft wiedergewonnen. »Heb diesen Stab auf«, befahl sie, »und dann wirf ihn vor dir auf den Boden!«

Moses tat es, und der Stab verwandelte sich in eine lebendige Schlange.

»Wenn sie dir nicht glauben«, sagte Gott, »dann machst du dasselbe vor ihren Augen, vor aller Augen. So, nun faß die Schlange mit deiner Hand!«

Moses packte die Schlange hinter ihrem Kopf, und da wurde aus der Schlange wieder ein Stab.

»Was meinst du?« sagte Gott. »Werden sie dir dann glauben oder nicht?«

»Sie werden mir glauben«, sagte Moses, aber er ließ nicht locker. »Und wenn sie mir, angenommen, immer noch nicht glauben?«

»Ich habe ein Wunder geschehen lassen!«

»Das weiß ich«, sagte Moses. »Sie werden sagen, es gibt viele Zauberer. Sie werden sagen, wir haben schon spektakulärere Kunststücke gesehen.«

»Dann lügen sie«, empörte sich Gott.

»Das ist sicher richtig. Aber was mache ich dann?«

»Steck deine rechte Hand in dein Gewand!« befahl Gott.

Moses tat es.

»Und nun zieh sie wieder heraus!«

Da war die Hand weiß von Aussatz, und Moses schrie auf, weil die Hand schmerzte.

»Steck die Hand wieder in dein Gewand zurück!« gab Gott weiter Anweisung. »Und jetzt zieh sie wieder heraus!«

Da war die Hand wieder rein.

»Das mach bei einer ihrer Hände«, sagte Gott. »Der Schmerz ist ein gutes Argument.«

»Und wenn sie mir immer noch nicht glauben?« sagte Moses.

Da wurde Gott zornig.

»Was redest du da!« fuhr er Moses an. »Ich habe dir einen Auftrag gegeben. Ich müßte gar nicht mit dir verhandeln. Ich habe einen Narren an dir gefressen, das ist dein Glück! Sonst würde ich einen Blitz aus der Wolke über deinem sturen Kopf auf dich niederschleudern! Aber gut! Wenn sie dir immer noch nicht glauben, dann hol einen Eimer Wasser aus dem Nil und schütte ihn auf den Boden, und das Wasser wird Blut sein. Werden sie dir dann glauben?«

»Anzunehmen«, sagte Moses leise.

»Dann geh jetzt!«

Aber Moses blieb sitzen.

»Worauf wartest du denn noch?«

»Nur noch eines«, sagte er.

»Was denn noch?«

»Wir sprechen nun schon eine ziemliche Weile miteinander. Es muß dir doch etwas aufgefallen sein.«

»Was muß mir aufgefallen sein?«

»Daß sich meine Zunge nur schwer bewegt. Daß meine Zunge Krücken nötig hat, Ähs und Mmms, und daß manchmal kein Laut aus dem Mund kommt, wenn einer kommen sollte, und dann wieder mehr, als kommen sollten. So einen nennt man einen Stammler. Ich bin ein Stammler. Wäre es nicht besser, wenn du einem anderen diese Aufgabe übertragen würdest, einem, der reden kann? Meinem Bruder Aaron zum Beispiel. Meine Schwester Mirjam erzählte mir, er sei ein Redetalent ersten Ranges. Das hätte auch den Vorteil, daß Aaron bereits vor Ort ist, er müßte sich nicht erst auf eine lange und beschwerliche Reise begeben wie ich...«

»Gut«, sagte Gott, »dann soll es eben mit dir nicht

sein. Ich werde dich in Ruhe lassen. Du wirst so bleiben, wie du warst, bevor dir mein Feuer erschienen ist. Du wirst leer sein, und du wirst es wissen, du wirst noch ein langes Leben vor dir haben, und das wird so leer sein wie die wenigen Minuten, die du an dem Baumstamm dort drüben gesessen bist.«

Moses sah, wie die Flammen kleiner wurden, wie die Äste des Dornbuschs zu weißer Asche zerfielen, und da erkannte er, daß dieser brennende Dornbusch ein Sinnbild seiner Seele war, daß die Glut Gottes ebenso aus dem Nichts seiner Seele Kraft ziehen konnte, wie das Feuer aus dem Nichts der Wüste sich nährte.

»Ich werde alles tun, was du von mir verlangst«, sagte er und verneigte sich, bis seine Stirn den Boden berührte.

Da erlosch das Feuer, der Wind blies die Asche des Dornbuschs davon. Die Wolke über dem Haupt des Moses löste sich auf. Moses suchte die Herde zusammen und machte sich auf den Weg zum Hof von König Reguel.

AARON

Von der Gerechtigkeit und ihrem Namen – Von
Sprechstunden, bei denen niemand vorgezogen wurde –
Vom Erzengel Gabriel, der endlich wieder in Träumen
erscheint – Von Vorlesungen über Recht und Gerechtigkeit
und Glück – Von einem Rechtsstreit und dessen Lösung,
die so einfach ist, daß sie wie eine Division durch drei
aussieht – Von einer Erfahrung, die Gott mit den Menschen
gemacht hat

Aaron war ein gerechter Mann. Jeder nannte ihn einen
gerechten Mann. Die höchste Steigerung von gerecht
hieß: gerecht wie Aaron. Aaron wußte, daß die Gerechtigkeit seinen Namen trug, und das spornte ihn an, noch
gerechter zu sein, und so machte er nicht ein einziges
Mal für jemanden eine Ausnahme, und das wirkte bisweilen doch ziemlich borniert.

Ein Beispiel: Wenn er seine Sprechstunden als Vermittler in Rechtsstreitigkeiten abhielt, nahm er niemanden vor, ganz gleich, wie dringend ein Fall war.

»Ich bin ein gerechter Mann«, sagte er. »Ich bevorzuge niemanden, ich benachteilige niemanden. Wer als
erster mein Wartezimmer betritt, den rufe ich als ersten
in mein Büro.«

Und dann kam eines Tages seine Schwester Mirjam
gelaufen und rief aufgeregt: »Aaron! Aaron! Ich muß
dir etwas Dringendes mitteilen! Laß mich vor!«

»Nein«, sagte Aaron, »ich bin ein gerechter Mann.«

»Aber ich habe geträumt«, sagte Mirjam. »Der Engel
ist mir wieder erschienen, und er hat mir eine dringende
Nachricht übergeben.«

Aber Aaron sagte: »Setz dich in das Wartezimmer zu den anderen. Wenn du drankommst, rufe ich dich auf.«

»Aber die Nachricht des Engels ist für dich«, sagte Mirjam.

»Dann muß eben auch der Engel warten, bis er drankommt«, sagte Aaron.

»Aber die Nachricht des Engels stammt aus Gottes Mund!« empörte sich Mirjam. »Und Gott kommt doch wohl vor allen an die Reihe!«

»Ich bin ein gerechter Mann«, sagte Aaron. »Ich bevorzuge niemanden und benachteilige niemanden.«

Und er war stolz, vor seinen anderen Klienten einen so eklatanten Beweis seiner Gerechtigkeit zu liefern.

»Du bist ein bornierter Mann«, schimpfte Mirjam und setzte sich zu den anderen ins Wartezimmer.

Viele Jahre war der Erzengel Gabriel nicht mehr in Mirjams Träume gekommen. Mirjam hatte schon gefürchtet, sie habe den Engel verärgert mit ihrem Drängen, ihr einen Mann zu verschaffen. Tatsächlich war sie auf den Engel zornig gewesen. Sie glaubte zwar nicht, daß ein Engel über genügend Macht verfügte, ein Männerherz gefügig zu machen. Das kann nur Gott persönlich, dachte sie. Aber gleichzeitig sagte sie sich: Ein Erzengel Gabriel ist ja nicht irgendein Engel. Was würde es ihn schon groß beißen, wenn er seinen Einfluß für mich geltend machte?

Mit den Jahren war ihr Zorn vergangen, und auch ihr Wunsch, einen Mann zu bekommen, war vergangen. Da schmerzte sie nur noch der Gedanke, sie sei aus der Gnade Gottes gefallen, weil er nicht mehr einen seiner größten Engel zu ihr schickte.

Jeden Abend betete sie zu Gott: »Einmal noch!«

flehte sie. »Nur noch einmal soll mir dein Engel erscheinen!«

Und sie trug ihren Wunsch mit derselben Inbrunst vor, wie sie ehedem den Wunsch nach einem Mann vorgetragen hatte.

Und dann war Gabriel eines Nachts wieder in ihrem Traum gestanden, weiß in seinem Äußeren und etwas spröde in seiner Art, genau so, wie sie sich an ihn erinnerte.

»Es wird sich einiges verändern bei euch«, sagte er.

»So lange Zeit war alles gleich«, sagte Mirjam im Traum, »und nun ändert sich einiges? Warum?«

»Lange Zeit? Was heißt lange Zeit?« sagte der Engel. »Ihr Menschen rennt gegen die Uhr wie eine Fliege gegen die Fensterscheibe.«

Das verstand Mirjam nicht, nicht einmal im Traum.

»Euer Bruder Moses kommt nach Ägypten zurück«, sagte der Engel. »Es muß ihm entgegengegangen werden. Aaron soll das übernehmen.«

»Und du?« fragte Mirjam.

»Was ist mit mir?« fragte der Erzengel.

»Kommst du nun wieder in meine Träume?«

»Das ist vorgesehen, ja«, sagte der Engel.

Da war Mirjam aufgewacht, hatte sich schnell die Kleider übergezogen und war zum Haus des Aaron gelaufen. Es war noch früh am Tag, aber das Wartezimmer im Büro ihres Bruders war bereits überfüllt. Wer von Aaron einen Rat wollte, mußte sehr früh aufstehen.

Nach Stunden rief Aaron seine Schwester zu sich in sein Büro. »Nun bist du an der Reihe, Mirjam«, sagte er. »Was teilt mir Gott über deinen Engel mit?«

»Unser Bruder Moses kommt nach Ägypten zurück«, sagte Mirjam. »Es muß ihm entgegengegangen werden. Du sollst das übernehmen.«

Und Aaron machte sich auf den Weg, und – ich will es vorwegnehmen – obwohl er seinen Bruder seit Kindertagen nicht mehr gesehen hatte, erkannte er ihn, und Moses erkannte Aaron. So hatte es Gott eingerichtet, um durch Verwirrung, Verirrung und Verwicklung nicht unnötig Zeit zu verlieren.

Apropos: Zeit verlieren: Aaron war damals dreiundachtzig Jahre alt. Er war drei Jahre älter als Moses, also war dieser achtzig. Heißt das, zwischen dem brennenden Dornbusch und der Ankunft des Moses in Ägypten sind rund zwanzig Jahre vergangen? Hat Moses doch noch so lange gezögert, bis er Gottes Befehl nachgekommen ist? Kann man das glauben? – Das ist alles sehr merkwürdig, zugegeben, aber, wie bereits bemerkt, Heroenzeit muß man anders messen als Menschenzeit, wenn sie sich überhaupt messen läßt. Also zerbrechen wir uns darüber nicht den Kopf.

Von Aaron haben wir bisher recht wenig gehört. Als er ein Kind war, herrschte in Ägypten Terror. Die provokante Erlaubnis des Pharaos, hebräische Knaben, wo immer ein Ägypter oder eine Ägypterin einen traf, ohne Strafe zu töten, hatte die Güte aus den Herzen so vieler Menschen vertrieben. Das Unrecht war so allumfassend, daß in Aaron schon sehr früh die Überzeugung heranwuchs, daß nur ein ebenso allumfassendes Recht diese Barbarei besiegen, das Gute in den Herzen wiederherstellen und die Menschen daran hindern könnte, in Zukunft solche Taten zu begehen.

Aaron wurde Jurist. Manchmal war er Verteidiger, meistens war er Richter, nie war er Ankläger. Trotz seiner Kindheitserfahrungen war er der Meinung, der Mensch sei in seinem innersten Kern gut, und die Juristerei war für ihn nichts anderes als der Versuch, sich an diesen Kern heranzuarbeiten. Er war ein sehr angesehener Mann, und er war beim Volk Israel ebenso angesehen wie bei den Ägyptern. Man suchte seinen Rat, verlangte nach seinem Urteil, und man bat ihn schließlich auch, das Recht in den Universitäten zu lehren.

Alle seine Vorlesungen begann er mit dem Satz: »Der Mensch ist gut.«

Dann ergab es sich meistens, daß einer der Zuhörer rief: »Auch dann, wenn er Böses tut?«

Dann wurde gelacht. Das war Standard, Aaron wußte das. Er wartete, bis es wieder ruhig war.

»Ja, auch wenn der Mensch Böses tut, ist er gut«, sagte er.

Seine Stimme war dabei so ruhig und fest, voll Überzeugung und ohne jeden Zweifel, daß es für die meisten Zuhörer gar keines nachfolgenden Beweises, nicht einmal eines illustrierenden Beispiels bedurft hätte, um dieses offensichtliche Paradox als Wahrheit zu akzeptieren. Es gehörte aber zu Aarons Stil, in Gleichnissen zu sprechen, und so zeigte er seinen Studenten anhand der Frucht eines Nußbaumes, was er meinte.

»Was seht ihr hier?« fragte er und hielt die Frucht mit der grünen, ledrigen Haut in die Höhe.

»Die Frucht eines Nußbaumes«, wurde gerufen.

»Denkt euch, diese Frucht ist der Mensch«, sagte er. »Sie enthält alles, was der Mensch ist.«

Er schälte das zähe Fruchtfleisch ab.

»Das ist die Nußschale«, sagte er. »Sie ist sehr hart. Es gibt kein Holz, das härter ist als die Schale dieser Nuß. Das Harte steht für das Böse. Das Böse muß zerschlagen werden.«

Er nahm einen Hammer, hielt ihn hoch.

»Dieser Hammer«, sagte er, »ist das Gesetz.«

Dann zerschlug er die Nußschale und schob sich die Nußkerne in den Mund.

Er sagte kauend: »Der Kern ist das Gute. Und er schmeckt auch gut.«

Man lachte. Das war Standard bei den Vorlesungen. Und die Schüler glaubten, sie hätten das Wesen des Menschen verstanden.

Ja, Aaron hatte eben nicht nur die Gabe, die kompliziertesten Dinge in einfache Worte zu fassen, er verstand es genauso gut, die einfachsten Dinge so auszusprechen, daß viele meinten, hier begegne man einer großen Weisheit.

Nicht alle meinten das freilich. Es gab Menschen, und es waren nicht die Dümmsten, die kritisierten Aaron, und zwar nicht, weil er falsche Dinge sagte.

»Er hat noch nie einen eigenen Gedanken gehabt«, das warfen sie ihm vor. »Keinem hat er je etwas erzählt, was der nicht vorher schon wußte. Unwesentliches klingt aus seinem Mund wie Wesentliches, Allgemeinplätze blasen sich auf zu großen Erleuchtungen.«

Über wirklich wichtige Dinge, insistierten sie, werde in seinen Vorlesungen gar nicht gesprochen – zum Beispiel über den Kampf gegen die Unterdrücker Israels, den Kampf gegen die Ägypter.

Aaron war ein Mann des Ausgleichs, er wollte Harmonie, und Harmonie – für diese Überzeugung legte er sein Leben ein – sei nur durch das Recht möglich. Ja, Aaron war ein friedliebender Mann. Jeder nannte ihn einen friedliebenden Mann. Die höchste Steigerung von friedliebend hieß: friedliebend wie Aaron.

»Das Glück«, das war immer der letzte Satz in Aarons Vorlesungen, »das Glück besteht aus Gerechtigkeit und Frieden.«

Und den Beweis für die Richtigkeit dieses Satzes lieferte Aaron in seiner Tätigkeit als Richter.

Ein Beispiel soll noch erzählt werden: Da gab es einen Mann, der war Ägypter, und eine Frau, die war Jüdin. Die beiden verliebten sich ineinander. Eine ungewöhnliche Sache. Es war nicht verboten, aber sowohl die Ägypter als auch die Israeliten sahen eine solche Verbindung nicht gern. Die beiden heirateten, und sie hatten drei Söhne. Dann starben sie, und nun die Frage: Wie wird das Erbe aufgeteilt?

Der älteste Sohn sagte: »Ich bin ein Ägypter! Ich bin Ägypter wie mein Vater. Wir leben hier in Ägypten, und hier herrscht ägyptisches Recht. Ich bin der einzige, der das einsieht. Deshalb gehört alles mir.«

Der zweite Sohn sagte: »Ich bin ein Jude. Wer ist ein Jude? Ein Jude ist, dessen Mutter eine Jüdin ist. Für mich gilt jüdisches Recht. Weil ich aber von uns dreien der einzige bin, der sich zum Judentum bekennt, deshalb gehört mir alles.«

Der dritte Sohn sagte: »Machen wir uns doch nichts vor. Unsere Eltern waren Außenseiter, die Juden haben die Mutter abgelehnt, die Ägypter haben den Vater abgelehnt. Ich selbst fühle mich nur meinen Eltern verpflichtet, sonst niemandem, weder dem Volk der Ägypter noch dem Volk der Israeliten. Deshalb gehört das Erbe meiner Eltern mir.«

Aaron sollte den Streit schlichten. Nach langer, langer, sehr langer Verhandlung verkündete er das Urteil: »Das Vermögen der Eltern soll in drei gleiche Teile geteilt werden.«

Und siehe da: Die Brüder waren einverstanden. Und nicht nur das. Sie versöhnten sich, fielen einander in die Arme, sie liebten sich, wie sich Brüder lieben sollen. Und sie priesen die scharfe Intelligenz, die Klugheit und die Güte Aarons.

Und Aarons Kritiker blieb nichts, als wieder einmal den Kopf zu schütteln.

»Was ist es nur«, sagten sie und warfen die Arme in die Luft. »Was um Himmels willen ist es nur? Das ist doch keine geniale Lösung eines Konflikts! Das ist doch nichts weiter als eine simple Division durch drei!«

Aaron habe ja nicht anderes getan, als jedem der Brüder Gelegenheit gegeben, in aller Ausführlichkeit seinen Standpunkt zu erläutern.

»Nicht mehr«, sagten seine Kritiker. »Nicht mehr!«

»Und nicht weniger«, sagten Aarons Anhänger.

Aaron machte sich also auf den Weg in die Wüste. Wie er sein Leben lang darauf vertraut hatte, daß ihm Gott schon die richtigen Worte schicken werde, sobald er den Mund aufmachte, so vertraute er nun darauf, daß Gott seine Schritte lenken wird, damit er auf seinen Bruder Moses träfe.

Solche Zweifelsfreiheit schätzte Gott – auf der einen Seite. Auf der anderen Seite hatte Gott erfahren müssen, daß Menschen wie Aaron bei der Realisierung eines Planes zwar unersetzbar wichtig sind, daß sie aber eines Lenkers bedürfen, eben eines Mannes, der überhaupt erst einmal einen Plan hat – vom Standpunkt Gottes aus betrachtet: eines Mannes, den er für würdig hielt, ihm einen Plan mitzuteilen. – So ein Mann war Moses.

Einen Tag lag ging Aaron in die Wüste, dann sah er die Karawane seines Bruders auf sich zukommen. Die beiden umarmten einander und machten sich gemeinsam auf den Weg in die Hauptstadt Ägyptens.

PHARAO ADIKOS

Von einem vergleichsweise liberalen Mann – Von den
Tücken der Integration – Von Aarons plötzlichem
Gesinnungswandel – Von der Verwirrung unter Israels
Führern – Von der Liebe zu Löwen – Von der Versammlung
der großen Magier – Von der Verwandlung von Stöcken in
Schlangen – Von einem gefräßigen Stock – Von der Sturheit
des Pharaos – Vom Erwachen des Volkes Israel

Zu jener Zeit herrschte in Ägypten Pharao Adikos. Er
war einer der Söhne des Malul und etwa im Alter von
Moses, also ein alter Mann. Seine Herrschaft dauerte
nun schon gut fünfzig Jahre. Adikos war ein – vergleichsweise! – liberaler Mann, von Unterdrückung
und Ausbeutung, wie sie unter der Herrschaft seines
Vaters die Israeliten in Schrecken versetzt hatten, hielt
er nichts, jedenfalls bis Moses auftauchte. Er setzte auf
Integration, wobei er darunter die völlige Aufgabe aller
Eigenständigkeit des Volkes Israel verstand.

»Ihr seid Gäste bei uns«, sagte er, »und Gäste haben
sich schließlich nach den Gepflogenheiten ihrer Gastgeber zu richten.«

»Aber wir sind doch auch schon fast dreihundert
Jahre hier«, wurde ihm geantwortet.

Dieses Argument ließ ihn kalt.

»Ich will keine Juden und keine Ägypter sehen«,
sagte er. »Ich will nur Köpfe von Männern und Frauen
sehen, die sich vor mir neigen.«

Ein wirklich nur vergleichsweise liberaler Mann, dieser Adikos.

Hatten die Juden unter Malul gegen Unterdrückung und Ausbeutung gekämpft, so galt die Hauptsorge der jüdischen Führer nun der Eigenständigkeit ihres Volkes, der jüdischen Identität. Wer sich offen und engagiert als Jude bezeichnete, hatte mit Nachteilen zu rechnen. Er verlor unter Umständen seinen Arbeitsplatz, wurde vielleicht samt seiner Familie aus dem Stadtviertel gedrängt, in dem er lebte. Wurde, wenn er weiterhin für das Judentum agitierte, womöglich sogar eingesperrt. Hebräer dagegen, die weder auf ihre Religion noch auf ihre Volkszugehörigkeit Wert legten, denen es nichts ausmachte, Pharao als ihren Herrn – ihren einzigen Herrn! – zu bezeichnen, diesen standen alle gesellschaftlichen Türen offen, ihre Kinder durften frei jede Schule besuchen, ihre Frauen auf allen Märkten der Stadt einkaufen. Die assimilierten Juden hatten, wie sich einer ausdrückte, »ihren Platz vor den Fleischtöpfen Ägyptens«.

Es darf deshalb nicht erstaunen, daß Moses bei seinem Bruder Aaron zunächst auf Unverständnis traf, als er ihm mitteilte, er sei gekommen, um das Volk Israel von der Knechtschaft Ägyptens zu befreien.

»Ich sehe diese Knechtschaft nicht«, sagte Aaron. Und sagte damit dasselbe, was er immer zu seinen Kritikern gesagt hatte. »Es gibt keine Knechtschaft. Wir alle sind Untertanen des Pharaos. Wer die Gesetze befolgt, hat nichts zu befürchten, und vor den Gesetzen sind alle gleich.«

»Ich denke, es herrscht Unterdrückung?« fragte Moses und war doch irritiert.

»Wer hat dir das gesagt?«

»Gott hat es mir gesagt«, war Moses' Antwort.

Aaron war von Anfang an ein loyaler Bruder, er glaubte Moses jedes Wort, und er war auch ein gottesfürchtiger Mann, glaubte an den Gott seiner Väter und Vorväter. Aber er war auch der Meinung, daß Religion Privatsache sei. Daß sich nun sein Gott über seinen Bruder Moses in die Angelegenheiten des Staates Ägypten einmischte, brachte ihn in Verwirrung und Konflikt.

»Und du irrst dich bestimmt nicht?« fragte er.

»Wie sollte ich mich irren«, sagte Moses. »Ich habe seine Stimme gehört.«

»Und Gott hat ausdrücklich von Knechtschaft gesprochen?«

»Gott hat mir den Auftrag gegeben, ich soll das Volk Israel aus Ägypten herausführen, und ich soll es in ein Land führen, in dem Milch und Honig fließen. Warum sollte ich unsere Leute in ein Land führen, das niemand kennt, wenn hier nicht Knechtschaft herrschte?«

»Das ist allerdings richtig«, sagte Aaron langsam.

Es stimmt, vom ersten Augenblick an hatte sich Aaron seinem jüngeren Bruder bedingungslos untergeordnet. Und das ist durchaus verwunderlich. Legte Aaron als Mann des Gesetzes doch besonderen Wert auf seine Unabhängigkeit. Die Kommentatoren und Erzähler haben erst gar nicht versucht, für diese plötzliche Gesinnungsänderung einen anderen Grund zu nennen als den, daß Gott selbst den Charakter Aarons zurechtgerückt habe, damit er seine künftige Aufgabe, nämlich der Adlatus seines Bruders Moses zu sein, optimal erfülle.

Diese Argumentation mißfällt mir aber. Sie gibt der Erzählung eine Option der Beliebigkeit. Deshalb will ich umgekehrt vorgehen und behaupten, nein, Gott hat Aarons Charakter nicht verändert, das war gar nicht nötig. Bedingungslose und absolut zweifelsfreie Loyalität entsprach ganz und gar Aarons Charakter. Sie hatte bisher allerdings einer abstrakten Instanz, nämlich dem Gesetz, gegolten. Seine Verehrung des Gesetzes beinhaltete ein riesiges Potential an Glauben, und dieses Potential gab er nun Moses. Das Wort des Bruders machte er zu seinem Gesetz. Das hatte die Kraft des Moses bei Aaron bewirkt, der Kraft des Moses ordnete sich Aaron unter.

Woher aber kam diese Kraft? Noch am Ende des vorangegangenen Kapitels begegnete uns Moses als ein Müßiggänger, als ein zum Mäkeln und zur Besserwisserei neigender alter Mann.

Moses hatte eine schwere Prüfung hinter sich, die vielleicht schwerste Prüfung, die einer Seele auferlegt werden kann: Er war durch die Hölle gegangen. Und seine Hölle war leer. Und seine Hölle war in seinem Herzen. Er hatte Jahrzehnte diese Leere in sich gehabt, ohne sich ihrer voll bewußt zu sein. Er hatte es vermieden, in ihren Abgrund zu schauen, hatte sich auf seinen Wanderschaften abgelenkt. Und dann, in der Wüste, beim brennenden Dornbusch, hatte ihm Gott diese Leere in ihrem ganzen Grauen vor Augen geführt. Und Moses hatte Gott in sich aufgenommen. Und nun war er ganz ausgefüllt von der Stärke Gottes.

Das wußte Aaron alles nicht. Er stand einem Menschen gegenüber, von dem eine Kraft, ein Wille, eine Überzeugung ausging, wie er es noch nie erlebt hatte.

»Was habe ich zu tun?« fragte er seinen Bruder.

Moses sagte: »Ganz gleich, was für ein Geschäft du betreibst, Aaron, gib es auf!«

»Ich bin Richter«, sagte Aaron stolz.

»Von nun an wirst du an meiner Seite stehen«, sagte Moses. »Ich gebe die Gedanken, du machst die Worte daraus.«

So geschah es.

Ausgelöst durch Moses' Ankunft entstand innerhalb des Volkes Israel eine merkwürdige politische Situation. Da kam ein Mann aus der Wüste, ein Mann, den niemand kannte, stellte sich hin und sagte: »Ich befreie Israel von der Knechtschaft Ägyptens.«

Das war nun genau das, was die Führer Israels selbst immer gepredigt hatten – Befreiung, Aufstand. Und je weniger das Volk eingesehen hatte, wovon es eigentlich befreit werden und wogegen es sich eigentlich erheben sollte, desto radikaler hatten die Führer agitiert, desto überzeugter waren sie von sich selbst gewesen, desto fanatischer hatten sie ihre Mission betrieben.

Und nun kam einer, der sagte dasselbe wie sie, aber seine Augen glühten dabei mehr als ihre, und seine Schultern strafften sich dabei mehr als die ihren. Ohne jede Rücksprache mit ihnen stellte sich dieser Mann an die Spitze des Volkes. Woher nahm er sich das Recht? Wie sollten sie gegen ihn auftreten? Wenn sie ihn einen Lügner nannten, dann machten sie sich selbst zu Lügnern. Wenn sie ihn gewähren ließen, würde ihr letzter Einfluß bald dahin sein.

»Du willst das Richtige«, sagten sie. »Wir sind auf deiner Seite. Aber du kennst die Situation hier nicht. Du sagst, du seist hier aufgewachsen. Das ist aber lange her. Sicher, Malul war ein grausamer Pharao, brutaler als sein Sohn Adikos. Aber Adikos ist schlauer als sein Vater. Seine Mittel der Unterdrückung sind schwerer zu durchschauen. Unter den Schlägen Maluls ist Israel

stark geworden nach innen. Als er starb, waren wir ein
einiges Volk. Adikos' Politik dagegen wirkt wie Säure.
Sie zersetzt unser Volk von innen. Am Ende wird Adikos erreicht haben, woran sein Vater gescheitert ist. Es
wird Israel nicht mehr geben. Du magst Malul gekannt
haben, du magst zu seiner Zeit ein großer Mann gewesen sein. Gegen Adikos kommst du nicht an. Wir jedoch
haben lange Erfahrung. Deshalb stell dich in unsere
Dienste! Besser kannst du deinem Volk nicht dienen!«

»Ich stehe in den Diensten Gottes«, sagte Moses und
ließ sie hinter sich.

»Wir werden zum Pharao gehen«, sagte Moses zu
Aaron.

»Und was machen wir dort?« fragte Aaron.

»Wir werden unsere Forderungen vortragen.«

»Und was für Forderungen?«

»Wir werden fordern, er soll dem Volk Israel erlauben, daß es für drei Tage in die Wüste zieht, um seinem
Gott ein Schlachtopfer darzubringen.«

Später wird Aaron keine Fragen mehr stellen. Später
wird ihm Moses sagen, was er denkt, und bald wird er
selbst denken, wie Moses denkt, und wird die Gedanken seines Bruders in Worte fassen.

Nun aber fragte er: »Gesetzt den Fall, der Pharao
erlaubt dem Volk Israel, in die Wüste zu ziehen: Was
ist, wenn das Volk Israel gar nicht in die Wüste ziehen,
seinem Gott gar kein Brandopfer darbringen möchte?
Dann wird Pharao Adikos über uns lachen.«

»Pharao Adikos wird unseren Forderungen nicht
nachkommen«, sagte Moses.

»Ich weiß nicht«, sagte Aaron. »Adikos ist ein vergleichsweise liberaler Mann.«

»Gott wird ihn mit Sturheit schlagen«, sagte Moses.

Aaron und Moses begaben sich also zum Palast des Pharaos. Sie gingen zu Fuß durch die Stadt. Moses blickte nicht nach links und nicht nach rechts. Hier war er immerhin aufgewachsen. Es interessierte ihn nicht, was hier anders und neu geworden war, seit er die Stadt verlassen hatte.

Vor dem Tor zum Palast lagen Löwen, die waren besonders scharf dressiert, denn sie bewachten die Wohnstätte des Pharaos. Sie waren angekettet, aber ihre Ketten waren lang genug, so daß niemand, den sie nicht kannten, an ihnen vorbei durch das Tor gehen konnte.

»Was sollen wir tun?« sagte Aaron. »Sie werden uns zerreißen, wenn wir nur in ihre Nähe kommen.«

Da ließ Moses seinen Stab über den Löwen kreisen, und die Löwen legten sich vor ihm nieder und wurden zahm wie Haushunde. Moses beugte sich zu jedem von ihnen nieder und umarmte ihn. Dann machte er sie von den Ketten los, und die Löwen rieben ihren Kopf an seinen Beinen und gingen neben ihm her.

So betraten Moses und Aaron den Palast des Pharaos.

Die Diener fürchteten sich, als sie die Männer mit den Löwen an ihrer Seite sahen, und keiner wagte es, ein Wort zu sagen, und vor Schreck vergaßen sie, den Pharao zu warnen. Moses kannte das Innere des Palastes, hier war er schließlich aufgewachsen. Ohne zu zaudern, schritt er auf die Gemächer des Pharaos zu.

Auch Adikos erschrak. Er wollte nach den Wachen rufen, aber die Löwen rissen ihre Mäuler auf, da blieb er still.

»Kennst du mich denn nicht mehr?« fragte Moses.

»Wir haben an einem Tisch miteinander gegessen, und als wir Kinder waren, haben wir unten beim Ufer des Nil miteinander gespielt. Ich bin Moses. Das ist mein Bruder Aaron. Wir wollen mit dir verhandeln. Laß das Volk Israel sich sammeln, damit es in die Wüste ziehe, um seinem Gott ein Brandopfer darzubringen!«

»Ich will nicht mit euch reden«, sagte Adikos. »Geht, geht! Niemand verhandelt mit dem Pharao.«

»Wir werden wiederkommen«, sagte Aaron.

»Wir werden jeden Tag wiederkommen«, sagte Moses.

Moses und Aaron gingen.

»Gott hat ihn mit Sturheit geschlagen«, sagte Moses. »Es ist, wie ich dir gesagt habe.«

Vor dem Palast kettete Moses die Löwen wieder an, beugte sich noch einmal zu jedem nieder und umarmte jeden von ihnen.

»Warum tust du das?« fragte Aaron.

Er fragte, weil es ihn interessierte. Alles, was mein Bruder tut, ist richtig und gut und hat einen Grund, und wenn ich den Grund nicht weiß, dann will ich eben fragen, denn ich möchte meinen Bruder verstehen. So dachte Aaron.

»Die Löwen sind ein Gleichnis für das Volk Israel«, gab ihm Moses zur Antwort. »Ich befreie sie, und sie lieben mich dafür, und von dem Tag an können sie nicht mehr ohne mich sein.«

Auf dem Heimweg ging Aaron noch so manches durch den Kopf, und er fragte wieder.

»Du hast gesagt, Gott schlägt den Pharao mit Sturheit. Warum tut das Gott?«

»Damit er den Pharao noch grausamer bestrafen kann«, antwortete Moses.

Das war eine Auffassung von Schuld und Sühne, die Aaron sicher zutiefst zuwider war. Aber, dachte er bei sich, aus meinem Bruder spricht Gott, und Gottes Auffassung von Gerechtigkeit darf ein Mensch nicht kritisieren. Noch vor wenigen Tagen hatte Aaron seine Schwester einige Stunden lang warten lassen, ehe er sich ihren Traum angehört hatte, und ihr Traum war ja auch von Gott geschickt worden. Was für einen Eindruck muß Moses auf seinen großen Bruder gemacht haben!

Nach einigen Tagen kam ein Diener des Pharaos zu Moses. Er war außer sich.

»Was hast du nur angerichtet«, sagte er. »Der Pharao weiß nicht, daß ich dich aufsuche, niemand weiß es. Ich bin für die Löwen vor dem Tor zum Palast verantwortlich. Ich liebe diese Tiere, und sie lieben mich. Jedenfalls bis du aufgetaucht bist, haben sie mich geliebt. Seither verweigern sie die Nahrung!«

»Du bist ein guter Mann«, sagte Moses. »Aber ich kann dir nicht helfen. Geh nach Hause! Den Palast des Pharaos betrete ich erst wieder, wenn der Pharao mich rufen läßt.«

»Dann werden meine Löwen verhungern«, jammerte der Diener.

»Sie werden nicht verhungern«, sagte Moses.

»Sie werden nicht verhungern«, sagte Aaron.

Aber die Löwen verweigerten weiterhin die Nahrung, und sie wurden böse und ließen nun niemanden mehr zum Tor des Palastes. Auch nicht jene, die sie kannten. Die Minister mußten über die Mauer klettern, wenn sie ihren Dienst antraten, und die Bäcker warfen jeden Morgen das frische Brot für den Frühstückstisch des Pharaos in die Fenster des Palastes.

Nach einigen Tagen kam der Diener wieder.

»Entweder du kümmerst dich um die Löwen«, sagte er zu Moses, »oder der Pharao läßt sie töten.«

»Dann soll er die Löwen töten«, sagte Moses.

»Dann soll er die Löwen töten«, sagte Aaron.

Am nächsten Tag war der Diener wieder da.

»Der Pharao will dich sprechen«, sagte er.

Da machten sich Moses und Aaron abermals auf den Weg zum Palast. Moses gab den Löwen zu fressen, und sie fraßen und waren nicht mehr böse.

Im Regierungssaal des Pharaos warteten zwei Dutzend Männer auf Moses und Aaron. Es war eine bunte Schar. Ihre Kleidung war extravagant und dennoch vornehm. Das sollte zeigen, daß man es hier mit Berühmtheiten zu tun hatte, aber mit solchen, die ihren Ruhm einer außerordentlichen Tätigkeit verdankten.

Unter diesen Männern war auch ein alter Bekannter von Moses, ein Mann, an den er nur schlechte Erinnerungen hatte. Moses erkannte ihn sofort, gleich beim Betreten des Saales. Dieser Mann konnte sich nicht verstecken. Seine Haut war aus Gold, und wo Licht war, erstrahlte sein Körper, und wenn die Sonne auf ihn fiel, mußte man die Hand vor die Augen halten, so blendete sein Schimmer. – Es war Bileam ben Beor.

Als der alte Zauberer, dessen Gesicht immer noch glatt und jung war, Moses sah, nickte er ihm zu, und sein goldener Mund verzog sich zu einem feinen Lächeln.

»Ich sehe«, sagte er, »alt zu werden ist ein Fluch.«

»Jung zu bleiben ist auch ein Fluch«, sagte Moses. »Und es ist der größere Fluch.«

Moses und Aaron wurden Plätze zugewiesen. Dann

betrat Pharao Adikos den Saal, setzte sich auf seinen Thron, und die Verhandlung begann.

Verhandlung? Ja, man kann es eine Verhandlung nennen, eine Verhandlung über den Gott Israels. Die anwesenden Männer waren allesamt Magier, die besten den Landes, und der Beste der Besten war Bileam ben Beor.

»Ich habe erfahren, ein Gott habe dich zu uns nach Ägypten geschickt«, sagte Adikos zu Moses. »Bevor ich wissen möchte, was für einen Auftrag er dir erteilt hat, sag mir: Was ist das für ein Gott?«

»Ich spreche für meinen Bruder«, sagte Aaron. »Solange er es mir erlaubt. Der Gott der Juden, Jahwe, hat in der Wüste zu meinem Bruder Moses gesprochen, und er hat ihm befohlen, nach Ägypten zu gehen.«

»Ich habe nie von diesem Gott Jahwe gehört«, sagte der Pharao. »Wieviel Macht hat euer Gott?«

»Sehr viel Macht«, formulierte Aaron vorsichtig.

»Er hat alle Macht der Welt«, korrigierte ihn Moses.

»Dann gebt uns hier und jetzt eine Demonstration seiner Macht«, sagte der Pharao.

Aaron tat, was er mit seinem Bruder abgesprochen hatte, er nahm den Stab des Moses und warf ihn vor den Pharao auf den Boden. Sofort verwandelte sich der Stab in eine Schlange.

»So viel Macht hat unser Gott«, sagte Aaron.

Da lachten die Magier und sagten: »Was für ein billiger Trick! Den führen unsere Schüler an Geburtstagen vor. Mehr kann euer Gott nicht?«

Auch sie warfen ihre Stäbe auf den Boden, und auch aus ihren Stäben wurden Schlangen.

Bileam ben Beor sagte nichts. Er beteiligte sich nicht an der Zauberei, er hatte seinen Stab in der Hand behalten. Still wie eine Statue stand er, und niemand konnte auf seinem Gesicht lesen, was in ihm vorging, denn man mußte meinen, innen sei er wie außen, nämlich ganz und gar aus Gold, und Gold kann ja bekanntlich nicht denken.

Die Schlangen wanden sich über den Boden, sie formierten sich, und es sah aus, als wollten sie gemeinsam auf die Schlange des Moses losgehen. Aaron wurde unsicher, er wollte schon dazwischentreten, aber die Magier hielten ihn zurück.

»Oh, nein!« riefen sie. »Wenn ihr dieses Spiel schon angefangen habt, auch wenn es ein kindisches Spiel ist, dann laßt es unsere Schlangen zu Ende bringen!«

Da klopfte Bileam ben Beor mit seinem Stab auf die Erde und rief: »Dieses Schauspiel ist weniger als kindisch, es ist unwürdig. Solche Dummheiten verspotten die Herrlichkeit des Pharaos. Was sollen Schlangen auch anderes tun, als aufeinander loszugehen? Das liegt in ihrer Natur. Verwandelt die Schlangen zurück in eure Stäbe! Dann lehnt die Stäbe an die Wand! Trete jeder von euch zehn Schritte von seinem Stab zurück, und dann befehle jeder seinem Stab, gegen die anderen Stäbe zu kämpfen! So ein Schauspiel wäre es vielleicht wert, vom Auge des Pharaos betrachtet zu werden.«

Moses war sofort einverstanden. Aaron hatte Bedenken. Er zog seinen Bruder am Ärmel beiseite.

»Ich kenne diesen Mann aus Gold nicht«, sagte er. »Aber wer auch immer er ist, er treibt ein übles Spiel. Er tut, als stehe er auf unserer Seite. Aber ich traue ihm nicht. Ich glaube, er will uns alle verspotten, dich, mich, die anderen Magier und auch den Pharao. Du solltest dieses Spiel nicht mitmachen.«

»Ich muß beweisen, daß unser Gott der mächtigste ist«, sagte Moses.

Aaron schwieg. Ich muß umdenken, sagte er sich, nichts mehr von all dem, was meinem Denken bisher Richtung und Linie gegeben hat, gilt mehr. Was mir groß scheint, kann im nächsten Moment ein Nichts sein, was mir wie eitle Prahlerei vorkommt, kann sich als kluge Strategie herausstellen. Da nahm sich Aaron vor, nie mehr eine Frage an seinen Bruder zu richten, ihn nie wieder zu kritisieren, ihm nie wieder einen Ratschlag zu geben, um den er nicht gebeten worden war.

Die Schlangen wurden in Stöcke zurückverwandelt. Die Stöcke an die Wand gelehnt. Wieder beteiligte sich Bileam ben Beor nicht an dem Spiel.

Die Stöcke lehnten also an der Wand, zehn Schritte vor jedem Stock stand der jeweilige Besitzer, Männer in farbenprächtigen Gewändern, die mit glitzernden Monden, Sonnen und Sternen bestickt waren. Hohe Hüte trugen die Männer, gewaltige Bärte fielen auf ihre Brust nieder, und die Schnauzbärte hingen an den Mundwinkeln herab und gaben den Gesichtern einen ernsten, düsteren, wichtigen Ausdruck. So standen sie und feuerten ihre Stöcke an.

»Friß ihn! Auf ihn! Ich befehle dir! Schlag ihn! Erwürg ihn!«

Die Stöcke blieben, was sie waren, nämlich Stöcke, die an einer Wand lehnten und nicht hörten, was ihnen befohlen wurde, denn wer hat schon einmal einen Stock mit Ohren gesehen. Auf dem starren, goldenen Gesicht von Bileam ben Beor breitete sich langsam, als schmelze das Metall seiner Wangen, ein Lachen aus. Aber das Lachen verging ihm bald.

Moses machte nämlich eine Handbewegung. Eine kleine Handbewegung. Nicht mehr. Da spaltete sich sein Stock an einer Seite, so daß die beiden Hälften wie ein aufgerissenes Maul waren, und dann fegte er über die anderen Stöcke und – fraß sie auf.

Die Magier kreischten, der Pharao sprang von seinem Thron auf, und die Diener wollten aus dem Saal fliehen.

»Ruhe!« rief Bileam ben Beor. »Ruhe! Es ist ein Zaubertrick! Nicht mehr! Wir werden den Zaubertrick studieren! Und wir werden ihn nachmachen!«

Zu Moses sagte er: »Ich gebe zu, ich bin beeindruckt. Ich dachte, ich kenne alle Zaubertricks der Welt. Diesen kannte ich nicht. Sag mir, wie funktioniert er!«

»Es ist die Macht Gottes«, sagte Moses.

»Das will ich nicht glauben«, sagte Bileam ben Beor, und das feine Lächeln drückte sich wieder in das Gold seines Gesichtes. »Was muß das für ein Gott sein, der eine solche Vorführung notwendig hat, um seine Macht zu demonstrieren? Warum baut ihr ihm Tempel? Laßt ihn doch auf dem Marktplatz auftreten!«

Und Aaron ertappte sich dabei, daß er dem Goldenen im Innersten recht gab. Der Gott, an den er geglaubt hatte, war ein Gott des Geistes, ein abstrakter Gott, so abstrakt wie das Gesetz und ebenso makellos. Er war nicht aus auf Effekt und Applaus. Aber Aaron schalt sich gleich: Was muß ich doch für ein Schwachgläubiger sein, daß ich mich durch das Gold in der Stimme dieses Mannes blenden lasse! Gott ist, wie er ist, und wenn es ihm gefällt zu zaubern, dann zaubert er eben.

Moses hingegen hatte das Spiel mit dem fressenden Stock gefallen.

»Gut«, sagte er zu Bileam ben Beor, »wenn dir das nicht Wunder genug ist!«

»Es ist genug!« rief der Pharao.

Adikos war sehr erschrocken. Magie im allgemeinen war ihm ein Greuel, er war ein aufgeklärter Tyrann, und das hieß für ihn, alles, was war, sollte ihm dienen, denn er war mächtiger, und mächtiger war er, weil ihm und seiner Polizei alles gehorchte. Gegen Stöcke, die andere Stöcke auffressen, kann auch die Polizei nichts machen.

»Mir genügt es!« wiederholte er.

Aber Moses hörte nicht auf ihn, er schwang seinen Stab, der satt war von den anderen Stäben, und er schwang ihn über den Köpfen der Magier. Die duckten sich und hielten die Arme über sich, als gelte es, Schläge abzuwehren. Aber Moses wollte sie nicht schlagen.

Er befahl seinem Stab, die Zauberer in Stein zu verwandeln. Und entweder Gott, der den Stab des Moses führte, gefiel das Spiel ebenfalls, oder aber er mußte jetzt weitermachen, wollte er seinen Diener nicht desavouieren, was ja auf ihn zurückgefallen wäre, denn das ganze Spektakel war nur veranstaltet worden, um die Ausmaße seiner Macht zu prüfen.

Alle Magier waren zu Stein geworden, nur Bileam ben Beor nicht. Still war es im Saal.

»Was ist jetzt?« fragte Adikos leise.

Das konnte er sich denken, daß diese Demonstration erst ein Vorspiel war, ein Vorspiel, dem Schrecklicheres folgen würde, wovon dann er betroffen sein würde, wer denn sonst.

»Ich würde sie allesamt im Nil versenken«, sagte Bileam ben Beor. »Ihre Kunst ist nichts wert.«

Dann drehte er sich um und verließ mit dröhnenden Schritten, die goldene Nase hoch oben, den Saal.

»Geh du auch!« sagte Adikos zu Moses. »Und du auch!« zu Aaron. »Ihr sollt euren Willen haben. Sammelt euer Volk, zieht mit eurem Volk in die Wüste. Bringt eurem Gott ein Brandopfer dar! Tut, was ihr wollt! Ich will mich mit eurem Gott nicht anlegen. Sagt ihm, von mir droht ihm keine Gefahr! Er hat sein Volk, ich habe mein Volk. Er soll mich in Frieden lassen. Dann werde ich sein Volk auch in Frieden lassen.«

Da verwandelte Moses die Magier wieder in Menschen zurück, und er und Aaron verließen den Palast des Pharaos.

»Aber ganz recht hattest du nicht«, sagte Aaron zu seinem Bruder, als sie durch die Gassen der Stadt heimwärts gingen.

»In welchem Punkt hatte ich nicht recht?« fragte Moses.

»Du sagtest, Gott werde den Pharao mit Sturheit schlagen. Der Pharao aber hat sich als nachgiebig und einsichtig erwiesen. Was jetzt, wenn unser Volk, was ich befürchte, gar nicht in die Wüste ziehen möchte, wenn es unserem Gott, was ich leider auch befürchte, gar kein Brandopfer darbringen möchte? Dann wird Pharao Adikos über uns lachen.«

»Gott hat den Pharao mit Sturheit geschlagen«, sagte Moses.

Mehr sagte er nicht.

Es schien, als träfen Aarons Befürchtungen zu. Die Führer Israels versammelten sich, und viel Volk war gekommen, ihnen zuzuhören. Moses sollte ihre Fragen beantworten und Rechenschaft abgeben für das, was er getan, was er ohne jede Absprache, im Alleingang unternommen hatte.

»Haben wir dich nicht gewarnt«, sagten die Führer des Volkes. »Adikos ist schlauer als sein Vater. Und er kennt unser Volk besser, als du es kennst. Er erlaubt uns, etwas zu tun, was wir gar nicht tun wollen. Jetzt steht er als ein gütiger Mann da, als ein Vater, der sich tolerant zeigt gegen die Torheiten seiner Kinder. Und wir, wir sind die Dummen und die Querulanten. Aber warum sollten wir in die Wüste ziehen, wenn wir das nicht wollen? Und warum sollten wir Gott ein Brandopfer darbringen? Sag uns einen Grund!«

»Weil es Gott befiehlt«, sagte Moses.

»Wir wissen davon nichts«, sagten die Führer des Volkes. »Hätte sich Gott nicht zuerst an uns gewandt?«

»Mir hat er seinen Willen mitgeteilt«, sagte Moses.

Das Gezeter der Würdenträger und Priester beeindruckte ihn wenig. Und daß viele der Menschen, die gekommen waren, ihren Kopf schüttelten oder ihn sogar offen auslachten, beeindruckte ihn auch nicht.

Aaron übernahm die Verteidigung seines Bruders, und das war allein der Grund, warum Moses dann doch nicht in dem Maß verspottet wurde, wie es die Führer des Volkes sich gewünscht hätten.

»Was ist schlecht daran, wenn der Pharao gut wird?« fragte er.

»Der Pharao ist nicht gut«, sagten die Führer. »Er will das Volk Israel vernichten. Sein Vater Malul hat es mit der Fronarbeit versucht, er versucht es mit Toleranz. Er ist nicht gut, er wird nur für einen gütigen Mann gehalten.«

»Wenn es Gottes Wille ist«, entgegnete Aaron, »daß

der Pharao ein gütiger und toleranter Mensch wird,
weil ihn alle für einen gütigen und toleranten Menschen
halten, dann kann uns das doch nur recht sein. Vielleicht hat es dieses Umwegs bedurft, um ihn endgültig
von dem Weg abzubringen, den sein Vater gegangen
war...«

Aaron merkte selbst, wie wenig griffig seine Argumentation war, und er sah, daß es allein der Respekt
war, den er sich in den vielen Jahren seiner Richtertätig-
keit erworben hatte, der die Menschen daran hinderte,
auch ihn auszulachen. Gott, mein Gott, unser Gott,
betete er im stillen, gib meiner Zunge eine zündende
Rede oder mach, daß etwas geschieht, was Moses und
mich ins Recht setzt!

Da war plötzlich ein Lärm. Soldaten tauchten auf,
Soldaten des Pharaos. Ein Herold führte sie an.

»Ich habe etwas zu verkünden«, sagte er.

Es war eine Botschaft des Pharaos an das Volk Israel:
»Unter dem Einfluß von übler Zauberei«, hieß es, »ist
der Pharao irregeleitet worden und hat die Erlaubnis
erteilt, daß das Volk Israel für drei Tage in die Wüste
ziehen darf, um dort seinem Gott ein Brandopfer darzubringen. Diese Erlaubnis ist hiermit aufgehoben.«

Weil Moses, hieß es weiter, der zweifellos der Führer Israels sei, diesen bösen Zauber geführt habe, werde
der Pharao das Volk bestrafen müssen. Adikos hatte
sich der Maßnahmen seines Vaters erinnert und führte
die Fronarbeit für Hebräer und Hebräerinnen wieder
ein.

»Du siehst«, sagte Moses zu Aaron, »Gott hat ihn
mit Sturheit geschlagen.«

Und das Volk Israel stöhnte unter der Fron und erinnerte sich an den alten Haß gegen die Ägypter und forderte vom Pharao, daß er es für drei Tage in die Wüste ziehen lasse, um dort seinem Gott ein Brandopfer darzubringen.

DIE NEUN PLAGEN

Von einem Abendessen im Dunklen – Von Licht, Rauch
und Wärme – Von einem aufgeregten Gott – Von der
Verwandlung von Wasser in Blut – Von lachenden
Zauberern – Von einem eifrigen Gott – Von ekelhaften
Fröschen – Von Sturheit und einem gebrochenen
Versprechen – Von einem sachlichen Gott – Von
Stechmücken – Von Läusen – Von krankem Vieh – Von
Hagel und Heuschrecken – Von geplanten Attentaten –
Von der Finsternis

Moses wollte, daß seine Familie in seiner Nähe war,
aber er wollte nicht mit Zippora und den Söhnen unter
einem Dach leben. Deshalb ließ er ein Stück weit neben
seinem Haus noch eine Hütte bauen. Dort wohnte er.
Zippora brachte ihm die Mahlzeiten. Manchmal, wenn
er nach ihr schickte, kam sie in der Nacht und kroch zu
ihm ins Bett. Sonst saß Moses den Tag über vor seiner
Hütte und saß in der Nacht in seiner Hütte. Und wartete. Spürte wieder die Leere in sich. Wußte aber, es
kann nicht diese Leere sein, denn Gott war ja in ihm
und füllte ihn aus. Spürte aber trotzdem die Leere in
sich. Denn er dachte, vielleicht ist er gar nicht mehr in
mir und kommt nie mehr wieder.

Und dann saß er wieder einmal in seiner Hütte und
nahm sein Abendessen zu sich, einen Topf mit Sauermilch, Brotfladen dazu, Oliven, Zwiebeln. Da hörte er
hinter seinem Rücken ein Geräusch. Es war, als knackte
ein Holzscheit im Herd. Es brannte aber kein Holzscheit
in einem Herd, denn es war gar kein Herd da. Er öffnete
die Augen und sah, daß seine Kammer hell erleuchtet
war.

Seit Gott in ihm Einzug gehalten hatte, ging Moses mit seinen Sinnesorganen schonend und sparsam um, schließlich war er ja bereits hoch in den Jahren, und große Aufgaben standen bevor, da mußte man zusammenhalten, was man hatte. Das heißt, Moses hat nicht hingehört, wenn es seiner Meinung nach nichts Wichtiges zu hören gab, hat nicht gerochen, wenn es nichts Wichtiges zu riechen gab, und hat die Augen zugemacht, wenn er meinte, daß nichts da sei, was wert wäre, angeschaut zu werden.

Nun also ist es wieder soweit, dachte er. Er war nicht gefaßt darauf, und daß es mitten in der Nacht in seiner Hütte geschehen wird, damit hatte er nicht gerechnet. Er geriet in Aufregung.

Aber seine Aufregung hatte nicht nur theologische Gründe, sondern auch politische.

Die Hütte des Moses stand im Stadtteil Gossem, dort wohnten die Israeliten. Die Hütten waren am Tag leer, weil die Männer und die Frauen arbeiteten. Sie arbeiteten auf ihren Feldern und in ihren Werkstätten, wo sie immer gearbeitet hatten, und dann, wenn diese Arbeit verrichtet war, zogen sie in die Fabriken vor der Stadt, wo sie noch Stunden unbezahlter Fronarbeit für den Pharao leisten mußten, ehe sie endlich nach Hause durften. Das war blanker Terror, und der bewirkte in erster Linie, daß der Widerstandsgeist im Volk Israel geweckt wurde. Der Widerstand wiederum verschärfte den Terror.

Die Stabilität der Gesellschaft war in Gefahr. Alles, was gestern galt, galt heute nicht mehr.

Gestern hatten die Führer Israels gepredigt: »Erhebt euch! Leistet Widerstand! Kämpft gegen die Unterdrückung!«

Gestern hatten die Leute geantwortet: »Wogegen sollen wir uns erheben? Wogegen sollen wir Widerstand leisten? Und gegen welche Unterdrückung sollen wir kämpfen?«

Heute sagten die Führer: »Die Fron, der Terror, das ist alles die Schuld des Moses. Er hat euch aufgehetzt. Bis er kam, haben wir in Frieden gelebt. Moses hat die Geduld des Pharaos über Gebühr strapaziert. Moses könnt ihr euer Unglück danken!«

Die Menschen aber vergaßen, was ihre Führer gestern und vorgestern gesagt und gepredigt hatten.

Heute hielten sie dagegen: »Moses hat recht. Er hat uns aufgeweckt. Er hat gesagt, wir werden unterdrückt. Und werden wir etwa nicht unterdrückt? Er sagt, erhebt euch, leistet Widerstand, kämpft gegen die Unterdrückung. Wir wissen, was er meint. Also folgen wir ihm!«

Und Israel leistete Widerstand gegen den Pharao. Und der Pharao verschärfte seine Maßnahmen.

Eine der Maßnahmen war: Die Hütten und Häuser der Hebräer durften kein Licht haben. Soldaten kamen und sammelten alle Lampen ein. Im Dunkel, so meinten die Berater des Pharaos, falle es den Menschen schwerer zu konspirieren. Wer dennoch mit Licht erwischt wurde, wurde verhaftet und eingesperrt.

Ehe sich Moses umdrehen konnte, vernahm er hinter sich eine Stimme, und diese Stimme kannte er.

»Dreh dich nicht um!« sagte die Stimme. »Neige dein Haupt.«

Gott in seiner Herrlichkeit war in der armen Hütte des Moses erschienen, und wieder hatte er sich die Form des Feuers gegeben, und aus dem Feuer sprach er zu seinem Knecht.

»Ich habe einen Auftrag für dich«, sagte Gott zu Moses. »Bist du bereit für mich?«

»Ich bin bereit«, sagte Moses.

»Ich spüre, Moses, du bist nicht ganz bei der Sache.«

»Das ist wahr«, sagte Moses.

»Was sind deine Gedanken?«

»Ich mache mir Sorgen«, sagte Moses. »Dein Licht erstrahlt so hell, meine Hütte ist ganz ausgefüllt von deinem Licht. Nie habe ich diesen Raum so hell gesehen. Aber es ist den Hebräern verboten, in der Nacht ein Licht anzuzünden. Die Soldaten des Pharaos werden kommen und mir die Tür einschlagen. Ich weiß wohl, dann wirst du zu mir stehen und sie vertreiben. Aber es wird Schwierigkeiten geben, und ich denke mir, im Augenblick können wir solche Schwierigkeiten nicht brauchen...«

So redete Moses mit Gott, noch ehe er ihn begrüßt, noch ehe er seiner Freude Ausdruck verliehen hatte, daß Gott nach so langer Zeit – zwei Jahre waren seither vergangen – wieder zu ihm herabgestiegen war.

Gott schwieg. Eine kleine Weile noch war es gleißend hell in der Hütte des Moses. Dann verkleinerte Gott sein Licht, bis nur mehr eine schwache Glut übrig war.

»Ich werde für dich ein Feuer ohne Licht sein«, sagte Gott. »Bist du damit zufrieden?«

Moses antwortete nicht. Er kniete vor dem Tisch, auf dem Sauermilch in einer Schale war und Oliven lagen und noch eine Rinde Brot und ein kleines Bund Zwiebeln. Er kniete und starrte auf den Boden, der schmutzig war wie der Boden eines Stalles, denn Zippora hatte zu Moses gesagt, sie koche für ihn und schlafe mit ihm, aber den Dreck mache sie ihm nicht weg.

»Ich spüre«, sagte Gott, »du bist immer noch nicht ganz bei der Sache.«

»Das ist wahr«, sagte Moses.

»Was sind denn jetzt deine Gedanken?«

»Ich mache mir noch immer Sorgen«, sagte Moses. »Du bist ein Feuer ohne Licht. Aber ein Feuer macht Rauch, und der Rauch wird aus meiner Hütte steigen, und die ägyptischen Soldaten, die in der Nacht um Gossem herumschleichen wie die Wölfe um ein Schafgehege und ein Loch im Zaun suchen, sie werden den Rauch sehen und werden denken, er hat ein Feuer gemacht, und die Strafe wird um so größer sein, weil das Feuer heimlich ist, was mit dem Fehlen des Scheins bewiesen wird.«

»Na gut«, sagte Gott, »dann werde ich ein Feuer ohne Rauch, ohne Wärme und ohne Licht für dich sein.«

Und Moses spürte, wie die Wärme in seinem Rücken abnahm, bis die Luft in seiner Hütte nicht anders war als die Luft vor seiner Hütte.

Nach einer Weile sagte Gott: »Mir scheint, du bist immer noch nicht bei der Sache.«

»Das ist wahr«, sagte Moses.

»Was ist denn noch?«

»Ich habe mich kundig gemacht«, sagte Moses. »Seit du mir im brennenden Dornbusch erschienen bist, habe ich die Geschichte des Volkes Israel studiert. Da heißt es, du seist dem Abraham erschienen. Aber er mußte nicht das Haupt vor dir beugen wie ich. Ihm bist du nicht in der Form des Feuers erschienen. Ihm hast du dich als der gezeigt, der du bist. Mit ihm hast du gesprochen wie zu einem Freund. Ich dagegen darf dich nicht ansehen. Warum darf ich das nicht?«

»Sei unbesorgt, Moses«, sagte Gott, »es wird die Zeit kommen, da werden wir beide, du und ich, uns von Angesicht zu Angesicht gegenüberstehen, und wir werden miteinander sprechen wie zwei Freunde.«

Und dann gab Gott dem Moses Anweisungen.

»Mach dich frühmorgens auf den Weg«, sagte er. »Geh hinunter zum Nil. Du wirst dort dem Pharao begegnen. Wiederhole vor ihm, was du vor zwei Jahren zu ihm gesagt hast. Er soll dich und das Volk Israel für vier Tage in die Wüste ziehen lassen.«

»Er wird es nicht erlauben«, sagte Moses.

»Er wird es nicht erlauben«, sagte Gott. »Denn ich werde ihn abermals mit Sturheit schlagen. Damit ich ihn am Ende härter bestrafen kann. Nimm deinen Stab und sage zum Pharao, wenn er euch nicht ziehen läßt, dann wirst du das Wasser des Nil zu Blut machen.«

»Aber«, sagte Moses, »was ist, wenn ...«

»Frage nicht«, unterbrach ihn die Stimme Gottes. »Es betrübt mich, wenn ich meinen besten Diener zweifeln sehe.«

So selbstsicher und stark das Auftreten Moses' unter den Menschen war, Gott gegenüber war er, was er ehedem in der Wüste vor dem brennenden Dornbusch gewesen war, nämlich ein zum Mäkeln und zur Besserwisserei neigender alter Mann. Denn die Stärke und die Selbstsicherheit unter den Menschen waren die Stärke und die Sicherheit Gottes, die in ihm wirkten und mit denen er draußen eins war.

Eine Weile lang schwieg Moses.

Dann setzte er noch einmal an: »Was ist, wenn ...«

Er bekam keine Antwort mehr. Still, kalt und dunkel war es in seiner Kammer. Gott hatte ihn verlassen.

»Er hat mich wieder verlassen«, sagte Moses zu sich selbst, sagte es laut. »Er hat mich verlassen, und ich weiß nicht, ob er je wiederkommt.«

Er verfluchte seine Zweifel, verfluchte seine Kleinlichkeit.

»Wie soll ich, der ich den kleinsten Geist von allen habe, der Anführer und Anwalt eines Volkes von Kleingeistern sein!« sprach er zu sich selbst.

Aber am nächsten Morgen tat Moses, wie ihm Gott befohlen hatte. Und wer ihn durch die Straßen und Gassen der Stadt hinunter zum Nil gehen sah, der mußte denken: Dieser Mann ist alles, und er kann alles sein, alles kann er sein, nur eines nicht, nämlich ein Kleingeist.

Moses wurde wieder von seinem Bruder Aaron und diesmal auch von seiner Schwester Mirjam begleitet.

Als ihn nämlich Gott am Abend zuvor verlassen hatte, war Moses sofort hinübergelaufen zur Hütte des Aaron, um ihm zu erzählen, was kein Mensch bei sich behalten kann, und zufällig war Mirjam bei ihrem Bruder zu Besuch.

»Mir ist Gott wieder erschienen«, keuchte Moses.

Und Mirjam fragte sofort: »Wie ist er?«

»Ich weiß es nicht«, sagte Moses. »Er war leider wieder nur Feuer, und diesmal brannte dieses Feuer nicht einmal vor meinen Augen, sondern hinter meinem Rücken.«

»Wie hat er gesprochen, wie hat seine Stimme geklungen?« wollte Mirjam wissen.

»Ist es nicht viel wichtiger zu wissen, was er gesagt hat, als zu wissen, wie er es gesagt hat?« sagte Aaron.

»Das finde ich nicht«, sagte Mirjam, die an ihren

Erzengel dachte. »Der Inhalt des Göttlichen ist meistens nicht so sensationell wie die Art seiner Übergabe.«

»Ich weiß nicht«, sagte Moses nachdenklich, »er war, wenn man das so sagen kann, er war irgendwie aufgeregt.«

»Gut«, sagte Mirjam. »Wenn Gott irgendwie aufgeregt war, dann sei du morgen auch irgendwie aufgeregt, wenn du mit dem Pharao sprichst.«

Und sie hatte noch in der Nacht folgenden Vorschlag gemacht: »Du wirst Aaron mitnehmen, der soll aufpassen, was du sagst. Und du wirst auch mich mitnehmen, und ich werde darauf achten, wie du es sagst.«

Damit war Moses einverstanden.

Sie trafen Pharao Adikos unten am Nil, als er gerade sein Morgenbad nehmen wollte – genau, wie es Gott dem Moses vorausgesagt hatte.

»Laß unser Volk ziehen«, sagte Mirjam ohne Umschweife.

»Israel will für drei Tage in die Wüste, damit es seinem Gott ein Schlachtopfer darbringen kann«, ging der gewissenhafte Aaron ins Detail.

Moses holte lediglich tief Luft, pumpte seinen mächtigen Brustkorb auf und funkelte mit den Augen und bemühte sich, so aufgeregt wie möglich zu wirken.

Der Pharao ließ sich nicht beeindrucken, weder von Mirjams Flehen noch von der Sachlichkeit des Aaron und schon gar nicht von der Körperlichkeit des Moses.

»Nein!« sagte er. »Nein!«

»Und wenn ich dir sage, daß mir Gott die Macht gegeben hat, das Wasser des Nil in Blut zu verwandeln, was sagst du dann?«

»Nein«, sagte Adikos.

Da reichte Moses dem Aaron seinen Stab, und Aaron hielt den Stab über das Wasser des Nil, und aus dem Wasser des Nil wurde Blut.

Der Pharao aber blieb immer noch gelassen.

»Das will ich prüfen«, sagte er.

Er schickte seine Diener aus, die sollten die Versammlung der Magier zum Ufer des Nil rufen.

Die Zauberer kamen, und Bileam ben Beor führte sie an. Sie untersuchten das Blut aus dem Nil und nickten schließlich befriedigt.

»Das ist zwar ein guter Trick«, sagte Bileam ben Beor. »Aber es ist nur ein Trick. Mehr ist es nicht. Ich kann das auch.«

Bileam ben Beor schickte einen Diener mit einem Eimer zum nächsten Brunnen. Das Wasser des Brunnens war rein. Bileam ben Beor schleuderte das Wasser in die Luft, und als es auf den Boden fiel, war es rot wie Blut.

»So geht das«, sagte er.

»Wir werden Brunnen graben«, sagte Pharao Adikos zu Moses, Mirjam und Aaron. »Meinetwegen soll euer Gott den Nil in Blut verwandeln. Richtet ihm aus, der Pharao kann ihn nicht achten, solange er nicht mehr kann als meine Zauberer.«

Mirjam und Aaron waren niedergeschlagen, als sie neben Moses nach Gossem zurückgingen.

»Wir müssen dieses Mißgeschick unbedingt vor unseren Leuten verschweigen«, sagte Aaron. »Die Leute werden sonst an der Macht unseres Gottes zweifeln.«

»Die Leute werden auch an deiner Führerschaft zweifeln«, sagte Mirjam zu Moses.

»Erstens war es kein Mißgeschick«, sagte Moses, »zweitens ist die Macht Gottes unendlich, drittens wird an meiner Führerschaft niemand zweifeln. Im Gegenteil. Ein Kämpfer wird um so glaubwürdiger, je länger der Kampf dauert. Was soll das für ein Sieg sein, der sich im Handumdrehen einstellt?«

Und dann, nach wenigen Tagen bereits, erschien Gott dem Moses abermals, und wieder erschien er ihm in der Hütte, und diesmal war er von Anfang an ein kaltes, rauchloses, dunkles Feuer.

»Geh morgen noch einmal zum Pharao«, sprach die Stimme Gottes zu Moses. »Übergib ihm diesmal diese Botschaft: Mein Gott Jahwe, sage zu ihm, ist sehr zornig, er drängt darauf, daß ihm sein Volk ein Brandopfer darbringe. Gib Israel drei Tage, laß Israel in die Wüste ziehen!«

»Und der Pharao wird wieder nein sagen?«

»Der Pharao wird wieder nein sagen.«

»Und womit soll ich ihm diesmal drohen?«

»Was, glaubst du, ist das Schlimmste, was einem Herrscher wie dem Pharao zustoßen kann?« fragte Gott. »Wovor, denkst du, fürchtet er sich am meisten?«

Moses sagte: »Ich weiß nicht, er wird sich vor dem Tod am meisten fürchten wie jeder andere Mensch auch.«

Gott sagte: »Nein, Moses, der Pharao ist nicht wie jeder andere Mensch. Er fürchtet sich nicht vor dem Tod. Ich kenne ihn. Es gibt nichts Schlimmeres für ihn als der Ekel. Und weißt du, wovor er sich am meisten ekelt? Vor Fröschen. Sag ihm: Wenn er mein Volk nicht ziehen läßt, werde ich eine ekelhafte Froschplage über Ägypten schicken.«

Wieder lief Moses noch in derselben Nacht zu Aaron und Mirjam und erzählte.

Mirjam fragte: »Wie war er heute?«

»Irgendwie eifrig«, sagte Moses.

»Gut«, sagte Mirjam, »dann sei du ebenfalls irgendwie eifrig, wenn wir mit dem Pharao sprechen.«

Der Pharao begegnete ihnen gutgelaunt, amüsiert sogar, lachend, forderte sie auf, Platz zu nehmen, bot ihnen Getränke an.

»Na«, sagte er, »was bietet ihr mir heute für eine Unterhaltung? Das war lustig mit dem Blut im Nil. Was für einen Zaubertrick hat euch diesmal euer Gott beigebracht?«

Moses unterdrückte seine Wut, denn es versetzte ihn in Wut, daß der Pharao seinen Gott lächerlich machte.

Er sagte: »Wenn du uns nicht ziehen läßt, dann wird Jahwe eine Froschplage über Ägypten schicken.«

Die Augen des Pharaos weiteten sich, sein Lachen wurde unsicher.

»Ach was«, sagte er, »damit werden meine Zauberer ebenso fertig wie mit dem roten Wasser des Nil.«

»Woher nimmt er nur diese Selbstsicherheit«, sagte Mirjam, als sie neben ihren Brüdern nach Gossem zurückging.

»Es ist Sturheit«, sagte Moses. »Und die kommt von Gott. Der Pharao kann sich nicht gegen diese Sturheit wehren.«

»Das heißt«, fragte Aaron, »Adikos, wenn es allein nach ihm ginge, würde uns ziehen lassen?«

Darauf gab Moses keine Antwort.

Gott schickte eine Froschplage über Ägypten. Überall hockten die Frösche, groß wie der Haufen eines Kamels, quakten, waren fett, waren glotzäugig, glitschig. Über die Straßen hüpften sie, in die Häuser drangen sie ein, man wußte nicht, woher all die Löcher kamen.

Den Palast des Pharaos schienen die Frösche besonders zu lieben. Die Diener kamen nicht nach, die Tiere zu erschlagen. Und wenn sie tot waren, stanken sie. Im Schlafgemach des Pharaos verkrochen sie sich. Wenn er am Abend die Bettdecke zurückschlug, saß dort ein dikker Frosch, der machte »quak!« und ließ seine Zunge springen.

Man hörte den großen Pharao schreien.

Gott hatte recht gehabt: Vor nichts ekelte sich Adikos mehr als vor Fröschen, und der Ekel war stärker als die Angst vor dem Tod.

Adikos ließ Moses rufen und sagte: »Nimm diese Frösche weg! Bitte deinen Gott, sag ihm, ich will alles tun, was er will. Ich laß sein Volk ziehen, ich laß euch drei Tage in die Wüste ziehen, meinetwegen auch sechs Tage, solange ihr wollt, nur nimm diese Frösche weg!«

Moses kniete sich nieder und betete zu Gott, und Gott nahm die Frösche weg.

Kaum aber hatte der letzte Frosch den Palast verlassen, da packte den Pharao die alte Sturheit.

Er ließ nach Gossem ausrichten: »Ich bin der Pharao, und ich werde mein Versprechen nicht einhalten. Aber weil ihr mich erschreckt habt, soll das Volk Israel noch mehr unter meiner Macht und meinem Mutwillen leiden als bisher.«

Der Pharao schaffte den Sabbat ab, es gab von nun an nicht einen arbeitsfreien Tag für die Männer und Frauen Israels.

Die alten Führer des Volkes jammerten und klagten Moses an: »Das haben wir jetzt davon! Hättest du uns doch in Ruhe gelassen! Warum gehst du zum Pharao? Warum provozierst du ihn?«

Das Volk aber stand hinter Moses.

»Wollen wir es doch nicht durcheinanderbringen«, sagten die Männer und Frauen. »Nicht Moses hat den Sabbat abgeschafft, sondern der Pharao. Moses kämpft gegen den Pharao. Und wir kämpfen mit ihm.«

Gott erschien Moses zum dritten Mal.

»Geh morgen wieder zum Pharao und sag ihm: Wenn er mein Volk nicht ziehen läßt, dann werde ich eine Stechmückenplage schicken.«

Und Moses beeilte sich, seiner Schwester und seinem Bruder Bericht zu erstatten.

»Wie war er?« fragte Mirjam.

»Heute kam er mir sachlich vor«, sagte Moses.

»Gut«, sagte Mirjam, »dann werden wir ebenfalls sachlich sein, wenn wir mit dem Pharao sprechen.«

Am nächsten Morgen traten sie wieder vor den Pharao hin. Diesmal bat er sie nicht, Platz zu nehmen, und Getränke ließ er für sie nicht bringen. Sie waren keine Gäste.

»Ich werde selbstverständlich nicht nachgeben«, sagte der Pharao. »Ein zweites Mal wird es eurem Gott nicht gelingen, mir einen Schrecken einzujagen.«

Aaron zog darauf den Stab seines Bruders durch den Staub vor des Pharaos Füßen, da schwirrten die Stechmücken in die Luft, und es waren Millionen und Abermillionen.

Und die Stechmücken quollen aus dem Sand und überfluteten das Land in einer schwarzen, surrenden Welle. Die Menschen schlugen nach ihnen, aber es waren zu viele, und es sah aus, als tanzten die Leute über die Straßen, so fuchtelten sie mit den Armen und verrenkten sich, um die Mücken zu töten und sich die Stiche zu kratzen.

Der Pharao ließ feine Netze an den Fenstern seines Palastes anbringen. Dann rief er seine Zauberer.

»Wie geht dieser Trick?« fragte er. »Sagt mir, wie er geht, und dann tut etwas dagegen!«

»Das ist kein Trick«, sagten die Zauberer.

»Was soll das heißen?«

»Das hat tatsächlich ein Gott gemacht«, sagten sie, und zerknirscht fügten sie hinzu: »Gib nach, Pharao! Laß Israel ziehen! Was kann es dir schon schaden, wenn dieses Volk für drei Tage in die Wüste geht, um seinem Gott ein Brandopfer darzubringen! Der Gott Israels ist mächtig.«

Da wollte Adikos nachgeben, wollte einen Boten nach Gossem schicken mit der Erlaubnis für das Volk Israel, in die Wüste zu ziehen, solange es wolle. Aber dieser mächtige Gott, vor dem die Zauberer gewarnt hatten, Jahwe, schlug den Pharao abermals mit Sturheit.

»Nein«, sagte Adikos. »Auch ich bin mächtig. Und das Volk Israel soll meine Macht spüren!«

Der Pharao erfand die Schichtarbeit. Nun hatten die Hebräer und Hebräerinnen nicht einmal mehr in der Nacht Ruhe.

»Tag und Nacht sollt ihr für mich arbeiten«, sagte Adikos. »Während eure Frauen schlafen, sollen eure Männer arbeiten.«

Israel stöhnte unter der Fron.

Wieder kamen die alten Führer, zeigten auf Moses: »Was hat uns der nur angetan? Du, laß uns von nun an in Frieden!«

Die Mückenplage überzog das ganze Land. Zum ersten Mal meldete sich auch Unmut aus dem Volk.

»Du bist unser Führer, Moses«, hieß es. »Wir glauben an dich. Wir vertrauen auf dich. Aber was für eine Strafe soll das für unsere Feinde sein, die uns nicht weniger trifft als sie?«

Und zum ersten Mal murrten auch die Ägypter.

Sie sagten: »Warum läßt der Pharao die Hebräer nicht diese drei Tage in die Wüste ziehen? Wen stört das, wenn die weg sind? Soll er sie doch ganz aus dem Land jagen!«

Gott erschien dem Moses zum vierten Mal.

Und er sagte: »Geh zum Pharao und sage ihm: Wenn du uns nicht ziehen läßt, dann wird Jahwe auch noch Ungeziefer schicken.«

Wieder machte sich Moses auf den Weg hinunter zum Nil, der treue, gehorsame Moses. Läuse waren gefürchtet, sie waren gefährlich, denn sie übertrugen das Fleckfieber, und das Fleckfieber war der Tod.

»Willst du denn nicht nachgeben?« sagte er zum Pharao. »Setzen wir uns zusammen, nur wir beide. Ich will meinen Bruder und meine Schwester nach Hause schicken. Nur wir beide. Wir sind alte Männer. Wir kannten uns, als wir Kinder waren. Wir werden einen Weg finden. Glaub es mir, unser Gott Jahwe ist stärker als du. Er wird Läuse schicken. Die sind nicht nur eklig wie Frösche, nicht nur lästig wie Stechmücken, sie bringen den Tod.«

Der Pharao blieb stur.

»Ich habe Mitleid mit dir«, sagte Moses.

Adikos meinte, Moses wolle ihn verspotten. Aber Moses wollte ihn nicht verspotten, er hatte wirklich

Mitleid mit ihm, denn er wußte ja, die Sturheit wuchs ihm nicht aus dem eigenen Willen.

Die Läuse kamen, und die Menschen starben. Es starben die Ägypter, und es starben die Israeliten. Und es starben jeden Tag hundert Menschen bei den Ägyptern und hundert Menschen bei den Israeliten. Und es war ein leichtes, sich auszurechnen, wann es keinen einzigen Ägypter und nicht einen Israeliten mehr geben würde.

»Halt ein!« rief der Pharao. »Bitte deinen Gott um Gnade! Ich nehme alles zurück. Ihr könnt ziehen, meinetwegen könnt ihr ziehen, nur damit dieses Elend aufhört!«

Moses betete zu Gott, und Gott nahm die Läuse von dem Land, in dem Ägypter und Israeliten lebten.

Aber dann hämmerte Gott dem Pharao erneut die Sturheit in den Kopf.

Und der Pharao sagte: »Ich breche abermals mein Versprechen, ich laß euch nicht ziehen.«

Die Unterdrückung gegen Israel wurde noch mehr verschärft, nun mußten sogar die Kinder in die Lehmfabriken gehen. Wenn ein Kind stark genug war, um auch nur einen Ziegelstein zu heben, wurde es zur Arbeit abkommandiert.

Zum ersten Mal gab es Aufstände gegen Moses.

Viele Frauen sagten: »Jetzt reicht es! Laß uns endlich in Frieden! Wir haben dich nicht gebeten, für uns Verhandlungen zu führen, Moses. Wenn du unbedingt mit dem Pharao einen Privatkrieg führen willst, bitte, das ist deine Sache, aber zieh nicht uns und unsere Kinder mit hinein!«

Moses sagte: »Nein, ihr habt mich nicht gebeten.

Das ist richtig. Ich bin kein Mann des Volkes. Ich habe euch gegenüber keine Verantwortung. Gott hat mich beauftragt zu tun, was ich tue, euer Gott, mein Gott, unser aller Gott.«

Sie aber sagten: »Siehst du denn nicht? Sieht dein Gott denn nicht? Es wird alles zerstört werden, wir werden zerstört, das ägyptische Land wird zerstört. Was habt ihr eigentlich vor, du und dein Gott?«

Und auch bei den Ägyptern wurde geklagt und angeklagt und geschrien: »Was willst du eigentlich, Pharao? Wir haben die Stechmücken ertragen, die Frösche haben uns geekelt, das Wasser des Nil ist uns ungenießbar geworden. Und nun der Tod im Fieber. Was willst du eigentlich noch, Pharao? Gib nach, Pharao!«

Aber der Pharao gab nicht nach. Und Jahwe gab auch nicht nach.

Gott erschien dem Moses zum fünften Mal.

Er sagte: »Geh zum Pharao, und teile ihm mit, wenn er euch nicht ziehen läßt, dann werde ich die Viehseuche schicken.«

Und wieder sprach Moses mit dem Pharao, und wieder blieb der Pharao stur, denn Gott schlug ihn wieder mit Sturheit.

Die Viehseuche wütete im Land, und der größte Teil des Viehs der Ägypter, aber auch der größte Teil des Viehs der Israeliten starb. Es drohte eine Hungersnot.

Aber der Pharao blieb weiter stur, weil ihn Gott mit Sturheit schlug. Und der Pharao verschärfte die Fronarbeit, und Israel litt unter dem Terror mehr als je zuvor.

Und dann: Moses wird nach Hause gebracht. Wird in seine Hütte gelegt. Er ist verletzt. Nicht schwer verletzt, eine Wunde an der Stirn. Aufgebrachte Hebräer haben Steine nach ihm geworfen. Sie wollten diesen Führer töten, der ihnen nur Leid brachte. Moses muß Wachen vor seiner Hütte aufstellen.

In derselben Nacht erschien ihm Gott zum sechsten Mal.

Er sagte: »Geh noch einmal hinunter, geh ein sechstes Mal zum Pharao, sprich mit ihm und drohe ihm: Es werden Geschwüre über euch kommen, ihr werdet krank werden.«

»Wir sind doch schon krank«, sagte Moses.

»Es gibt noch viele Krankheiten in der Schreckenskammer Gottes!«

Moses sagte: »Hör zu, Gott, mein Gott! Mein eigenes Volk, dein Volk Israel, war immer auch betroffen von den Strafen. Die Menschen fragen sich, warum bestraft uns Gott, wenn er die Ägypter bestrafen will. Ich kann ihnen keine Antwort geben. Und weil ich ihnen keine Antwort geben kann, richtet sich ihr Zorn gegen mich. Sie haben Steine nach mir geworfen. Es ist aber kein guter Führer, nach dem Steine geworfen werden.«

Da sagte Gott: »Gut, dann werde ich diesmal mein Volk ausnehmen. Nur die Ägypter sollen mit Geschwüren geschlagen werden.«

»Aber«, sagte Moses, »es gibt viele Ägypter, die waren nie in ihrem Leben böse zu uns. Sie fragen sich, warum werden wir bestraft. Warum leiden wir wegen des Pharaos Sturheit, so fragen diese Menschen.«

»Geh!« sagte die Stimme Gottes. »Geh und tue, was ich dir befehle!«

Aber Moses wollte eine Antwort haben.

»Laß mich nicht im Zweifel zurück!« bat er. »Warum läßt du auch Unschuldige leiden?«

»Ich nehme dem Volk der Ägypter nur zurück, was ich ihm durch meinen Knecht Josef gegeben habe«, sagte Gottes Stimme. »Josef, mein Liebling, er hat Ägypten gerettet, als eine Hungersnot war. Seither ist das Volk der Ägypter in meiner Schuld.«

»Das ist doch schon fast Hunderte Jahre her!« rief Moses. »Welche Schuld tragen die Menschen heute? Die Zeit bringt Verzeihen und Vergessen. Wenn es nicht so wäre, dann könnte der Mensch nicht leben, denn alle Schuld, die je aufgehäuft worden ist, müßte er tragen.«

»Was ist die Zeit?« sagte die Stimme Gottes.

Darauf wußte Moses keine Antwort.

»Geh, Moses!« sagte Gott. »Häufe du keine Schuld auf dich.«

Moses stieg wieder hinunter zum Nil, warnte den Pharao. Sagte ihm offen, diesmal werde die Strafe nur die Ägypter treffen. Adikos bleibt stur.

Die siebte Plage folgte: Hagel. Das Vieh wurde dahingerafft durch die Seuche, der Hagel schlug die Ernte nieder. Zum Elend kam der Hunger. Der Pharao blieb stur. Und dann die achte Plage: Heuschrecken. Was der Hagel stehengelassen hatte, fraßen die Heuschrecken auf. Das Land war öde. Nichts blieb von der herrlichen Fruchtbarkeit Ägyptens.

Da trafen sich Abgesandte Israels und Abgesandte der Ägypter, und sie trafen sich heimlich.

Die Israeliten sagten: »Wir müssen uns von unseren Führern befreien, ihr müßt euch vom Pharao befreien, wir müssen uns von Moses befreien.«

Man beschloß, zusammenzustehen, um diesem Wahnsinn ein Ende zu bereiten. Die Ägypter wollten den Pharao töten, die Israeliten wollten Moses töten.

Aber Moses erfuhr von der Verschwörung.

Er sprach zu Gott: »Höre mich, Gott, mein Gott! Ich habe den Sinn des Ganzen vergessen. Geht es wirklich nur um das Brandopfer, das wir dir darbringen sollen? Wenn wir so weitermachen, werden wir untergehen, Israel wird untergehen, und Ägypten wird untergehen. Ich will aber nicht in die Geschichte eingehen als einer, der zwei Völker ruiniert hat. Gibt es wirklich keinen friedlichen Weg?«

Gott sagte: »Nein.«

»Und was wird nun weiterhin geschehen?« fragte Moses.

»Dein Gott kennt alle Plagen«, sprach die Stimme hinter dem Rücken des Moses. »Erst einen kleinen Teil der Plagen habe ich geschickt.«

Gerade als die ägyptischen Aufständischen und die israelitischen Aufständischen sich zusammenfanden, um den Palast des Pharaos und die Hütte des Moses zu stürmen, griff Gott ganz tief hinunter in die Hölle, in den tiefsten Höllengrund griff er, und von dort holte er eine Handvoll Dunkelheit herauf, höllische Finsternis, und streute sie über das Land.

Finsternis hieß die neunte Plage.

Es war so dunkel, daß niemand auch nur einen einzigen Schritt zu tun wagte. Es wurde genauso still wie am ersten Tag der Schöpfung oder wie am letzten Tag der Schöpfung.

Und dann rief durch die Finsternis Moses dem Pharao zu: »Laß mein Volk endlich ziehen!«

Und der Pharao rief zurück: »Nein! Laß dich nie mehr bei mir blicken! Wenn ich dich sehe, dann werde ich dich töten.«

Und Moses rief: »Laß uns ziehen, laß uns ziehen für immer.«

Und der Pharao rief: »Das werde ich nicht tun!«

Das waren die neun Plagen. Aber Gott schickte noch eine zehnte Plage, und die brachte mehr Leid als alle anderen Plagen zusammen.

DIE ZEHNTE PLAGE

Vom Bürgerkrieg auf Erden – Von einer drohenden
Meuterei im Himmel – Von einem »Zwischenfall«
– Von der Verkündung der zehnten Plage – Von den
seelischen Konflikten des Aaron und der Mirjam – Von
der neuen Einsamkeit des Moses – Von den Ministern des
Pharaos – Von den gemeinsamen Tränen der Hebräer und
der Ägypter – Von einer tapferen Frau – Von der Nacht des
Würgers – Vom Zusammenbruch des Pharaos

Das Chaos brach aus. Bei den Hebräern wuchs der
Widerstand gegen Moses. Viele Ägypter protestierten
gegen den Pharao. Hebräer kämpften gegen Hebräer,
Ägypter gegen Ägypter. Hebräer gegen Ägypter. Ägypter gegen Hebräer. Das Vertrauen zerbrach. Recht wurde
zu Rechthaberei. Freude wurde zu Schadenfreude. Der
Verstand begab sich unter das Joch des Hasses. Was von
den Naturkatastrophen verschont geblieben war, wurde
vom Bürgerkrieg niedergemacht.

Die besonnenen Köpfe – es waren nur noch wenige –
fragten sich: »Was ist nur aus uns geworden?« Und sie
fragten sich weiter: »Wer trägt daran die Schuld?«

Die Antwort war wieder Krieg, denn schuld hatte
immer der andere.

Chaos auf Erden. Aber auch Unzufriedenheit und
Ratlosigkeit im Himmel. Seit Abraham seinen Sohn
Isaak auf Geheiß Gottes auf den Berg geführt hatte, um
ihn zu opfern, war im Himmel kein Widerspruch mehr
gewesen. Gottes Wort war Engels Tat. Nun machte sich
wieder Unzufriedenheit unter den himmlischen Heerscharen bemerkbar.

»Wir verstehen ihn nicht«, sagten die Engel zu den Erzengeln, die über ihnen standen. »Wie soll das denn nur enden? Was für ein Ziel hat Gottes Haß auf den Pharao?«

»Was gehen euch Gottes Ziele an«, antworteten Michael, Gabriel, Ariel, Raphael, Uriel und die anderen.

»Wenn der Weg so viel Leid bringt, dann will man wissen, wie das Ziel heißt«, sagten die Engel.

»Niemand kann Gottes Schöpfung verstehen außer er selbst«, hielten die Erzengel dagegen.

»Wundern wird man sich aber wohl noch dürfen«, sagten die Engel.

Auch die Erzengel wunderten sich. Auch sie waren nicht zufrieden mit der Vorgehensweise Gottes. Das Problem war ja nicht, daß man Gottes Willen nicht verstand, es war ja klar, was er wollte. Er wollte den gottähnlichen Pharao demütigen. Er wollte Rache für sein Volk. Das war alles verständlich. Aber wie er diese Rache führte, das war eigentlich nicht zu akzeptieren. Am Ende würde der Pharao gedemütigt sein, ohne Zweifel, aber um welchen Preis!

Die Engel murrten. Sie murrten, weil sie mit den Menschen Mitleid hatten. Und die Erzengel griffen nicht so strikt durch, wie es ihr Auftrag gewesen wäre. Denn auch die Erzengel hatten Mitleid mit den Menschen. Mitleid mit den Hebräern, Mitleid mit den Ägyptern.

Und dann ereignete sich ein Zwischenfall. Es war ein Zwischenfall, nicht mehr. So viel schlimmes Leid war bereits geschehen, daß große Tragödien zu Zwischenfällen wurden.

In einer der Ziegeleien des Pharaos arbeitete eine Hebräerin, die war hochschwanger. Sie hätte nicht zur

488

Arbeit gehen dürfen, es war viel zu anstrengend für sie, in ihrem Zustand den feuchten Lehm aus der Grube zu schöpfen und zum Ofen zu schleppen. Aber die Schergen des Pharaos waren nach ihrer Unfähigkeit, Mitgefühl zu empfinden, ausgesucht worden. Sie trieben die Frau in die Fron.

Die Frau brach zusammen und gebar. Aber sie war zu schwach, um sich um das Neugeborene zu kümmern, und sie war zu schwach, um Hilfe herbeizurufen. Die anderen Frauen achteten nicht auf sie, nicht weil sie böse oder gleichgültig waren, auch sie arbeiteten mit ihrer letzten Kraft, und die machte ihre Sinne eng, so daß sie nur sahen, was sie für ihre Arbeit sehen mußten.

Das Neugeborene rutschte über den nassen Boden und fiel in die Lehmgrube und wurde, ohne daß es jemand bemerkte, in den Lehm verknetet, und es hätte zu einem Ziegel gebrannt werden sollen.

Diesen Zwischenfall, der doch eigentlich eine Tragödie war, konnte ein Engel mittlerer Rangordnung nicht ansehen. Es war zuviel. Er dachte nicht mehr an den großen Plan, den er ohnehin nicht verstand, er dachte nur noch an die kleine Hilfe. Er flog ohne Befehl Gottes vom Himmel herab und nahm den Lehmklumpen aus der Hand der Arbeiterin, die ihn, ohne zu wissen, was sie da in ihren Händen hielt, zum Ofen bringen wollte. Der Engel hob das Kind in die Luft, befreite es von der Erde, drückte es an seine heilende Brust und trug es hinauf in den Himmel.

Und der Engel brachte das Kind vor den Thron Gottes, und er hielt es hoch. Zeigte es Gott. Sagte kein Wort.

Gott betrachtete das Kind und betrachtete den

Engel. Blickte dem Engel in die Augen. Aber der Engel hielt Gottes Blick stand. Denn das Auge des Engels war gemacht aus Liebe zur Unschuld, und das ließ seinen Blick stark sein.

Gott erhob sich. Er erhob sich, stieg von seinem Thron herab und wandte den Engeln den Rücken zu.

Lange stand er so.

In den Reihen der Engel wurde getuschelt. Die einen sagten, Gott weine. Woher sie das wüßten, fragten die anderen. Man sehe es an seinen Schultern, sagten die einen.

»Seht ihr nicht dieses leichte Beben? So ist es, wenn man weint.«

»So ist es, wenn ein Mensch weint«, sagten die anderen. »Aber Gott ist kein Mensch. Gott weint nicht. Worüber sollte Gott auch weinen?«

Dann gab es Engel, die meinten, er hätte aber allen Grund zum Weinen, denn was zur Zeit unten auf der Erde geschehe, sei zum Weinen.

Es kam sogar zu vereinzelten Unmutsäußerungen. »Beende deinen Zorn, Jahwe!« wurde gerufen.

»Laß Gnade walten!« wurde gerufen.

Gott drehte sich zu seinen Heerscharen, unübersehbar waren sie, als würde die Zahl der Menschen mit sich selbst multipliziert, und noch viel mehr Engel waren im Himmel.

»Nur, wer weiß, was die Zeit ist«, sagte Gott mit einer Stimme, die so laut war, als würde die Lautstärke aller Geräusche der Welt mit sich selbst multipliziert, und noch viel lauter war die Stimme Gottes, »darf Rechenschaft von Gott verlangen. Denn nur wer weiß, was die Zeit ist, weiß auch, welche Folgen das Tun Gottes hat, und nur wer das weiß, kann über das Tun Gottes richten.«

Da senkten die himmlischen Heerscharen ihre Häupter und gingen weiter ihrem himmlischen Tagwerk nach.

Gott aber erschien Moses ein zehntes Mal.

Und rauh war seine Stimme, als er zu ihm sprach: »Nun, Moses, werde ich eine zehnte Plage gegen Ägypten schicken, und diese Plage wird den Pharao brechen. Geh du noch einmal zum Nil hinunter, sprich noch einmal mit dem Pharao!«

Moses antwortete: »Das kann ich nicht. Das trau ich mich nicht. Der Pharao hat geflucht und geschworen, er werde mich töten, wenn er mich noch einmal sieht.«

»Glaubst du denn, das würde ich zulassen? Glaubst du, ich, der ich den Himmel und die Erde und die Mächte unter der Erde geordnet habe, ich könnte nicht den Arm eines Mörders halten?«

»Nein, das glaube ich nicht«, sagte Moses.

In sich zusammengesunken kniete er in seiner Hütte. Seine Hände hatte er zwischen seine Knie geklemmt. Sein Atem ging schwer, jedes Wort war wie ein Seufzen.

»Warum soll ich hinuntergehen zum Nil und mit dem Pharao sprechen? Warum? Was soll so ein Gespräch denn bringen? Und könnte ich ihn überzeugen mit Aarons Redetalent, so daß er das Volk Israel ziehen läßt, was hätte all die Anstrengung für einen Sinn? Du würdest ihm zum zehnten Mal Sturheit in den Kopf setzen. Ich bin zu alt, um Verhandlungen zu führen, von denen ich im voraus weiß, daß sie keinen Erfolg haben werden.«

»Bist du noch mein treuer Diener?« fragte Gott.

»Ich bin dein treuer Diener«, antwortete Moses.

»Bist du immer noch bereit, alles zu tun, um mir deine Treue zu beweisen?«

»Ja«, sagte Moses. »Ich will alles tun, um dir meine Treue zu beweisen. Aber ich möchte nach dem Sinn fragen dürfen.«

Gottes Stimme räusperte sich.

»Gut«, sagte er. »Gut. Dann wollen wir diesmal den Besuch beim Pharao sein lassen. Geh in die Stadt, stelle dich auf die Straßen und Plätze und verkünde: Jahwe wird in der Nacht kommen als Würger, und er wird den Ägyptern jede Erstgeburt nehmen. Verkünde das!«

Da erschrak Moses. Und die Worte wollten ihm nicht in den Mund. Und als ihm endlich die Worte in den Mund kamen, redete er gegen eine Wand. Denn Gott hatte ihn verlassen.

»Ich bin allein«, sagte Moses. »Ich bin allein.«

Und es war ein anderes Alleinsein als damals in der Wüste, bevor er den brennenden Dornbusch gesehen hatte. Damals war das Alleinsein aus Leere gemacht, die Leere hatte ihn ausgehöhlt, so daß von ihm selbst nur noch eine Hülle übrig war. Nun aber war sein Alleinsein eine Folge der Inbesitznahme seiner Seele durch Gott, und von ihm selbst war kaum mehr übrig geblieben als nichts.

Moses hätte gern mit seinem Bruder Aaron gesprochen, hätte ihn um seinen Rat fragen wollen. Er tat es nicht. Er wußte, was Aaron dachte. Daß Gott alle Prinzipien von Recht und Gesetz brach, das dachte Aaron. Aber Moses wußte auch, daß sein Bruder seine eigenen Gedanken verurteilte, daß er, seit ihn Gott zum Sprachrohr seines Bruders gemacht hatte, Recht und Gesetz dem Willen Gottes unterordnete. Und Moses wußte auch, daß sich Aaron bemühte, aus Gottesliebe manche Fragen nicht zu stellen, die aus Menschenliebe dringend gestellt werden wollten. Und Moses wußte, daß Aaron unter diesem Konflikt litt, weil eine Antwort, ganz gleich, wie sie ausfiele, immer sein ganzes Leben in Frage stellen würde. Moses wollte diesen Konflikt in der Seele seines Bruders nicht noch verschärfen.

Und Mirjam? Mirjam hatte ein neues Betätigungsfeld gefunden. Sie pflegte die Armen, die Kranken, die Elenden. Sie gab all ihre Kraft. Wenn mich einer fragt, auf welcher Seite ich in dieser Angelegenheit stehe, kann ich mit ruhigem Gewissen sagen, auf der Seite all derer, die Hilfe brauchen. So dachte Mirjam. Nannte die Plagen, die Gott über das Land geschickt hatte, die so viel Leid gebracht hatten, die schuld daran waren, daß sie bis an die Grenzen ihrer Kraft Arme, Kranke, Elende, Verzweifelte pflegen mußte, nannte die Tragödie der Völker Israels und Ägyptens eine Angelegenheit. Mich interessiert nicht, wer schuld ist, dachte sie. Wer bin ich denn? Eine alte Frau. Sonst nichts. Niemand interessiert sich für meine Meinung. Also habe ich keine Meinung. Meine Meinung liegt in meinen Händen, und meine Hände äußern ihre Meinung, indem sie helfen. So dachte die Schwester des Moses. Und Moses wußte, genau so würde sie mit ihm sprechen, wenn er sie besuchte, um von ihr einen Rat zu erbitten.

»Ich bin allein«, sagte Moses zu sich selbst, und er sagte es laut.

Es war niemand da, der es hörte. Kein Mensch, kein Engel, kein Gott.

Also begab sich Moses hinunter in die Stadt, stellte sich auf die Straßen und Plätze und erfüllte mit schwerem Herzen den Auftrag Gottes.

»Ägypter«, rief er, »Ägypter, hütet euch! Mein Gott Jahwe, der so viel Leid auf unser Land geschickt hat, weil der Pharao sich gegen seinen Willen stellt, mein Gott Jahwe wird in der Nacht kommen, und er wird ein Würger sein, und er wird töten jeden Erstgeborenen und jede Erstgeborene aus eurem Volk.«

Da brach Panik aus. Erwachsene Söhne flohen in die Arme ihrer Mütter. Erwachsene Töchter krochen in die Betten ihrer Eltern. Und es gab keine Familie, in der nicht geweint wurde.

Die Söhne der Minister flehten ihre Väter an: »Ihr habt Einfluß«, sagten sie. »Wenn jemand noch Einfluß hat auf diesen sturen, bösen, unbeugsamen alten Mann im Pharaonenpalast, dann seid ihr es. Sprecht mit ihm, sagt, er soll nachgeben, er soll das Volk Israel endlich ziehen lassen!«

Die Minister eilten zusammen mit ihren Söhnen in den Palast. Der Pharao saß auf seinem Thron, das Unglück hatte ihn häßlich gemacht, seine Haut war wie Holz, sein Mund wie ein Kieselstein, grau, hart, kalt.

»Was wollt ihr?«

Er blickte seinen Leuten nicht mehr in die Augen.

»Der Gott Israels«, sagten die Minister, »wird in der Nacht kommen und alle Erstgeburt erwürgen. Dies hier sind unsere Söhne, der Stolz des Landes. Willst du, daß sie nicht getötet werden, dann gib nach!«

Eine lange Stille war um den Thron des Pharaos.

Schließlich begann Adikos zu sprechen. Aber immer noch nicht blickte er seine Minister an. »Gut« sagte er.

»Gut. Dann soll es so sein. Aber wir werden Moses und seinem Gott den Triumph nicht gönnen.«

»Was meinst du damit?« fragten die Minister, und sie hatten Angst, denn eine Erfahrung hatten sie in der letzten Zeit machen müssen, nämlich daß alles, was sie nicht wußten, schlimmer war, als sie sich vorstellen konnten.

»Der Gott des Moses soll sie nicht bekommen«, sagte der Pharao. »Er wird sie nicht bekommen.«

Und er gab den Ministern den Befehl, ihre eigenen Söhne zu töten. Jetzt. Hier. Vor seinen Augen.

»Dann werden Moses und sein Gott sehen, daß sie keine Macht über die Väter Ägyptens haben.«

Die Loyalität dieser Minister muß sehr groß gewesen sein. Sie zückten ihre Schwerter und gingen auf ihre Söhne los. Töteten sie vor den Augen des Pharaos.

Der Pharao befahl: »Diesem Vorbild sollen alle Väter in Ägypten folgen. Wenn jeder Vater seinen erstgeborenen Sohn oder seine erstgeborene Tochter tötet, dann haben wir den Gott Israels betrogen. Und wer einen Gott betrügen kann, der hat ihn auch besiegt.«

Aber das Volk der Ägypter scherte sich nicht um diesen absurden Befehl. Die Menschen flohen aus ihren Wohnungen, und sie flohen zu den Juden, baten, aufgenommen zu werden, flehten um Schutz vor dem Pharao und Jahwe. Und viele Hebräer versteckten erstgeborene Ägypter in ihrem Haus. Die Menschen wollten, daß ein Ende sei. Ein Ende der Grausamkeit, ein Ende der Rache, ein Ende der Not, ein Ende der bösen Taten, ein Ende der bösen Worte. Ein Ende des Wahnsinns.

Nun saßen sich in den hebräischen Wohnungen Ägypter und Juden gegenüber, und sie erinnerten sich an das, was sie erzählt bekommen hatten, erinnerten sich an die Zeit, als Josef nach Ägypten gekommen war, wie er das Land als Vizekönig durch die sieben mageren Jahre geführt hatte, weinten gemeinsam, als sie an die langen Jahre des Friedens, des Wohlstands, des Glücks dachten.

»Unsere Völker waren befreundet«, sagten sie. »Was ist nur geschehen? Wie ist es so weit gekommen? Wer trägt die Schuld?«

Und als sie merkten, daß der eine zu einer Rechtfertigung ausholen wollte und der andere auch zu einer Rechtfertigung ausholen wollte, da hoben sie schnell die Arme zur Beschwichtigung.

Sie sagten: »Fragen wir nicht! Oder fragen wir erst später. Schauen wir nicht mehr zurück. Oder schauen wir erst wieder zurück, wenn unsere Felder wieder Früchte tragen, wenn unsere Wunden verheilt sind.«

Eine tapfere Frau stand auf – viele Generationen von Gerechten werden klagen, daß der Name dieser tapferen Frau nicht überliefert wurde –, sie stand auf und sagte nur: »Ich gehe und will alles, was ich habe, für den Frieden geben.«

Die Frau – wir wissen nicht einmal, ob sie Hebräerin oder Ägypterin war – verließ den Versammlungsraum und ging heim. Ihre Angehörigen hatten das Haus verlassen, hatten das wenige Vieh, das noch übrig war, mitgenommen, hatten alles mitgenommen, was einigermaßen Wert hatte und was sich tragen ließ.

Die Frau öffnete alle Türen in ihrem Haus, ging durch die leeren Räume ihres Hauses. Im ersten Zimmer fand sie ein Bild an der Wand, das zeigte eine Katze, und dieses Bild war alles, was sich in diesem Zimmer lohnte. Im zweiten Zimmer nahm sie aus einer Schublade einen

496

Kamm, dem fehlten ein paar Zacken, aber sonst gab es nichts, was sich in diesem Zimmer gelohnt hätte. Im dritten Zimmer stolperte sie über einen Besen, der hatte einen verzierten Griff, den machte sie ab, und da sah er aus wie ein Zepter. Im vierten Zimmer endlich, es war ihr eigenes Zimmer, zog sie das Leintuch vom Bett und faltete es zusammen. Nun ging sie zum Nil hinunter, tauchte das Leintuch ins Wasser, das wie Blut war, da wurde das Tuch rot und sah aus wie ein Königsmantel aus Purpur. Nun hatte sie alles beieinander, und es war alles, was sie besaß.

Zuerst ging sie zum Palast des Pharaos.

Sie stellte sich unter das Schlafgemach des Pharaos und rief: »Hörst du, Pharao! Du hast mir alles genommen, und ich will dir alles geben!«

Da kamen die Wachen des Pharaos und jagten die Frau davon und warfen ihr die Dinge, die sie mitgebracht hatte, nach. Das Bild mit der Katze, den Kamm mit den fehlenden Zacken, das Zepter aus dem Besenstiel und den purpurnen Königsmantel aus dem Leintuch von ihrem Bett.

Die Frau sammelte alles auf und machte sich auf den Weg zum Tempel der Juden.

Sie stellte sich vor die Tür und rief: »Hörst du mich, Jahwe! Du hast mir alles genommen, und ich will dir alles geben!«

Die Tempeldiener kamen gelaufen und jagten die Frau davon, und ihre Habe warfen sie ihr hinterher.

Da verbrannte die Frau das Bild mit der Katze, den Kamm mit den fehlenden Zacken, das Zepter aus dem Besenstiel und den purpurnen Königsmantel aus dem Leintuch von ihrem Bett.

Und sie riß sich die Kleider vom Leib und die Haare vom Kopf und rief zum Tempel Jahwes und zum Palast des Pharaos: »Ich habe nichts mehr als mich selbst. Zerreißt mich, und teilt mich unter euch auf!«

Sie wartete auf dem Platz. Aber weder Jahwe noch der Pharao wollte sie haben. Sie stand länger, als diese Geschichte dauert, sie wurde zu Stein, und im Märchen heißt es, der Stein war härter und schwerer als alle Steine, und er ließ sich nicht wegtragen und ließ sich nicht zerschlagen, und darum steht er noch heute am selben Ort.

In der Nacht erschien Gott dem Moses noch einmal.

»Ihr sollt ein Fest feiern«, sagte er. »Ihr sollt ein fehlerloses, männliches einjähriges Lamm schlachten und verzehren. Das Blut dieses Lammes, das sollt ihr an die Türpfosten eurer Wohnungen streichen. Denn wenn in der Nacht der Würger kommt, dann wird er jene Häuser verschonen, an denen das Blut des Lammes zu sehen ist.«

Und wieder ließ ihn Gott allein, noch ehe Moses ein Wort gefunden hatte.

Und dann, um Mitternacht, ging der Würger durch die Städte und Dörfer Ägyptens, und alle Erstgeborenen wurden getötet, Mädchen, Knaben, Frauen, Männer. In der Bibel wird dieses Grauen recht lakonisch abgehandelt. Aus den Sagen aber, die sich um das Buch der Bücher ranken, erfährt man manche Einzelheit.

Da gab es einen Mann, der erhob nach dieser Nacht Klage, er sagte: »Ich hatte in meinem Leben fünf Frauen, und alle meine Frauen haben mir einen Sohn geboren. Für mich gab es nur einen Erstgeborenen. Für meine Frauen aber war jeder ihrer Söhne ein Erstgeborener. Alle meine Söhne sind mir genommen worden.«

Und er klagte über die Grausamkeit, und die Grausamkeit war noch schlimmer für ihn zu ertragen, weil sie ihn schlimmer getroffen hatte als die anderen.

Eine Frau führte Klage, die sagte: »Ich hatte fünf Männer, und von jedem dieser Männer habe ich einen Sohn empfangen. Für mich gab es nur einen Erstgeborenen, für meine Männer aber war jeder meiner Söhne ein Erstgeborener. In dieser Nacht sind mir alle fünf Söhne genommen worden.«

Es gab Familien, deren Erstgeborener war bereits gestorben, vielleicht schon vor Jahren und auf natürliche Weise. Da hat Gott diese Erstgeborenen zum Leben erweckt.

Sie kamen in die Häuser ihrer Eltern, sie traten auf die Mutter zu und sagten: »Kennst du mich? Ich bin wieder am Leben!«

Traten auf den Vater zu und sagten: »Kennst du mich? Ich bin wieder am Leben!«

Und Vater und Mutter umarmten ihre Söhne, umarmten ihre Töchter. Und dann sanken die Söhne, dann sanken die Töchter nieder und wurden ihren Eltern ein zweites Mal genommen. Denn keine Mutter, kein Vater sollte sagen dürfen: Mein Erstgeborener ist in dieser Nacht verschont worden.

Auch die Söhne der Minister, die von ihren Vätern vor den Augen des Pharaos getötet worden waren, standen aus ihren Gräbern auf.

Und sie schleppten ihre Väter vor den Pharao und sagten: »Wir erheben Anklage gegen dich, Pharao, wir erheben Anklage gegen euch, unsere Väter!«

Da haben die Väter ein zweites Mal zu ihren Schwertern gegriffen und haben ihre Söhne noch einmal getötet.

Aber die Söhne sind noch einmal von den Toten auferstanden, und zwar nur, um sogleich wieder niederzusinken. Denn kein Vater sollte sagen dürfen: Mein Erstgeborener ist in dieser Nacht vom Würger verschont worden.

Als er genug getötet hatte, brach Gott in die Tempel der Ägypter ein und stürzte die Götzen um und zertrat die Bilder, zerrieb die Statuen zu Sand und blies den Sand in die Wüste.

Aber immer noch war es nicht genug. Denn einen Erstgeborenen gab es noch, nämlich den Sohn des Pharaos. Er war das Liebste, was der Pharao besaß. Wenn es etwas in seinem Leben gab, das sein hartes Herz weich stimmen konnte, dann war es der Anblick seines Sohnes.

Der Pharao führte seinen Sohn in das innerste Gemach des Palastes, dort gab es keine Fenster, er stellte sich vor ihn, umarmte ihn, weil er dachte, so könne er ihn vor dem Würgegriff Jahwes bewahren. Aber Gott senkte Verzweiflung und Verwirrung in das Herz des Sohnes, und er griff nach dem Schwert seines Vaters, zog es aus der Scheide und stürzte sich in die Klinge.

Wenn es darum geht, die Rache Gottes zu schildern, scheinen der Phantasie der Berichterstatter keine Grenzen gesetzt zu sein. Als wäre Grausamkeit die einzige Möglichkeit, Gottes Macht zu beweisen, erzählen uns die Sagen eine Ungeheuerlichkeit nach der anderen.

Wie auch immer – am Ende brach der Pharao doch noch zusammen.

Adikos rief nach Moses, schrie nach Moses.

»Bitte deinen Gott, er soll innehalten!«

Der Pharao, Herr der Herren, irrte durch die Stadtteile, in denen die Juden wohnten, er tat es seinem Vater Malul nach, der erst am Ende seines Lebens die

Juden besucht hatte. Aber Adikos sollte jetzt noch nicht sterben.

»Helft mir«, flehte er zu den Männern und Frauen, die ihn anstarrten. »Helft mir! Betet zu eurem Gott!«

Die Männer und Frauen sagten: »Kommt uns der Pharao besuchen? Jetzt, nach all dem, was geschehen ist? Jetzt kommst du uns besuchen? Jetzt weinst du? Wen suchst du? Moses suchst du? Den anderen? Bist du gekommen, damit ihr beide das Leid unter euch aufteilt, das ihr angerichtet habt? Werdet ihr jetzt weiterstreiten, wer von euch beiden mehr Leid angerichtet hat?«

Dann stand der Pharao vor der Hütte des Moses und rief: »Moses, komm heraus! Ich will mit dir sprechen.«

Moses antwortete: »Ich kann nicht herauskommen. Du hast mir gedroht, wenn du mich noch einmal siehst, dann wirst du mich töten.«

»Ich werde dich nicht töten«, sagte der Pharao. »Komm heraus, zeig mir dein liebes Gesicht! Ich werde dich und dein Volk ziehen lassen. Ihr dürft drei Tage in die Wüste gehen, um eurem Gott ein Brandopfer darzubringen.«

Moses aber rief: »Nein, das genügt meinem Gott nicht mehr. Nicht nur drei Tage in die Wüste wollen wir, wir wollen Ägypten verlassen für immer!«

»Geht!« rief der Pharao. »Geht!«

Wie ein Bettler stand er vor der Hütte.

Da trat Mirjam heraus.

»Warum zitterst du?« fragte sie. »Es ist vorbei.«

Da sagte der Pharao: »Warum läßt mich euer Gott leben? Ich bin auch ein Erstgeborener. Warum lebe ich noch?«

Mirjam sagte: »Der Durst unseres Gottes ist gestillt.«

DER AUFBRUCH

Vom Ultimatum des Pharaos – Von den Dingen, die
mitgenommen, und den Dingen, die zurückgelassen
wurden – Vom göttlichen Befehl zu plündern und den
Tränen des Moses – Von Josefs letztem Willen – Vom
Geruch des Paradieses – Vom Grab des Josef

Vierhundertdreißig Jahre waren vergangen, seit Josef
seine Brüder Ruben, Simeon, Levi, Jehuda, Issachar,
Gad, Ascher, Dan, Naftali, Sebulon und Benjamin und
seinen Vater Jakob nach Ägypten gerufen hatte. Lange
lebten Ägypter und Hebräer in Frieden. Aber noch länger herrschte bittere Feindschaft zwischen den beiden
Völkern.

Nun führte Moses sein Volk aus Ägypten heraus.
Zurück blieben ein zerstörtes Land, demoralisierte
Menschen, das bittere Gefühl, gedemütigt worden zu
sein, die quälenden Fragen nach der eigenen Schuld, die
lauernde Lust auf Rache.

Der Pharao konnte es nicht eilig genug haben.

Zu Moses sagte er: »Gut, ihr habt mich besiegt.
Euer Gott hat mir genommen, was ich lieb hatte. Er
hat mich besiegt. Jahwe hat sich als der Stärkere von
uns beiden erwiesen. Israel soll ziehen, wohin es will.
Geht! Aber geht schnell! Verschwindet aus meinem
Reich!«

Und er stellte ein Ultimatum: »Ich gebe euch einen
Monat Zeit. Wird ein Israelit nach diesem Monat auf

den Straßen der Stadt oder auf den Feldern des Landes oder den Ufern des Nil gesehen, so soll er getötet werden. Nach Ablauf des Ultimatums bezahle ich für jeden toten Hebräer!«

Sechshunderttausend, so heißt es, sechshunderttausend Männer, Frauen und Kinder sammelten sich. Die Menschen luden ihre gesamte Habe auf Wagen und Lasttiere, sie verkauften ihre Häuser, ihre Werkstätten, ihre Boote, ihre Felder. Viele bekamen dafür nur einen Bruchteil dessen, was der Besitz wert war. Andere bekamen gar nichts.

Nachbarn standen plötzlich da, die sagten: »Ab nächstem Monat gehört das uns.«

Und wenn sich die Eigentümer empörten, sagten die Nachbarn: »Dann zeig uns doch an! Sollen wir dich zur Polizei des Pharaos begleiten?«

Aber nicht alle Ägypter waren darauf aus, zu betrügen oder einen günstigen Schnitt zu machen. Viele zahlten, was die Sache wert war, verabschiedeten sich mit einem Handschlag von den früheren Besitzern.

Und dann, wenige Tage, bevor die Frist verstrichen war, erschien Gott dem Moses, und wieder erschien er ihm in seiner Hütte als ein kaltes, dunkles, rauchloses Feuer.

»Moses, mein Knecht«, sagte er, »hast du dir dein Volk angesehen?«

Moses kniete, den Rücken zur Stimme Gottes. Er war müde, und seit dem Sieg über den Pharao war ihm schon manchmal der Gedanke gekommen, ob die Einsamkeit der Leere nicht leichter zu ertragen gewesen wäre als die Einsamkeit des Erfülltseins von Gott.

»Ja«, sagte er, »ich habe mein Volk angesehen. Ich

spreche jeden Tag mit unseren Leuten. Ich sehe sie. Ich höre sie.«

»Und es stört dich nicht, in welchem Zustand sich dein Volk befindet?«

»Was meinst du? Daß die Menschen erschöpft sind, daß sie traurig sind, daß viele von ihnen verzweifelt sind, daß sie fast nichts mehr besitzen, daß sie verwundet sind, daß sie in der Nacht von Alpträumen geweckt werden?«

»Das stört dich nicht?« fragte Gott.

Moses lachte, und böser Sarkasmus war in diesem Lachen.

»Ob mich das nicht stört? Freilich wäre es besser, die Menschen wären nicht erschöpft, nicht traurig, nicht verzweifelt, hätten nicht ihren Besitz verloren und ihre Gesundheit, könnten die Nächte durchschlafen.«

»Der Pharao und sein Volk tragen die Schuld«, sagte Gott.

Moses schwieg.

»Gibst du mir nicht recht, Moses?«

Moses schwieg immer noch.

»Hältst du mir noch die Treue, Moses?« fragte die Stimme Gottes.

»Ja«, sagte Moses nach einer Weile.

Aber erst nach einer Weile.

»Das war zwar leise gesagt, aber es war gesagt«, sprach Gott. »Ich will nicht, daß mein Volk Ägypten verläßt wie ein Bettler das Haus eines feinen Herrn. Die Männer und Frauen Israels haben Fronarbeit geleistet durch viele, viele Jahre, sie dürfen nicht mit leeren Händen gehen. Geht in die Häuser der Ägypter, nehmt mit, was ihr tragen könnt, Schmuck, Geschirr, die Aussteuer für ihre Töchter, die Ersparnisse für die Söhne! Plündert ihre Speisekammern! Brecht die Kleiderkästen auf! Nehmt, nehmt, nehmt!«

Da weinte Moses.

»Du brauchst mir deine Tränen nicht zu erklären«, sagte Gott. »Deine Tränen beleidigen mich! Steh auf! Geh zu deinen Leuten, und sag ihnen, was ich dir gesagt habe! Hüte dich, meinen Zorn auf dich zu ziehen!«

Da ging Moses zu seinen Leuten und sagte ihnen, was Gott ihm gesagt hatte.

Und hatte es am Ende der zehn Plagen viele im Volk Israel gegeben, die Mitleid hatten mit den Frauen und Männern Ägyptens, so waren es jetzt nur noch wenige.

»Gott hat recht«, sagten sie. »Fast dreihundert Jahre lang hat unser Volk Fronarbeit geleistet in Ägypten! Und wenn wir ihnen alles wegnähmen, was sie besitzen, wäre es nicht genug! Gott hat recht. Sein Name sei gepriesen!«

Man will meinen, die Ägypter hätten sich zur Wehr gesetzt. Man läßt doch nicht einfach einen Menschen in sein Haus und schaut zu, wie er die Vorratskammer plündert, wie er die Kleiderkästen aufbricht, die Aussteuer für die Tochter an sich rafft, die Rücklagen für den Sohn in seine Tasche streicht. Aber die Ägypter wagten es nicht, sich zu wehren.

So ging das vor sich: Ein Israelit betrat das Haus eines Ägypters und sagte: »Mein Gott hat mich zu euch geschickt, das ist der, der den Pharao besiegt hat, der die neun Plagen gemacht hat. Der auch die zehnte Plage gemacht hat. Er hat zu mir gesagt, ich soll euch besuchen und soll mitnehmen, so viel ich tragen kann.«

Aber nicht alle Israeliten taten so. Manche Familie

besuchte ihre Nachbarn, neben denen sie ein Leben lang gewohnt hatte, und der hebräische Mann umarmte den ägyptischen Mann, und die hebräische Frau umarmte die ägyptische Frau, und Tränen standen in den Augen aller, denn Freunde trennten sich.

Alles war bereit zum Aufbruch, da kam Mirjam gelaufen, aufgeregt war sie, die weißen Haare flogen ihr um den Kopf.

»Moses!« rief sie. »Aaron! Der Engel Gottes ist mir in der Nacht erschienen, und er hat mir gesagt, ich soll euch daran erinnern, was dem Josef auf seinem Totenbett versprochen worden war!«

»Was war denn dem Josef auf dem Totenbett versprochen worden?« fragte Aaron.

»Das hat der Engel nicht gesagt. Er hat wohl vorausgesetzt, daß ihr das wißt.«

»Wenn es wichtig wäre«, sagte Moses, »hätte es mir Gott persönlich gesagt und nicht seinen Engel zu dir geschickt.«

Aber dann war sich Moses auf einmal nicht mehr sicher. Ich war in letzter Zeit unfreundlich zu Gott, dachte er bei sich, und er dachte es leise, sehr leise bei sich. Vielleicht hat er mich verlassen, diesmal für immer verlassen, dachte er weiter. Vielleicht spricht er von nun an nur noch durch seinen Erzengel zu meiner Schwester Mirjam.

»Also gut«, sagte er, »vielleicht gibt es einen unter uns, der sich noch daran erinnert, was dem Josef auf seinem Totenbett versprochen worden war.«

Es gab jemanden. Eine alte Frau, eine urururalte Frau muß es gewesen sein. Sie behauptete, sie sei eine Tochter des Patriarchen Ascher, eines Bruders des Josef.

»Das kann nicht sein«, tuschelte Aaron seinem Bruder zu. »Entweder sie lügt, oder sie ist verblödet. Wäre sie Aschers Tochter, müßte sie vierhundert Jahre alt sein oder sogar mehr.«

Moses dachte an all das, was sich ereignet hatte, seit ihm Gott im brennenden Dornbusch erschienen war.

»Ich will lieber kein Risiko eingehen«, sagte er zu Aaron.

Man brachte die alte Frau zu den Brüdern.

»Kannst du dich an Josef erinnern?« wurde sie gefragt.

»Ich weiß es«, sagte die Alte.

»Was weißt du?«

»Ich weiß es. Die Knochen. Es sind die Knochen.«

»Was für Knochen denn?« wurde sie gefragt.

»Die Knochen des Josef. Daß sie nicht vergessen werden. Das haben sie ihm versprochen. Daß er nicht allein in Ägypten zurückbleibt, wenn Israel eines Tages das Land verläßt.«

Niemand wußte, wo Josef begraben worden war. Die Zeit drängte. Der Pharao hatte inzwischen begonnen, seine Armee aufzurüsten. Jeder ägyptische Mann ab dem fünfzehnten Lebensjahr mußte sich melden. Er bekam eine Uniform angezogen und eine Waffe in die Hand gedrückt. Damit war deutlich gemacht, daß der Pharao nicht gewillt war, die Frist auch nur um eine Stunde zu verlängern.

Aaron rief einen Gelehrtenrat zusammen, und die Gelehrten waren sich nach kurzer Beratung einig, daß es nur eine Möglichkeit gab, herauszufinden, wo Josef begraben worden war.

»Josef war der Gesalbte Gottes«, sagten die Gelehrten. »Er hatte den Geruch des Paradieses an sich. Und der Geruch des Paradieses vergeht nicht. Über den Geruch können wir das Grab Josefs finden.«

Moses schüttelte den Kopf und rollte mit den Augen und warf die Arme in die Luft.

»Ja!« rief er. »Sehr gut! Dann ist es ja ganz leicht! Und wie riecht das Paradies? Weiß bitte jemand, wie das Paradies riecht?«

Da hoben die Gelehrten die Schultern. »Weiß keiner mehr«, sagten sie. »Tiere vielleicht, Tiere wissen es womöglich. Soviel bekannt ist, haben die Tiere ja nicht vom Baum der Erkenntnis gegessen.«

Da erinnerte sich Moses an die beiden Löwen, die vor dem Palast des Pharaos Wache hielten. Er hatte ihnen damals ins Ohr geflüstert, er wußte nicht mehr was, aber sie hatten ihm gehorcht. Wenn sie mir gehorcht haben, dachte er, dann darf man annehmen, daß sie mich verstanden haben.

Allein lief er durch die Stadt zum Pharaonenpalast. Die Löwen sprangen auf, als sie Moses sahen. Er beugte sich zu jedem von ihnen nieder, flüsterte ihnen etwas ins Ohr und machte sie von den Ketten los. Ohne zu zögern liefen die Löwen zum Ufer des Nil. Dort hoben sie die Köpfe und sogen die Luft durch ihre Nase ein.

»Josef liegt im Nil begraben«, sagte Moses.

Und so war es.

Der Pharao war Josefs Freund gewesen, und er war ein Freund des Volkes gewesen, und als Josef gestorben war, hatte er sich gesagt: Dieser Mann hat uns allen Glück gebracht. Er ist wie der Fluß, der durch unser Land fließt. Alles Leben verdankt Ägypten dem Nil.

Deshalb will ich, daß Josef das schönste Grab bekommt, das es auf unserer Erde gibt.

So hatte der Pharao vor vielen, vielen Jahren gedacht, und er hatte verfügt, daß der Leichnam des Josef im Nil bestattet wurde.

Die Männer bargen die Gebeine ihres Ahnen.

Die Zeit, die Pharao Adikos dem Volk Israel gegeben hatte, war abgelaufen. Sechshunderttausend Männer und die Frauen dazu und die Kinder dazu zogen aus dem Land. Ihnen voran Moses, in einer Holzlade trug er die Gebeine des Josef auf seinen Schultern.

ENTSCHEIDUNG IM ROTEN MEER

Von Staubsäulen und Feuersäulen – Von der Versöhnung
zwischen Moses und Gott – Vom Wortbruch des
Pharaos – Von der Notwendigkeit, in der Nacht Wachen
aufzustellen – Vom Angriff im Morgengrauen – Von der
Teilung des Wassers – Von den zwölf Straßen durch das
Meer – Vom großen Untergang – Von einem großen Lied
zu Jahwes Ehren

Wer führte das Volk Israel? Gott selbst führte es. Am
Tag nahm er die Gestalt einer Staubsäule an, die vor der
riesigen Karawane her zog, in der Nacht wurde aus der
Staubsäule eine Feuersäule, die den Israeliten den Weg
zeigte. Moses vertraute auf Gott, die Menschen vertrau-
ten auf Moses.

Moses ging an der Spitze der Karawane, er trug den
Schrein mit den Gebeinen des Josef. Hinter ihm gingen Aaron und Mirjam, dann folgten die Familie des
Aaron und Zippora mit den Söhnen. Moses ging weit
vor den anderen. Nicht einmal Aaron und Mirjam wagten es, näher als auf Rufweite zu ihm aufzurücken. Die
Geschehnisse der letzten Monate, das Grauen, die Katastrophe des Zusammenbruchs aller Zivilisation, ja, auch
die versuchten Aufstände gegen Moses hatten das Bild,
das das Volk sich von ihm machte, verklärt, erhöht,
zuletzt zu einem Heroenbild, spätere Generationen würden sagen: zu einem Heiligenbild geformt. Moses war
der Mittler. Er war der Mann, der mit Gott sprach, dem
Gott seine Pläne, wenigstens einige seiner Pläne, anver-
traute.

Nach dem Lärm der Stadt und dem Chaos des Bürgerkriegs waren die Stille der Wüste und ihre ewige Gleichförmigkeit Balsam für die verwundeten Seelen, und auch wenn so viele Menschen miteinander waren, hatte doch jeder bei sich die Empfindung, als wäre er allein. Und nur in der Einsamkeit ist der Mensch empfänglich für das Heilige – das ja auch das Heilende ist.

Moses erging es nicht anders als den anderen. Ja, er war der Mittler. Sein Volk war ihm gefolgt, es hatte auf ihn geflucht, hatte sogar die Hand gegen ihn erhoben, Steine waren geworfen worden, aber zuletzt hatte das Volk seinem Führer vertraut. Und er – er hatte geflucht auf Gott, hatte geweint, hatte sich innerlich gegen Gott empört, hatte sich sogar geschämt für seinen Gott, hatte ihn verurteilt, hatte ihn einen Mörder, einen Schlächter genannt. Aber dann war er ihm doch gefolgt. Und als Moses nun, auf Rufweite vor seinem Volk, durch die Wüste ging, am Tag die Staubsäule vor Augen, in der Nacht die Feuersäule, da schloß er seinen Frieden mit Gott.

Inzwischen tat es dem Pharao leid, daß er nachgegeben hatte. Jetzt, da Moses nicht mehr vor seinen Augen war, kam es Adikos vor, als wäre der Gott des Moses gar nicht so mächtig, wie er ihm noch vor Tagen erschienen war.

»Ich hätte noch ein wenig aushalten sollen«, sagte er sich.

Und diesmal war es nicht Gott, der ihm Sturheit ins Herz legte, diesmal war es sein eigener Entschluß. »Ich werde mich nicht an die Abmachungen halten«, sagte er zu sich.

»Ich will Rache für meinen Sohn. Ich will Rache für

mein Volk. Und wenn ich die Hebräer schon nicht als Sklaven zurückholen kann, so will ich sie in der Wüste vernichten.«

Jeder Mann, der stark genug war, eine Waffe zu tragen, wurde zur Armee gerufen, auch Knaben, die das fünfzehnte Lebensjahr vollendet hatten, mußten die Uniform anziehen und die Waffe in die Hand nehmen.

Die Offiziere erklärten, was bevorstand: »Es wird ein kurzer Einsatz sein«, sagten sie. »Erstens haben wir den Vorteil der Überraschung auf unserer Seite. Zweitens kennen wir die Wüste, die anderen kennen sie nicht. Drittens, und das macht die Sache besonders leicht für uns, haben die Israeliten nur wenige Waffen bei sich, nur Dinge für ihre Bequemlichkeit haben sie uns weggenommen, Schmuck und Hausrat.«

Der Pharao ließ keine Zeit verstreichen, an der Spitze seiner Armee rückte er aus.

Moses und sein Volk waren währenddessen beim Roten Meer angekommen. Aaron, der in den letzten Wochen ganz selbstverständlich die Verantwortung für alle Erfordernisse des Tages übernommen hatte – Moses war von nun an der unumstrittene geistige Führer Israels –, Aaron hatte beschlossen, daß die Karawane einige Tage am Ufer des Roten Meeres ausruhe, bevor sie auf ihrem Weg weiterzog.

»Wir wissen nicht, wie weit dieser Weg ist«, sagte er. »Wir müssen vorsorgen. Müssen Kräfte sammeln. Es kann nicht Gottes Wille sein, daß er uns alle Sorge abnimmt. Wäre es so, hätte er uns nicht den Verstand gegeben.«

Aaron war ein kluger Führer des Volkes. Er nahm es als wahrscheinlich an, daß sich der Pharao an die Ver-

einbarung hielt. Nicht weil er Adikos als einen besonders vertrauenswürdigen Mann kennengelernt hatte,
kam er zu dieser Einschätzung, sondern weil er die
Angst in den Augen dieses Mannes gesehen hatte.

Dennoch rechnete Aaron mit der Unvernunft und
dem Wahnsinn. Sein Leben lang hatte er immer gepre-
digt, daß der Mensch ein im Grunde vernünftiges
Wesen sei, hatte aber immer hinzugefügt, daß es dem
Menschen oft sehr schwerfalle, sich auf diesen festen
Grund zu stellen.

»Wir werden in den Nächten Wachen aufstellen«,
sagte er.

Da lachte man ihn aus.

»Wachen? Damit sie die Schakale verscheuchen?«

»Nein«, sagte Aaron, »eine kleine, aber gut bewaff-
nete Truppe.«

»Was denkst du denn«, sagten die allzu Selbstsiche-
ren, »wer kann uns noch etwas tun? Wir haben den
Pharao besiegt! Wir haben einen Mann unter uns,
der direkten Rat von Gott bezieht. Was soll uns denn
geschehen?«

Aaron lächelte und blickte die, die so redeten, mit
seinen sanften Augen an.

»Dann tut es einem alten, mißtrauischen Mann
zuliebe, der euch allen sein ganzes Leben lang gedient
hat«, sagte er.

Da meldeten sich viele Männer freiwillig zur Wach-
truppe, denn Aaron war beliebt, und kaum einen gab es
im Volk Israel, der sich nicht schon gedacht hätte: Dem
Aaron möchte ich gerne einmal meine Dankbarkeit
zeigen.

Moses wurde verehrt, aber Aaron wurde geliebt.

513

Und Aaron hatte recht. In der zweiten Nacht riefen die Wachen Alarm. Als die Hebräer aus ihrem Schlaf hochschreckten, sahen sie, daß sie in einem weiten Halbkreis von den Soldaten des Pharaos umzingelt waren. Die Morgensonne spiegelte sich in den Waffen dieser Armee, und es sah aus, als wäre da für jeden Israeliten eine ägyptische Waffe.

Eine bessere Stelle für einen Angriff hätten sich die Offiziere des Pharaos nicht ausdenken können. Flucht war den Hebräern nicht möglich, vor ihnen war das Meer, hinter ihnen ein Heer von zornigen, zu allem entschlossenen Soldaten. Kein Mann trug die Uniform des Pharaos, der nicht in seiner Familie mindestens einen Lieben durch die zehn Plagen verloren hatte. Nie hatte der Pharao über ein Heer verfügt, das mehr motiviert war zu kämpfen als dieses.

Als die Israeliten sahen, wie hilflos ausgeliefert sie waren, da begannen einige wieder zu jammern und zu schreien und Moses anzuklagen.

»Was ist mit deinem Gott? Hat er denn nicht gesehen, daß ein Heer hinter uns her war? Was für einen Gott hast du uns da eingeredet! Hättest du uns doch nur in Ruhe gelassen! Wärest du doch geblieben, wo du warst! Wir hatten uns an die Fron gewöhnt, das war unser Leben. Du hast den Pharao provoziert. Nun sollen wir hier in der Wüste sterben?«

Moses drehte seinem Volk den Rücken zu, hob die Arme und redete mit Gott.

»Du hast uns hierher geführt«, sagte er. »Was sollen wir tun? Was können wir tun?«

Und Gott antwortete seinem Knecht: »Habt Vertrauen zu mir! Was seid ihr doch für ein Volk! Habe ich euch nicht herausgeführt aus der Knechtschaft? Habe ich nicht alles gehalten, was ich versprochen habe? Und ich habe euch versprochen, ich werde euch in ein Land führen, in dem Milch und Honig fließen? Und ihr glaubt mir nicht? Und ihr verzagt? Erhebt euch, spannt eure Karren an! Treibt die Tiere hinein in das Meer!«

»Ich vertraue dir«, sagte Moses.

Moses sprach mit seinem Bruder. Und Aaron zweifelte nicht. Und Aaron sprach zum Volk. Und das Volk glaubte Aaron. So weit war Moses, der Vermittler zwischen Gott und den Menschen, vom Volk entfernt, daß er selbst einen Vermittler brauchte, und einen besseren als Aaron hatte es nie gegeben.

Aaron hob den Stab des Moses über das Wasser des Roten Meeres, und da teilten sich die Fluten. Ein trockener Weg führte in die Tiefe des Meeres hinab, und rechts und links dieses Weges stand das Wasser wie eine gläserne Schlucht. Die erste Sonne des Tages schien in die Wasserwände, Fische waren zu sehen und Algen und Krebse und viele schöne Dinge, die das Meer bisher vor den Augen der Menschen verborgen hatte.

»Es ist ein Wunder«, riefen die Leute. »Aaron hat ein Wunder gemacht.«

»Ich habe das Wunder gemacht mit dem Stab meines Bruders Moses«, sagte Aaron.

»Gott hat das Wunder geschehen lassen«, sagte Moses. »Und er hat es getan, obwohl ihr es nicht verdient.«

Aber dann, als es darum ging, wer zuerst die Straße ins Meer hinein betritt, da hieß es: »Was, auf so einem Weg sollen wir gehen? Rechts und links Wasserberge! Sind die stabil? Wer garantiert uns das? Nein!«

Streitigkeiten zwischen den einzelnen Stämmen kamen auf.

Die einen sagten: »Der Stamm Ruben soll vorausgehen! Der Ruben war schließlich der älteste unserer Patriarchen.«

Andere sagten: »Was hat das damit zu tun? Der Stamm Levi soll vorausgehen. Levi hat immer das ganz große Wort geführt. Jetzt kann er es beweisen!«

Da kam plötzlich das Gerücht auf: »Nein, derjenige Stamm, der als erster durch das Meer geht, der wird, wenn wir im Land sind, wo Milch und Honig fließen, herrschen über die anderen.«

Nun schoben sie einander, jeder wollte der erste sein.

In der Geschichte eines mittelalterlichen Rabbi wird folgendes erzählt: Gott hat gesehen, daß die Streitereien zwischen den Stämmen nicht so schnell zu schlichten waren. Und weil die Zeit drängte – schließlich bewegte sich das Heer der Ägypter auf die Israeliten zu –, hat Gott sein Wunder etwas differenziert. Er hat nicht nur eine Straße durch das Meer gemacht, sondern zwölf. Diese zwölf Straßen verliefen parallel zueinander und waren voneinander getrennt durch dünne Wasserwände, in die aber Fenster eingelassen waren für den Fall, daß sich die Mitglieder der einzelne Stämme versöhnen und die Hand reichen wollten.

Ich weiß nicht, wie der Rabbi das herausgekriegt hat, durch das Studium alter Schriften oder durch Meditation – wie auch immer, das Volk Israel erreichte trockenen Fußes, wie es heißt, das andere Ufer des Roten Meeres.

Und der Pharao? Er war so voller Haß, so voller Vernichtungswut, daß er jede Vorsicht fahren ließ und den

Befehl gab, das Rote Meer auf dieselbe Weise zu durchqueren, wie es vor ihm das Volk Israel getan hatte.

Und als seine Armee an der tiefsten Stelle des Meeres angelangt war, dort, wo der Weg wieder nach oben zum anderen Ufer führte, da gab Gott dem Moses den Befehl, er soll dem Aaron den Stab geben, damit der ihn noch einmal über das Wasser halte, und das hat Aaron getan, und da fielen die Wasserwände zusammen und begruben die Armee des Pharaos unter sich.

Aus einer anderen Geschichte erfahren wir, daß zwar das gesamte Heer des Pharaos im Roten Meer ertrunken sei, Adikos selbst aber überlebt habe. Im letzten Augenblick habe er nämlich diesem Wunder doch noch mißtraut und sei vor dem Meer stehengeblieben. Da aber habe sich die Erde aufgetan, und Samael, einer der ersten und obersten Teufel persönlich, habe aus der Hölle nach oben gegriffen und habe Adikos hinuntergerissen. Der Pharao sei nicht gestorben, er stehe bis zum heutigen Tag neben dem Eingang zur Hölle, Gott lasse ihn nicht in die Hölle, Gott lasse ihn nicht auf die Erde, in den Himmel lasse ihn Gott schon gar nicht. So steht Adikos auf einem Fleck, auf den niemand, wirklich niemand Anspruch erhebt. Und das sei die schlimmste Strafe, die denkbar sei.

Gott hatte sein Volk errettet. Israel feierte. Ein Fest für seinen Gott Jahwe.

Bei diesem Fest trug Moses ein Lied zu Ehren Jahwes vor. Im Morgengrauen, als sich alle schlafen gelegt hatten, erschien Gott im Zelt des Moses.

»Du brauchst dich nicht umzudrehen«, sagte er. »Aber knie nieder, und halte deine Augen fest geschlossen!«

Moses meinte, in Gottes Stimme so etwas wie Rührung zu hören.

»Dafür, daß du mir dieses Lied gesungen hast«, sagte Gott, »will ich dir einen Wunsch erfüllen.«

»Dann laß mich deine Herrlichkeit sehen!« sagte Moses.

Gott gab zur Antwort: »Ich gewähre Gnade, wem ich will, und ich schenke Erbarmen, wem ich will. Du kannst mein Angesicht nicht sehen. Denn kein Mensch kann mich sehen und am Leben bleiben. Aber ich will dich berühren.«

Moses kniete auf dem harten Wüstenboden, er schloß die Augen, drückte sie ganz fest zu und spürte die Hand Gottes auf seinem Scheitel.

Das Lied, das Moses gesungen hat, ist überliefert, es ist ein Lied für einen kriegerischen Gott:

Ich singe dem Herrn ein Lied,
denn er ist hoch und erhaben.
Rosse und Wagen warf er ins Meer.
Meine Stärke und mein Lied ist der Herr,
er ist für mich zum Retter geworden.
Er ist mein Gott, ihn will ich preisen;
den Gott meines Vaters will ich rühmen.
Der Herr ist ein Krieger,
Jahwe ist sein Name.
Pharaos Wagen und seine Streitmacht
warf er ins Meer.
Seine besten Kämpfer versanken im Schilfmeer.
Fluten deckten sie zu,
sie sanken in die Tiefe wie Steine.
Deine Rechte, Herr, ist herrlich an Stärke;
deine Rechte, Herr, zerschmettert den Feind.

DURCH DIE WÜSTE

Von der Attraktivität der urbanen
Zivilisation – Vom Werben Jahwes um sein Volk Israel – Von
den Entbehrungen der Wüste – Vom Wasser aus dem Fels –
Vom Brot vom Himmel – Vom Fleisch vom Himmel – Von
den langen, nächtlichen Gesprächen zwischen Gott und
seinem Diener Moses – Von der Erziehung Gottes durch
Moses – Vom Land der Amalekiter – Vom Krieg – Von
Moses' erhobenen Armen

Das Volk Israel war während der langen Zeit in Ägypten nicht von Jahwe abgefallen, aber sein Gott war in
den Hintergrund gedrängt worden. Unter der Tyrannei
Maluls war die Religion noch Trost und Selbstvergewisserung gewesen. In der langen Regierungszeit von
Pharao Adikos, die ja, wie berichtet, bis auf die wenigen
Jahre vor seinem Ende, vergleichsweise liberal gewesen
war, verlor die hebräische Religion an Attraktivität.
Nicht daß sich die Israeliten anderen Göttern zugewandt hätten, nein, die unbekümmerte Diesseitigkeit
urbaner Zivilisation bot dem fordernden Gott Jahwe
eine stärkere Konkurrenz, als sie jede andere Gottheit
hätte bieten können. Moses wußte nur zu gut, daß diese
Zivilisation auf drei Grundpfeilern ruhte: Reichtum,
Bequemlichkeit, Vergnügen.

Freilich war das Lied des Moses in erster Linie ein
Dank an Jahwe. Zugleich aber sollte dem Volk Israel
damit gesagt werden: Seht her, unser Gott Jahwe ist
ein attraktiver Gott, er ist ein Sieger, und er läßt uns
alle Anteil nehmen an seinem Sieg. Und ganz gleich,
wie stark, schön, aufregend, anziehend der Lebensstil

der Ägypter auch sein mag, Jahwe fegt ihn hinweg mit seiner Kraft, und diese Kraft ist schöner, aufregender, anziehender als aller Reichtum, alle Bequemlichkeit, alle Vergnügungen Ägyptens.

Moses warb beim Volk Israel für Jahwe. Und Jahwe warb um sein Volk. All die Wunder, was waren sie anderes als ein Werben um sein Volk – auch mit den Mitteln der Unterhaltung. Und wenn Gott verkündet hatte, er werde Israel in ein Land führen, in dem Milch und Honig fließen, dann konnten darunter doch nur Bequemlichkeit und Reichtum verstanden werden. Es gibt Gottheiten, die interessieren sich gar nicht oder doch nur am Rand für uns Menschen, zum Beispiel die meisten griechischen Götter. Es gibt Gottheiten, die verbreiten nur Angst und Schrecken, und die einzige Beziehung zwischen ihnen und uns Menschen besteht aus Furcht und Strafe. Der Gott Israels, Jahwe, aber ist der anspruchsvollste aller Götter: Er will geliebt und gefürchtet werden. Er zieht an und stößt ab und das bisweilen gleichzeitig. Er straft und verzeiht, er verurteilt und gewährt Gnade. Und er ist ein eifersüchtiger Gott.

Und er sagte es auch zu Moses: »Ich bin ein eifersüchtiger Gott!«

Jahwe ist maßlos. Maßlos in seinen Forderungen. Maßlos aber auch in seinen Versprechungen. Maßlos in seinen Strafen. Maßlos in seiner Gnade. Wer ihm folgt, wird ausgezeichnet – aber diese Auszeichnung kann auch eine Auszeichnung im Leiden sein.

Die Entbehrungen in der Wüste waren groß. Das Volk folgte Aaron, Aaron folgte Moses, Moses folgte Gott. In der Wüste waren die Tage heiß und die Nächte kalt, der

Boden, auf dem die Menschen schliefen, war aus Stein, es gab kein Wasser, und es gab kein Brot.

»Was hat dein Gott versprochen?« fragte einer den Moses.

Moses wußte, wenn seine Leute »dein Gott« sagten und nicht »unser Gott«, dann lag Meuterei in der Luft. Früher hatte er sich davor gefürchtet, hatte ein schlechtes Gewissen gehabt, hatte sich für Jahwe verantwortlich gefühlt, als sei sein Gott ein unfolgsames Kind, dessen Streiche er hinterher wiedergutmachen müßte.

»Ich will mit dir nicht über Gott diskutieren«, sagte er zu dem Mann.

»Warum?« fragte der Mann. »Ist es doch nur dein Gott?«

»Es ist unser Gott«, sagte Moses. »Aber er diskutiert nicht.«

Da ging der Mann und grinste verschämt.

Er winkte verlegen ab, als die anderen ihn bedrängten: »Was hat er gesagt? Was hat er geantwortet? Hast du es ihm gegeben?«

Die Entbehrungen nahmen zu, das Wasser wurde knapper, das Vieh bald so reduziert, daß kein Stück mehr geschlachtet werden durfte, die Kornvorräte, die auf den Karren aus Ägypten mitgeschleppt worden waren, waren aufgebraucht.

Da kamen dann andere, wollten mit Moses sprechen, nun war es bereits ein Dutzend, und die Männer grinsten nicht verlegen und schon gar nicht unterwürfig.

»Was hat uns Jahwe versprochen?« fragten sie.

Moses gab ihnen die gleiche Antwort, die er dem Mann gegeben hatte: »Ich will mit euch nicht über Gott verhandeln.«

»Aber wir wollen!« sagte das Dutzend.

»Gut«, sagte Moses. »Was wollt ihr wissen, was ihr noch nicht wißt über Jahwe, unseren Gott?«

»Wir wollen wissen, wann er sich daran macht, seine Versprechen einzulösen, das wollen wir wissen. Das Land, in dem Milch und Honig fließen, wo ist dieses Land, wie weit ist es noch bis dorthin, wo bleibt die Verpflegung?«

»Ich weiß es nicht«, sagte Moses.

»Du weißt es nicht!« riefen da die Männer durcheinander. »Du hast uns weggeführt von den Fleischtöpfen Ägyptens, und du weißt nicht, wohin die Reise geht?«

»Ich vertraue auf Gott«, sagte Moses. »Und ihr solltet auch auf ihn vertrauen. Hat er uns nicht durch das Rote Meer geführt...«

»... direkt in die Wüste«, entgegneten höhnisch die Männer. »Ist Verdursten besser als Ertrinken?«

»Ihr seid unzufrieden«, sagte Moses.

»Wahrhaftig!« sagten die Männer. »Wir haben ja auch allen Grund, unzufrieden zu sein.«

»Ein unzufriedener Mann ohne Gott ist eine Last«, sagte Moses. »Ein unzufriedener Mann aus dem Volk Gottes aber ist ein Narr.«

»Und ein Mann ohne Wasser ist bald ein toter Mann«, wurde geantwortet.

Moses kannte seine Leute, er wußte, wenn nicht bald ein Zeichen gesetzt würde, würde früher oder später eine Meuterei unausweichlich sein.

»Gut«, sagte er. »Holt Eimer und Wasserschläuche und alles, was dicht ist, und wartet vor meinem Zelt auf mich!«

Moses war voller Zuversicht. Er begab sich in sein Zelt, kniete sich nieder und betete.

»Gott im Himmel«, betete er, »der du uns auf Wegen führst, die wir nicht kennen, laß uns diese Wege im Besitz unserer Kräfte gehen. Du weißt«, sprach er weiter, in einem Ton übrigens, als säße er jemandem gegenüber, so vertraut war er inzwischen mit seinem Herrn, »du weißt, sie sind engherzig und engstirnig, voll Ungeduld und voll Vergessen. Wie die Kinder sind sie. Noch schlimmer als die Kinder, denn die Kinder sind unschuldig, und diese hier sind es nicht mehr. Aber sie sind dein Volk. Ich verlasse mich auf dich, auf dich, meinen Herrn.«

Dann trat er vor sein Zelt, wo inzwischen Hunderte Männer und Frauen warteten, denn das Dutzend hatte Stimmung gemacht. Es werde der Mann geprüft, dem man alles zu verdanken habe, hatten sie zweideutig verkündet. Und es war gar nicht so sicher, was die Hetzer unter ihnen mehr wollten – Wasser oder kein Wasser. Alle hatten Eimer in den Händen, Wasserschläuche, Schüsseln, Tassen.

»Wir haben Durst!« riefen die Menschen vor dem Zelt des Moses. Und sie hatten wirklich Durst.

Moses ging voran, schritt aus wie ein junger Mann, schwang seinen Stab. Bei einem Felsen, der aus der weiten, trostlosen Ebene ragte, blieb er stehen.

»Das ist Gottes Geschenk an euch«, sagte er. »Aber ihr sollt auch wissen, ihr seid dieses Geschenkes nicht würdig!«

Er schlug mit seinem Stab gegen den Fels, da sprudelte Wasser hervor, frisches, kühles Wasser, so viel, daß alle Gefäße nicht ausreichten, es aufzufangen, so viel, daß sich ein See bildete, in dem Mensch und Vieh ein Bad nehmen konnten.

»So ist Jahwe«, sagte Aaron. »Er ist der Überfluß.«

Jetzt waren sie begeistert, die Engherzigen, die Engstirnigen, die Sturen, die Besserwisser, sogar die Hetzer.

Und sie riefen: »Groß ist unser Gott Jahwe, der solche Zauberkunststücke vollführt. Groß ist unser Gott!«

Das machte den Moses traurig.

»Nun haben sie ein Beispiel für die Macht und die Liebe Jahwes«, sagte Aaron. »Nun werden sie zufrieden sein.«

»Sie werden nicht zufrieden sein«, sagte Moses.

Moses hatte recht.

Schon bald kam das Dutzend wieder und sagte: »Du hast uns weggeführt von den Fleischtöpfen Ägyptens. Wir haben Hunger. Was nützt Wasser dem Menschen, wenn er Hunger hat? Welchen Nährwert hat Wasser? Milch, ja, Milch hätte einen Nährwert. Honig, ja, Honig hätte ebenfalls einen Nährwert. Wohin wollte uns dein Gott führen?«

Wieder hielt Moses Zwiesprache mit Gott, und er sagte zu ihm: »Sei nachsichtig mit diesem Volk, mit seiner Ungeduld, mit seiner Engherzigkeit und seiner Engstirnigkeit.«

Und zu dem Dutzend, das vor seinem Zelt wartete, sagte er: »Macht die Brotkörbe fertig, ihr Undankbaren. Morgen könnt ihr sie füllen.«

Und am nächsten Morgen, als die Menschen erwachten, da lagen auf dem Boden weiße Flocken, aber es war nicht Schnee, die Flocken waren klebrig und schmeckten süß und ein wenig salzig auch, angenehm auf jeden Fall, und diese Flocken stillten den Hunger. Die Mutigsten hatten sie probiert – vielleicht auch die Hungrigsten.

»Was ist das?« fragten sie mit vollem Mund.

»Wir wollen den Flocken den Namen Manna geben«, schlug Aaron vor. »Es ist Brot vom Himmel. Mein Bruder hat mit unserem Gott verhandelt, und unser Gott hat versprochen, er werde Brot vom Himmel schicken, solange unser Weg durch die Wüste führt. Ihr seht, er hat sein Versprechen gehalten.«

Oh, wie begeistert waren sie!

»Unser Gott!« riefen sie. »Was für einen wunderbaren Gott haben wir! Niemand hat so einen Gott wie wir! Warum sollten wir uns einem anderen Gott zu Füßen werfen, wenn wir doch einen Gott haben wie den unseren!«

Aber Moses wußte, lange würden die Begeisterung und die Zufriedenheit wieder nicht halten.

Und Moses hatte wieder recht.

Es dauerte nicht lange, da baute sich das Dutzend erneut vor dem Zelt des Moses auf.

»Dein Manna!« sagten die Männer. »Weißt du, es hängt uns zum Hals heraus! Kein erwachsener Mann, keine erwachsene Frau will sich auf die Dauer von einer Speise ernähren, die wie Kindernahrung schmeckt! Erwachsene Menschen brauchen hin und wieder Fleisch. Wir wollen Fleisch! Dein Gott hat uns von den Fleischtöpfen Ägyptens weggezerrt! So schlecht es uns dort auch gegangen ist, wir hatten wenigstens ordentlich zu essen! Gehungert hat jedenfalls keiner. Reichlich war der Tisch gedeckt, abwechslungsreich. Hier gibt es nur Manna und Wasser! Einmal etwas Gebratenes! Einmal nur etwas Gebratenes!«

Dieselbe Prozedur: Moses sprach mit Gott, Gott versprach ein Wunder. Am nächsten Morgen brachte der Wind eine große Schar von Wachteln. Die Vögel ließen sich im Lager der Israeliten nieder, und so bekamen sie Fleisch in die Töpfe.

Und das Volk Israel sang: »Unser Gott ist groß! Es ist unser Gott! Eindeutig unser Gott! Und unser Gott ist groß!«

Moses hielt Zwiesprache mit Gott: »Du hörst sie«, sagte er und versuchte, seiner Stimme einen milden, versöhnlichen Ton zu geben, »sie sind wie die Kinder.«

»Nein, nicht wie die Kinder sind sie«, sagte Gott. »Kein Kind ist so dumm, so uneinsichtig, so unzufrieden, so anspruchsvoll, so undankbar, so dreist, so frech, so erbärmlich, so käuflich wie diese!«

Inzwischen hatte sich zwischen Gott und Moses – ich scheue mich, das Wort auszusprechen, weil sich auch Moses davor scheute, aber ich spreche es doch aus, weil auch Moses das Wort für sich aussprach, laut aussprach, oft aussprach –, ja, inzwischen hatte sich zwischen Gott und Moses eine Freundschaft entwickelt. Die beiden verbrachten viele Nächte im Gespräch miteinander.

Gott sagte: »Es ist ein dummes, es ist ein querulantisches, ein hartnäckiges Volk. Wäre es nicht besser, ich vernichte es? Es ist ja doch nicht mehr das Volk des Abraham, des Isaak, des Jakob, des Josef!«

»Das kannst du nicht tun«, sagte Moses. »Es ist mein Volk, und es ist dein Volk!«

»Dich würde ich selbstverständlich am Leben lassen«, sagte Gott. »Ich lasse dich noch lange leben, und du gründest ein neues, ein besseres Volk.«

»Nicht in jedem Fall wünscht sich der Mensch ein

langes Leben«, sagte Moses, und er sagte es mit einem leichten Flattern von Ironie in seiner Stimme, das war ihm in den Gesprächen mit Gott zur Angewohnheit geworden und hatte den Vorteil, daß er jederzeit, wenn Gott, der leider sehr unberechenbar war, an einem Satz oder einem Wort sich stieß, behaupten konnte, er habe es ja gar nicht ernst gemeint. »Manchmal kann ein langes Leben ein langer Fluch sein«, sagte Moses.

»Ich weiß«, sagte Gott. »Wenn ein Leben leer ist, wie dein Leben leer war, bevor ich dir in dem brennenden Dornbusch erschienen bin. Aber nun bin ich bei dir und werde dich nie wieder verlassen. Wir beide könnten einen neuen Bund schließen, der dritte nach Abraham und Jakob.«

»Du mußt Geduld haben mit deinem Volk«, sagte Moses.

»Warum muß ich Geduld haben?« fragte Gott. »Warum muß ich überhaupt etwas? Ihr müßt, ich muß nicht. Alles, was ich tue, ist, als würde es zum ersten Mal getan. Ich kann das Volk Israel vernichten und mir ein neues Volk machen.«

»Der Mensch ist, wie du ihn erschaffen hast«, holte Moses zu einer Generalverteidigung aus.

»Ich habe Fehler gemacht«, gab Gott zu. »Ich werde diese Fehler nicht wiederholen.«

»Man muß ein Haus nicht gleich einreißen, wenn die Haustür klemmt«, sagte Moses.

Viele Nächte hindurch blieb Moses wach, weil er nicht wagte einzuschlafen, denn er fürchtete, dann werde Gott einen Sturmwind schicken oder ein Erdbeben. Nur weil im Augenblick keiner wach war, der mit Gott über eine solche Maßnahme hätte argumentieren können. Aaron hatte einen gesegneten Schlaf, Mirjam tat nichts lieber als schlafen. Alle Verantwortung lastete auf Moses. Wenn die Menschen gewußt hätten, was für Gespräche er mit Gott führte, sie wären in Angst und Schrecken verfallen, Panik wäre ausgebrochen wie vor einem Weltuntergang, denn es wäre ja tatsächlich der Weltuntergang geschehen, jedenfalls der Untergang ihrer Welt, wenn Moses nicht so tapfer, so erfindungsreich, so klug vor Gott argumentiert hätte.

»Wenn das Bild, das du dir von deinem Volk machst«, sagte Moses, »nicht übereinstimmt mit der Realität dieses Volkes, dann mußt du an deinem Bild etwas ändern.«

Und Gott sagte wieder: »Warum muß ich das tun? Was ist mehr wert, das Bild, das Gott in sich trägt, oder die Summe aller Untaten und Unfähigkeiten, aus denen der Mensch besteht?«

»Du fragst mich«, sagte Moses. »Also willst du von mir eine Antwort.«

»Ja, ich will eine Antwort von dir.«

»Ich bin ein Mensch«, sagte Moses. »Und für einen Menschen kann es auf diese Frage doch nur eine Antwort geben. Nur wenn du einen anderen Gott fragst, könntest du eine andere Antwort erwarten.«

»Es gibt keinen anderen Gott neben mir«, sagte Gott.

»Eben«, sagte Moses.

Die Wahrheit ist: Moses erzog Gott. Ja, auch Gott erzog Moses. Aber Moses hat auch Gott erzogen.

Die Jahre vergingen. Die Wanderschaft durch die Wüste schien kein Ende zu nehmen. Viele Israeliten waren gestorben.

»Ihnen war doch versprochen worden, daß sie in das Land geführt werden, in dem Milch und Honig fließen«, sagten die Angehörigen und Freunde der Toten. »Hat Gott sie nicht so geliebt wie uns?«

Moses gab längst keine Antworten mehr. Aaron gab Antworten, aber es fiel ihm immer schwerer. Und er war manchmal verzweifelt, weil er sich sagte: Ich selbst glaube nicht mehr an meine Antworten, ich bin ein Betrüger! Und daß er ein Betrüger für die Sache Gottes war, das machte seine Verzweiflung nicht kleiner.

Eines Tages kamen sie in einen Landstrich, in dem flossen nicht Milch und Honig, aber es gab doch Felder, die nicht nur aus Staub und Stein waren, und es gab Zweige und Blätter, die nicht nur verdorrt waren. Es gab Weiden, die waren nicht üppig wie die Weiden in Ägypten gewesen waren, aber sie konnten eine Herde ernähren. Das Wasser sprudelte nicht in breiten Bächen von grünen Bergen, aber es gab Brunnen, die nicht versiegten.

Es war das Land der Amalekiter.

Die Israeliten wollten durch das Land ziehen, wollten sich dabei Zeit lassen, wer weiß, wie lange, Wochen, Monate, Jahre vielleicht, wollten sich in dieser Zeit vom Land ernähren.

Man führte ausführliche Verhandlungen. Die Antwort war negativ.

Die Amalekiter sagten: »Ihr seid ein Lumpenvolk. Woher kommt ihr eigentlich? Aus Ägypten? Wer verläßt freiwillig so ein blühendes Land? Oder seid ihr gar nicht freiwillig gegangen? Wir wollen gar nicht wissen, was der Grund ist, daß ihr Ägypten verlassen habt. Das geht uns nichts an. Dafür soll euch unser Land nichts angehen! Durch unser Land lassen wir euch nicht ziehen. Das Land ernährt uns, gerade uns ernährt es. Wenn geteilt wird, kriegt jeder zuwenig. Ihr müßt einen Umweg um unser Land machen!«

Aber Israel wollte nicht wieder in die Wüste zurück.

Joshua, der Sohn des Nun aus dem Stamme Ephraims, der wiederum ein Sohn des Josef gewesen war – Joshua war inzwischen der politische Führer Israels, Moses selbst hatte ihn ausgewählt, Joshua verhandelte mit den Amalekitern.

Er sagte: »Wir müssen durchziehen! Es muß möglich sein für wenige Tage, für wenige Wochen vielleicht, daß sich zwei Völker auf diesem Land einig sind. Das muß möglich sein, sonst sterben wir.«

»Das ist nicht unser Problem«, antworteten die Amalekiter. »Viele Menschen auf dieser Welt sterben, während wir hier sitzen und miteinander reden. Durch unser Land zieht ihr nicht! Wenn ihr es versucht, dann bedeutet das Krieg.«

Joshua hielt Rat mit den anderen Führern Israels. Inzwischen war eine neue Generation von Verantwortungsträgern herangewachsen. Immer noch war Aaron der unbestrittene oberste Ratgeber des Volkes. Und Moses war der Mann Gottes. Von Moses wurde gesprochen wie von einem Heiligen, von einem Mann, der mehr im Geiste als körperlich anwesend war. Die politischen Tagesgeschäfte aber wurden von Joshua und Hur geleitet. Hur war ein Mann aus der Mitte des Volkes, der überaus begabt war, in militärischen Dingen ebenso wie in der Kunst der Diplomatie.

Joshua und Hur entschieden: »Es bleibt uns keine andere Wahl. Wenn wir durch die Wüste ziehen, werden

wir verhungern und verdursten. Wir müssen durch das
Land der Amalekiter ziehen. Wir müssen uns wenigstens eine Zeitlang von diesem Land ernähren. Sonst
verlieren wir alle unsere Kräfte. Wenn die Amalekiter
Krieg wollen, sollen sie Krieg bekommen.«

Diese Entscheidung wurde Aaron vorgelegt, und
Aaron legte sie Moses vor, und Moses legte sie Gott vor.
Und Gott billigte die Entscheidung vor Moses, Moses
billigte sie vor Aaron, Aaron billigte sie vor Joshua und
Hur, und Joshua und Hur gaben ihre Befehle.

Krieg!

Moses stieg auf einen Hügel, um die Schlacht überblicken zu können.

Und er rief zu Gott: »Hilf deinem Volk noch einmal!
Es wird Krieg geben gegen die Amalekiter. Ich weiß
nicht, was für Götter die Amalekiter haben. Beweise,
daß du ein mächtiger und attraktiver Gott bist!«

So sprach Gott zu Moses: »Hebe deine Arme zu mir
empor. Mein Volk soll sehen, daß ich auf seiner Seite
stehe. Solange du deine Arme zu mir erhebst, so lange
wird Israel siegreich sein.«

So stand dieser alte, mürbe, müde Mann Moses oben
auf dem Hügel, während unten die Schlacht tobte. Die
Arme ausgestreckt zum Himmel.

Wie alt war Moses?

Hundertzwanzig Jahre alt war er, und die Arme
wurden ihm schwer. Sie sanken herab, er konnte nichts
dagegen tun. Aber im selben Maße, wie ihm die Arme
schwer wurden und herabsanken, wurde die Armee der
Hebräer von den Amalekitern zurückgedrängt.

Da eilten Aaron und Hur herbei und stützten die
Arme des greisen Führers. Und siehe: Die Israeliten

kehrten in die Schlacht zurück und versetzten den Amalekitern schwere Schläge.

Aber Aaron war ebenfalls ein alter, schwacher Mann, er konnte den Arm des Moses, für den er verantwortlich war, nicht lange halten, und auch Hur konnte den anderen Arm des Moses, für den er verantwortlich war, nicht so lange halten, wie die Schlacht dauerte. Deshalb gaben sie Befehl, rechts und links von Moses zwei kleine Mäuerchen zu bauen, jede gerade so hoch, daß sie als Armstütze ausreichte. Nun konnte Moses relativ bequem dem Gott Israels seine Demut beweisen.

Israel errang einen Sieg über die Amalekiter. Das Vieh wurde auf die Weiden getrieben, die Kornkammern wurden geplündert, die Wasserschläuche gefüllt.

DIE ZEHN GEBOTE

Von einem Siegeslied – Von neuen Entbehrungen – Von
einem großen Versprechen – Von vierzig einsamen Tagen –
Vom Gesetz Gottes – Von einer drohenden Meuterei – Vom
goldenen Kalb – Von der großen Abrechnung – Von einer
großen Müdigkeit

Israel jubelte. Israel betete seinen Gott an. Israel sang.
Moses dichtete ein Lied für den Sieger Gott, der seine
Feinde demütigte und vernichtete.

Schrecken und Furcht überfiel sie,
sie erstarrten zu Stein
vor der Macht deines Arms,
bis hindurchzog, o Herr, dein Volk,
bis hindurchzog das Volk, das du erschufst.

»Mit diesem Sieg«, sagte Aaron zu Moses, »mit diesem
Sieg hat sich Gott einen festen Platz im Herzen Israels
gesichert. Nie mehr wieder werden die Menschen an
ihm zweifeln. Wir müssen die Erinnerung an diesen Sieg
wach halten.«

»Sie werden diesen Sieg ebenso vergessen, wie sie
alles vergessen haben«, sagte Moses. »Wie sie den Sieg
über die Ägypter im Roten Meer vergessen haben, wie
sie das Wasser aus dem Felsen vergessen haben, wie
sie das Brot vom Himmel vergessen haben, wie sie das
Fleisch vom Himmel vergessen haben.«

»Wir müssen ihnen ein Idol geben«, sagte Aaron,
der Pragmatiker. »Laß ein Bild von Jahwe malen
oder in Stein hauen oder aus Gold gießen!« sagte er.
»Beschreibe dem Maler, dem Bildhauer, dem Gold-
schmied, wie Jahwe aussieht. Dieses Bild werden wir bei
unserer Wanderung vorantragen.«

»Ich kann dem Künstler nicht beschreiben, wie
Jahwe aussieht«, sagte Moses. »Ich habe unseren Gott
noch nicht gesehen.«

»Du hast ihn gehört, seine Stimme hast du gehört«,
sagte Aaron. »Ist es nicht so, daß der Mensch sich ein
Bild macht von einem anderen Menschen, auch wenn er
nur seine Stimme hört?«

»Ich kann mir ein Bild von einem Menschen machen,
wenn ich seine Stimme höre«, sagte Moses. »Aber ich
kann mir von Gott kein Bild machen. Denn das Bild
wäre immer eine Verhöhnung. Immer ist Gott größer,
als wir ihn uns denken.«

»Aber die Menschen wollen ein Bild von ihrem
Gott«, sagte Aaron, der die Menschen besser kannte
als sein Bruder. »Wenn sie kein Bild von ihrem Gott
haben, dann werden sie auch bald keinen Gott mehr
wollen.«

»Sie werden sich ein Bild in ihrem Herzen machen«,
sagte Moses. »Und dieses Bild muß ihnen genügen.«

Nach drei langen, entbehrungsreichen Monaten in der
Wüste kamen die Israeliten an den Berg Sinai. Sie schlugen ihr Lager auf. Da war die Stimmung schon wieder
sehr schlecht. Der Sieg über die Amalekiter war vergessen. Wie Moses befürchtet hatte. Die Menschen waren
bedrückt. Sie waren hungrig. Es zermürbte sie, immer

Durst zu haben, jeden Tag nach den Wasserrationen einzurichten – ob die Kinder spielen dürfen, ob man ein längeres Gespräch beginnen soll, das womöglich mehr Energie benötigte, als gut war.

Schon begannen die ersten wieder zu murren.

»Was hat uns dieser Sieg über die Amalekiter gebracht? Nichts hat er gebracht. Gerade einen vollen Magen für ein paar Wochen. Nur damit wir spüren, wie schön es ist, satt zu sein. Daß wir trinken konnten, soviel unser Bauch aufnehmen konnte, damit wir hinterher um so böser den Durst fühlen.«

Man versammelte sich wieder vor dem Zelt des Moses. Aber Moses erschien nicht. Man rief seinen Namen. Er hörte nicht oder wollte nicht hören. Noch wagte es keiner, das Zelt des heiligen Mannes zu betreten, ohne daß er gerufen worden wäre.

Moses kniete in seinem Zelt. Gott sprach mit ihm.

Der Herr sagte: »Befiehl deinem Volk! Alle sollen ihre schönsten Kleider anziehen und sollen sich am Fuß des Berges Sinai versammeln. Ich habe Israel etwas mitzuteilen.«

»Hörst du sie schreien?« fragte Moses.

»Ich höre sie schreien«, sagte Gott.

»Wirst du ihnen Wasser und Brot geben?« fragte Moses.

»Ich will ihnen etwas viel Besseres geben als Wasser und Brot«, sagte Gott. »Ich will meinem Volk ein Gesetz geben.«

»Was nützt ein Gesetz, wenn Hunger und Durst herrschen«, sagte Moses.

»Ohne Gesetz werden Hunger und Durst nicht zu beherrschen sein«, sagte Gott.

Demütig neigte Moses sein Haupt, küßte den Boden, denn es war heiliger Boden.

»Was soll ich tun?« fragte er.

»Steig hinauf auf den Berg! Steig durch die Wolken, die den Berggipfel umhüllen! Frag nicht! Geh! Sag nicht, du seist zu alt dazu!«

Da rief Moses seinen Bruder Aaron zu sich, teilte ihm mit, was Gott gesagt hatte.

»Ich möchte, daß Hur dich begleitet«, sagte Aaron.

»Der Herr ist bei mir«, sagte Moses. »Von einer Begleitung war nicht die Rede.«

Aaron vertrieb die Menschen vor dem Zelt des Moses. Ein großes Fest stehe bevor, sagte er. Jahwe habe zu Moses gesprochen.

»Zieht eure besten Kleider an!« befahl Aaron. »Wer sich weigert, der soll sich auf der Ferse umdrehen und gehen. Wer jetzt murrt, soll nicht zum Fest geladen werden!«

Da standen die Meuterer allein da, die Menschen eilten in ihre Zelte und suchten nach schönen Kleidern, und wer keine schönen Kleider fand, der nahm, was er fand, und nannte, was er in der Hand hielt, ein schönes Kleid und glaubte auch, es sei ein schönes Kleid, und die anderen glaubten es ebenso, denn es ging ihnen nicht viel anders.

Und das Volk Israel versammelte sich am Fuß des Berges Sinai und wartete. Wartete. Wartete…

Moses machte sich auf den Weg. Er stieg auf den Berg, stieg durch die Wolken.

Und dort ist ihm Gott begegnet.

»Und nun«, sagte Gott zu Moses, »dreh dich um, dann siehst du meinen Schatten, wie er an dir vorüberzieht. Kein Mensch kann mir ins Angesicht schauen.«

Gott hat sich dem Moses offenbart. Durch die Nebelschleier hindurch meinte Moses dann doch das Angesicht Gottes zu sehen. Es kann nicht sein, sagte er sich. Aber er war zufrieden. Er war zufrieden und sagte sich, auch wenn es Einbildung ist, ist es gut, denn eine Einbildung von Gottes Angesicht ist mehr wert als jedes Bild der Welt.

Was kann darüber gesagt werden? Wie soll ein Menschenmund das je erzählen können?

Vierzig Tage war Moses oben auf dem Berg Sinai. Gott hat ihm Nahrung gegeben und hat ihm den schönsten Schlaf gegeben, der je einen Menschen erquickt hat, er hat ihm, seinem Diener, gegönnt, sein eigenes Leben zu überblicken, und er hat ihm Trost gegeben, weil so viele Jahre in diesem Leben sinnlos und leer gewesen waren, und Gott hat Moses am Ende sein Gesetz gegeben.

Gott sprach diese Worte:

»Ich bin Jahwe, dein Gott, der dich aus Ägypten geführt hat, aus dem Sklavenhaus. Du sollst neben mir keine anderen Götter haben. Du sollst dir kein Gottesbild machen und keine Darstellung von irgend etwas am Himmel droben, auf der Erde unten oder im Wasser unter der Erde. Du sollst dich nicht vor anderen Göttern niederwerfen und dich nicht verpflichten, ihnen zu dienen. Denn ich, der Herr, dein Gott, bin ein eifersüchtiger Gott.

Du sollst den Namen des Herrn, deines Gottes, nicht mißbrauchen.

Sechs Tage darfst du schaffen und jede Arbeit tun.

Der siebte Tag ist ein Ruhetag, dem Herrn, deinem Gott, geweiht. An ihm darfst du keine Arbeit tun.

Ehre deinen Vater und deine Mutter, damit du lange lebst.

Du sollst nicht morden.

Du sollst nicht die Ehe brechen.

Du sollst nicht stehlen.

Du sollst nicht falsch gegen deinen Nachbarn aussagen.

Du sollst nicht nach dem Haus deines Nächsten verlangen.

Du sollst nicht nach der Frau deines Nächsten verlangen oder nach irgend etwas, was deinem Nächsten gehört.«

Ein Blitz fuhr vom Himmel und schrieb das Gesetz in zwei Steintafeln.

Vierzig Tage war das Volk Israel ohne seinen Führer. Die Menschen harrten aus am Berg Sinai. Allmählich aber wurden die Leute unruhig. Wer möchte es ihnen verdenken?

Sie sprachen mit Aaron und sagten: »Dein Bruder Moses, er ist ein großer Mann, er spricht mit Gott. Jetzt ist er schon vierzig Tage weg. Vielleicht ist er gestorben, vielleicht kommt er gar nicht mehr. Dann haben wir keinen Führer mehr, dann haben wir keinen Gott mehr. Denn alles, was wir von unserem Gott wissen, kam aus dem Mund deines Bruders. Vielleicht lebt dieser Gott nur im Mund und im Herzen deines Bruders. Wir wissen es nicht. Aber wenn es so ist, was machen wir dann? Was machen wir, wenn Moses tot ist? Dann ist unser Gott auch tot.«

So sprachen sie.

Aaron beschwichtigte: »Wartet ab! Habt doch Vertrauen! Warum habt ihr kein Vertrauen in Jahwe? Warum habt ihr kein Vertrauen in Moses? Hat er euch je etwas versprochen, was er nicht gehalten hat?«

»Dein Bruder spricht von Dingen, die man nicht sehen kann. Die man nicht angreifen kann. Man kann sich nicht freuen, weil man nichts sieht, nichts hört, weil die Sonne nicht darauf scheint. Man fürchtet sich nicht, weil der Mond den Dingen keinen Schatten gibt. Nur Worte gibt uns dein Bruder, nur Worte. Und Worte sind wie Luft, wenn der Mund zu ist.«

Aaron, dieser Mann des Volkes, der Pragmatiker, er hat gesehen, wie kritisch die Situation war, daß die Geduld des Volkes erschöpft war, daß Worte tatsächlich keinen Trost mehr geben konnten. Die alten Eifersüchteleien unter den verschiedenen Stämmen brachen wieder hervor. Erledigt geglaubte Abrechnungen wurden wieder aufgetischt. Aus jedem Stamm meldete sich ein neuer Führer. Manche dieser Führer scheuten sich nicht, offen gegen Moses aufzutreten. Gerüchte gingen um, Moses sei vom Berg gestürzt. Verzweiflung breitete sich aus. Frauen weinten laut, Kinder verkrochen sich. Die Männer erhoben den Blick nicht mehr vom Boden.

Da rief Aaron das Volk zu sich und verkündete: »Sammelt alles ein, was aus Gold ist, und bringt es mir!«

Das geschah, und Aaron ließ das Gold einschmelzen. Er ließ aus Lehm eine Form anfertigen, die ein Kalb darstellte. In diese Form wurde das flüssige Gold gegossen.

»Dann soll das euer Gott sein«, sagte Aaron.

Und die Menschen tanzten um das goldene Kalb.

Und es war ein wenig Ruhe in ihren Herzen. Es war ein großes Fest. Die Menschen hatten Hunger, sie hatten Durst, es war ihnen zu essen und zu trinken versprochen worden, und es war ihnen ein Fest versprochen worden. Das Fest war ihnen gegeben worden.

»Moses hat uns allen ein Fest versprochen«, sagten die Menschen. »Und Aaron hat das Versprechen gehalten.«

Gerade als das Fest in vollem Gange war, als alle um das goldene Kalb tanzten, kam Moses vom Berg herab, trug schwer an den Steintafeln, auf denen Gottes Gesetz stand. Er hörte von weitem die Musik, hörte die Menschen singen und lachen und kreischen. Und dann sah er: Er sah, wie sich sein Volk vor einem goldenen Kalb niederkniete, als wäre dieses lächerliche Ding sein Gott.

Da erfaßte ihn ein mächtiger Zorn, und der Zorn raffte alle Kraft zusammen, die in dem alten Körper war. Moses hob die Steintafeln hoch über seinen Kopf und schmetterte sie auf das goldene Idol nieder.

Und dann hielt Moses Gericht. Er rief die Männer zu sich, die sich nicht an dem Fest beteiligt hatten.

»Zieht euer Schwert«, befahl Moses. »Geht durch das Lager von einem Tor zum anderen und tötet alle, die auf unseren Gott geflucht haben!«

Es heißt, in dieser Nacht seien dreitausend Menschen getötet worden.

In derselben Nacht ist Gott dem Moses erschienen, und er sagte zu ihm: »Du hast meine Rache ausgeführt. Die Schuldigen hast du getötet. Die übriggeblieben sind, will ich vernichten. Ich will keinen Unterschied machen zwischen Schuldigen und Unschuldigen.«

»Nein!« sagte Moses, und sein Körper zitterte, so

sehr mußte er weinen. »Ich wollte dein Diener nicht sein. Ich wollte nicht und bin doch dein Diener geworden. Mein Herz tut mir weh. Ich möchte, daß das Blutvergießen ein Ende hat.«

»Aaron trägt die Schuld«, sagte Gott.

»Verzeih ihm«, sagte Moses. »Verzeih ihm! Verzeih allen! Verzeih uns Menschen, daß wir so sind, wie wir sind! Verzeih uns bis in alle Ewigkeit!«

MOSES STIRBT

Von letzten Fragen – Von alten Träumen und
Erinnerungen – Von der Frau aus Kusch – Von Zipporas
Schmerz – Von Aarons Ermahnungen – Von Mirjams
Empörung – Von Gewitter und Sturm – Von einem
rollenden Brunnen – Von Aarons Tod – Von Moses' Traum –
Vom Tod des Helden

»Was wird sein, wenn ich tot bin?«

Diese Frage beherrschte von nun an alle Gedanken des Moses.

»Was wird sein, wenn ich tot bin? Was wird sein mit meinem Volk? Wird das Volk ohne mich seinen Weg weitergehen können? Wird Israel von Jahwe abfallen, wenn ich nicht mehr bin? Was werden unsere Feinde tun, wenn ich nicht mehr bin? Hat Israel neue und gute Führer?«

Solche Fragen stellte sich Moses.

Schließlich mußte er sich sagen: »Ich kann diese Fragen nicht beantworten. Wenn ich tot bin, bin ich tot. Es gibt keine Verantwortung über den Tod hinaus.«

Und als er sich das gesagt hatte, änderten sich seine Sorgen. Die Sorge verließ ihn nicht, sie änderte sich. Nicht mehr fragte er, was wird aus Israel nach meinem Tod.

Nun fragte er sich: »Was wird aus mir in der kurzen Zeit, die ich noch zu leben habe?«

Darüber dachte er nach. Moses war hundertzwanzig Jahre alt.

»Meine Kraft reicht nur mehr für mich selbst«, sagte er. »Israel hat einen neuen Führer, einen starken Führer. Joshua. Joshua kann an hundert Dinge gleichzeitig denken. Ich aber kann nur noch an mich selbst denken.«

Immer öfter kam es vor, daß Moses sich auch am Tag in den Schatten legte und träumte. Seine Träume waren stark und breit und jugendlich. Und diese Träume waren nicht belastet mit der Aufforderung, sie zu erfüllen. Moses, der den größten Teil seines langen Lebens auf Wanderschaft war, wollte nicht mehr gehen. Er wollte nicht getragen werden, und er wollte nicht gehen.

Zu sich selbst sagte er, wobei es ihm gleichgültig war, ob ihm jemand zuhörte oder nicht: »Meine Träume wollen bleiben, ich liebe meine Träume, also will ich bei ihnen bleiben.«

Als die Karawane zu einer Oase kam, bat er Joshua: »Laßt uns ein paar Tage hier lagern. Bleiben wir ein paar Tage, ich brauche Ruhe.«

Und Joshua sah keinen Grund, dem alten Mann diesen Wunsch abzuschlagen.

Moses begab sich zu dem Brunnen bei dieser Oase, legte sich in den Schatten der Bäume.

Und Mirjam, seine Schwester, sagte zu den Leuten: »Laßt ihn in Ruhe! Er spricht jetzt mit Gott. Ihr müßt ihm am Tag seine Ruhe lassen.«

Aber Moses sprach nicht mit Gott. Nicht am Tag. Nachts manchmal. Aber hinterher war er sich nicht ganz sicher, ob Gott auch mit ihm gesprochen hatte. Der Gedanke, daß all seine Gespräche mit Gott in Wahrheit Selbstgespräche gewesen sein könnten, entsetzte ihn nicht, sondern amüsierte ihn.

»Dann hat er eben aus meinem Mund mit meiner

Stimme gesprochen«, sagte er laut. »Was macht den Unterschied?«

Und er sagte sich: »Als ich meinte, auf dem Berg Sinai seinen Schatten zu sehen, vielleicht war es mein Schatten, den die Sonne auf den Nebel geworfen hat.«

Und auch dieser Gedanke entsetzte ihn nicht, sondern belustigte ihn. Und am meisten belustigte ihn die Vorstellung, er könnte diese Gedanken seinem Bruder Aaron mitteilen, und was der wohl für ein Gesicht machen würde.

Den ganzen Tag lag Moses im Schatten bei dem Brunnen. Träumte, schmunzelte, schlief.

Im Traum sah er sich, wie er als junger, als aufbrausender Mann am Hof von Pharao Malul gewesen war. Er sah sich, wie er hinausgegangen war zum Volk Israel, das unter der Fronarbeit litt, sah sich, wie er die Menschen in den Ziegeleien besuchte, in den Steinbrüchen, auf den Feldern, erinnerte sich daran, wie er den ägyptischen Aufseher erschlagen hatte ... – Das alles kehrte in seinen Träumen wieder.

In seinen Träumen bat er diesen Aufseher um Vergebung, er entschuldigte sich bei ihm für seinen Jähzorn. Er träumte von seiner Kindheit, von seiner Mutter, obwohl er gar nicht genau wußte, wer eigentlich seine Mutter war. Er sah eine Frauenhand vor sich, die über seine Stirn fuhr und ihn streichelte ...

Da erwachte Moses am Brunnen, und neben ihm saß wirklich eine Frau, und die streichelte wirklich über seinen Kopf. Moses kannte die Frau schon vom Sehen, es war keine Frau aus dem Volk Israel, sie stammte aus der Stadt Kusch und hatte sich der Karawane angeschlossen.

Die Frau aus Kusch sprach nicht mit Moses, sie saß nur neben ihm. Sie hielt seine Hand. Das war alles, was sie tat. Das tat dem Moses wohl. Er hatte das Gefühl, als könne er sich endlich entspannen, endlich, nach hundert Jahren. Alle Sorge fiel ab vom ihm.

»Was ist deine Aufgabe?« fragte er die Frau.

»Ich habe keine Aufgabe«, sagte sie. »Ich bin froh, wenn man mich nicht wegschickt.«

»Willst du mir erzählen, warum du deine Heimatstadt Kusch verlassen hast?« fragte er.

»Ich will es lieber nicht erzählen«, sagte sie.

»Dann will ich nicht fragen«, sagte er. »Und ich werde es nicht zulassen, daß jemand dich fragt.«

Sie lächelte, hielt seine Hand.

»Ich will, daß deine Aufgabe von nun an ist, daß du bei mir bist«, sagte Moses.

»Das will ich«, sagte die Frau.

Von nun an war die Frau aus Kusch bei Moses.

Die beiden sprachen miteinander. Er erzählte von seinem Leben. Sie von ihrem. Er dachte, sie sagt nicht die Wahrheit. Aber er dachte sich auch: Was ist die Wahrheit, wenn ein Menschenleben erzählt wird? Er erzählte ihr von den unwichtigen Dingen seines Lebens. Und als er erzählte, wurden gerade diese Dinge wichtig. Die Farbe alter Schuhe, der Geruch eines Hauseingangs, der erste Blick am Morgen aus dem Fenster seines Zimmers...

Von Gott erzählte er nicht. Nach Gott fragte die Frau aus Kusch nicht. Sie interessierte sich für die Farben von Schuhen, die Gerüche von Hauseingängen, die Blicke aus Fenstern der Jugend.

Moses nahm die Frau aus Kusch mit in sein Zelt. Und was sagte Zippora, seine Frau?

»Du wirst von nun an meine Nebenfrau sein«, sagte Moses zu ihr. »Ich werde dir ein Zelt bauen lassen, das ist ganz allein für dich. Bei mir wird die Frau aus Kusch leben. Denn sie ist meine Lieblingsfrau von nun an.«

Zippora weinte und schrie: »Du liegst den ganzen Tag draußen beim Brunnen und schläfst, und wenn du nicht schläfst, dann träumst du, oder du erinnerst dich, wie du sagst, erinnerst dich an dein Leben, und hast dich auch schon daran erinnert, wie wir uns kennengelernt haben, das hast du jedenfalls behauptet, und jetzt schickst du mich fort, weil ein junges, geiles Ding dahergeflattert ist! Immer hast du dich für alles mögliche interessiert, nie für mich, für Politik und deinen Gott, nie für mich!«

»Und nie für mich selbst«, sagte Moses. »Seit Gott durch den brennenden Dornbusch zu mir gesprochen hat, habe ich nicht eine Minute an mich gedacht. Jetzt will ich an mich denken!«

Aber Zippora gab nicht so schnell auf. Sie lief hinüber zu Aaron.

»Zeig ihm seine Gesetzestafeln!« schrie sie. »Er hat sie doch vom Berg heruntergebracht! Er hat doch behauptet, Gott selber hat darauf geschrieben! Was steht da über die Ehe? Lies es ihm vor, Aaron!«

Und Aaron nickte. Das war bedeutend. So schnell nickte Aaron nicht. Das wußte jeder. Jeder wußte, Aaron nickt nur bei absolut eindeutigen Fällen. Sonst wiegt er seinen Kopf hin und her oder tut gar nichts.

»Mein Bruder«, sagte Aaron zu Moses. »Hier steht: Du sollst nicht die Ehe brechen.«

»Das ist richtig«, sagte Moses. »Das steht hier.«

546

»Dann handle danach«, sagte Aaron. »Du bist dem Volk ein Vorbild!«

»Das ist richtig«, sagte Moses. »Ich bin dem Volk ein Vorbild.«

Dann zog er den Vorhang zu seinem Zelt zu, und in dem Zelt wartete die Frau aus Kusch auf ihn.

»Das darfst du nicht durchgehen lassen«, kreischte Zippora. »Du bist Aaron, der Richter! Was nützt ein Richter, wenn er nicht einschreitet? Was hast du für eine Macht, wenn einer vor deiner Nase den Vorhang zu seinem Zelt zuziehen kann?«

Da tat Aaron etwas, was er noch nie getan hatte: Er betrat das Zelt des Moses ohne dessen Erlaubnis. Und er sah die Frau aus Kusch im Bett des Moses liegen. Sie blickte ihn an, nicht herausfordernd, nicht einmal neugierig. Sie blickte ihn einfach nur an.

»Bruder«, sagte Aaron, »willst du nichts zu deiner Verteidigung sagen?«

Moses ging auf Aaron zu, blieb vor ihm stehen, seufzte tief und hob hilflos die Arme.

»So ist das mit uns«, sagte er. »Ich könnte sie wegschicken. Sie würde gehen. Sie würde nicht schreien wie Zippora. Sie würde nicht einmal weinen. Aber ich will nicht.«

»Du brichst das Gesetz«, sagte Aaron.

»Das weiß ich selber«, fuhr ihn Moses an. »Ich sagte, wir sind so. Ich meinte, wir Menschen sind so. Ich habe hundertzwanzig Jahre alt werden müssen, um das einzusehen. Ich will sie nicht wegschicken. Ich will bei ihr liegen! Ich weiß, daß ich das Gesetz breche. Und ich tue es trotzdem. Und ich weiß nichts zu meiner Verteidigung zu sagen. Und jetzt laß mich!«

»Nein«, sagte Aaron, »ich lasse dich nicht! Du bist
dem Volk Rechenschaft schuldig. Wenn du das Gesetz
Gottes brichst, werden es die anderen nicht halten!«

»Gut«, sagte Moses. »Ich werde Gott fragen. Ich
werde ihn fragen, ob er in meinem Fall eine Ausnahme
erlaubt. Warten wir die kommende Nacht ab. Dann
wird Gott kommen, und er wird es mir sagen, wenn
ihm nicht gefällt, was ich tue.«

Aaron verließ das Zelt seines Bruders. Aber er legte
sich vor dem Eingang nieder und wartete auf die Nacht.

Moses lag neben der Frau aus Kusch, die er so liebte,
in die er sich verliebt hatte wie ein junger Mann, und
in der Nacht brach ein Wetter los, der Himmel krachte,
Blitze fuhren nieder.

Die Frau aus Kusch zitterte vor Angst und sagte zu
Moses: »Das ist Gott, er will dir sagen, daß es nicht
recht ist, wenn du bei mir liegst.«

»Nein, nein«, sagte Moses, »nein, ich kenne Gott
ganz anders, wenn der mir etwas sagt, dann kommt
er in mein Zelt. Das ist nur ein Unwetter, sonst ist das
nichts.«

Am nächsten Tag kam Aaron, und er brachte Mirjam mit.

Und sie sagten: »Hast du das gehört, Moses? Gott
hat gesprochen in der Nacht. Ein Donnerwetter in der
Wüste! Wann gibt es das? Alle fünfzig Jahre vielleicht.
Das ist kein Zufall! Gott will, daß du die Frau aus
Kusch fortschickst!«

Moses sagte: »Nicht, daß ich wüßte, daß Gott so mit
mir redet. Nein, Gott hat nichts dagegen, daß ich diese
Frau liebe. Ich liebe sie von ganzem Herzen, ich liebe sie
mehr, als ich jemals in meinem Leben einen Menschen

geliebt habe. Das weiß Gott, und darum macht er bei mir eine Ausnahme.«

Mirjam war empört. Aaron war empört. Aber es war nun einmal so, daß Gott nicht ihnen erschienen war, sondern ihrem Bruder, und ihren Kopf hätten sie nicht verwettet, daß Moses unrecht hat.

Sie machten aus, eine weitere Nacht abzuwarten.

Mirjam sagte: »Eine Nacht wollen wir noch zuwarten. Gott soll dir ein unzweifelhaftes Zeichen geben.«

In der kommenden Nacht lag Moses wieder bei seiner geliebten Frau aus Kusch, da kam ein Sturm auf, ein ungeheurer Sturm, ein glutheißer Sturm tobte durch das Lager, so trocken, so heiß, daß die Seile, die die Zelte festhalten, brachen und viele Zelte weggeweht werden.

Die Frau aus Kusch fürchtete sich und sagte: »Das ist die Antwort Gottes auf unsere Liebe. Gott will es nicht!«

Moses sagte: »Nein, nein, nein! Ich kenne Gott ganz anders. Wenn er mir etwas sagen will, dann kommt er zu mir in mein Zelt. Ich kenne ihn, mach dir keine Sorgen! Das ist ein Sturm, mehr nicht.«

Er drückte die geliebte Frau aus Kusch fest an sich. Sein Zelt hielt dem Sturm stand.

Am nächsten Tag kamen Aaron, Mirjam, Zippora.

Und sie triumphierten: »Hast du den Sturm gehört in der Nacht? Hast du das mitgekriegt? Diese Verwüstung! Das ist doch eine eindeutige Antwort Gottes. Schick diese Frau weg!«

Moses sagt: »Nein, ich will nicht!«

Festzustellen ist, daß Mirjam inzwischen die ganze Angelegenheit zu ihrer gemacht hatte. Sogar noch hef-

tiger als Zippora pochte sie auf die Einhaltung des sechsten Gebotes.

»Das lasse ich nicht zu!« donnerte sie los. »Bevor ich
das zulasse, wird sich der Brunnen vor deinem Zelt wie
ein Hund benehmen, wird dieser Brunnen winselnd hinter mir hergehen.«

Etwas anderes ist ihr in der großen Aufregung nicht
eingefallen.

Moses ließ sich durch nichts beeindrucken, er behielt
die Frau aus Kusch in seinem Zelt. Sie war seine Lieblingsfrau, sie hat sein Herz gewärmt. Die Karawane
zog weiter, und vor der Karawane her, wie es die Leute
gewohnt waren, zog die Rauchsäule, die den Weg
wies.

Da hörten die Menschen hinter sich ein Rumpeln,
und sie drehten sich um. Was war geschehen?

Die Legende erzählt, der Brunnen habe sich selbst
aus dem Boden gerissen, ein steinerner, schwerer Brunnen, und er sei, wie ein Hund seinem Herrn nachfolgt,
der Karawane nachgefolgt, nachgerollt. Am Abend
rollte er durch das Lager der Israeliten und legte sich vor
dem Zelt der Mirjam nieder.

»Das ist der Mirjams-Brunnen«, sagten die Leute.

Und die meisten sagten, ja, es ist so, wie Moses sagte,
Gott hat eine Ausnahme gemacht. Gott will, daß die
Frau aus Kusch im Zelt des Moses ist. In diesem Fall,
sagten die Leute, hat Gott eine Ausnahme gemacht und
hat sich für die Liebe und gegen die Ehe entschieden.

Und Aaron, der Pragmatiker, der das Volk besser
kannte als alle, sagte: »Aber nur in diesem Fall! Nur in
diesem einen Fall!«

Und die Legende sagt, es habe auch etwas Gutes

gehabt, dieser Gesetzesbruch durch Moses. Denn dem Volk Israel sei von da an niemals mehr das Wasser ausgegangen, denn immer war ein Brunnen da.

»Unser Mirjams-Brunnen«, sagte die Leute.

Da war dann Mirjam stolz, daß ihr Name für den Segen des Wassers stand.

Und Zippora? Sie fand sich ab. Viel hatte sie von ihrem Mann nie gehabt. Zwischen dem wenigen, was er ihr gegeben hatte, und dem gar nichts, was er ihr nun gab, war der Unterschied so gering, daß er kaum benannt werden konnte. Sie fand sich ab.

Und Aaron? Er hielt von nun an für lange Zeit kühlen Abstand zu seinem Bruder.

Eines Tages – das Volk Israel war beim Berg Hor angekommen – betrat Aaron das Zelt des Moses.

Er sagte: »Bruder, komm mit mir, komm mit mir!«

Aaron führte Moses auf den Berg.

»Ich werde sterben«, sagte er. »Auf diesem Berg werde ich sterben. Ich möchte mit dir ein paar Dinge bereden. Siehst du, ich habe mir immer gewünscht, daß Gott auch mir einmal begegnet, daß er auch mit mir einmal spricht, so wie er mit dir immer gesprochen hat, so oft gesprochen hat. Er hat auch im Traum mit unserer Schwester Mirjam gesprochen. Jedenfalls hat er einen seiner besten Engel zu ihr geschickt. Mit mir hat er weder gesprochen, noch hat er mir einen Engel geschickt. Ich habe eine einzige Frage an dich: Was wird sein, wenn wir tot sind? Was kommt danach?«

»Ich weiß es doch auch nicht«, sagte Moses.

»Hat er es dir denn nicht gesagt?« fragte Aaron.

»Nicht, daß ich wüßte«, sagte Moses.

»Ich fürchte«, sagte Aaron, »ich fürchte, daß nichts ist danach, gar nichts.«

»Das kann ich mir nicht vorstellen«, sagte Moses. »Das hätte er mir bestimmt gesagt.«

»Wie sollen wir das rauskriegen?« fragte Aaron. »Es wäre doch gut, wenn man das wüßte.«

»Ich hätte mich früher darum kümmern sollen«, sagte Moses. »Hättest du mich nur früher danach gefragt! Jetzt bin ich zu müde, um darüber nachzudenken. Ich will nichts mehr wissen. Gar nichts mehr. Nicht einmal, was nach dem Tod ist.«

»Ich werde es bald wissen«, sagte Aaron.

Er legte sich auf den Boden und starb.

Und Moses scharrte ein Grab mit seinen Händen aus und legte seinen Bruder hinein.

Im selben Monat starb auch Mirjam.

Eines Nachts hatte Moses einen Traum. Er sah im Schlaf seinen alten Erzrivalen, den Zauberer Bileam ben Beor, der kam ihn besuchen.

Und er fragte: »Moses, sag mir, was habe ich falsch gemacht in meinem Leben?«

Und Moses antwortete ihm im Traum: »Du hast nicht zum Himmel hinaufgeblickt, du hast dich nicht erhoben.«

Und Bileam ben Beor sagte: »Ich bin als Kind in einen Honigtopf gefallen, und die Sonne hat mich zu Gold gemacht. Ich bin zu schwer, um mich zum Himmel zu erheben.«

Und Moses sagte im Traum: »Das ist keine Rechtfertigung. Sogar Steine sind nicht zu schwer, um sich zum Himmel zu erheben.«

Er zeigte Bileam ben Beor die Gesetzestafeln vom Berg Sinai.

»Siehst du«, sagte er, »die sind vom Himmel heruntergeschwebt, gerade in meine Arme.«

Moses träumte, Bileam ben Beor habe die Gesetzestafeln wie Flügel genommen, eine links, eine rechts, und sei mit ihnen davongeflogen. Über die Wüste. Über das Meer. In den Dunst am Horizont.

Da wachte er auf.

Voll Angst sagte er zu sich: »Das Gesetz Israels ist gestohlen worden!«

Er wollte nachsehen, aber er kam nicht dazu, denn vor seinem Zelt stand Gott.

Gott nahm Moses an der Hand und sagte: »Denk jetzt nicht an das Gesetz! Ich will dich auf einen Berg führen. Du wirst das Land, in dem Milch und Honig fließen, zwar nicht betreten, aber ich will es dir zeigen.«

Gott führte Moses auf den Berg, und er zeigte ihm das Land Kanaan.

»Dorthin werde ich mein Volk führen«, sagte Gott.

Und Moses starb.

PIPER

Michael Köhlmeier

Das große Sagenbuch des klassischen Altertums

640 Seiten. Serie Piper

Ob Ödipuskomplex, Tantalosqualen, Ariadnefaden oder das Trojanische Pferd – die Begriffe aus der Sagenwelt des klassischen Altertums sind uns bis heute vertraut. Doch wer hat schon all die Götter und Helden mit ihren abenteuerlichen und zutiefst menschlichen Geschichten im Kopf? Ursprünglich wurden diese Sagen mündlich überliefert, eine Tradition, die Michael Köhlmeier in seinen Rundfunkaufnahmen wiederbelebt hat. In diesem Band sind alle von ihm neu erzählten Sagen versammelt. Wie die antiken Sänger läßt er sich forttragen von den Ereignissen und schildert in leichtem Ton die bewegenden und oft grausamen Geschichten der griechischen Mythologie. Und plötzlich steigen die Gestalten herab von ihrem Podest und werden zu lebendigen Figuren mit einer Seele und bewegten Gefühlen: So erfahren wir von der kindischen Eifersucht Aphrodites, von der Verführungskunst des Zeus und von der leidvollen Unsterblichkeit des Prometheus. Köhlmeier wurde für seine Rundfunkaufnahmen der »Sagen des klassischen Altertums« mit der Goldenen Schallplatte ausgezeichnet.

01/1234/01/R

PIPER

Michael Köhlmeier
Tantalos

Oder: Der Fluch der bösen Tat. Mit 14 Zeichnungen von
Alfred Hrdlicka. 157 Seiten. Serie Piper

Tantalos, Sohn des Zeus und ein reicher Mann, durfte als
Sterblicher an einem Göttergelage teilnehmen. Dort stahl
er Nektar und Ambrosia, die Götterspeise. Zwietracht brach
aus im Olymp. Aber es sollte noch schlimmer kommen:
Tantalos schlachtet seinen Sohn Pelops, und eine lange Kette
von Verbrechen, von Schuld und Sühne schließt sich an. In
ziemlich rabiatem Schlagabtausch zwischen Göttern und
Menschen nimmt die Entwicklung des Menschenge-
schlechts ihren Fortgang, Gewalt wird erprobt, eine böse Tat
zeugt die andere, bis mit Orest, der die Mutter tötet, um
den Vater zu rächen, das Zeitalter der Götter beendet ist und
die historische Zeit beginnt. Illustriert von Alfred
Hrdlicka, der sich in seinem Werk immer mit Gewalt ausein-
andersetzt, ergründen Michael Köhlmeiers Geschichten,
wie das Böse in die Welt kam.

01/1235/01/L.

PIPER

Michael Köhlmeier
Die Nibelungen

Neu erzählt. 127 Seiten. Serie Piper

Vor achthundert Jahren entstand das Nibelungenlied. Michael
Köhlmeier hat mündlich und frei seine Geschichten neu erzählt – vom jungen Königssohn Siegfried, seiner Werbung um
Kriemhild, die schöne Schwester der Burgundenkönige, von
ihrer Hochzeit am Hof zu Worms, von Siegfrieds Ermor-
dung durch Hagen und schließlich von Kriemhilds furchtbarer
Rache. Die abenteuerliche und märchenhafte Geschichte, wie
Siegfried das Schwert Balmung bekommt, den Hort der
Nibelungen erobert und dem Zwerg Alberich die Tarnkappe
abgewinnt, sein Bad im Blut des Drachen, den er erschlagen
hat, gehört zum klassischen Sagenschatz des Abendlandes –
und ist erst der Anfang dieses Heldenepos, das Köhlmeier
bis hin zum dramatischen und blutigen Fortgang der Ereig-
nisse am Hof von Etzel lebendig werden läßt.

01/1236/01/R

PIPER

Michael Köhlmeier
Geh mit mir

Roman. 191 Seiten. Serie Piper

»Am Abend, bevor wir losfuhren, saßen die Mama und ich in der Küche, sie an ihrem Fensterplatz, ich unter dem Arzneikasten, wo inzwischen die Küchentücher verstaut sind.« – In einem Moment, wo sich das Leben für immer von der Vergangenheit löst, begegnen wir Michael Köhlmeiers sensiblem und merkwürdig vertrautem Helden Alois Fink, genannt Wise. Wise ist zurück in seiner Heimat, zurück am Bodensee bei den Eltern, die noch immer in dem kleinen Wochenendhäuschen wohnen. Eigentlich ist Wise aus Sorge um den Vater gekommen: Seine Schwester hatte angerufen und ihm erzählt, der alte Fink habe einen Herzinfarkt gehabt. Doch am Ende steht die Nähe zu seiner Mutter. Zusammen mit ihr bricht Wise noch einmal zu einer ungewöhnlichen Reise auf.

»Geh mit mir« beschreibt das Leben unter der Oberfläche, es geht den sonderbaren Ausdrucksformen unserer Gefühle nach, der Unerklärlichkeit der Liebe. Michael Köhlmeier schreibt über Wise Fink, und was er erzählt, ist seine eigene Familiengeschichte, deren verborgene Wahrheit er nach und nach zu begreifen beginnt.

01/1166/01/L

PIPER

Michael Köhlmeier
Bleib über Nacht

Roman. 238 Seiten. Serie Piper

Sie lernen sich während des Krieges in Coburg kennen,
Pauline ist dreißig, Ludwig vierundzwanzig und Soldat. Ein
halbes Jahr später heiraten sie. Bis dahin waren sie gezählte elf
Stunden beieinander gewesen. Sie hatte ihm vierundachtzig
Briefe geschrieben, er ihr zweiundfünfzig. In der Hochzeits-
nacht ist es ihnen nicht möglich, miteinander zu schlafen.
Sie sind sich zu fremd, die Wohnung voller Flüchtlinge. Tags
darauf muß er wieder an die Front.
Nach dem Krieg ist Ludwig verschollen, und erst anderthalb
Jahre später kann Pauline ihn in seinem Heimatdorf in den
österreichischen Bergen aufspüren. Die Fremdheit will nicht
weichen, doch Pauline kämpft um ihre Liebe. Eine ebenso
einfache wie unglaubliche Geschichte von Schicksal und
Bestimmung.

»Köhlmeier erzählt mit der Wucht eines großen Romanciers.«
Die Weltwoche

01/1233/01/R